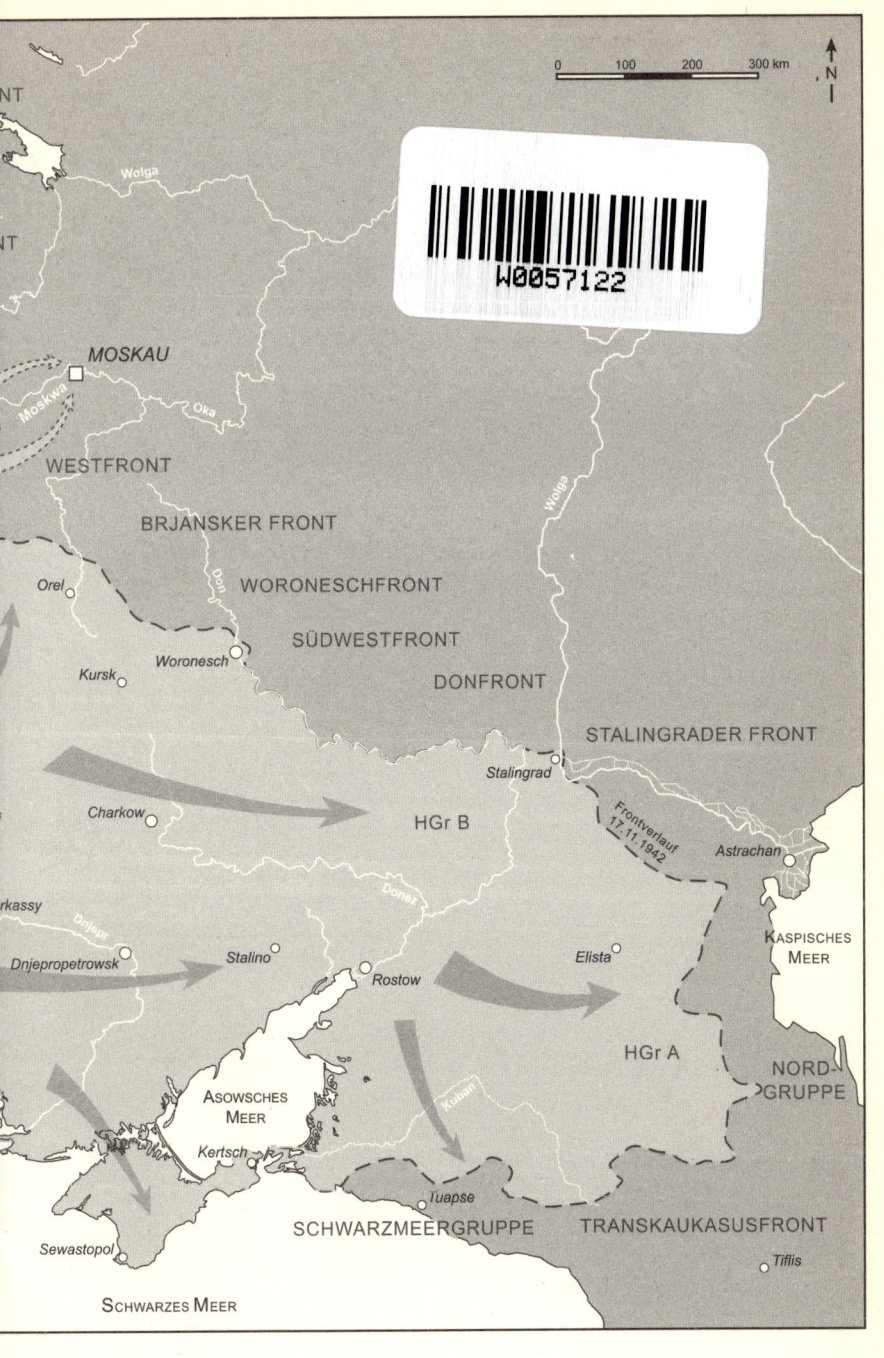

An der Seite der Wehrmacht

Rolf-Dieter Müller

An der Seite der Wehrmacht

Hitlers ausländische Helfer beim
»Kreuzzug gegen den Bolschewismus«
1941–1945

Weltbild

Genehmigte Lizenzausgabe für Verlagsgruppe Weltbild GmbH,
Steinerne Furt, 86167 Augsburg
Copyright der Originalausgabe © by Christoph Links Verlag GmbH, Berlin 2007
Umschlaggestaltung: Thomas Uhlig / www.coverdesign.net
Umschlagmotive: vorne: li.o. Litauische, estnische und lettische Freiwillige in der
Waffen SS, © SZ Foto; re.o. Münchner Konferenz – Adolf Hitler begrüßt Staatschef
Benito Mussolini auf dem Bahnhof von Kufstein, © ullstein bild; li.u. Adolf Hitler
begrüßt vor dem Berghof bei Berchtesgaden Dr. Ante Pavelic, © ullstein bild –
Heinrich Hoffmann; re.u. Aus Russen gebildete Formation: Kosaken, Turkvölker,
Tataren, © SZ Photo

Gesamtherstellung: CPI – Clausen & Bosse, Leck
Printed in the EU
978-3-8289-4699-6

2014   2013
Die letzte Jahreszahl gibt die aktuelle Lizenzausgabe an.

Einkaufen im Internet:
www.weltbild.de

Inhalt

Vorwort

Die Öffnung der russischen Archive Anfang der 90er Jahre hatte auch bei Militärhistorikern viele Erwartungen geweckt. Sensationelle Entdeckungen blieben freilich aus. Die wichtigsten Enthüllungen waren zumindest für den Westen nur eine Bestätigung des bekannten Wissens. Dass Stalin in einem geheimen Zusatzabkommen mit Hitler 1939/40 ganz Ostmitteleuropa für sich beansprucht und Anfang 1940 die Ermordung der kriegsgefangenen polnischen Offiziere bei Katyn befohlen hatte, konnten nun auch die ehemaligen Sowjetbürger aus Dokumenten ihrer obersten Führung entnehmen. Die wichtigsten geheimen Bestände aus Sowjetzeit sind in Moskau jedoch längst wieder unter Verschluss oder nur schwer zugänglich. Eine wirkliche Überraschung – auch für das deutsche Geschichtsbild – hingegen ist die Entwicklung einer neuen nationalen Geschichtsforschung in den baltischen Staaten, in Polen und in der Ukraine. Sie hat ein völlig neues Licht auf das Leben unter der deutschen Besatzung während des Zweiten Weltkriegs und unter dem Druck einer zweifachen Stalinisierung (1939/40 und 1944/45) geworfen. Der Unabhängigkeitskampf dieser Völker ist in dieser Zeit nicht zum Erliegen gekommen, sondern im fatalen Bündnis mit Hitler-Deutschland – und sogar noch nach der deutschen Niederlage – fortgesetzt worden.

Für Stalin waren dies verbrecherische Aktivitäten von verräterischen Sowjetbürgern. Der Begriff Kollaboration wurde schon während des Zweiten Weltkriegs von der Anti-Hitler-Koalition negativ besetzt. Dieses Bild von einheimischen Faschisten, von Söldnern und Verrätern hat sich auch in der westlichen Literatur bis in die Gegenwart gehalten und wurde ein halbes Jahrhundert lang von der sowjetischen Geschichtspropaganda weidlich gepflegt. Die seit 15 Jahren betriebene neue Nationalgeschichte in Ostmitteleuropa hat dagegen ein differenziertes Bild entworfen, das uns zwingt, von langjährigen Klischees Abschied zu nehmen. Erst jüngst kam es in Estland zu schweren Ausschreitungen anlässlich der Verlegung eines sowjetischen Siegerdenkmals, weil die estnische Bevölkerungsmehrheit die Rote Armee nicht als »Befreier«, sondern als Besatzungsarmee einstuft, während die russische Minderheit im Lande am Mythos des »Großen Vaterländischen Krieges« festhält. Der russische Präsident Wladimir Putin hat sich bei diesem Streit jeden Versuch verbeten, die Geschichte des Zweiten Weltkriegs umzuschreiben.

Doch der Dammbruch scheint unaufhaltsam. So wurde 2007 – nach Riga – auch in Kiew ein »Museum der sowjetischen Besatzung« eingerichtet und der

100. Geburtstag des ehemaligen Oberbefehlshabers der antisowjetischen Ukrainischen Aufständischen Armee (UPA) im Zweiten Weltkrieg, Roman Schuchewytsch, mit einer Ausstellung gewürdigt. In vielen Städten kam es bei Gedenkfeiern zu Gegendemonstrationen und Polizeiaufgeboten. Als Kronzeuge für die Schlagkraft der zeitweilig mit der Wehrmacht kollaborierenden ukrainischen Nationalisten wird der spätere französische Staatspräsident Charles de Gaulle zitiert, der gesagt haben soll, dass niemals ein deutscher Soldat seinen Fuß auf französischen Boden gesetzt hätte, wenn Frankreich über eine derartig kampfentschlossene Armee verfügt hätte wie die UPA.[1]

Diese Diskussionen sollten Anlass genug sein, um die veränderten Sichtweisen zusammenzufassen und uns selbst zu fragen, ob wir uns nicht bislang eine allzu einseitige Betrachtung des deutsch-sowjetischen Krieges geleistet haben. Welche Rolle spielten die einheimischen Helfer in Hitlers »Kreuzzug gegen den Bolschewismus«, und was waren ihre Motive?

Viele Darstellungen zur Geschichte des Ostkrieges, des blutigsten Ringens der Weltgeschichte, übersehen nicht nur den Anteil einheimischer Hilfskräfte und folgen damit ungewollt der stalinistischen Propaganda. Sie unterschätzen auch die Bedeutung von verbündeten Armeen, die auf deutscher Seite an der Ostfront kämpften, und folgen damit den Parolen Hitlers, der behauptete, seine Verbündeten hätten kläglich versagt und ihn am Ende im Stich gelassen, seien militärische Versager gewesen und nur ein Ballast des deutschen Ostheeres. In Ungarn und Rumänien wurden die »vergessenen Söhne« erst nach der Wende von 1989 wiederentdeckt. Bis dahin war die Geschichte der mit Hitler verbündeten Armeen an der Ostfront ein Tabu gewesen. Im faschistischen Italien, einem anderen Verbündeten, gab es nach 1945 zwar eine umfangreiche Veteranenliteratur, doch ist die Geschichte der italienischen Armee in Russland bis heute von einseitigen Urteilen verstellt, die auf die antifaschistische Resistenza abheben und in den Soldaten nur Opfer sehen wollen.

Hitlers Ansichten über eine dritte Gruppe, ausländische Freiwillige aus West- und Nordeuropa, fielen nicht so hart aus, doch diese kleinste Gruppe repräsentierte Völker und Staaten, die der Diktator meist ebenfalls verachtete. Die »germanischen« Freiwilligen standen zwar bei der SS hoch im Kurs, bildeten letztlich aber auch nur »Kanonenfutter« für die Ostfront und wurden in ihren Heimatländern als Verräter und Faschisten angesehen. Erst im Frühsommer 2007 hat die norwegische Regierung einen größeren Forschungsauftrag erteilt, der sich mit dem Schicksal der norwegischen Ostfrontkämpfer befassen soll.

Alle drei Gruppen sind bislang meist unabhängig voneinander in jeweiliger Spezialliteratur behandelt worden, wobei wissenschaftlich seriöse und ausgewogene Darstellungen die Ausnahme bilden. Sowohl in Deutschland wie in den westlichen Herkunftsländern der ausländischen Freiwilligen und neuerdings sogar in Russland glorifizieren viele Publikationen diese Helfer und scheuen sich nicht, NS-Parolen aufzunehmen. Das Thema der Freiwilligen für den »Kreuzzug gegen den Bolschewismus« gehört zum Standardrepertoire des deutschen und europäischen Rechtsradikalismus, einer faschistischen Internationale, die immer noch aktiv ist.

Mit dieser Gesamtdarstellung wird erstmalig der ganze Komplex des Einsatzes von Ausländern an der Seite der Wehrmacht im Kampf gegen die Rote Armee beschrieben und damit in seiner Bedeutung erkennbar. Die Unterschiede zwischen den einzelnen Ländern und Gruppen legen eine systematische Betrachtung nahe, die ein gezieltes Nachschlagen ermöglicht, ohne den Zusammenhang und den Vergleich zu vernachlässigen. Augenzeugenberichte und Auszüge aus wichtigen Dokumenten veranschaulichen und vertiefen ein bislang vernachlässigtes Kapitel der Geschichte des Zweiten Weltkrieges.

Einleitung: Das »Unternehmen Barbarossa« und die Folgen

Es war der größte Überraschungscoup der Weltgeschichte.[1] Die Nachricht vom Abschluss des Molotow-Ribbentrop-Paktes schlug ein wie eine Bombe. Hatte nicht der »braune« Diktator seine aggressive Außenpolitik, die Europa an den Rand eines zweiten großen Krieges innerhalb einer Generation brachte, stets damit begründet, dass sein »Drittes Reich« Europa vor dem Bolschewismus schützen müsse? Und der »rote« Diktator hatte sich doch seit 1935 als Vorkämpfer gegen den Faschismus und dessen Vordringen auf dem Kontinent stilisiert. Britische und französische Militärs verhandelten im Sommer 1939 lange über ein gemeinsames Bündnis mit Moskau, um den Vormarsch der Nazis endlich zu stoppen. Doch Stalin erwies sich als eiskalter Pokerspieler. Seine Rote Armee war nach den »Säuberungen« nur bedingt einsatzbereit. Fast die gesamte Militärführung hatte der Georgier ermorden lassen, um seine Alleinherrschaft zu festigen. Hitler musste sich dagegen mit einer selbstbewussten Heeresführung auseinandersetzen und wunderte sich, weshalb seine Generale vor einem großen Krieg zu diesem Zeitpunkt zurückschreckten. Insgeheim dachten manche sogar an einen Staatsstreich.

Sondierungen über einen neuen Handelsvertrag nutzte Stalin, um sein Interesse an einer politischen Übereinkunft mit Hitler zu signalisieren. In Berlin erkannte man die Chance, die Eindämmungspolitik der Westmächte zu durchbrechen, und war bereit, dafür jeden Preis zu zahlen. So entdeckten beide Diktatoren eine alte deutsch-russische Tradition: die Vernichtung der polnischen Freiheit. Die Gier, sich das Land durch eine vierte Teilung in seiner Geschichte einzuverleiben und endgültig auszulöschen, machte das bislang Undenkbare möglich. Für Stalin war es die Wiederherstellung der alten Grenzen des russischen Imperiums. Deshalb beanspruchte er für seine »Interessensphäre« auch Finnland, die baltischen Staaten und die rumänischen Ostgebiete. Hitler verfolgte strategische Ziele: die Erweiterung seines Vorfeldes, um nach der Auseinandersetzung mit den Westmächten seinen Rivalen im Osten schlagen zu können. Hinzu kam die Ausbeutung des Landes. Billige Arbeitskräfte, Rohstoffe und Getreide sollten eine überhitzte Rüstungskonjunktur entlasten und eine langwierige britische Blockade überstehen helfen.

Hitler hatte gerade erst seinen 50. Geburtstag gefeiert. Nun drängte er die Generale zum Handeln, da er noch selbst die Geburt des »Großgermanischen Reiches deutscher Nation« und die Weltherrschaft der »germanischen Herrenrasse« erleben wollte. Der nüchterne Georgier hatte es hingegen mit seiner Weltrevolution nicht eilig. Hitler griff Polen zuerst an und nahm die Kriegserklärung der Westmächte in Kauf. Stalin wartete ab, bis deutlich war, dass sich die Franzosen nicht hinter ihrer Maginot-Linie hervortrauen würden. Dann setzte er seine Divisionen in Marsch. Sie brachen der polnischen Armee das Rückgrat. Zähneknirschend hörten die Westmächte die Propagandaversion einer angeblichen Befreiungsmission und akzeptierten die Scheinneutralität der UdSSR. Ein offener Kampf gegen beide Diktatoren hätte das Ende des freien Europa bedeutet.

Im sowjetisch besetzten Teil Polens praktizierten Stalins Geheimpolizisten und Politfunktionäre einen brutalen Klassenkampf. Dieser Terror und Mord traf die Menschen in den nächsten zwei Jahren stärker noch als der gnadenlose Rassenkampf, den die Nazis in ihrem Besatzungsgebiet mit steigender Intensität entfesselten.[2] Stalin bemühte sich, Hitler zu gefallen und das geheime Bündnis zu vertiefen. Er überstellte deutsche Kommunisten und polnische Juden an die Gestapo, während seine Komintern Frankreich und Großbritannien als Kriegstreiber anprangerte. Sowjetische Vorratslager leerten sich, um Hitlers Panzer mit Treibstoff zu versorgen und deutsche Arbeiter mit vollen Brotregalen zu besänftigen. Stalin finanzierte Hitlers Krieg und hoffte im Gegenzug auf modernste deutsche Technologie für seine Rüstung.

Die Teilung der Welt schien nahe, doch nicht so, wie Hitler sie sich vorstellte. Er wollte zwar den Briten eine Lektion erteilen, doch als Teil der »Herrenrasse« sollten sie die Herrschaft in Übersee behalten. Sein »Indien« lag im Osten. Dieses alte Konzept kam wieder ins Spiel, als im Sommer 1940 Frankreich niedergeworfen und die britische Armee über den Kanal gejagt worden war. Dass Stalin nun seinen versprochenen Anteil an der Beute einforderte und angesichts der unerwarteten deutschen Blitzsiege an seinen eigenen Vorteil dachte, bestärkte Hitler in seinem Entschluss zu einer taktischen Kehrtwendung und richtete seinen Blick nach Osten. Längst hatten sich auch die Generale umgestellt. Eben noch zögerlich und bedenklich, brachte sie der grandiose Sieg des ehemaligen Gefreiten ins Träumen. Die neu ernannten Feldmarschälle huldigten dem »Größten Feldherrn aller Zeiten«, vom Volksmund als »Gröfaz« verspottet.

Bei der heimlichen Planung eines Überfalls auf den treuen Verbündeten Sowjetunion (»Aufbau Ost«) wurden Bedenken schnell übergangen. Den »Koloss auf tönernen Füßen« glaubte man mit einem Schlag zerschmettern und damit endgültig den Weg zur »Neuordnung« Europas und der Welt frei machen zu können. Großbritannien, das trotz deutscher Bomben und Invasionsdrohungen als einziges Land Widerstand leistete, würde sich beugen müssen, und die Amerikaner würden wohl in ihrer Isolation stillhalten.

Stalin ließ sich täuschen und kümmerte sich um seinen »Aufbau West«. Warnungen vor seinem Verbündeten in Berlin hielt er für eine Finte der britischen Imperialisten, denen Hitler zusetzte. Er drängte auf neue Absprachen und war nicht unbescheiden. Auf Hitlers zweifelhafte Angebote in Richtung Indischer Ozean ließ er sich nicht ein. Die Verhandlungen zogen sich in die Länge, aber Stalin vertraute auf die Einsicht Hitlers, der in seiner programmatischen Schrift *Mein Kampf* einen Zweifrontenkrieg als Dummheit erkannt hatte. Wirtschaftliche Hilfslieferungen sollten Hitlers Machthunger weiter gegen die Briten lenken. Solange die Wehrmacht unbesiegt war, hätte die Rote Armee trotz aller Rüstungsanstrengungen ohnehin keine Chancen gehabt. Schon beim Überfall auf das kleine Finnland hatten sich die Sowjetsoldaten beinahe blamiert. Warum also sollte Stalin für die kapitalistischen Großmächte die Kastanien aus dem Feuer holen?

Als die Wehrmacht im Frühjahr 1941 mit dem getarnten Aufmarsch im Osten begann, wurde der sowjetische Generalstab zunehmend nervös. Aus militärischer Sicht hätte ein Präventivschlag gegen die sich versammelnden deutschen Ostarmeen womöglich ein geeignetes Mittel sein können, um der Bedrohung zu begegnen. Doch Stalin lehnte ab. Dabei spielte die ungenügende Ausrüstung und Ausbildung seiner Truppen, die ein solches Abenteuer vermutlich nicht überstanden hätten, keine Rolle. Beim Abschiedsbankett für die Absolventen der Militärakademie fand Stalin immerhin aufmunternde Worte: Man solle doch die Wehrmacht nicht ständig überschätzen und bewundern. Seine Offiziere sollten selbstbewusst in die Truppe zurückkehren.

Die Warnungen seines Geheimdienstes häuften sich ab März 1941. Meisterspion Richard Sorge, deutscher Pressekorrespondent in Tokio, wusste sogar den genauen Angriffstermin: 22. Juni. Doch Stalin war notorisch misstrauisch. Er hatte kein Interesse, sich in den deutsch-britischen Krieg hineinziehen zu lassen. Die Zeit, so meinte er, arbeite für ihn. Ein Angriff gegen die kraftstrotzende Wehrmacht wäre nicht nur selbstmörderisch, sondern auch Dummheit gewesen. Leicht hätte sich Hitler als Verteidiger des Abendlandes aufspielen und womöglich doch noch einen Ausgleich mit Großbritannien erreichen können. Wie sollte Stalin den mysteriösen Flug von Rudolf Heß deuten, der am 10. Mai mit dem Fallschirm in Schottland landete? Wir wissen heute, dass es sich um eine Intrige des britischen Geheimdienstes handelte, die dem damals schon etwas wirren »Stellvertreter des Führers« glauben ließ, es gebe friedenswillige Kreise im Lande. Drei Wochen zuvor hatten die Briten einen Staatsstreich in Belgrad inspiriert, damit den deutschen Aufmarsch auf dem Balkan gestört und zugleich Hitler glauben lassen, dass Stalin hinter dem Coup steckte.

Das ganze Verwirrspiel klärte sich in der Nacht zum 22. Juni 1941. Hitlers Ostarmeen, die größte Kräftekonzentration in der deutschen Militärgeschichte, überfielen die ahnungslosen sowjetischen Grenztruppen. Bis zur letzten Minute war Stalin um Hitlers Gunst bemüht gewesen. Deshalb flüchtete er bei Kriegsbeginn zunächst auf seine Datscha und befürchtete seine Verhaftung. Doch das Politbüro bat den Genossen Vorsitzenden, die Verteidigung des Landes in seine Hand zu nehmen.

Obwohl das »Unternehmen Barbarossa« als Blitzkrieg intensiv vorbereitet worden war, blieb es doch ein Vabanquespiel. Die Wehrmachtführung zeigte sich aber bereit, alles auf eine Karte zu setzen. Man hatte sogar schon die Rüstung umgestellt, um nach dem Ostfeldzug den Schwerpunkt des Krieges wieder gegen die Briten richten zu können. Dabei war die Ausrüstung des deutschen Ostheeres äußerst knapp bemessen und lückenhaft. Ihre Zahl war nicht wesentlich größer als jene Armeen, die ein Jahr zuvor Frankreich niedergeworfen hatten. Abgesehen von einigen Dutzend Elitedivisionen zogen die meisten Soldaten nach Osten wie weiland Napoleons Grande Armée – zu Fuß und mit Pferdegespannen –, wobei freilich der Korse schneller in Moskau gewesen war als Guderians Panzerkolonnen, die erst im Dezember zumindest den Stadtrand erreichten.

In Napoleons Ostarmeen hatten mehr Ausländer als Franzosen gedient, und sie waren weder geringgeschätzt noch diskriminiert worden. Auf ausländische Unterstützung und die Mobilisierung von Bundesgenossen glaubte Hitler dagegen in Überschätzung der eigenen Möglichkeiten weitgehend verzichten zu können. Nichts lag näher, als in einem strategischen Schachzug Japan zu veranlassen, eine zweite Front im Fernen Osten gegen Stalin aufzubauen. Doch Hitler verzichtete. Und auf dem europäischen Kriegsschauplatz konnten aus seiner Sicht bei einem geplanten Blitzkrieg von ungefähr zwei Monaten allenfalls die Finnen und Rumänen eine Art von Flankensicherung übernehmen. Mehr traute er ihnen nicht zu, und man war aus politischen Gründen auch nicht bereit, die Verbündeten besser auszurüsten. Hitler vertrat hier einen rigorosen Standpunkt. Er wollte sich die Beute nicht teilen müssen, und im künftigen »Ostraum« sollte es keinen anderen Waffenträger geben als die Deutschen, damit man mit den besiegten slawischen Untertanen nach Belieben umspringen konnte. Deshalb lag ihm im Sommer 1941 nichts ferner als die Vorstellung, womöglich die Russen oder andere osteuropäische Völker zu bewaffnen, um sie als Kampfgefährten gegen die Rote Armee zu gewinnen.

Ganz in diesem Sinne erklärte Hitler bei der internen Besprechung am 31. Juli 1941: »Nie darf erlaubt werden, daß ein Anderer Waffen trägt, als der Deutsche! Dies ist besonders wichtig; selbst wenn es zunächst leichter erscheint, irgendwelche fremden unterworfenen Völker zur Waffenhilfe heranzuziehen, ist es falsch! Es schlägt unbedingt und unweigerlich eines Tages gegen uns aus. Nur der Deutsche darf Waffen tragen, nicht der Slawe, nicht der Tscheche, nicht der Kossak oder der Ukrainer!«[3] Dennoch musste der »Führer« vom ersten Tag an Kompromisse und Zugeständnisse machen, sei es auch zunächst aus diplomatisch-propagandistischen und militärisch-taktischen Gründen (Einsatz Einheimischer für die Kommandotrupps der Abwehr und als Hilfspolizisten), dann in zunehmendem Maße wegen des steigenden Kräfteverschleißes an der Ostfront und des ungünstigen Kriegsverlaufs. Trotzdem blieb Hitler bis zuletzt mit seinen ideologischen Denkmustern der stärkste Bremsklotz gegenüber den vielfältigen Bemühungen der Wehrmacht, des »Ostministeriums« und schließlich sogar der SS, ausländische

Freiwillige für die Ostfront zu gewinnen. Und je mehr man in ihnen nur ein willkommenes »Kanonenfutter« sah, desto schneller fielen die ideologischen Vorbehalte. Die »germanische Herkunft« spielte schon am Anfang – zumindest gegenüber den Verbündeten – keine Rolle mehr.

Obwohl zahlenmäßig unterlegen, brachten Hitlers kriegserfahrene Divisionen der Roten Armee in den ersten vier Wochen des Feldzuges schwere Niederlagen bei. Die neu entwickelte Blitzkriegtaktik schien sich zu bewähren. An Schwerpunkten zerbombten Stukas die feindlichen Stellungen, Panzerrudel durchstießen die Front und kesselten in kühnen Operationen die feindlichen Verbände ein. Die Wehrmacht trieb mehr als drei Millionen Kriegsgefangene über die Straßen. Stalin verlor praktisch seine gesamte Friedensarmee von fünf Millionen Mann. Im August wollten die Deutschen eigentlich in Moskau sein. Eine Siegesparade auf dem Roten Platz wurde vorbereitet, und Himmlers Polizei verfügte über endlose Verhaftungslisten.

Bereits im März 1941 hatte Hitler Weisungen für eine radikale Kriegführung gegeben. Kommunisten und politische Funktionäre sollten sofort erschossen werden. Konflikte zwischen Wehrmacht und SS, die während des Polenfeldzuges aufgetreten waren, sollten von Anfang an vermieden werden. Während die Heeresführung eine Arbeitsteilung anstrebte, um sich auf den »Waffenkrieg« konzentrieren zu können, wurde schon bei den Vorbereitungen zur Besatzungspolitik deutlich, dass sich die Wehrmacht tief in einen rassenideologisch motivierten Raub- und Vernichtungskrieg verstricken würde. Um den Nachschub zu entlasten, sollten die Truppen weitgehend »aus dem Lande leben«. Der Hungertod von »zig Millionen«[4] Menschen wurde dabei nüchtern einkalkuliert. Großstädte wie Leningrad und Moskau sollten gar nicht erst besetzt, sondern zerstört und unter Wasser gesetzt werden. Sie galten als Brutstätten des Bolschewismus, bewohnt von »unnützen Essern«. Die Heeresführung erteilte verbrecherische Befehle, mit denen die Ermordung der sowjetischen Kommissare geregelt wurde. Deutsche Soldaten, die sich an Übergriffen gegen die Zivilbevölkerung beteiligten, kamen nicht mehr zwangsläufig vor ein Kriegsgericht.

An der Planungs- und »Neuordnungs«-Euphorie beteiligten sich bald viele Dienststellen, Wirtschaftskonzerne und Universitätsinstitute. Himmler, der davon überzeugt war, dass der Osten der SS gehören werde, ließ den berüchtigten »Generalplan Ost« zur Besiedlung und Germanisierung Osteuropas überarbeiten. Hitler übertrug ihm weitgefasste »Sonderaufgaben«. Eigens aufgestellte »Einsatzgruppen« sollten nicht nur die politischen Gegner ermorden, sondern mit Hilfe von Polizei und Waffen-SS auch die »Endlösung der Judenfrage« einleiten. Der Völkermord an den Juden war nur ein Teilauftrag für die Truppe des Weltanschauungskrieges. Die rassische »Flurbereinigung« im Osten umfasste auch Zigeuner, Geisteskranke und anderes »lebensunwertes« Leben sowie die Durchsetzung einer Rassenhierarchie im Osten. Millionen »germanischer Wehrbauern« sollten die »Herrenschicht« bilden – eine Perspektive, die den Kriegsteilnehmern schon zu diesem Zeitpunkt offiziell in Aussicht gestellt wurde. Bewerber fanden sich zuhauf, von einfachen Soldaten bis zum deutschen Hochadel. Die Rangfolge slawischer »Hilfsvölker« zu bestimmen, die womöglich für einige Generationen als Arbeitssklaven gebraucht würden, sorgte unter den deutschen Dienststellen für einigen Konfliktstoff.

Hitler hatte im April 1941 Alfred Rosenberg, den blassen Theoretiker der Partei, zum »Reichsminister für die besetzten Ostgebiete« ernannt. Dessen Ideen über eine Vorzugsbehandlung der Balten und Ukrainer kollidierten schnell mit dem Handeln der Reichskommissare, die Hitler direkt in den einzelnen Gebieten einsetzte. Sie waren verpflichtet, die Ausbeutungsziele, für die Göring verantwortlich zeichnete, mit größter Brutalität umzusetzen. In dem bald ausbrechenden Chaos der deutschen Besatzungspolitik wurde die Sympathie in Teilen der einheimischen Bevölkerung rasch verspielt. Vor allem im ehemaligen sowjetischen Besatzungsgebiet hatten viele Menschen die Deutschen beim Einmarsch als »Befreier« begrüßt und sich die Wiederherstellung ihrer nationalen Autonomie erhofft. Der Druck der ökonomischen Ausbeutung und die später einsetzenden Jagden auf Zwangsarbeiter für das Reich trieben dann viele in den Untergrund und zu den Partisanen.

Stalins Aufruf zum »Großen Vaterländischen Krieg« am 14. Juli 1941 fand im Westen der UdSSR zunächst kaum Widerhall. Lediglich Agenten des NKWD und versprengte Rotarmisten organisierten im deutschen Hinterland einzelne Anschläge. Anders als 1812 zeigten die russischen Bauern wenig Neigung, die fremde Besatzungsmacht zu bekämpfen. Viele waren nach den bitteren Erfahrungen mit dem Stalinismus bereit, sich mit den Deutschen zu arrangieren, zumal man die deutsche Armee bereits im Ersten Weltkrieg keineswegs als Horde von Barbaren erlebt hatte. Hitlers Anordnung aber, jeden, »der nur schief schaue«, zu erschießen,[5] löste eine Brutalisierung der deutschen »Befriedungspolitik« aus, mit der die anschwellende Partisanenbewegung dennoch nicht völlig eingedämmt werden konnte. Für Stalin waren die Partisanen vor allem wichtig, um die Bevölkerung in dem von Deutschen besetzten Hinterland unter Druck zu halten. Sie ermordeten mehr Landsleute als deutsche Soldaten.

Statt die Armee wie 1812 in die Tiefe Russlands ausweichen zu lassen, befahl der »Generalissimus«, wie Stalin sich nun nannte, fanatischen Widerstand. Generale, die vermeintlich versagten, wurden ebenso erschossen wie zurückweichende Truppenteile. Doch immer wieder konnten Lücken in der Front geschlossen und so der deutsche Vormarsch gebremst werden. Denn Stalin, an dessen Überleben man auch in Washington und London nicht recht glauben mochte, hatte inzwischen mächtige Verbündete gewonnen. US-Präsident Roosevelt, der seine zögernden Landsleute für eine Anti-Hitler-Koalition erst noch gewinnen musste, versprach gigantische Hilfslieferungen. Auch Churchill setzte alles daran, seinem seit jeher verhassten Gegner wieder auf die Beine zu helfen. Stalin gelang es – entgegen den deutschen Erwartungen –, einen großen Teil seiner Industrie zu evakuieren und die gewaltigen Kräfte seines Landes zu mobilisieren. Hinter dem Schirm der brüchigen Westfront bereitete er sogar strategische Reserven für einen Gegenschlag vor. Er konnte sie aus dem Fernen Osten heranziehen, weil sich Japan – von Hitler zunächst ermutigt – auf eine Auseinandersetzung mit den USA vorbereitete. Moskau und Tokio hatten im April 1941 einen Neutralitätspakt zu beiderseitigem Nutzen geschlossen.

Zwei Monate nach Beginn des Überfalls auf die Sowjetunion herrschte im Oberkommando des Heeres fieberhafte Nervosität. Der Durchbruch nach Moskau war noch immer nicht erreicht, und Hitler drängte darauf, endlich den Schwerpunkt der Operationen in die »Kornkammer Ukraine« und in Richtung der kaukasischen Ölquellen zu lenken. In seinem mückenverseuchten neuen »Führerhauptquartier« nahe dem ostpreußischen Rastenburg nahm er sich zum zweiten Male seit seiner Machtübernahme die Zeit, um eine Denkschrift zu verfassen. Damit begründete er seinen Entschluss, gegen den Widerstand der Heeresführung zunächst die lebenswichtigen Zentren im Süden anzugreifen. Im Rückblick ist deutlicher zu erkennen, dass er damit den Feldzugsplan zum Scheitern gebracht hat.

Seine Soldaten marschierten sich die Füße wund in der Hoffnung auf einen raschen Sieg. Guderians Panzer drehten mit ihren ausgeleierten Motoren in Richtung Kiew ab und vollendeten die größte Kesselschlacht der Kriegsgeschichte. Mehr als 600 000 Rotarmisten gingen in Gefangenschaft. Diese Katastrophe verschaffte Stalin aber Zeit, um die Verteidigung der Hauptstadt zu organisieren. In die erste Reihe platzierte er seine schlecht bewaffneten Arbeiterbataillone, die bei den Deutschen den Eindruck erweckten, die Rote Armee mobilisiere bereits die letzten Kräfte. Derweilen rollten die sibirischen Divisionen als strategische Reserve heran. Spion Sorge hatte berichtet, dass die Japaner ihr Neutralitätsversprechen halten würden.

Das schlimmste Drama zeichnete sich im Norden ab. Hitlers Truppen richteten sich zur Belagerung von Leningrad ein, entschlossen, die Millionenstadt auszuhungern und zu zerstören. Die verbündeten Finnen marschierten allerdings nur bis zum alten Grenzfluss Swir und ließen damit der Roten Armee einen breiten Zugang über den Ladogasee in die »Geburtsstätte« des Sowjetkommunismus. Stalin war vom alten moskowitischen Misstrauen gegen das ursprünglich weltoffene St. Petersburg geprägt und ließ die hungernde Stadt weitgehend auf sich gestellt. Nach Kriegsende wurden die Führer der erfolgreichen Verteidigung unter fadenscheinigen Beschuldigungen zum Tode verurteilt. Der »Generalissimus« duldete keine Helden neben sich.

Mit größter Brutalität organisierte er 1941 den Abwehrkampf gegen die Wehrmacht und rettete damit wohl den Sowjetstaat vor dem Untergang. Als Hitler die Offensive gegen Moskau wieder aufnahm, durchstießen seine ermüdeten Truppen noch einmal die sowjetischen Linien. Für wenige Tage im Oktober dachte Stalin sogar an Flucht aus dem Kreml. Ohne ausreichende Verstärkung und Ausrüstung verlangsamte sich jedoch der deutsche Vormarsch. Mit einsetzendem Herbstregen erstickte die Rasputiza, der russische Schlamm, schließlich jede Bewegung, was für den Verteidiger eher von Vorteil war. Mit Beginn des Frostes befahl Hitler ein letztes Antreten für den Sturm auf die Hauptstadt des Feindes, um damit den Krieg im Osten zu einem vorläufigen Abschluss zu bringen. Der voreilig proklamierte Sieg ließ auf sich warten.

Anfang Dezember 1941 überschlugen sich die Ereignisse. Hitlers ausgezehrte Frontverbände mussten in den Schneeverwehungen ihre Offensive einstellen. Einen Tag später traf sie die wuchtige Gegenoffensive Stalins, der am 7. Dezember endgültig gerettet war: Die Japaner überfielen die US-Flotte in Pearl Harbor und zogen die USA in den Weltkrieg. Hitler befielen düstere Vorahnungen seines wohl unabwendbaren Untergangs. Der Plan zur vollständigen Vernichtung der Juden reifte heran und wurde wenig später in der berüchtigten »Wannsee-Konferenz« in seinen Einzelheiten festgelegt. In der erbitterten Winterschlacht vor Moskau lieferten sich die beiden Diktatoren ein Duell, bei dem nun Hitler seine Härte beweisen wollte. Er enthob zwei Dutzend Generale ihres Postens, um die Vertrauenskrise zu überwinden – Stalin hätte sie in ähnlicher Situation wohl erschießen lassen. Mit fanatischen Haltebefehlen und eiligst herangeführten Reserven gelang es Hitler, die eingebrochene Front allmählich zu stabilisieren und das Selbstvertrauen seiner angeschlagenen Truppen wieder zu stärken.

Stalin hatte seine Gegenoffensive allzu kühn angelegt und schmiedete bereits Pläne für die Nachkriegsgrenzen in Europa. In wochenlangen schweren Winterkämpfen erschöpfte die Rote Armee ihre Kräfte, ohne mit ihren Frontalangriffen einen strategischen Erfolg erringen zu können. Hitler betrieb zum ersten Male in diesem Krieg eine umfassende Mobilisierung der deutschen Kräfte. Bislang hatte er für »friedensähnliche« Verhältnisse in Deutschland gesorgt, um die Stimmung an der »Heimatfront« nicht zu gefährden. Jetzt zeigte sich, dass ihm die Zukunft seines Volkes gleichgültig war. Er kämpfte darum, sein eigenes Leben zu verlängern und seine politisch-ideologischen Vorstellungen zu verwirklichen, um jeden Preis.

Um der ratlosen Generalität seine Entschlossenheit zu demonstrieren, ernannte sich Hitler selbst zum Oberbefehlshaber des Heeres und kümmerte sich nun um jede Einzelheit der Kriegführung. Jeder Ausweg aus dem Krieg, auf den die heimliche Opposition im Lande hoffte, sollte verbaut werden. Fritz Todt, oberster Baumeister des Reiches und Reichsminister für Bewaffnung und Munition hatte den Glauben an einen »Endsieg« verloren und drängte auf eine politische Lösung. Nach einer wichtigen Besprechung im »Führerhauptquartier Wolfsschanze« fand er bei einem mysteriösen Flugunfall den Tod. Drei Monate zuvor hatte auch Ernst Udet, berühmter Jagdflieger des Ersten Weltkrieges und nun verantwortlich für die Luftrüstung, sein Leben verloren, ein Selbstmord, den die Nazipropaganda zum Flugunfall stilisierte.

Hitler ernannte am 8. Februar 1942 seinen Lieblingsarchitekten und Vertrauten Albert Speer zum neuen Rüstungsminister. In enger Zusammenarbeit mit der

Industrie konnte dieser unter Ausschaltung der Militärs die Rüstungsindustrie effizienter organisieren. Seine Erfolgsberichte signalisierten dem »Führer« immer wieder erfreuliche Aussichten für die Kriegführung. Mit wachsender Zuversicht wandte sich Hitler deshalb einer neuen Offensive im Osten zu. Sein Weltblitzkrieg war zweifellos gescheitert, aber bis zum Eingreifen der Amerikaner blieb genügend Zeit, um die »Festung Europa« zum Abwehrkampf zu rüsten.

Hitler wusste um seine Abhängigkeit vom Erdöl. Die Offensive im Süden in Richtung Kaukasus abzubrechen, um auf Drängen seines Generalstabschefs den Kampf um Moskau wieder aufzunehmen, war im September 1941 vermutlich ein strategischer Fehler gewesen, den er nicht noch einmal machen wollte. Alle verfügbaren Kräfte raffte Hitler im Frühjahr 1942 zusammen, um zumindest in der Ukraine wieder offensiv werden zu können. Mehr war nicht möglich, aber es reichte, um die Front an einzelnen Schwerpunkten erneut zu durchbrechen. Die Rote Armee ließ sich aber – anders als im Vorjahr – nicht mehr so leicht einkesseln. Das Ziel der Deutschen waren die Ölfelder im Kaukasus – wieder ein Marschweg von mehr als 1000 Kilometern.

Der mühsame Vormarsch nach Süden öffnete eine entsprechend lange Flanke im Osten. Zu ihrer Absicherung setzte Hitler die verbündeten Rumänen, Ungarn und Italiener ein. Das Risiko musste er eingehen, um sich auf den Vorstoß in den Kaukasus konzentrieren zu können. Er vertraute darauf, dass Stalin seine lebenswichtigen Ölquellen mit aller Kraft verteidigen und sich dem Kampf stellen werde. Doch wieder agierte der Georgier mit größerer Weitsicht und lockte seinen Gegner geschickt in die Falle. Als Hitlers Angriffsverbände zum Sturm auf den Kaukasus ansetzten, baute Stalin seine Position an der Wolga aus. Das Rüstungszentrum bedrohte Hitlers Flanke, konnte aber auch mit geringen Kräften in Schach gehalten bzw. zerstört werden. Zum Entsetzen seiner Generale befahl Hitler jedoch die Aufspaltung der Offensive und lenkte die 6. Armee auf die Stadt, die den Namen seines Rivalen trug.

Deutsche Gebirgsjäger bezwangen zwar den höchsten Berg des Kaukasus, den Elbrus, und die schwachen deutschen Kräfte erreichten bei Maikop die ersten Ölquellen. Aber im feindlichen Feuer konnten die deutschen Erdölspezialisten aus den total zerstörten Anlagen nur wenige Tonnen des kostbaren Stoffes gewinnen. Bis Baku, der Hauptquelle, waren es noch 700 Kilometer! Die durstigen Panzer mussten weiter durch Kamelkarawanen versorgt werden. Auch in der Steppenlandschaft des Don ging den Panzern der Treibstoff aus. Die Verteidiger von Stalingrad gewannen Zeit, sich in den Trümmern einzurichten. Hitlers Stukas hatten eine ideale Festung geschaffen, die zum Grab für die 6. Armee des General Paulus werden sollte. In einem »Rattenkrieg« um jeden Keller gelang es den Deutschen, 90 Prozent der Stadt zu erobern. Sie waren am Ende ihrer Kräfte, als Stalin zum Gegenschlag ansetzte. Seine Panzerarmeen zerschlugen die hilflosen Einheiten der deutschen Verbündeten an den Flanken und kesselten die 6. Armee mit rund 250 000 Mann bei Stalingrad ein. Nur wenige Tausend entkamen am Ende der

Hölle. Von den Hunderttausenden ausländischen Opfern in den eigenen Reihen, den Rumänen, Italienern, Ungarn, Slowaken und unzähligen russischen »Hilfswilligen«, sprach man im »Führerhauptquartier« nicht mehr, allenfalls in hämischen Vorwürfen gegenüber dem vermeintlichen Versagen der Verbündeten.

Der Untergang der 6. Armee wurde zum Menetekel für das Reich. Hitler opferte seine Soldaten, um seinem Rivalen den Triumph zu verderben. Und er tobte, als er hörte, dass der flugs zum Generalfeldmarschall ernannte Paulus seinen Bunker verlassen hatte und den Gang in die Gefangenschaft antrat, statt sich zu erschießen. Das würde ihm nicht passieren. Vieles spricht dafür, dass Hitler längst nicht mehr mit einem »Endsieg« rechnete, sondern in den nächsten zwei Jahren seinen Untergang inszenierte. Er war zu Recht davon überzeugt, dass nur er allein seine immer wieder zweifelnde Umgebung, insbesondere auch die Generalität, zu beherrschen vermochte, um den längst sinnlos gewordenen Krieg so lange wie möglich führen zu können. Während andere, selbst NS-Größen, denen er blind vertraute, zunehmend zweifelten und im Stillen nach Auswegen suchten, gelang es ihm, sein Herrschaftssystem bis zum bitteren Ende zusammenzuhalten, den Zusammenbruch durch immer neue Mobilisierungen und eine Radikalisierung der Kriegführung hinauszuzögern. Waren es zunächst die anderen Völker, so opferte er nun sein eigenes, Millionen von Soldaten und Zivilisten, die wie eine lebende Mauer sein eigenes, erbärmliches Leben um auch nur wenige Wochen oder Tage verlängern sollten.

Nach Stalingrad setzte Hitler immer sturer auf eine simple Haltestrategie, ließ sich Ausweichmanöver gegenüber den wellenförmigen Offensiven der nachrückenden Roten Armee allenfalls nach heftigen Auseinandersetzungen mit seinen Generalen und zumeist zu spät abringen. 1943/44 erwies sich Generalfeldmarschall Erich von Manstein als erfolgreichster Stratege im Osten – manche hofften darauf, dass Hitler ihm den Oberbefehl über die Ostfront übertragen würde. Doch der Diktator behielt alles in seiner Hand. Bis in die Verlegung einzelner Kompanien mischte er sich in den täglichen Lagebesprechungen ein. Für die von den Generalen bevorzugte Strategie einer beweglichen Verteidigung gegen den weit überlegenen Gegner fehlte ihm jegliches Verständnis. Dennoch gelang es auf diese Weise, der Sowjetarmee immer wieder spektakuläre Gegenschläge zu versetzen. Hitler sorgte dafür, dass im Osten ein blutiger Abnutzungskrieg stattfand, die Rote Armee ihren Weg nach Westen mit Hekatomben von Opfern bezahlen musste, weil Stalin als »Generalissimus« seine Armeen rücksichtslos vorantrieb. Trotz ihrer zahlenmäßigen Überlegenheit hatte sie ein Mehrfaches der Verluste zu verkraften, die die deutsche Seite hatte.

Doch auch für die Wehrmacht, die ihren Schwerpunkt ab Herbst 1943 eindeutig nach Westen zur Abwehr einer möglichen Invasion legen musste, führte die unablässige Folge schwerer Kämpfe und Rückzüge zu einer Auszehrung ihrer Kampfkraft. Längst war sie – im Vergleich zum 22. Juni 1941 – nur noch ein Schatten ihrer selbst, gestützt nicht zuletzt durch den Einsatz von mehr als einer

Million ausländischer Soldaten und Freiwilliger und durch die brutale Strategie der »verbrannten Erde«. Um den Vormarsch der Roten Armee zu verzögern und die eigenen Verluste auszugleichen, wurde das vor der Preisgabe stehende Terrain im Osten rücksichtslos ausgeplündert, die Infrastruktur umfassend zerstört, die Menschen zu Millionen nach Westen deportiert und zur Zwangsarbeit im Stellungsbau bzw. in der Kriegswirtschaft des Reiches eingesetzt. Bei den Trecks fanden sich auch Hunderttausende von Sowjetbürgern – Russlanddeutsche, Kaukasier, Ukrainer und andere Nationalitäten –, die vor dem Stalinismus flüchteten. Unzählige andere, politisch oder rassisch Missliebige, Kriegsgefangene, Partisanen und KZ-Sklaven wurden von SS und Polizei in letzter Minute ermordet.

Das Drama im Osten entwickelte sich im letzten Kriegsjahr zu einem blutigen Finale, als mit dem spektakulären Zusammenbruch der Heeresgruppe Mitte im Juli 1944 die Ostfront zusammenstürzte und die Rote Armee im Herbst praktisch jene Ausgangslinie erreichte, von der die Wehrmacht 1941 zum »Unternehmen Barbarossa« siegessicher aufgebrochen war. Hatten die Deutschen die Strecke von Brest-Litowsk bis zum Stadtrand von Moskau in rund fünf Monaten zurückgelegt, brauchte die Rote Armee für die Gegenoffensive mehr als drei Jahre, obwohl sie trotz des zunehmenden Abstands von ihrer industriellen Basis stets die personelle und materielle Überlegenheit auf ihrer Seite hatte – von den mächtigsten Verbündeten der Welt abgesehen. Das mag für eine militärische »Tüchtigkeit« der Wehrmacht sprechen, die einem verbrecherischen Regime diente, aber selbst nach katastrophalen Niederlagen dem Gegner bis unmittelbar vor dem Kriegsende Furcht oder zumindest Respekt einflößte. Das ist aber auch – was Hitler bis zum Schluss nicht wahrhaben wollte und in der Geschichtsschreibung nach Kriegsende meist übersehen worden ist – dem Einsatz von mehr als zwei Millionen ausländischer Soldaten an deutscher Seite geschuldet. Der »Führer«, dem viele die Treue schwören mussten, dankte es ihnen mit Verachtung. In seinem Neujahrsaufruf zum 1. Januar 1945 erklärte er sich öffentlich zum »Opfer des Verrates unserer Verbündeten«, der ihn gezwungen habe, ganze Fronten zurückzuziehen. Und intern bezeichnete er die Bundesgenossen nachträglich als Schwächlinge, denen er doch eine Behandlung »von gleich zu gleich« gewährt habe. Vor allem mit den »Romanen« habe er kein Glück gehabt. Frankreich sei eine »abgetakelte Kurtisane«, und Italien habe ihm immer nur im Wege gestanden.[6] Bis auf den verlorenen Haufen ausländischer SS-Freiwilliger, die noch in den letzten Stunden des Krieges den »Führerbunker« im Stadtzentrum von Berlin verteidigten, hatten seine ehemaligen Verbündeten mit ihren Wehrpflichtigen stets für ihre eigenen nationalen Interessen im Osten gekämpft und den Kampf rechtzeitig aufgegeben oder die Front gewechselt.

I. Die Verbündeten

Die noch junge Großmacht in der Mitte des Kontinents verfügte über keinen großen Erfahrungsschatz in der Organisation und Lenkung eines Bündnissystems im Kriege. Die Meisterschaft eines Otto von Bismarck übertrug sich nicht auf seine Nachfolger in der Führung des Reiches. Im Ersten Weltkrieg zeigte sich die Schwierigkeit der Abstimmung mit den Interessen von Bundesgenossen, nicht nur in strategisch-politischer Hinsicht, weil oft die Zurückhaltung eigener Ambitionen und die Kompromissfähigkeit gefragt waren. Auch der militärisch-operative Einbau verbündeter Armeen mit unterschiedlichen Fähigkeiten und Ausrüstungen erschwerte häufig die gemeinsame Kriegführung. Vor allem Österreich-Ungarn beklagte die angebliche Arroganz des deutschen Offizierkorps und seines vermeintlich überlegenen Generalstabs. Dünkel und Nationalismus ließen sich auf beiden Seiten nur mühsam unterdrücken.

Der Preußen-Verehrer Adolf Hitler wurde zum Erben dieser Ungeduld, ja Unfähigkeit, schwächere und weniger leistungsfähige Verbündete zu akzeptieren, sowie der Neigung, eigene Probleme und eigenes Versagen einfach dem Verbündeten anzulasten. Der »Führer« zeigte nicht nur intern, sondern auch im Umgang mit ausländischen Mächten und Staatsführern eine tiefsitzende Abneigung, am Konferenztisch oder sogar in größerer Runde anstehende Probleme und Strategien zu besprechen. Wenn sich solche Gespräche und Verhandlungen auf höchster Ebene nicht vermeiden ließen, bevorzugte er den direkten persönlichen Dialog bzw. den Monolog, wo er die Fähigkeit zur Beherrschung seiner persönlichen Umgebung zur Geltung bringen konnte. Er hatte es bei seinen Verbündeten zumeist mit Monarchien zu tun, Vertretern einer »alten Ordnung« und oft einer älteren Führungselite. Der Finne Mannerheim zum Beispiel war zaristischer Kavalleriegeneral gewesen, der Ungar Horthy im Ersten Weltkrieg Admiral der k.u.k. Kriegsmarine. Dem ehemaligen Gefreiten Hitler sind diese Begegnungen sicher nicht leichtgefallen.

Im Gegensatz zum Kaiserreich zu Beginn des Ersten Weltkrieges war Hitlers außenpolitische Situation 1939/40 sehr viel günstiger. Er konnte traditionelle Verbindungen und alte Waffenbrüderschaft wie im Falle Ungarns aktivieren. Für den Ausfall der Türkei, der strategisch enorme Nachteile bedeutete, konnte er ehemalige Feindmächte auf seine Seite ziehen, etwa Rumänien und Italien sowie vor allem Japan, was – wie Hitler hoffte – die USA im Fernen Osten binden würde.

Hinzu kam als neuer Verbündeter Finnland, womit er für den geheimen Plan, seinen stärksten Verbündeten, die UdSSR, zu überfallen, die Front erheblich erweitern konnte. Da er den Ostkrieg in einem Blitzkrieg für sich entscheiden wollte, war er an dem schwierigen Einbau verbündeter Armeen zunächst nicht sonderlich interessiert. Auf seine militärisch stärksten und ältesten Verbündeten, Japan und Italien, mit denen er seit 1936 im Antikominternpakt und seit 1940 im Dreimächtepakt verbunden war, wollte er eigentlich ganz verzichten und sie lediglich zu Ablenkungsmanövern im Mittelmeer bzw. im Pazifik ermutigen. Das waren Weichenstellungen, die sich für den Ostfeldzug als fatal erweisen sollten und die Hitler nach dem Scheitern des Blitzkrieges auch nicht zu korrigieren verstand. Stattdessen verlegte er sich darauf, die Verbündeten, auch wenn sie ihm inzwischen treue Dienste an der Ostfront leisteten und damit bei weitem überfordert waren, pauschal zu verunglimpfen und bei ihnen die Ursache für seine eigenen Niederlagen zu suchen.

Der Antibolschewismus als ideologische Klammer seines Bündnissystems erwies sich als schwach und brüchig, zumal sich Hitler selbst nicht ausschließlich davon leiten ließ, sondern die Verbündeten willkürlich und teilweise rücksichtslos behandelte, mit bezeichnenden Unterschieden.

Finnland

▓ Das Land im hohen Norden mit nur 3,7 Millionen Einwohnern (nur wenig mehr als Berlin Einwohner hatte) war schon wegen seiner langen Grenze zur UdSSR ein strategisch wichtiger Partner des »Dritten Reiches«. Grundsätzlich hätte sich Hitler aber auch entscheiden können, die skandinavische Flanke des »Unternehmens Barbarossa« zu ignorieren. Die Verlängerung der deutschen Front von der Memel bis Murmansk brachte für einen Blitzkrieg eigentlich keine entscheidenden Vorteile. Die Verbände seiner Nordfront (drei Armeen) hätte Stalin selbst im Falle einer finnischen Neutralität nicht rechtzeitig oder gar vollständig freimachen können. Zur Bindung sowjetischer Kräfte war der deutsch-finnische Einsatz in diesem Raum strategisch also ohne Bedeutung. Aus deutscher Sicht konnte nur die Einnahme von Leningrad und Murmansk den Preis wert sein. Wie sich später zeigen sollte, wollten das eine die Deutschen, konnten aber nicht, und das andere sollten die Finnen, wollten aber nicht.

Das nach landläufiger Meinung »natürliche« Bündnis zeigt bei genauerer Betrachtung eine Reihe weiterer Merkwürdigkeiten. Zwischen Finnland und dem Deutschen Reich gab es überhaupt kein förmliches Kriegsbündnis. Helsinki führte nach seinem Selbstverständnis einen eigenen Krieg – als »Fortsetzungs«- bzw. Parallelkrieg – gegen die Sowjetunion. Es übernahm als einziger Staat der »Hitler-Koalition« an der langen Front zwischen Nordkap und dem Schwarzen Meer auf 600 Kilometer Breite in Karelien einen Abschnitt in Eigenverantwortung. Nur die finnische Armee war von den deutschen Verbündeten vollständig im Kampf gegen die Rote Armee eingesetzt. Und schließlich verfügte Finnland über das einzige voll funktionsfähige demokratische System innerhalb des deutschen Machtbereichs und hat auch keine faschistische Verformung erfahren. Mit Ausnahme des kriegswichtigen Nickelerzgebietes von Petsamo war das Land für die Deutschen wirtschaftlich nahezu uninteressant und wurde während des Krieges zu einem lästigen Zuschussgebiet. Auch ideologisch bot die finnische Republik nur wenige Anknüpfungspunkte. Nach den obskuren Rassentheorien der Nazis waren die Finnen sogar als problematisch einzustufen.

Und dennoch war Finnland während des Zweiten Weltkriegs der von Hitler am meisten geschätzte Partner, dessen soldatische Leistungen vom »Führer« weitaus höher eingestuft wurden als bei allen anderen, obwohl die militärischen Ergebnisse aus deutscher Sicht die schlechtesten der gesamten Ostfront waren. Kaum mehr als 250 Kilometer konnten die Finnen in Karelien vorstoßen, dann verebbte der Krieg für drei Jahre in Sumpf und Tundra. An der schwierigen Topographie des Landes mit seinen Tausenden von Seen und einem nur kurzen Sommer lag das nicht allein.

Das hat bis heute das Bild einer scheinbar heroischen Idylle nicht geschmälert: Der finnische Kriegsschauplatz sei neben dem nordafrikanischen die einzige Region gewesen, in der im Zweiten Weltkrieg ein »Normalkrieg« und nicht der nationalsozialistische Raub- und Vernichtungskrieg geführt worden sei. Der Mythos einer ungewöhnlichen »Waffenbrüderschaft« zwischen Deutschen und Finnen, die erst nach dem Frontwechsel Helsinkis im Herbst 1944 getrübt wurde, war im Ersten Weltkrieg entstanden. Bereits 1915 hatte man bei Hamburg mit der Aufstellung einer Finnischen Legion begonnen, die einen Beitrag leisten sollte, um das Zarenreich zu schwächen und die nationale Revolution in Finnland zu entfachen.[1] Das finnische Jägerbataillon kämpfte 1916/17 an der Ostfront bei Riga. Als sich das Heimatland am 6. Dezember 1917 für unabhängig erklärte, vereidigte man die Soldaten auf die »weiße« Regierung in Helsinki. Sie wurden am 25. Februar 1918 bei ihrer Landung vom finnischen Oberbefehlshaber, General Carl Gustaf Freiherr von Mannerheim, willkommen geheißen und bildeten den Grundstock der neuen finnischen Armee, die sich im Bürgerkrieg gegen die »Roten« behaupten konnte. Bis Ende der 50er Jahre wurde die finnische Militärelite von den ehemaligen Angehörigen des Jägerbataillons geprägt. Kurz: Der Unabhängigkeitsmythos Finnlands ging auf diese alte Waffenbrüderschaft zurück.

In der Zwischenkriegszeit spielte das Land seine Rolle im Kreis der skandinavischen Demokratien und sah sich erst im Herbst 1939 plötzlich vom sowjetischen Nachbarn akut bedroht. Noch Ende Juni hatte der deutsche Generalstabschef Franz Halder die finnische Armee besucht. Er war beeindruckt von der antirussischen Stimmung und der Bereitschaft zu einem Zusammengehen mit den Deutschen. Daran hatte auch der vorangegangene Besuch von General Walter Kirke, dem Befehlshaber der britischen Territorialarmee, nichts geändert.[2] Die Finnen glaubten sich mit ihren Verteidigungsanstrengungen gesichert gegenüber der Roten Armee, obwohl nach Einschätzung des deutschen Militärattachés die Artillerie überwiegend mit russischem Beutegerät aus dem Ersten Weltkrieg ausgerüstet und die Entwicklung einer eigenen Rüstungsindustrie noch nicht weit genug vorangeschritten sei. Die in Finnland begehrten deutschen Lieferungen, insbesondere von modernen Flugzeugen und Panzern, waren bislang aufgrund der deutschen Preisforderungen nicht zustande gekommen.

Dass Paris und London Interesse an einem Militärpakt mit Moskau zeigten, um die weitere deutsche Expansion zu bremsen, förderte eher die finnische Zurückhaltung gegenüber den Westmächten. In Helsinki konnte man nicht wissen, dass Hitler nur Wochen später im Geheimen Zusatzabkommen seines Paktes mit Stalin bereit sein würde, nicht nur die baltischen Republiken, sondern auch Finnland dem sowjetischen »Einflussbereich« zuzuschlagen.

Als der sowjetische Diktator seine Beute eintreiben wollte und ab dem 30. November 1939 mit 30 Divisionen und 750 000 Mann den kleinen Nachbarn im Norden überfallen ließ, zeigte Hitler den Finnen die kalte Schulter. Selbst sein faschistischer Kollege Mussolini wollte der tapferen kleinen Armee Unterstützung im Kampf gegen den Bolschewismus gewähren. Doch Hitler blieb verschlossen. So lag es an den westlichen Demokratien, den Finnen zu helfen. Fast wäre es darüber zum Ausbruch einer direkten militärischen Konfrontation mit der UdSSR gekommen, hätte Helsinki nach überraschenden Erfolgen gegen eine plump und verlustreich operierende Rote Armee nicht am 13. März 1940 eingelenkt und sich dem Druck Moskaus gebeugt. In einem Friedensvertrag, den die Finnen niemals innerlich akzeptierten, mussten große Teile Kareliens an die UdSSR abgetreten werden. Ebenso wurden strategisch wichtige Stützpunkte in der Ostsee ausgeliefert. Die Rote Armee zahlte mit 132 000 Toten und 330 000 Verwundeten einen hohen Preis für diesen Sieg. 5800 sowjetische Kriegsgefangene, die in die Heimat zurückkehren konnten, wurden zunächst im Jubel durch Leningrad geführt und anschließend heimlich exekutiert. »Väterchen« Stalin kannte keinen Pardon mit »Versagern«.

Als vier Wochen später die Wehrmacht mit der Besetzung von Dänemark und Norwegen in Skandinavien in die Offensive ging, setzte die finnische Mehrparteienregierung unter Ministerpräsident Risto Ryti auf einen baldigen Bruch der deutsch-sowjetischen Allianz. Der deutsche Sieg gegen Frankreich schien zu beweisen, dass nur in enger Anlehnung an das Reich eine Revision der finnischen Ostgrenze erhofft werden konnte. Dagegen rückte Hitler von seiner »kühldistanzierten, im Grunde finnlandfeindlichen Politik«[3] erst allmählich ab. Sein Entschluss, die Sowjetunion im nächsten Frühjahr zu überfallen, bewog ihn dazu, im August 1940 die Wiederaufnahme von deutschen Waffenlieferungen zu genehmigen. Dabei ging es ihm zunächst nur darum, Finnland gegen einen möglichen weiteren Druck Stalins zu stärken. Die deutschen Interessen richteten sich hauptsächlich auf den Schutz der kriegswichtigen Nickelerzgruben im nordfinnischen Petsamo, die von Helsinki geschickt ins Spiel gebracht worden waren. Rund 2000 deutsche Soldaten durften zur Sicherung einer Nachschubroute über finnisches Territorium nach Nordnorwegen im Lande stationiert werden.

Bei seinem Besuch in Berlin im November 1940 bestand der sowjetische Außenminister Molotow darauf, dass Finnland »endgültig als unverletzbarer Teil der sowjetischen Interessensphäre« zu betrachten sei – was auf den Anspruch zur Annexion des Landes nach dem Muster der baltischen Staaten hinauslief.[4] Die Forderung nach einem deutschen Rückzug ließ Hitler unbeantwortet. Dennoch handelten beide gemeinsam, als es darum ging, Pläne zu einem schwedisch-finnischen Verteidigungspakt zu hintertreiben. Die deutsche Herrschaft im Ostseeraum zwang auch die Schweden zu einem Anpassungskurs, der Druck aus dem Osten die Finnen erst recht.

Die finnischen Soldaten genossen in der deutschen Generalität höchste Sympathie. Deshalb hatte man schon bei den ersten Operationsplänen eine Teilnahme Finnlands fest einkalkuliert. Das deutsche Armeeoberkommando Norwegen bereitete sich auf das Unternehmen »Rennter«, den Zugriff auf Murmansk, vor, das gegebenenfalls mit finnischer Unterstützung durchgeführt werden sollte. Die Bereitstellung und Versorgung auch nur weniger deutscher Divisionen am Nordkap setzte allerdings einen Transport über schwedisches Territorium voraus.

Carl Gustav Emil Freiherr von Mannerheim, Oberbefehlshaber der finnischen Streitkräfte 1939–1944.

Ab Ende 1940 intensivierten sich die bilateralen Erkundungen und die Gespräche auf militärischer Ebene. Da Hitler in Abänderung bisheriger Planungen der Eroberung Leningrads höhere Priorität beimaß als der Moskaus, gewann das finnische Territorium an Bedeutung. Nun wurde ein zweiter Angriffsschwerpunkt in Mittelfinnland ins Auge gefasst, um in einer Zangenoperation die Murman-Bahn zu unterbrechen, die Murmansk und Leningrad miteinander verband und im Ersten Weltkrieg von deutschen Kriegsgefangenen gebaut worden war. Außerdem sah Hitler ohne Absprache mit Helsinki bereits Operationen der finnischen Armee beiderseits des Ladogasees vor, um in Absprache mit der deutschen Heeresgruppe Nord möglichst starke sowjetische Kräfte zu fesseln und den Angriff auf Leningrad zu erleichtern. Ein Besuch des finnischen Generalstabschefs, Generalleutnant Erik Heinrichs, Ende Januar 1941 in Berlin wurde zu unverbindlichen Absprachen genutzt, die als Vorsichtsmaßnahme gegen die UdSSR deklariert wurden. Hitler glaubte bereits an eine »gute Waffenbrüderschaft«.[5]

Größere deutsche Kräfte konnten für diesen Kriegsschauplatz aber nicht zur Verfügung gestellt werden, da Hitler nach einem britischen Flottenvorstoß gegen die Lofoten Anfang März 1941 der Verteidigung Norwegens größere Bedeutung zumaß. Zudem blieben die deutsch-finnischen Kräfte von vornherein zersplittert. Bei seiner berüchtigten »Führerkonferenz« am 30. März 1941, bei der er auch seine ideologischen Kriegsvorstellungen enthüllte, beurteilte Hitler die möglichen Verbündeten äußerst skeptisch, die Finnen aber als tapfer, wenn er auch ihre Armee hinsichtlich Führung und Ausrüstung als eher schwach einschätzte. Deren Oberbefehlshaber, noch immer Feldmarschall Mannerheim, wollte er dennoch das Gesamtkommando über die Angriffsoperationen übertragen. Da Mannerheim später aus politischen Gründen ablehnte, kam eine einheitliche Befehlsstruktur nicht zustande.

Während im April/Mai 1941 der deutsche Aufmarsch kaum noch zu tarnen war und auf unterer Ebene bereits konkrete Absprachen getroffen und Erkundungen durchgeführt wurden, blieben die politischen Regelungen ungelöst. Hitler suchte konkrete vertragliche Verhandlungen auch in diesem Falle zu vermeiden und wollte sich die alleinige Führung des Ostfeldzuges bewahren. Offizielle Militärgespräche wurden erst am 25. Mai 1941 aufgenommen. Vom »Kreuzzug gegen den Bolschewismus« war bereits die Rede, doch verbindliche Vereinbarungen unterblieben. Erst zwei Wochen vor Beginn des deutschen Überfalls verständigte man sich in Helsinki auf detaillierte Absprachen. Die finnische Regierung bewertete Hitlers Absicht »als ein historisches Zeichen einer großen Zeit«. Zum Kampf gegen den finnischen Erbfeind sei die Zeit nun reif.[6]

Aus innen- und verfassungspolitischen Gründen lehnte es Helsinki freilich ab, ohne Provokation den Kampf gegen die UdSSR zu beginnen. Außerdem fürchtete man mögliche deutsche Eingriffe in die inneren Angelegenheiten des Landes. Seit einiger Zeit liefen bereits Werbungen von finnischen Freiwilligen für die Waffen-SS,[7] und insgeheim ließ Hitler »mit aller Vorsicht« die »Angliederung Finnlands als Bundesstaat« vorbereiten.[8] Das Bataillon »Nordost« wurde am 15. Juni 1941 in Wien aufgestellt. 373 Mann, darunter auch aktive Soldaten des finnischen Heeres, verteilte man auf die Division »Wiking«. An den Kämpfen nahmen sie vom ersten Tag des Russlandfeldzuges an teil. 834 Finnen bildeten das Freiwilligenbataillon und erhielten im Oktober eine eigene Fahne. Es wurde nach Beendigung der Ausbildung dem SS-Regiment »Nordland« angegliedert. Zu ihm gehörten – für die SS ungewöhnlich – auch Feldgeistliche.

Das Freiwilligenbataillon fand im Dezember 1941 Verwendung bei der Bekämpfung von Partisanen und in den Abwehrkämpfen der Miusstellung in Südrussland. Die Finnen kämpften im Sommer 1942 im Kaukasus, überstanden den Rückzug und wurden im Mai 1943 zur Erholung nach Bayern verlegt. Von dort kehrten sie nach Finnland zurück, wo das Bataillon aufgelöst wurde. Die Freiwilligen traten wieder in die finnische Armee ein.

Eine Woche vor Kriegsbeginn unterstand das III. finnische Korps dem deutschen Armeeoberkommando Norwegen unter Generaloberst Nikolaus von Falkenhorst. Dafür übernahm Feldmarschall Mannerheim den selbständigen Oberbefehl über 16 Divisionen mit rund 200 000 Mann im Süden des Landes sowie auch über jene deutschen Verbände, die den Angriff auf den sowjetischen Stützpunkt Hanko verstärken sollten. Mannerheim unterstand außerdem die finnische Luftwaffe mit 307 Frontflugzeugen. Die Koordinierung sollte vom deutschen Verbindungsstab Nord geleistet werden, den der General der Infanterie Waldemar Erfurth führte.[9]

So traten die deutschen Streitkräfte am 22. Juni 1941 von finnischem Boden aus gegen die Rote Armee an, während die Regierung in Helsinki noch eine Neutralitätserklärung abgab. Wiederholte Angriffe von sowjetischer Seite auf finnische Städte und Militäranlagen veranlassten sie dann, am 25. Juni den Beginn eines Verteidigungskrieges zu erklären. Die Finnen identifizierten sich keineswegs mit Hitlers rassenideologischem Vernichtungskrieg gegen die UdSSR, so sehr sie auch die antikommunistische Propaganda übernahmen. In ihrer Armee dienten jüdische Offiziere und Soldaten bis zum Kriegsende!

Aus dem Tagesbefehl Mannerheims an seine Soldaten am 28. Juni 1941:
»Waffenbrüder! Folgt mir noch einmal, zum letzten Male, jetzt, wo Karelien sich erhebt und die Morgenröte eines neuen Tages für Finnland uns entgegenleuchtet!«[10]

Aus finnischer Sicht war es ein ganz normaler machtpolitischer Vorgang, wenn sie die Gunst der Stunde nutzten, um durch einen »Fortsetzungskrieg« an den Winterkrieg 1939/40 anzuknüpfen und die von Stalin damals geraubten finnischen Gebiete zurückzugewinnen. Nach den ersten militärischen Erfolgen stiegen freilich auch die territorialen Erwartungen bis hin zu Vorstellungen von einem Großfinnland. Sie wurden jedoch zu keinem verbindlichen politischen Programm aller finnischen Parteien und wurden bald wieder ad acta gelegt, denn die Sorge darum, allzu sehr in den Kampf der Großmächte hineingezogen zu werden, schärfte den Realismus der finnischen Regierung. Sie konnte sich der Sympathie ihrer schwedischen Nachbarn sicher sein, die entschlossen waren, unbedingt an ihrer Neutralität festzuhalten, wenngleich es im deutschfreundlichen Offizierkorps auch andere Stimmen gab. Unter starkem deutschen Druck gestatten die Schweden immerhin zeitweilige deutsche Militärtransporte über ihr Territorium.

Mit Kriegsbeginn übernahm das deutsche Gebirgskorps Norwegen unter dem General der Gebirgstruppe Eduard Dietl im hohen Norden die wichtigste strategische Aufgabe. Mit zwei verstärkten Gebirgsdivisionen und unterstellten finnischen Grenztruppen sollte Murmansk genommen werden. Das »Unternehmen Platinfuchs« entwickelte sich jedoch zum ersten Fehlschlag des Russlandfeldzuges. Die stark befestigte Fischerhalbinsel konnte nicht erobert werden, so dass bereits Anfang Juli 1941 in diesem Bereich eine feste Abwehrstellung bezogen werden musste. An der tiefgestaffelten sowjetischen Verteidigung am Fluss Lica scheiterten Mitte des Monats ebenfalls die verlustreichen deutschen Angriffe. Hitler bewilligte zwar eine Verstärkung durch die in Griechenland stationierte 6. Gebirgsdivision, doch traf diese erst im Oktober in Nordnorwegen ein. Nun war auch aus Witterungsgründen an eine Wiederaufnahme der Offensive nicht zu denken. Beim Gebirgskorps Norwegen waren 1941 die höchsten Verluste der gesamten Ostfront zu verzeichnen!

Auch die Offensive im Sallagebiet durch das deutsche XXXVI. Armeekorps in Richtung Murman-Bahn stieß auf erbitterten Widerstand. Die 169. Infanteriedivision und die SS-Division »Nord« blieben vor Salla liegen. Erst nach Eindrehen der zum Korps gehörenden finnischen 6. Division konnten die Befestigungen aufgebrochen werden. Der allgemeine Mangel an Reserven und Nachschub sorgte dafür, dass die restlos erschöpften Verbände am Verman-Abschnitt zur Verteidigung übergehen mussten – 30 Kilometer vor der Murman-Bahn. Das südlich anschließende finnische III. Armeekorps war mit seinen aufgesplitterten Kräften in Mittelfinnland nicht erfolgreicher. In den schwer zugänglichen urwaldartigen Waldgebieten konnten sich die sowjetischen Verteidiger auf Nachschub über die

Murman-Bahn stützen, während die vom Armeeoberkommando Norwegen geführten Finnen trotz heftiger feindlicher Gegenangriffe keine zusätzlichen Kräfte erhielten: Mannerheim um Abgaben zu bitten fiel dem deutschen Verbindungskommando allzu schwer. Die Versorgung von rund 200 000 Mann blieb von der schwierigen Transportlage abhängig: Es war die Zustimmung Schwedens erforderlich, und es fehlten winterfeste Versorgungslinien in Lappland.

Das Versiegen des finnischen Angriffs in diesem Abschnitt ist wohl auch im Zusammenhang mit Bemühungen der USA zu sehen, einen Sonderfrieden Helsinkis mit Moskau zu vermitteln. Ernste Verwicklungen drohte man den Finnen an, wenn sie die amerikanischen Rüstungslieferungen an die UdSSR über die Murman-Bahn unterbrechen würden.[11] Durch die deutsche Luftwaffe allein konnte die Bahn nicht wirkungsvoll blockiert werden. Deren schwache Verbände wurden zwischen den verschiedenen Abschnitten der langen Front sowie angesichts der Notwendigkeit, auch die Seekriegführung bei Kirkenes zu unterstützen, aufgesplittert. Die finnische Luftwaffe mit ihrer »kosmopolitischen« technischen Ausrüstung (hauptsächlich amerikanische, britische, französische und italienische Flugzeuge) konzentrierte sich darauf, den erfolgreicheren Vormarsch der finnischen Armee in Karelien abzusichern.[12] Ihre Jagdflugzeuge erlangten hier sogar die Luftherrschaft gegen einen zahlenmäßig weit überlegenen Gegner, der sich auf die Deutschen und den Schutz von Murmansk konzentrierte.

Die selbständige Operation der finnischen Armee zielte nach den Absprachen mit Berlin auf einen Angriff beiderseits des Ladogasees. Er begann am 10. Juli 1941 und gewann gegen die Hauptkräfte der sowjetischen Nordfront überraschend schnell an Raum. Im Gegensatz zu den Erwartungen Halders lenkte Mannerheim dann den Schwerpunkt seiner Angriffe auf die Karelische Landenge in Richtung Viipuri (Wyborg). Die Stadt wurde am 30. August eingenommen und anschließend die alte Grenzlinie von 1939 erreicht. Im Oberkommando des Heeres (OKH) hatte man größeres Gewicht auf den Angriffsflügel ostwärts des Ladogasees gelegt, um die sowjetischen Truppen im Rücken von Leningrad zu bedrohen und so den Vormarsch der deutschen Heeresgruppe Nord zu entlasten.

So konnte erst ab Mitte August durch Umgruppierung bei den Finnen und das Hineinschieben der deutschen 163. Infanteriedivision der Angriff am linken Flügel beginnen. Auch hier wurden die sowjetischen Truppen über die alte Grenze bis zum Syamsee zurückgedrängt, wobei die deutschen Einheiten schwere Verluste erlitten, weil sie für den Waldkampf nicht ausgerüstet waren. Die Division kam deshalb wieder in die Reserve zurück. Anders als am rumänischen Frontabschnitt im Süden fehlte es der Wehrmacht in Karelien an ausreichenden Kräften, um die Offensive selbst voranzutreiben. Mannerheim zeigte keine Neigung, über die alte Landesgrenze hinaus tief auf russisches Gebiet vorzudringen. So blieb der direkte Druck auf Leningrad gering, während eine östliche Umfassung über den Swir aus finnischer Sicht gänzlich uninteressant war und aus eigener Kraft nicht zu leisten gewesen ist. Entsprechende Forderungen Hitlers lehnte die Regierung in

Helsinki schlicht ab. Jetzt rächte es sich, dass man in Berlin vor Beginn des »Unternehmens Barbarossa« auf verbindliche Absprachen verzichtet hatte.[13]

Immerhin zeigten sich die Finnen bereit, Anfang September 1941 ihren Vormarsch nach Ostkarelien hinein fortzusetzen, um ihre strategische Position zu verbessern. Schließlich hatte man die alte Grenze 1940 nicht erfolgreich verteidigen können. Mit dem Heranrücken an den Onegasee und den Swir gewann man bessere Verteidigungspositionen und konnte einen Seitenstrang der Murman-Bahn unterbrechen. Die finnische Offensive erzielte mit der Eroberung von Petrosawodsk und der Besetzung des Westufers des Onegasees am 1. Oktober 1941 noch einmal einen großen Erfolg. Dann wurden mit Beginn des Winters am Swir Verteidigungsstellungen eingerichtet.

Hitler hatte Mannerheim im September noch einmal gedrängt, zumindest die deutsche 163. Infanteriedivision über den Swir hinweg in Richtung Wolchowmündung angreifen zu lassen, um eine Vereinigung mit der deutschen 18. Armee und damit die vollständige Einschließung Leningrads zu ermöglichen. Seine Ankündigung, die Stadt nach ihrem Fall dem Erdboden gleichzumachen und das Gebiet nördlich der Newa an Finnland zu übergeben, stieß in Helsinki auf wenig Gegenliebe.[14] Mannerheim reagierte vielmehr mit der Verkleinerung und dem Umbau der finnischen Armee von etwa 500 000 auf 150 000 Mann bis zum Frühjahr 1942. Es sei Aufgabe der Deutschen, Leningrad zu erobern. Danach könne man über neue Operationen der finnischen Armee nachdenken. Die Unterzeichnung des Antikominternpaktes am 25. November 1941 durch den finnischen Außenminister Rolf Witting und die nachfolgende britische Kriegserklärung änderten an dieser Haltung nichts.

Mit der Besetzung des Marinestützpunktes Hanko am 3. Dezember 1941, ermöglicht durch den Abzug der belagerten sowjetischen Besatzung, hatte Finnland seine territorialen Ziele des »Fortsetzungskrieges« erreicht, während sich mit dem Verlust von Tichwin am 8. Dezember 1941 die Erschöpfung des deutschen Ostheeres zeigte. Deshalb war man in Helsinki äußerst besorgt über die deutsche Kriegserklärung an die USA und zeigte sich bemüht, die eigenen Kontakte zu Washington nicht zu gefährden.

Aus diesem Grund lehnte Mannerheim im Februar 1942 bei einem Besuch Keitels auch jegliche Unterstützung für Angriffe gegen die Murman-Bahn ab, über die amerikanische Hilfslieferungen an Stalin transportiert wurden. Er legte Wert darauf, die Verantwortlichkeiten klar zu trennen und deutsch-finnische Kommandostellen aufzulösen. Die finnische Armee gliederte sich in drei Fronten um: die Front an der Karelischen Landenge unter Generalleutnant Harald Öhquist, die Swir-Onega-Front unter Generalleutnant Karl L. Oesch sowie die Maaselkäfront unter Generalleutnant Taavetti Laatikainen.

Trotz dieser eindeutigen Abgrenzungspolitik Mannerheims zollte ihm Hitler Respekt. Den 75. Geburtstag des am 4. Juni 1942 zum »Marschall von Finnland« Berufenen nutzte er zu seiner einzigen Auslandsreise und überbrachte persönliche

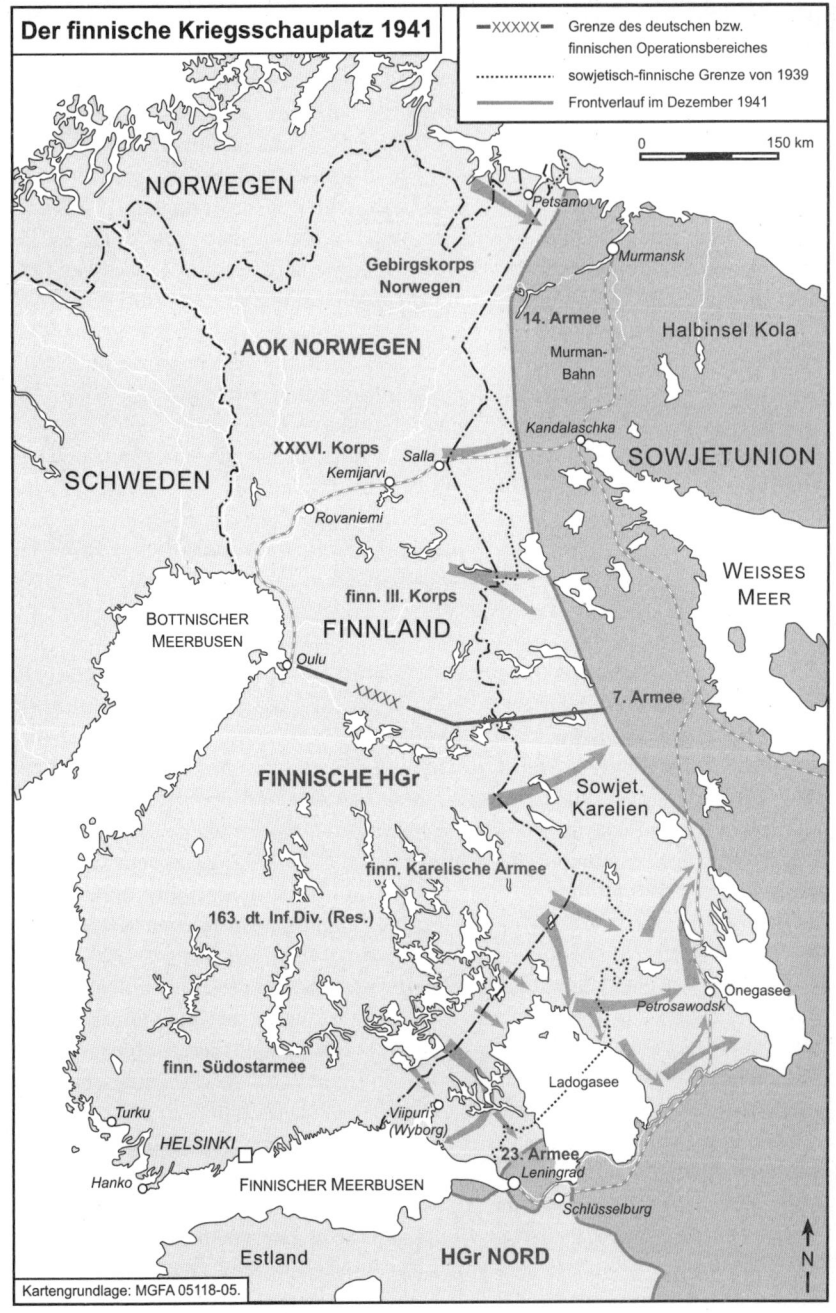

Der finnische Kriegsschauplatz 1941

━ XXXXX ━ Grenze des deutschen bzw. finnischen Operationsbereiches

············· sowjetisch-finnische Grenze von 1939

━━━ Frontverlauf im Dezember 1941

0   150 km

NORWEGEN

Petsamo

Murmansk

Gebirgskorps
Norwegen

14. Armee

Halbinsel Kola

AOK NORWEGEN

Murman-
Bahn

XXXVI. Korps   Salla

Kandalaschka

SOWJETUNION

SCHWEDEN

Kemijarvi

Rovaniemi

WEISSES
MEER

finn. III. Korps

FINNLAND

BOTTNISCHER
MEERBUSEN

Oulu

XXXXX

7. Armee

FINNISCHE HGr

Sowjet.
Karelien

finn. Karelische Armee

163. dt. Inf.Div. (Res.)

Onegasee

Petrosawodsk

finn. Südostarmee

Ladogasee

Turku

Viipuri
(Wyborg)

HELSINKI

23. Armee

Hanko

Leningrad

FINNISCHER MEERBUSEN

Schlüsselburg

Estland   HGr NORD

N

Kartengrundlage: MGFA 05118-05.

In den Schneestellungen an der Kollaafront, Winter 1941/42.

Glückwünsche. In Berlin verfolgte man nun den Plan, nach der Eroberung von Sewastopol Mansteins 11. Armee nach Norden zu verlegen, um mit ihrer Hilfe die Einnahme von Leningrad zu erzwingen (Unternehmen »Nordlicht«). Dann hätte man die Verbindung zu den Finnen in Karelien und am Swir schließen können. Doch Mansteins Kräfte wurden durch sowjetische Gegenangriffe am Wolchow gebunden und erschöpft. Die finnische Front blieb stabil.

Das Land litt nachhaltig an den Folgen der Mobilisierung und des Krieges. Deutsche Lebensmittellieferungen waren unentbehrlich, während Kriegsmaterial, Treibstoff und Rohstoffe Berlin nur in geringem Umfang zur Verfügung stellen konnte. Dafür profitierte die deutsche Kriegswirtschaft erheblich von den strategisch wichtigen Nickellieferungen aus Petsamo. Der deutsche IG-Farben-Konzern hatte längst begonnen, seinen Einfluss auszudehnen. Der Druck deutscher wirtschaftlicher Hegemonie lastete schwer auf Finnland, im Gegensatz zu Schweden, das zum »Dritten Reich« zunehmend auf Distanz gehen konnte. Das finnische Bemühen, aus dem Krieg auszuscheiden, blieb gefährdet. Im Februar 1943 wurde die Regierung umgebildet, die Sozialdemokraten blieben aber beteiligt. Der neue Außenminister Henrik Ramsay lehnte bei seinem Besuch in Berlin die gewünschte Zusage ab, vor einem eventuellen Separatfrieden mit der UdSSR die Reichsregierung zu konsultieren. Zu den spektakulären politischen Signalen gehörten im Sommer 1943 die Auflösung des finnischen Freiwilligenbataillons der Waffen-SS und die Kritik an der Deportation dänischer Juden.

Finnische Freiwillige für die Waffen-SS: v. l. n. r. SS-Obersturmbannführer Hans Collani, SS-Gruppenführer und Generalleutnant der Waffen-SS Felix Steiner und General Malmberg, Kommandeur des
finnischen Schutzkorps, Juni 1943.

Während des ganzen Jahres 1943 blieb die finnische Front nahezu ruhig. Mit
einem sowjetischen Gegenschlag musste gerechnet werden, der leicht die Existenz
des Landes gefährden konnte. Politisch war man auf die Unterstützung der Alliierten gegen weitergehende sowjetische Pläne angewiesen, und zugleich brauchte
man die Gewähr, sich militärisch hinreichend behaupten zu können. Deshalb
betrieb Mannerheim die Verstärkung der Armee und ihre Modernisierung, vor
allem bei der Artillerie. Um ihr im besonders gefährdeten karelischen Raum einen
Rückhalt zu verschaffen, ließ er ab Ende 1943 mehrere befestigte Verteidigungslinien errichten: auf der karelischen Landenge eine Vor-Stellung an der Grenze von
1939, 20 Kilometer dahinter die VT-Stellung (Vaamelsuu–Taipall) und schließlich
die VKT-Stellung (Viipuri–Kuparsaari–Taipall), die ebenfalls noch vor der Grenze
von 1940 lag. Im Abstand von 150 Kilometern hinter der Front am Swir und am
Onegasee baute man die sogenannte U-Linie entlang der Grenze von 1940.

Die Nachrichten aus Washington gaben für die finnischen Regierung kaum
Anlass zur Hoffnung. Von amerikanischer Seite wurde zwar Mitgefühl geäußert,
aber man war nicht bereit, die wichtigeren Beziehungen zu Stalin zu gefährden. An
einer bedingungslosen Kapitulation und zumindest teilweisen Besetzung schien
Finnland nicht vorbeizukommen.[15] Auf der Teheraner Konferenz Ende 1943
signalisierte die sowjetische Seite ihre Bereitschaft, die finnische Unabhängigkeit

zu respektieren, sofern die Grenzen von 1940 anerkannt und Reparationen gezahlt würden; unhintergehbar waren natürlich der Abbruch der deutsch-finnischen Beziehungen, die Vertreibung der Wehrmacht aus dem Land und die Demobilisierung der Armee. Helsinki weigerte sich jedoch, auf der Grundlage des Moskauer Friedens von 1940 in Verhandlungen einzutreten.

Anfang 1944 verdichteten sich die Anzeichen sowjetischer Offensivplanungen. Die Wehrmacht war gezwungen, sich von Leningrad zurückzuziehen. Ein Nervenkrieg begann, der die finnische Regierung zum Seitenwechsel veranlassen sollte. Doch diese verfügte noch immer über eine intakte Armee von rund 350 000 Mann, die im Feindesland stand, während im Norden die deutsche 20. Gebirgsarmee mit ungefähr 200 000 Soldaten Petsamo schützte, zugleich aber auch eine potentielle Bedrohung für die Finnen darstellte. Über die politische Schiene vermochten die Deutschen kaum noch, ihren unwilligen Waffengefährten unter Druck zu setzen. So verlegte man sich im Frühjahr 1944 darauf, die Getreidelieferungen zu drosseln und die Rüstungsexporte zu unterbrechen. Helsinki fand sich aber lediglich bereit, seiner aufmüpfigen Presse straffere Zügel anzulegen.

Die Wehrmacht musste sich auf einen möglichen Frontwechsel Finnlands einstellen. Ein Eingreifen der Lappland-Armee im Süden des Landes war schon aus logistischen Gründen auszuschließen. Mehr als ein Rückzug auf die Sicherung der nordfinnischen Nickelproduktion und Nordnorwegens schien nicht realistisch. Die Lage Finnlands veränderte sich am 9. Juni 1944, drei Tage nach Beginn der alliierten Invasion in der Normandie, dramatisch. Die Rote Armee startete überraschend eine Großoffensive auf der Karelischen Landenge, mit weniger Kräften als 1939/40, aber den Finnen numerisch und materiell dennoch weit überlegen. Der rasche Durchbruch führte am 20. Juni 1944 zur Einnahme von Viipuri. Mannerheim sah sich gezwungen, die Deutschen um Bereitstellung von sechs bis acht Divisionen und um neue Waffenlieferungen zu bitten. Hitlers Außenminister Joachim von Ribbentrop reiste nach Helsinki und verlangte, dass sich Finnland zunächst zum Verzicht auf einen möglichen Sonderfrieden bereit erklärte. Einen Tag später verlangte Moskau, die finnische Regierung solle um Frieden bitten. Nur dann werde man eine finnische Delegation empfangen.

Die finnische Führung stand vor einer schweren Entscheidung. Präsident Risto Ryti unterzeichnete am 26. Juni 1944 den Briefentwurf Ribbentrops. Damit konnten beträchtliche deutsche Waffenlieferungen und Verstärkungen, insbesondere an Panzerabwehrmitteln, realisiert werden, die Finnland die Möglichkeit verschafften, seine Front zu stabilisieren und die Landesverteidigung auch psychologisch zu stärken. Auf dieser Basis konnte dann Mannerheim, der Ryti als Staatspräsident ablöste, unter günstigeren Bedingungen sein Land aus dem Krieg führen.

Der Roten Armee war es trotz beträchtlicher Geländegewinne nicht gelungen, einen Zusammenbruch der finnischen Armee herbeizuführen. Im Gegenteil: Bei Tali-Ihantala war es den Finnen gelungen, durch einen scheinbaren Rückzug überlegene sowjetische Verbände in eine Falle zu locken und in einer Kesselschlacht zu vernichten. Es war die größte militärische Leistung Finnlands im Zweiten Weltkrieg, ja die größte Schlacht, die jemals in Skandinavien geschlagen worden ist. Fünf finnische Divisionen kämpften gegen zwölf sowjetische und fügten ihnen Verluste von 20 000 Mann und 600 Panzern zu. Dabei leisteten zwei Geschwader deutscher Stukas und Jagdbomber eine wichtige Unterstützung.

Mit dem Erreichen der Frontlinie von 1940 zog Stalin größere Verbände ab, um seinen Angriff auf Deutschland zu verstärken. In Berlin war man ratlos. Keitel überbrachte Mannerheim das Eichenlaub zum Ritterkreuz, doch dieser fühlte sich nicht an das Schreiben Rytis gebunden. Damit war das Vorgehen der Finnen als gelungenes Täuschungsmanöver gegenüber den Deutschen offensichtlich. Wie immer man es rechtlich bewerten wollte, verschaffte es dem Land eine wichtige Atempause.

In einem Brief an Hitler vom 2. September 1944 kündigte Mannerheim seinerseits an, dass sich die Wege »wahrscheinlich sehr bald scheiden« würden, da sich Finnland eine Fortsetzung des Krieges nicht erlauben könne.[16] Drei Tage später schwiegen an der finnisch-sowjetischen Front die Waffen. Am 19. September wurde nach zähen Verhandlungen ein Waffenstillstand in Moskau abgeschlossen. In Berlin herrschte Benommenheit, vor allem wegen des Verlusts von politischem Prestige. Trotzdem hielt man es nicht für ausgeschlossen, dass sich Teile der finnischen Armee den Deutschen anschließen würden; selbst von der Aufstellung eines finnischen Freikorps im Rahmen der Waffen-SS war die Rede. Vordringlich war jedoch die Räumung Südfinnlands durch deutsche Dienststellen, die über See möglich war. Die 20. Gebirgsarmee im Norden musste darum besorgt sein, einen möglichst kampflosen Rückzug organisieren zu können. Das betraf vor allem die beiden Gebirgskorps in Mittelfinnland, während das nördliche Korps in seinen Stellungen vor Murmansk verbleiben konnte.

Die Waffenstillstandskommission nötigte die Finnen zu einer aktiven Vertreibung der Wehrmacht, was nach anfänglichen Scheingefechten (»Herbstmanöver«) Ende September zu ersten Zusammenstößen führte. Gleichzeitig hatte eine sowjetische Offensive an der Murmanskfront den überraschend schnellen Zusammenbruch der deutschen Stellungen zur Folge. Die Gebirgsarmee, von einer möglichen britischen Landung in ihrem Rücken bedroht, zog es vor, in einer über 1000 Kilometer führenden Absetzbewegung Finnland zu verlassen und sich auf den Raum Narvik zurückzuziehen. Die dabei angewandte Taktik der »verbrannten Erde« belastete später noch für Jahrzehnte die deutsch-finnischen Beziehungen.

Im Zweiten Weltkrieg wurden rund 84 000 Finnen getötet. Im Frieden von Paris (1947) wurden der Verlust von zwölf Prozent des Territoriums und die Zahlung von 300 Millionen US-Dollar Reparationen festgeschrieben. Über 400 000 Flüchtlinge aus Karelien mussten integriert werden. Das waren wie in Deutschland mehr als zehn Prozent der Gesamtbevölkerung. Aber das Land war nicht ruiniert, seine Armee kampffähig. Als einziger europäischer Verbündeter Hitlers konnte es einer Besetzung entgehen und seine politische Kultur bewahren.

Ungarn

■ Das Königreich Ungarn war der älteste Verbündete des Deutschen Reiches. Bis 1918 kämpften ungarische Truppen als Teil der k.u.k. Armee an der Seite der Mittelmächte gegen Russland. Der Zusammenbruch der österreichischen Doppelmonarchie ließ einen nur mühsam zusammengehaltenen Staat zurück, der nach dem Friedensvertrag von Trianon zu den Verlierern des Ersten Weltkriegs gehörte. Über 70 Prozent seines Staatsgebiets wurden abgetrennt, wobei mehr als 3,5 Millionen Ungarn unter die Herrschaft neugebildeter Nachbarstaaten gerieten. Dem Land blieben 8,6 Millionen Staatsbürger. Nimmt man diese Proportionen, ist Ungarn der größte Verlierer des Ersten Weltkriegs gewesen. Die Rückgewinnung von »Großungarn« wurde zur Doktrin einer neuen Armee, der Königlich Ungarischen Honvéd. Sie bildete sich 1919 aus anfänglich 4000 Offizieren, die unter der Führung von Miklós von Horthy, dem letzten Oberbefehlshaber der k.u.k. Kriegsmarine, die kommunistische Revolution des Belá Kun niederwarf. Der Antikommunismus wurde damit zur zweiten Doktrin eines Staates, der an der Fiktion der Monarchie festhielt und von Horthy als »Reichsverweser« regiert wurde.

Die Siegermächte hatten Ungarn – ähnlich wie der Weimarer Republik – schärfste militärische Restriktionen auferlegt. Budapest wurde in den 20er Jahren zum Tummelplatz einer »rechten Internationale«, die zunächst im faschistischen Italien, dann im deutschen Nationalsozialismus ihr Vorbild suchte. Obwohl von Reparationszahlungen und wirtschaftlicher Depression behindert, suchte die ungarische Armeeführung ab Anfang der 30er Jahre nach Möglichkeiten einer systematischen Wiederaufrüstung. Mussolinis Italien leistete Unterstützung, später auch Deutschland. Anfang 1939 begann der fieberhafte Ausbau der Streitkräfte, die bereits rund 120 000 Mann umfassten. Kurz zuvor hatte die Tschechoslowakei auf Druck der Achsenmächte Teile der Südslowakei an Ungarn zurückgeben müssen, und im März 1939 – nach der Besetzung Prags durch die Wehrmacht – wurde auch die Karpato-Ukraine wieder ungarisches Staatsgebiet.

Horthy trieb den Revisionismus – zunächst noch umgeben von den Staaten der Kleinen Entente Frankreichs – vorsichtig voran. Über die neue ungarisch-polnische Grenze wurden im September 1939 mehr als 150 000 polnische Flüchtlinge aufgenommen, darunter Zehntausende von Soldaten, die über Budapest nach Frankreich gelangten und dort eine exilpolnische Armee bildeten. In Berlin war man im Herbst 1939 an »Ruhe« auf dem Balkan interessiert, doch schon Anfang 1940 gab es Planungen für einen möglichen deutschen Angriff gegen Rumänien, wofür Ungarn als Aufmarschgebiet unentbehrlich gewesen wäre.[1] In Budapest verstand man den Wandel der strategischen Lage. Der deutschfreundliche Generalstabschef, Generaloberst Henrik Werth, mobilisierte das Land für einen Überfall auf den verhassten Nachbarn. In letzter Minute entschied Hitler am 30. August 1940 mit dem Wiener Schiedsspruch, Siebenbürgen zwischen Ungarn und Rumänien aufzuteilen. Der Kompromiss befriedigte auch die Ungarn nicht, so dass es an der neuen ungarisch-rumänischen Grenze während des ganzen Krieges häufig zu Schießereien kam.

Der gewaltige Schritt hin zu einem Großungarn beeindruckte zumindest die Militärführung, die darauf vertraute, künftig bei den Deutschen eine Vorzugsstellung gegenüber Rumänien einnehmen zu können. Doch das drängende Interesse an einer Modernisierung der Armee stieß in Berlin auf Zurückhaltung. Ungarn, das man weiterhin als »unzuverlässig« einschätzte, erhielt ebenso wie Rumänien Flugzeuge, Panzer und Geschütze aus dem großen Arsenal deutscher Beutewaffen, wobei man darauf achtete, keiner Seite eine klare Überlegenheit zu verschaffen und sie womöglich zum Krieg zu ermutigen. Ungarn war immerhin in der Lage, mit seiner Industrie nach deutschen Lizenzen Rüstungsgerät zu produzieren, und konnte daran denken, eigene Panzerdivisionen aufzustellen. Für einen längeren Krieg gegen einen ernstzunehmenden Gegner reichte das freilich 1941 nicht aus.

Der ungarische Ministerpräsident Graf Pál Teleki war deshalb äußerst besorgt. Als sich im Frühjahr 1941 die Ereignisse auf dem Balkan zuspitzten, informierte er London und Washington, er hege die Hoffnung, sein Land aus dem Krieg heraushalten zu können.

Aus dem Schreiben des ungarischen Ministerpräsidenten Graf Pál Teleki vom 3. März 1941:
»Hauptaufgabe der ungarischen Regierung in diesem europäischen Krieg ist es, Ungarns militärische, materielle und völkische Kraft bis zum Ende des Krieges zu erhalten. Um jeden Preis müssen wir uns von einer Teilnahme am Konflikt fernhalten. Der Ausgang des Krieges ist zweifelhaft. In jedem Fall aber ist es für Ungarn am wichtigsten, in der Periode der Beendigung des europäischen Krieges unversehrt dazustehen. Es kann leicht geschehen, besonders im Falle einer völligen Niederlage Deutschlands, daß bei Kriegsende in ganz Europa chaotische Zustände eintreten, die für jene Staaten die größte Gefahr bilden werden, die ungeschützt sind, die ihre materiellen Mittel und ihre Armee vor Beendigung des europäischen Krieges geopfert haben. [...] Das Land, unsere Jugend, unsere Armee dürfen wir nur für uns selbst aufs Spiel setzen und für niemanden anderen!«[2]

Die Armeeführung beurteilte die Lage optimistischer und konnte sich dem Druck nicht entziehen, der von dem Buhlen des rumänischen Ministerpräsidenten Ion Antonescu um Hitlers Gunst ausging. Wollte Ungarn seine Territorien gegen den rumänischen Revisionismus schützen, durfte es im gegenseitigen Wettrüsten nicht zurückfallen. So zeigte man sich sofort zur Beteiligung am deutschen Überfall auf Jugoslawien bereit. Ungarn engagierte sich mit einer ganzen Armee und gewann auf diese Weise die Bácska, das Murgebiet und das Baranyaer-Dreieck mit einer Million Einwohnern zurück. Widerstand in der Bevölkerung wurde mit brutaler Gewalt gebrochen, der Serben, Juden und sogar Volksdeutsche zum Opfer fielen. Ministerpräsident Teleki hatte sich am 3. April 1941, kurz vor dem Einmarsch, aus Verzweiflung über die politische Entwicklung erschossen. Drei Tage später brach Großbritannien zu Beziehungen zu Budapest ab. Mit der Kriegserklärung warteten die Briten bis zum Jahresende, als Stalin darauf drängte, die zweigleisige Politik der deutschen Verbündeten zu unterbinden.

Die Armeereform in Ungarn machte im Frühjahr 1941 Fortschritte. Wegen der angespannten wirtschaftlichen Lage konnte zwar die Zahl der Truppen erhöht, aber ihre Ausrüstung nicht wesentlich verbessert werden. Die Honvéd verfügte jetzt über drei Armeeoberkommandos und das Kommando des I. Schnellen Korps mit einer möglichen Kriegsstärke von 600 000 Mann. Der kontinuierliche Aufbau von Reserven blieb demgegenüber aber ebenso zurück wie die Beschaffung moderner Flugzeuge, Flak, Panzer und Pak. Die Mängel suchte man durch eine intensive Indoktrination der Armee zu verdecken. Von der Propaganda wurden die eigenen Soldaten als die besten der Welt gepriesen. Revisionismus und Antikommunismus prägten die Leitbilder besonders im Offizierkorps.

Bei den Planungen für »Barbarossa« hatte man in Berlin zwar die Bedeutung Ungarns als unverzichtbares Durchmarschgebiet erkannt. Doch Hitler lehnte noch im Dezember 1940 eine direkte Kriegsteilnahme ab. Budapest sollte erst in letzter Minute informiert werden, um einen Verrat in englische Kanäle zu verhindern. Das OKH setzte sich vergeblich für einen ungarischen Vorstoß über die Karpaten ein. Horthy konnte lange keine Klarheit über die deutschen Absichten gewinnen, durfte aber davon ausgehen, dass die defensiven Maßnahmen an der Grenze zur UdSSR für Berlin von Nutzen sein würden. Generaloberst Werth drängte eine Woche vor dem Beginn des Russlandfeldzuges darauf, Deutschland ein förmliches Angebot zur Teilnahme am Krieg gegen die Sowjetunion zu machen. Der neue Ministerpräsident László von Bárdossy hingegen war darum besorgt, die eigenen Kräfte angesichts feindlich gesinnter Nachbarn (Rumänien und Slowakei) nicht zu zersplittern.

Das Pokern beider Seiten grenzte beinahe ans Lächerliche. Während die Ungarn auf eine deutsche »Bitte« warteten, um dann eventuell über Gegenleistungen verhandeln zu können, zierte man sich in Berlin bis zur letzten Minute. Generalstabschef Halder erklärte das so: »Man stelle keine Forderungen, weil man solche bezahlen müsse, aber man sei für jede Unterstützung, besonders durch schnelle Truppen, dankbar. Jedoch dürften die deutschen Bahntransporte auf keinen Fall gestört werden.«[3] Als am 22. Juni 1941 der Angriff der Wehrmacht gegen die UdSSR begann, blieb zunächst die ungarische Karpatengrenze ausgespart. Diese sicherten lediglich vier Brigaden gegenüber der weit überlegenen 12. sowjetischen Armee, die mit ihren Panzerkräften zum Schwerpunkt im Raum Lemberg gehörte. Aus dem Blickwinkel des OKH war das Stillhalten der Ungarn durchaus willkommen, denn der eigene Angriff gegen den Lemberger Frontbalkon setzte an den

Schenkelpunkten an. Doch ein baldiges frontales Nachdrücken der Ungarn würde ein mögliches Ausweichen der sowjetischen Gruppierung verhindern können.

Auf der politischen Bühne erregte die ungarische Zurückhaltung Aufmerksamkeit. Mussolini zeigte sich erstaunt, wo doch »ganz Europa im Kampffieber brenne«.[4] Bis heute ist ungeklärt, wessen Flugzeuge am 26. Juni 1941 die nordungarische Stadt Kassa (Košice) bombardierten. Moskau dementierte sofort und dürfte tatsächlich kein Interesse an einer solchen Provokation gehabt haben. Für die ungarische Regierung war damit jedenfalls der Casus Belli gegeben. Die Königlich Ungarische Honvéd erhielt den Befehl zu »entsprechenden Vergeltungsmaßnahmen«. Nach einem Angriff der ungarischen Luftwaffe auf das sowjetische Hinterland begannen zwei Grenzbrigaden sowie das Schnelle Armeekorps mit rund 45 000 Mann ihren Vormarsch. Sie stießen in den ersten zwei Wochen kaum auf Widerstand. Die Grenzjäger blieben als Besatzungstruppe zurück.

Das Schnelle Armeekorps unter Generalmajor Béla von Miklós, der modernste Großverband der ungarischen Streitkräfte mit rund 25 000 Mann, wurde der 17. deutschen Armee eingegliedert. Die neun Panzerkompanien mit 160 leichten Panzern der Typen »Toldi« und »Ansaldo L 5« waren für größere Kampfaufgaben untauglich. Solange das Korps nur als zweite Staffel den deutschen Vormarsch unterstützte, reichte die schwache Ausrüstung allemal aus, auch bei der Absicherung des Kessels von Uman, wo die schwer angeschlagenen sowjetischen Verbände kaum noch über gepanzerte Kräfte verfügten. Euphorie erfasste die ungarischen Truppen, als man über Perwomajsk den Bug entlang in Richtung Schwarzes Meer vorrückte. Der geschlagene Gegner suchte längst aus seiner unhaltbaren Position den Rückzug hinter den Fluss. Bei Nikolajew erreichten die Ungarn Mitte August das Meer.

Deutscher Augenzeugenbericht vom Angriff ungarischer Kavallerie in der Südukraine:

»Der Morgen fand uns bereits wieder im harten Kampf mit dem sich heftig wehrenden Gegner, der sich längs eines hohen Eisenbahndammes verbissen hatte. Viermal hatten wir angegriffen, viermal waren wir abgeschmiert worden. Der Kommandeur fluchte in allen Tonarten. Die Kompaniechefs waren verzweifelt. Die dringend angeforderte Artillerieunterstützung kam und kam nicht. Statt dessen kam ein ungarisches Husarenregiment. Wir lächelten. Was wollten die Magyaren hier? Schade um die schönen, eleganten Pferde!

Plötzlich versteinerten wir. Die Kerle waren verrückt geworden! Schwadron um Schwadron rückte nach vorne, zu uns. Ein lautes Kommando. Wie der Blitz saßen die braungebrannten, schlanken Reiter im Sattel, ein großer Oberst mit glänzendem Goldkragen zog wahrhaftig seinen Säbel. Von der Flanke her bellten vier, fünf leichte Panzerspähwagen, und schon brauste über die weite Erde das ganze Regiment, blitzende Säbel glänzten in der Nachmittagssonne. So muß einmal Seydlitz angegriffen haben! Alle Vorsicht außer Acht lassend sprangen wir aus unseren Löchern.

Es war alles wie eine grandiose Großaufnahme für einen Reiterfilm. Auf dem Bahn-
damm peitschten die ersten Salven, die merkwürdig dünn waren. [...] Und dann sahen wir staunend und lachend, wie das sowjetische Regiment, das sich wütend und
verbissen gegen den Ansturm unserer Kompanien gewehrt hatte, aufsprang und wie
wahnsinnig nach rückwärts hetzte, von den jauchzenden Ungarn vor sich hergetrie-
ben, deren blanke Klingen reiche, überreiche Ernte hielten. Dem Anblick der blitzen-
den Säbel waren die Nerven der russischen Muschiks einfach nicht gewachsen.«[5]

Für die älteren Offiziere mochte das Erinnerungen an ihren Einsatz 23 Jahre zuvor in der Ukraine hervorrufen. Ihr Oberbefehlshaber sah die Lage nüchterner.
Ein schneller Sieg der Deutschen rückte in weite Ferne, und die Rumänen hatten
sich mit der Masse ihrer Armee im Süden der Ukraine festgesetzt. In Berlin war
man stets bemüht gewesen, die beiden feindseligen Verbündeten möglichst weit
voneinander zu trennen. Horthy drängte nun darauf, sein Elitekorps rasch wieder
zurückzuziehen. Weil Generalstabschef Werth im Gegensatz dazu mehr Truppen
an die Ostfront schicken wollte, veranlasste ihn der »Reichsverweser« zum Rück-
tritt. Nachfolger Generaloberst Ferenc Szombathelyi beurteilte Hitlers Aussichten
im Osten pessimistisch und plädierte dafür, die eigenen Kräfte im Land zurück-
zuhalten.

Der deutsche Diktator forderte den Ungarn aber zunächst ein weiteres Engagement ab. Ihr Schnelles Korps unterstützte zusammen mit dem Schnellen Korps
der Italiener den Vorstoß über den Dnjepr bei Dnjepropetrowsk und marschierte
im Verband der 17. deutschen Armee im Oktober 1941 bis an den Donez bei
Izjum. Dann durfte es etappenweise aus der Front ausscheiden und kehrte in die
Heimat zurück. Der erlittene Verlust von rund zehn Prozent der Personalstärke
wog weniger als der Ausfall fast sämtlicher Panzerwagen und Kraftfahrzeuge,
die auf dem langen Marsch verschlissen worden waren. Abgesehen von vier In-
fanteriebrigaden, die in Galizien, also im ungarischen Vorfeld und auf früherem
k.u.k. Reichsgebiet, als Besatzungsarmee wohlgelitten waren, schien damit der
ungarische Beitrag zu Hitlers Ostkrieg praktisch beendet.

Der Rückschlag vor Moskau im Dezember 1941 veränderte die Lage dramatisch. Um eine weitere Sommeroffensive vorbereiten zu können, brauchte Hitler
auch die Ungarn. Ein langes Zieren kam nicht mehr in Betracht. Ende Januar
1942 verhandelte Keitel in Budapest um die Modalitäten. Szombathelyi konnte
den Hinweis auf das große rumänische Engagement nicht ignorieren. Statt der
geforderten 23 Divisionen bot er schließlich 17 an, davon zehn Frontverbände,
die als 2. ungarische Armee unter der Führung von Generaloberst Gusztáv Jány
ins Feld ziehen sollten. Keitels Versprechen, sie mit deutschem Material auszustatten, war wenig glaubwürdig, aber in Budapest mochte man glauben, sich damit
von jeglichen weiteren Verpflichtungen freigekauft zu haben.

Das ungarische Kontingent machte zweifellos den Kern der militärischen Leistungsfähigkeit des Landes aus. Die 2. Armee bestand immerhin aus rund 200 000

Ungarische Infanteristen besetzen ein Dorf in der Ukraine.

Mann mit neun schwachen Infanteriedivisionen und einer Panzerdivision, die zum größten Teil mit veralteten deutschen Modellen (38 t und P III) ausgestattet war. Eine eigene Fliegerbrigade mit 90 Maschinen erhöhte ihren Wirkungskreis. Sieben Besatzungsdivisionen – im Vergleich dazu verfügten die Deutschen 1941 über insgesamt zwölf Sicherungsdivisionen für das gesamte Besatzungsgebiet – übernahmen größere Gebiete der Nordukraine und machten dafür deutsche Sicherungsverbände frei. Hinsichtlich der einheimischen Bevölkerung verhielten sich die Ungarn konform mit der Wehrmacht. In ihrer eigenen Heimat hatte man unter deutschem Druck die antisemitischen Maßnahmen verstärkt. Ungarische Wehrpflichtige jüdischen Glaubens aber wurden in Arbeitsdienstkompanien auch an der Ostfront eingesetzt, wo sie als reguläre Truppenteile der Königlich Ungarischen Honvéd galten.

Die 2. ungarische Armee traf bis Ende Juni im Bereich der deutschen Heeresgruppe Süd ein. Hier sollte sie zusammen mit Italienern und Rumänen die Absicherung der Flanke am Don übernehmen, ein Verteidigungsauftrag, den Hitler seinen Verbündeten gerade noch zutraute. Die Ungarn sollten außerdem den nördlichen Abschnitt bei Woronesch sichern, an dessen Eroberung sie sich Mitte Juli 1942 beteiligt hatten. Der Chef der Operationsabteilung der 2. ungarischen Armee, Oberst Gyula Kovács, zweifelte an dem Sinn des Unternehmens. »Weder die ins Feld gezogene Armee, noch – wie ich vermute – das Mutterland selber vermögen das Ziel, die Sinnhaftigkeit dieses Krieges und unserer Teilnahme daran zu erkennen. [...] Man kann nicht einen Krieg führen, von dessen Sinnhaftigkeit man nicht überzeugt ist.«[6]

Mit dem Abrücken der deutschen Armeen nach Süden blieben die Ungarn auf einer Breite von 200 Kilometern sich weitgehend selbst überlassen. Der Fluss bildete kein sicheres Hindernis, da einige sowjetische Brückenköpfe am Westufer standhielten. Verlustreiche Angriffe der Ungarn wurden im September eingestellt. Man richtete sich zur Verteidigung ein.

Während die Schlacht um Stalingrad tobte und die sowjetische Gegenoffensive im November 1942 zur Einschließung der 6. Armee führte, herrschte im Norden an der ungarischen Front eine gespannte Ruhe. Die ungarischen Infanteriedivisionen hatten mit ihren Stellungen jeweils eine Ausdehnung von rund 20 Kilometern zu besetzen, doppelt so viel wie gewöhnlich. Alle schweren Waffen mussten in der Hauptkampflinie eingesetzt werden. Einzelne deutsche Divisionen, die als Reserven hinter den ungarischen Linien stationiert waren, wurden im Dezember/Januar abgezogen, um die riesige Frontlücke im Süden zu schließen. Für die Honvéd-Soldaten kam die Verpflegung aus deutschen Depots und war für ihren Geschmack ungewohnt fettlos und fade. Ihren Oberbefehlshaber quälten andere Sorgen als Geschmacksfragen.

Das Verhältnis zum deutschen Verbindungsstab unter Generalmajor Hermann von Witzleben war äußerst gespannt. Nach dem Abzug der letzten deutschen Division aus der Hauptkampflinie hatte Jány erklärt, jetzt sei wohl seine ganze Armee rettungslos verkauft worden und er überlege sich den Abmarsch in die Heimat. Mit Versprechungen über die Zuführung schwerer Panzerabwehrwaffen ließ er sich vorerst hinhalten. Hinter den Kulissen machten die Deutschen keinen Hehl aus ihrer Einschätzung, die Ungarn seien unzuverlässig und wenig kampftauglich. Die Heeresgruppe stellte immerhin ein Generalkommando mit einem Panzerkorps als Reserve zur Verfügung. Doch die Masse der Kampfwagen mussten die Ungarn durch Abgabe ihrer Panzerdivision stellen, was sich später in der Krise als katastrophale Entscheidung erwies, weil nun die 2. ungarische Armee keine Verfügungsgewalt mehr über ihren einzigen schlagkräftigen Verband besaß.

Anfang Januar 1943, als im Kessel von Stalingrad die 6. Armee bereits vor ihrem Ende stand, beobachteten die Ungarn im Brückenkopf Uryw sowjetische Angriffsvorbereitungen. Die Offensive an der Woroneschfront begann am 12. Januar und dehnte sich entlang dem zugefrorenen Don über die ganze Breite des ungarischen Abschnitts aus. Innerhalb von drei Tagen befanden sich bereits große Teile der 2. ungarischen Armee auf dem Rückzug. Gleichzeitig geriet auch der benachbarte italienische Abschnitt ins Wanken. Hitler verbot jedes Ausweichen und zeigte sich offenbar bereit, seine Verbündeten in aussichtsloser Lage zu opfern, um Zeit für den Neuaufbau einer Verteidigungslinie zu gewinnen. Die Reste der 1. ungarischen Panzerdivision sicherten bei Alexejewka den ungeordneten Rückzug von zwei Armeekorps, darunter auch die jüdischen Arbeitskompanien, die sich teilweise selbst bewaffneten, um sich den Weg in Richtung Heimat zu öffnen. Gerieten sie in die Hände von Wehrmachtangehörigen oder ukrainischen Milizen, waren sie vogelfrei, das heißt, sie konnten beraubt und getötet werden.

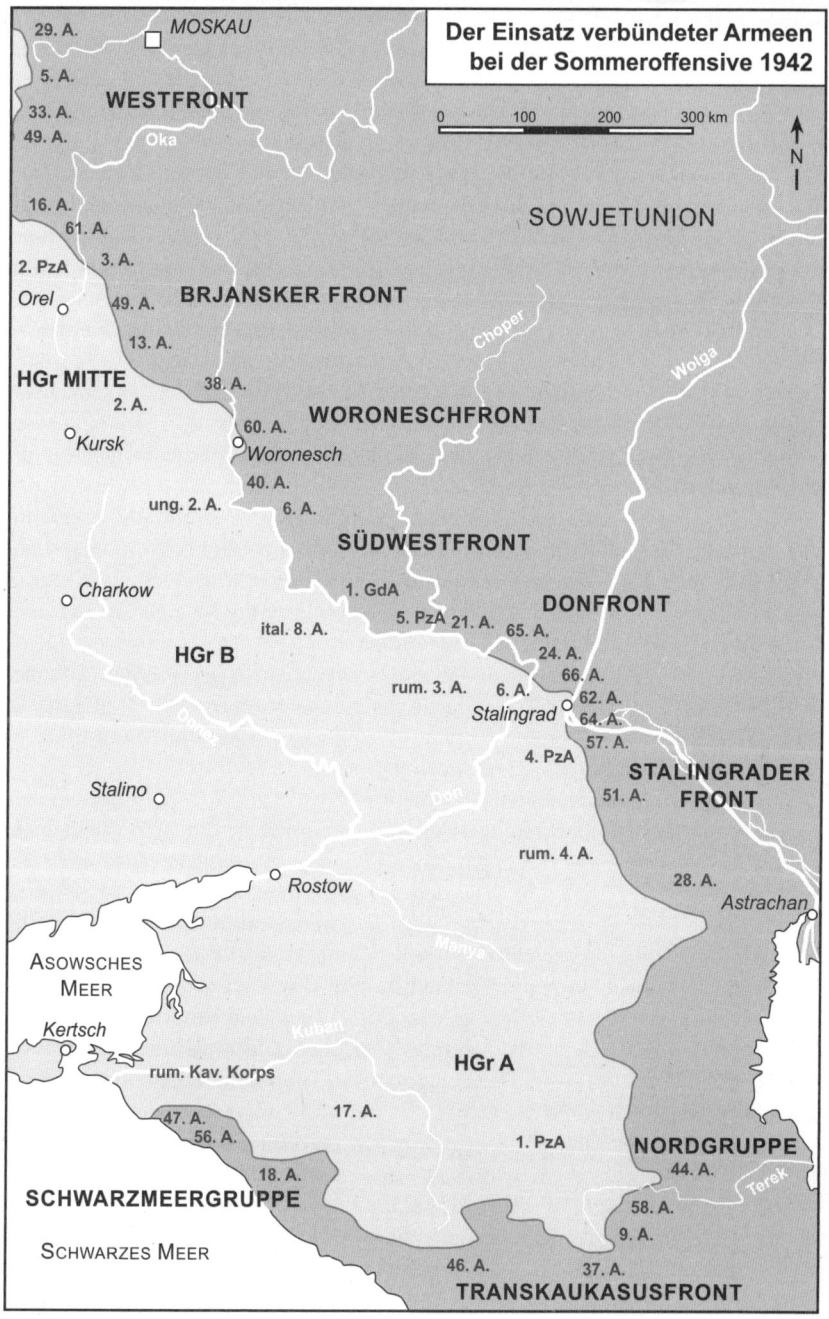

Der Einsatz verbündeter Armeen bei der Sommeroffensive 1942

29. A.
MOSKAU
5. A.
WESTFRONT
33. A.
49. A.
Oka

0   100   200   300 km

N

16. A.
61. A.

SOWJETUNION

2. PzA
3. A.
Orel
49. A.
BRJANSKER FRONT

13. A.
Choper
Wolga

HGr MITTE
38. A.
2. A.
WORONESCHFRONT
Kursk
60. A.
Woronesch
40. A.
ung. 2. A.
6. A.
SÜDWESTFRONT

Charkow
1. GdA
DONFRONT
ital. 8. A.
5. PzA
21. A.
65. A.
HGr B
24. A.
66. A.
rum. 3. A.
6. A.
62. A.
Stalingrad
64. A.
57. A.
4. PzA
STALINGRADER
Stalino
51. A.
FRONT
Donez
Don
rum. 4. A.

Rostow
28. A.
Manytsch
Astrachan

ASOWSCHES
MEER

Kertsch
Kuban
HGr A

rum. Kav. Korps
47. A.
17. A.
56. A.
1. PzA
NORDGRUPPE
18. A.
44. A.
Terek
SCHWARZMEERGRUPPE
58. A.
9. A.
SCHWARZES MEER
46. A.
37. A.
TRANSKAUKASUSFRONT

Der Generalstabschef der 2. Armee, der inzwischen zum Generalmajor beförderte Gyula Kovács, beschrieb den desolaten Zustand so: »Im Oskol-Tal haben sich bisher 17000 Mann versammelt, die noch Gewehre besitzen. Ich kann nicht von Bataillonen sprechen, weil diese nicht mehr existieren. Wir können nur noch von einem großen Misthaufen sprechen. [...] Was ich hier erlebt habe, war die größte Enttäuschung meines Lebens.«[7] Oberbefehlshaber Guzstáv Jány war außer sich und beschimpfte seine Truppe als feige und ehrlos mit einem Tagesbefehl, der nach der Rückkehr in die Heimat später widerrufen wurde: »Unser Frontabschnitt wurde durch deutsche Truppen übernommen, die jede Bewunderung verdienen. Wir verdienen sie nicht und werden mit ihr so lange nicht rechnen können, bis wir nicht wieder eine zum Kampf voll einsatzfähige Truppe werden.«[8] Hitler würdigte diese Haltung später mit dem Ritterkreuz.

Das an der linken Flanke eingesetzte III. Korps der Armee war noch stärker betroffen. Während die Reste der anderen beiden Armeekorps bereits aus der Front herausgelöst waren, blieb die nördliche Gruppierung zunächst wie die 2. deutsche Armee in ihren Stellungen und sicherte damit das Bollwerk Woronesch. Hunger und Kälte zehrten an der Kampfmoral, ebenso die Reibereien mit den Deutschen. Der Befehl zum Rückzug vom Don traf erst am 26. Januar 1943 ein. Dann sollten die bereits stark dezimierten Ungarn auch noch als Nachhut den Rückzug der Deutschen decken. Generalmajor Graf Marcell Stomm löste kurzerhand sein Armeekorps auf und empfahl seinen Soldaten, »nach der Lage« zu handeln. Bis auf kleinere Gruppen, die sich durchschlagen konnten, ging der Verband unter und Stomm in Gefangenschaft. Ingesamt verlor die 2. ungarische Armee in den Winterkämpfen Anfang 1943 mehr als 100000 Mann und das gesamte schwere Material.

Da die misstrauisch beäugten Rumänen Verluste in gleicher Höhe erlitten hatten, hatte sich die Sicherheitslage Ungarns zumindest in dieser Hinsicht nicht verschärft. Aus der Sicht der ungarischen Führung kam es jetzt umso mehr darauf an, durch eine Verbindung zu den Alliierten einen Weg aus dem Krieg zu finden, ohne den deutschen Verbündeten herauszufordern. Das kam wohl der Quadratur des Kreises gleich, denn jede Verstärkung der Landesverteidigung würde die deutsche Führung in Berlin abfordern können, um die wankende Ostfront zu stärken. Da war es günstig, dass Hitler nach dem Desaster am Don den Ungarn militärisch nichts mehr zutraute. So blieb nur die ungarische Besatzungsarmee in der Westukraine, die freilich gegen eine wachsende sowjetische Partisanenarmee einen schweren Stand hatte. Und während man in der Hauptstadt Budapest zunehmend darum besorgt war, die Truppen auf das Vorfeld der eigenen Grenze zurückzuziehen, betrachtete der deutsche Verbündete die ungarischen Besatzungsdivisionen als Frontreserven, die notfalls in die Kampf gegen durchgebrochene Verbände der Roten Armee eingesetzt werden konnten. So begann ein zähes politisches Ringen, das der ungarischen Führung manchen Kompromiss abverlangte.

Rückzug der ungarischen Honvéds vom Don, 20. Januar 1943.

Der Kontakt zu den Westmächten wurde gefestigt. In einer geheimen Vereinbarung vom 9. September 1943 sagte Ungarn die Reduzierung seines militärischen Engagements für Nazi-Deutschland zu. Kampfhandlungen gegen die Alliierten sollten möglichst vermieden werden. Alliierte Kriegsgefangene, die nach Ungarn geflohen waren, wurden nicht an Deutschland ausgeliefert. Die Regierung förderte die Ausreise polnischer Militärinternierter und trug so zum Aufbau einer Exilarmee bei. Auf der anderen Seite erhöhte Berlin seinen Druck, um größere Exporte aus Ungarn zu erhalten, die das Land auf Kreditbasis leisten sollte. Die Anregung, dafür die ungarischen Juden zu enteignen, lehnte die Regierung Kállay ab, wenngleich die Diskriminierung der wirtschaftlich einflussreichen Minderheit vorangetrieben wurde.[9]

Hitler hatte sich bereits am 16. April 1943 bei einem Besuch Horthys in Klessheim über den mangelnden Einsatz Ungarns im Krieg gegen Bolschewismus und Judentum beschwert. Der »Reichsverweser« versicherte seine unbedingte Treue, aber »erschlagen könne er die Juden schließlich nicht«.[10] Zumindest beim Wiederaufbau der ungarischen Armee hätte er eine stärkere deutsche Unterstützung erwarten können. Doch in Berlin blieb man bei der gewohnten Zurückhaltung. Bis Oktober 1944 wollte man acht Divisionen mit verstärkter Feuerkraft aufstellen. Bei dem Zeitplan dürften die Erwartungen über den alliierten Vormarsch eine Rolle gespielt haben. Obwohl es vorerst an Ausrüstung fehlte, erhöhte man die

Personalstärke der Honvéd beträchtlich, um zumindest eine Basis für die Landesverteidigung zu schaffen. So standen Ende 1943 außerdem acht Reservedivisionen, zwei Panzerdivisionen, eine Kavalleriedivision und acht spezialisierte Brigaden zur Verfügung. Die ungarische Rüstungsindustrie konnte den wachsenden Bedarf bei weitem nicht decken, denn sie hatte zu 60 Prozent für die Deutschen zu arbeiten, die immer mehr Rüstungsaufträge, insbesondere beim Flugzeugbau, in das bisher vom Luftkrieg verschonte Land verlegte.

So mussten im Frühjahr 1944 die Mobilisierungspläne drastisch reduziert werden. Nur ein Viertel der Wehrpflichtigen konnte einberufen werden, aber auch für diese 500 000 Mann standen nicht genügend Waffen zur Verfügung. Das schwere Gerät war technisch veraltet. Die Panzer »Turán 40« und »Turán 41« hatten mit ihrer 40- bzw. 75-mm-Kampfwagenkanone gegen den sowjetischen T 34 kaum eine Chance. Ein weiteres Problem für die Kampfmoral resultierte aus dem hohen Anteil Wehrpflichtiger rumänischer, slowakischer, ruthenischer und serbischer Nationalität. Sie wurden überwiegend in den rückwärtigen Einheiten verwendet, was das Bild der Deutschen von ihrem Verbündeten nicht verbesserte.

1943/44 trugen die ungarischen Besatzungsgruppen West und Ost mit neun Divisionen eine nicht unbeträchtliche Last des Ostkrieges. Rund 90 000 Mann sollten große rückwärtige Gebiete bei den deutschen Heeresgruppen Mitte und Süd absichern. Die Ungarn stellten damit rund 30 Prozent der gesamten Besatzungskräfte. Durch die Gruppe Ost sollte der östliche Teil der Pripjetsümpfe zwischen Kiew und Priluki kontrolliert werden, während die Gruppe West die Bahnlinien zwischen Brest-Litowsk und Gomel überwachen sollte.

Dort im Brjansker Wald wütete der Partisanenkrieg besonders heftig. Zurückgebliebene Teile der Sowjetarmee, die laufend aus der Luft verstärkt wurden, entwickelten eine Kampftätigkeit, der die leicht bewaffneten und schlecht ausgebildeten Ungarn kaum gewachsen waren. Unter der Belastung permanenter Überforderung reagierten diese mit der Schaffung »toter Zonen« und mit schwersten Repressalien gegen die Zivilbevölkerung. In der Brutalität wurden die Ungarn nur von der deutschen SS übertroffen.[11] Mangelhafte Disziplin förderte willkürliche Erschießungen und Übergriffe, wie nicht selten Wehrmachteinheiten beklagten, denen ungarische Teileinheiten zugewiesen worden waren. Mit ideologischer Prägung hatte dieses Verhalten nichts zu tun. 60 Prozent der Soldaten waren Wehrpflichtige nichtungarischer Nationalität, geführt von überforderten Reserveoffizieren. Sie fühlten sich nur als »Gast« auf dem deutschen Kriegsschauplatz und sahen keine Veranlassung, auf die russisch-ukrainische Bevölkerung Rücksicht zu nehmen.

Ab 1943 verhielten sich die ungarischen Besatzungstruppen zunehmend passiv. Beim Einsatz gegen durchgebrochene sowjetische Truppen versagten sie völlig. Bei der Gruppe West in ehemals ostpolnischen Gebieten respektierten die Ungarn die traditionelle Freundschaft zu Polen. Sie schlossen örtliche Waffenstillstände auch mit der antikommunistischen ukrainischen Partisanenarmee UPA. Gleichwohl blieben die ungarischen Besatzungstruppen auch eine Art von Faustpfand unter der Kontrolle der Deutschen.

Im Frühjahr 1944 näherte sich die Front dem Nordosten Ungarns. Die kritische Lage und das Misstrauen gegenüber seinem Verbündeten zwangen Hitler zum Handeln. Längst vorbereitete Pläne zur Besetzung des strategisch und wirtschaftlich wichtigen Landes wurden aus der Schublade geholt.[12] Man rechnete jedoch mit einer großen Kollaborationsbereitschaft in Bevölkerung und Armee. Widerstand sollte deshalb zwar brutal gebrochen werden, doch setzte man auf eine weitgehend »kooperative« Besetzung. Die verzweifelte Lage der Horthytreuen Offiziere drückte ein Funkspruch von Generalleutnant Bakay, Kommandierender General des III. Korps, aus: »Vor uns der Russe, hinter uns der Deutsche, über uns der Engländer, ich bitte um Befehle.«[13]

Horthy wurde von Hitler am 18. März 1944 in Klessheim unter Druck gesetzt. Letztlich blieb ihm nichts anderes übrig, als die Besetzung des Landes durch acht deutsche Divisionen zu akzeptieren und die in Berlin verhasste Regierung Kállay abzulösen. Auf die Entwaffnung der Honvéd wurde verzichtet, nicht aber auf einen dramatischen Wechsel der Politik gegenüber den ungarischen Juden. Das Sonderkommando von Adolf Eichmann rückte ins Land ein und organisierte mit Unterstützung der rechtsradikalen Opposition, die nun an die Macht drängte, die Deportation von 437 000 Menschen nach Auschwitz. Von der Einziehung ihres Vermögens profitierten nicht nur die Deutschen, sondern auch unzählige Mitbürger, die sich an jüdischem Besitz vergriffen und sich das Bündnis mit dem Reich damit »erträglicher« machten.[14] Allerdings wurden auch vermehrt jüdische Männer zum Arbeitsdienst in die ungarische Armee einberufen und entgingen so zunächst der Vernichtung.

Mit einem »fast orientalisch anmutenden Fatalismus« – so der Eindruck im deutschen Generalstab[15] – nahm die ungarische Militärführung den Kurswechsel hin. Die Deutschen griffen nun massiv in die Heeresorganisation ein. Höhere Stäbe wurden aufgelöst und neue Ersatzdivisionen aufgestellt. Vor allem auf die Rekrutierung der Ungarndeutschen legte man Wert. Rund 120 000 wurden von der Waffen-SS mobilisiert, die meisten zwangsrekrutiert. Himmler gewann daraus immerhin fünf Divisionen sowie Ersatz für seine Polizeiregimenter, in die man die weniger tauglichen Rekruten steckte.

Militärisch bedeutsam war zunächst der Einsatz der neu aufgestellten 1. ungarischen Armee im April 1944 zur Verteidigung im Vorfeld der Karpaten. Rund 150 000 Mann unter Generaloberst Géza Lakatos kämpften im Verband der deutschen Heeresgruppe Nordukraine, die von Generalfeldmarschall Walter Model geführt wurde. Laufend aus Ungarn verstärkt, traf sie am 22. Juli 1944 auf 150 Kilometern Frontbreite auf eine sowjetische Offensive, die innerhalb von zwei Tagen die Ungarn zum Rückzug auf die Karpatenstellung zwang. Dabei verlor die 1. ungarische Armee rund 30 000 Mann: Tote, Verwundete und Vermisste. Dennoch gelang es nach Zuführung von zwei deutschen Divisionen, die tiefgestaffelten Verteidigungslinien gegen mehrere sowjetische Durchbruchsversuche, insbesondere am wichtigen Duklapass, zu halten. An dieser Nebenfront konnte die Rote Armee ihre Überlegenheit an Panzern und Artillerie schon wegen des schwierigen Geländes nicht zur Geltung bringen.

Nach dem Frontwechsel Rumäniens am 23. August 1944 musste Ungarn seine 2. Armee zur Verteidigung Siebenbürgens im südlichen Karpatenbogen einsetzen. Sie konnte etwa 190 000 Mann aufbieten. Dazu notwendige Kräfte waren auch aus einer Frontverkürzung bei der 1. Armee zu gewinnen. Die Besatzungstruppen erhielten nun ebenfalls die Erlaubnis, aus dem polnischen Raum ins Heimatland zurückzukehren.

Ungarn rückte nunmehr zu einem besonders wichtigen Kriegsschauplatz auf. Hitler verfügte jetzt nur noch über die dort bedrohten Erdölquellen. Deshalb wurden von September 1944 bis zum März 1945 mehrere große Offensiven in diesem Raum gestartet. Um die Initiative zurückzugewinnen, setzte Hitler einen großen Teil der mobilen Reserven ein (15 Panzerdivisionen, vier Panzergrenadierdivisionen, vier Kavalleriedivisionen, sechs Infanteriedivisionen). Die größte Massierung von deutschen Panzerverbänden an der Ostfront bedurfte der Unterstützung durch infanteristische Kräfte, die hauptsächlich die Ungarn stellten.

Reibungen mit dem OKH blieben nicht aus, weil die Deutschen vorzugsweise höhere Stäbe ohne Truppen entsandten, um die Honvéd-Verbände selbst zu führen. Gegen den »Erzfeind« Rumänien, der sich mit sowjetischer Hilfe zur »Befreiung« Nordsiebenbürgens rüstete, gingen die Ungarn bei Klausenburg sogar mutig zur Offensive über. Der Aufmarsch sowjetischer Panzerkräfte ließ es dem Generalstab in Budapest jedoch ratsam erscheinen, nach zwei Wochen wieder zur Verteidigung überzugehen. Die Rote Armee suchte den Durchbruch über Großwardein und Debrecen, um auf die ungarische Hauptstadt vorzustoßen. Anfang Oktober 1944 entwickelte sich dort eine der wendungsreichsten Panzerschlachten des Zweiten Weltkriegs.[16] Die deutsch-ungarischen Kräfte mit elf Divisionen zerschlugen die Angriffsspitzen des dreifach überlegenen Gegners und fügten ihm schwere Verluste zu. Damit war der Versuch der 2. ukrainischen Front misslungen, die in den Karpaten eingesetzte 8. deutsche sowie die 1. und 2. ungarische Armee einzukesseln. Deren Gros konnte sich geordnet in den Raum Budapest zurückziehen.

Horthy wollte eigentlich Verhandlungen mit den Sowjets, die er zutiefst verabscheute, unbedingt vermeiden. Doch die Westalliierten lehnten einen separaten Waffenstillstand ab. Nach dem Vorbild Finnlands suchte der »Reichsverweser« Mitte September 1944 einen Ausweg aus dem Krieg. Er entsandte sogar eine Delegation nach Moskau und bat in einem Schreiben an Stalin um milde Behandlung seines Landes. Am 11. Oktober erklärte er sich bereit, die sowjetische Forderung nach einer sofortigen Kriegserklärung an Deutschland anzunehmen. Die deutsche Seite war aber über jeden Schritt informiert und organisierte in Budapest einen Putsch. Unter Führung von Otto Skorzeny verhafteten einzelne Komman-

Durchhaltepropaganda für die volksdeutsche Minderheit in Nordsiebenbürgen, August 1944.

dos wichtige Horthy-treue Offiziere und entführten Horthys Sohn. Nach kurzem Schusswechsel mit der Leibgarde wurde die Burg erobert. Am 16. Oktober unterschrieb Horthy seine Abdankung.

Die radikalen »Pfeilkreuzler« übernahmen die Regierungsgewalt. Sie sorgten für eine totale Mobilmachung des Landes und verschärften die antijüdischen Maßnahmen. Vier zusätzliche Divisionen versprach man den Deutschen, doch die regulären Truppen befanden sich in zunehmender Auflösung. Deshalb löste man die Divisionsstäbe auf und organisierte gemischte deutsch-ungarische Regimentsgruppen. Die ungarische Artillerie blieb einsatzfähig. Anfang 1945 betrug die Verpflegungsstärke des ungarischen Feldheeres 283 000 Mann, hinzu kamen 500 000 Mann im rückwärtigen Gebiet. Die ungarischen Kommandeure gewannen nicht selten den Eindruck, dass die Deutschen keine Scheu hatten, unausgebildete oder ausgezehrte Verbände der Ungarn »abschlachten zu lassen«.

Während das Land im Strudel des Krieges versank, wollte sich Berlin zumindest die Personalreserven sichern. Die rückwärtigen Einrichtungen und Ausbildungsregimenter der Honvéd mit etwa 200 000 Mann wurden über Deutschland und Dänemark verteilt. 16 000 Jugendliche setzte man bei der deutschen Flakartillerie ein. Einzelne Bataillone der Ungarn kämpften in »Festungen« an der Ostfront wie Breslau, Kolberg und Posen, schließlich auch in Berlin. Bei Kriegsende befanden sich noch rund 110 000 ungarische Soldaten, hauptsächlich im Bereich der Heeresgruppe Süd, im Einsatz.

»Pfeilkreuzler«-Führer Szalasi nach der mit deutscher Hilfe erfolgten Machtübernahme in Budapest, Oktober 1944.

Der Angriff auf Budapest hatte für Stalin größte strategische Bedeutung. Der Versuch einer schnellen Einnahme misslang freilich Anfang November 1944. Die Deutschen hatten die Gelegenheit genutzt, die Verteidigungslinien, auch mit Hilfe jüdischer Zwangsarbeiter, auszubauen. Gegen die zahlenmäßig unterlegenen deutsch-ungarischen Verteidiger gewannen die Angriffe der 2. ukrainischen Front nur sehr langsam an Raum. Mehrere deutsche Gegenoffensiven gefährdeten den sowjetischen Erfolg. Die ungarische Seite rechnete nicht mit einer dauerhaften Verteidigung der Hauptstadt. Hitler befahl jedoch ein unbedingtes Halten der »Festung« ohne Rücksicht auf zivile Verluste. So entwickelte sich der Kampf um die Stadt zu einem »Stalingrad an der Donau«. Am Jahresende waren rund 100 000 Soldaten eingekesselt, je zur Hälfte Deutsche und Ungarn, die sich gegen eine sowjetische Übermacht 52 Tage in der Stadt hielten.[17]

Je mehr sich die aussichtslose militärische Lage verschlechterte, desto häufiger wurde in deutschen Meldungen auf die angeblich schlechte Kampfmoral der Ungarn und ihre hohe Desertionsrate verwiesen. Dass man selbst dazu beitrug, indem die ungarischen Offiziere nahezu entmündigt und herablassend behandelt wurden, sie also keine Veranlassung hatten, stärker auf ihre Truppe einzuwirken, blieb unerwähnt. Charakteristisch war zudem, dass die aus Ungarndeutschen rekrutierten SS-Einheiten oft kein besseres Bild abgaben. Hinter dem 8. SS-Polizeiregiment zum Beispiel wurden MG-Stellungen angelegt, um die Soldaten von der Flucht abzuhalten. Gleichzeitig fanden die ungarischen Faschisten (»Pfeilkreuzler«) Unterstützung bei ihrem Massenmord an den verbliebenen Budapester Juden. Die Kämpfe außerhalb der Stadt mit ihren letztlich gescheiterten Entsatzoffensiven wurden fast ausschließlich von deutschen Verbänden geführt. Am 11. Februar 1945 endete auch der Ausbruchsversuch der letzten Verteidiger in einer Katastrophe. Honvéds und »Pfeilkreuzler« sollten in der zweiten Gruppe folgen. Sie wurden im mörderischen sowjetischen Abwehrfeuer zusammengeschossen. Tausende starben auf dem Marsch in die Gefangenenlager.

Mit dem Scheitern der letzten deutschen Offensive am Plattensee Mitte März 1945 setzte die Rote Armee ihre Aktionen zur Besetzung des Landes fort. Mit weit überlegenen Kräften zerschlug sie die ungarische Verteidigungsfront im Vértes-Gebirge und verfolgte die 6. deutsche Panzerarmee in Richtung Westen. Der deutsch-ungarische Brückenkopf um Gran, der von der 3. ungarischen Armee gehalten wurde, konnte nur knapp evakuiert werden. Die Verteidigung deutsch-ungarischer Stellungen nördlich der Donau bei Komárom brach am 25. März ebenfalls zusammen. Eine völlige Auflösung der ungarischen Verbände zeichnete sich ab. Der Chef des Stabes der Division »Szent László« lief zur sowjetischen Seite über und forderte seine Soldaten auf, seinem Beispiel zu folgen.

Im Bereich der 6. deutschen Armee kam es daraufhin zur Entwaffnung ungarischer Truppen. Sie mussten ihre Fahrzeuge abgeben und sich zu Fuß zu vorgegebenen Unterkunftsräumen begeben. Viele ungarische Flüchtlinge, darunter Minister und Generale, wurden rücksichtslos ausgeraubt. Der Protest des Honvéd-Ministeriums blieb unerhört. In den chaotischen letzten Kriegstagen sahen deutsche wie ungarische Kommandeure ihre Aufgabe vor allem darin, die Flucht vor der sowjetischen Kriegsgefangenschaft zu organisieren.

Das Land zahlte für das Bündnis mit dem »Dritten Reich« einen hohen Preis. Bezogen auf die Staatsgrenze von 1941 ist von etwa 360 000 militärischen Toten auszugehen, mehr als ein Drittel (120 000 bis 155 000) sind an der Ostfront gefallen, mindestens 55 000 in den Gefangenenlagern gestorben. Der Verbleib von bis zu 155 000 Soldaten ist nicht geklärt. 2001 kam der letzte Kriegsgefangene, András Thoma, in die Heimat zurück. Außerdem starben im Krieg 590 000 Zivilisten, davon wurden 490 000 als Juden verfolgt und ermordet. Etwa 20 000 starben im Bombenkrieg der Alliierten, weitere 30 000 während der Kampfhandlungen in den letzten Kriegsmonaten. In die Sowjetunion wurden 290 000 Zivilisten verschleppt.

Für vier Jahrzehnte blieb Ungarn im sowjetischen Machtbereich. Der Nationalaufstand von 1956 wurde blutig niedergeschlagen. Im Pariser Frieden von 1947 wurde das Land auf den territorialen Status von 1920 beschnitten. Außerdem mussten 300 Millionen US-Dollar Reparationen gezahlt werden. Eine offene Auseinandersetzung über Schuld und Verantwortung wurde unter dem kommunistischen Regime nicht geführt.

Rumänien

■ Noch zu Beginn des Ersten Weltkriegs war eine Anlehnung der Hohenzollern-Monarchie Rumänien an die deutsch-österreichische Koalition durchaus möglich gewesen. Doch die britische Landung an den Dardanellen hatte die Chance einer neuen Front eröffnet, die Bukarest zum umworbenen Partner auch der Alliierten machte. Politische und wirtschaftliche Perspektiven hatte Berlin angesichts der sich überschneidenden Interessen seiner anderen Bundesgenossen nicht zu bieten. Unter dem Druck der k.u.k. Monarchie im Norden und Westen sowie dem deutschen Verbündeten Bulgarien im Süden konnte das kleine Königreich seine Neutralität nur mühsam bewahren. Um mögliche Gefahren für die strategisch wichtige Verbindung zur verbündeten Türkei zu beseitigen, entschloss sich die Oberste Heeresleitung im Sommer 1916 zum Handeln. Die rumänischen Truppen wurden in ihren Verteidigungsstellungen in den Karpaten überrumpelt, viele junge deutsche Offiziere, unter ihnen Erwin Rommel, lernten hier den »Blitzkrieg«. Die rumänische Armee zog sich hinter den Dnjestr zurück und gliederte sich in die Front der Zarenarmee ein. Rumänien erlebte eine harte deutsche Besatzungspolitik und wurde rücksichtslos ausgeplündert.

Aus dem Zusammenbruch des Russischen Reiches 1917/18 zogen die Rumänen gleichwohl Gewinn, weil ihre Truppen in Bessarabien standen, einer überwiegend von Deutschen und Rumänen besiedelten Region, die 100 Jahre zuvor Russland dem Osmanischen Reich entrissen hatte. Berlin unterstützte diese Annexion. In den Wirren des russischen Bürgerkrieges wurde der neue Grenzfluss Dnjestr zur Rettung für die geschlagenen antibolschewistischen Gruppierungen. Rumänien gewährte den ehemaligen »Weißgardisten« großzügig Asyl und geriet nun in die glücklichste Lage seiner Geschichte. Es durfte sich rühmen, zu den Siegermächten des Ersten Weltkriegs zu gehören, was sich in einer gewaltigen territorialen Erweiterung zu Lasten seiner Nachbarn auszahlte. Das Staatsgebiet vergrößerte sich um das Dreifache, hauptsächlich durch die Annexion des deutsch-ungarisch besiedelten Siebenbürgen und des ehemals russischen Bessarabien. Die Einwohnerzahl stieg auf fast 20 Millionen (1938). Bukarest wurde zum Bollwerk der sogenannten Kleinen Entente, jener mittelosteuropäischen Einflusszone, mit der Frankreich seine Hegemonie auf dem Kontinent abzusichern verstand.

Rumänien betrieb eine maßvolle Minderheitenpolitik. Die deutsche Volksgruppe, seit fast acht Jahrhunderten im Lande, verstand sich als Brücke zum Deutschen Reich, das bald wieder zum Hauptabnehmer des rumänischen Exports aufrückte. Überwiegend agrarisch geprägt, wirkte die Balkan-Großmacht auch mit ihren strategisch wichtigen Erdölquellen verlockend für eine deutsche Revisionspolitik, die ab 1933 im Zeichen von »Wehrwirtschaft« und »Autarkie« einen massiven Ausbau der Wirtschaftsbeziehungen mit Bukarest betrieb.[1] Berlin bot den Rumänen äußerst vorteilhafte Konditionen an, doch die politische Ausrichtung des Landes auf Frankreich ließ sich nicht so leicht umkehren. Die starke kulturelle Orientierung machte Bukarest in den 30er Jahren zum »Klein-Paris« des Ostens. Vom französischen Verbündeten geprägt war auch die königliche Armee, die sich stark genug fühlte, Ungarn mit seinem Anspruch auf Rückgabe Siebenbürgens in Schach zu halten.

Als 1938 in München Hitler mit Zustimmung der Westmächte die Tschechoslowakei zerschlagen durfte, hoffte das autoritäre Regime unter König Carol II. die Neutralität vor allem mit Hilfe britischer Garantien erhalten zu können. Eine Zusammenarbeit mit Stalin war aus ideologischen Gründen ebenso ausgeschlossen wie eine Anlehnung an Deutschland, weil man in diesem Fall eine völlige Unterwerfung befürchtete. Die Volksdeutschen im Land wurden bereits systematisch von den Nationalsozialisten unterwandert und sorgten sich um den Erhalt ihrer Identität gegenüber einem wachsenden rumänischen Nationalismus.

Die Niederwerfung und Aufteilung Polens durch Hitler und Stalin im September 1939 brachte Rumänien zunehmend in Bedrängnis. Es bot den Resten der ehemals verbündeten polnischen Armee Asyl und ermöglichte ihre Weiterreise nach Frankreich. Noch wusste man in Bukarest nichts von den geheimen vertraglichen Abmachungen, die der deutsche Außenminister Joachim von Ribbentrop in Moskau unterzeichnet hatte. Unmittelbar nach der militärischen Niederlage Frankreichs im Juni 1940 traf das überraschende Ultimatum der sowjetischen Regierung ein. Stalin forderte die Rückgabe der ehemals russischen Gebiete Bessarabiens und zusätzlich die Nordbukowina. Die Mobilmachung der rumänischen Armee blieb letztlich eine hilflose Geste, denn die deutsche Regierung »empfahl«, den sowjetischen Forderungen nachzukommen. Dabei hatte sich Berlin gerade erst mit dem Öl-Waffen-Pakt vom 27. Mai 1940 dazu verpflichtet, die wichtigen rumänischen Öllieferungen in »harter Währung«, das heißt mit eigenen Waffenlieferungen, zu bezahlen.

In Bukarest entstand eine schwere politische Krise. Das bislang neutrale Land sah sich in völliger politischer Isolation. Der König ordnete die Räumung der umstrittenen Gebiete an. Seine ausgewechselte Regierung bat Deutschland um den Schutz der neuen Grenze und um militärische Ausbildungshilfe, fast zu spät, denn nun meldeten auch Ungarn und Bulgarien ihre Ansprüche an. Mitte August 1940 drohte ein offener Krieg. Die Intervention Benito Mussolinis half das Blatt zu wenden. Der italienische Diktator verfolgte im Balkanraum eigene Interessen auf den Spuren des alten römischen Imperiums. Dabei ging es natürlich auch um handfeste wirtschaftliche Vorteile, die sich gegen die Konkurrenz mit seinem deutschen Verbündeten aber nur schwer durchsetzen ließen.[2]

Hitler jedenfalls setzte in Wien eine deutsch-italienische Kommission ein, die über das Schicksal Rumäniens entscheiden sollte. Mit dem Schiedsspruch vom 30. August 1940 wurde Siebenbürgen zwischen Ungarn und Rumänien geteilt. Wenige Tage später musste die Süddobrudscha an Bulgarien abgetreten werden. Das ehemalige Großrumänien war zwar nicht ganz auf den Stand von 1914 zurückgeworfen, verlor aber 1940 insgesamt die Hälfte seines Staatsgebietes und fast sieben Millionen Bürger, darunter 50 Prozent rumänischer Nationalität. Bis heute beschreiben Historiker in Bukarest deshalb die Abtretungen als Landraub. Damals war die Empörung im rumänischen Kernland riesig, wozu auch die Flüchtlingsströme aus den verlorenen Gebieten beitrugen. Die Volksdeutschen aus diesen Räumen wurden nach deutsch-sowjetischen Vereinbarungen gleich »heim ins Reich« umgesiedelt.

Der rumänische Nationalismus verfügte mit der »Eisernen Garde« über eine rechtsextreme Bewegung, die den Volkszorn anstachelte. Antikommunismus und Antisemitismus gehörten zu ihren ideologischen Grundmustern – das brachte sie in die Nähe der Nationalsozialisten. Mit ihrem radikalen Nationalismus bedrohten sie aber die Autonomie der Rumäniendeutschen, die in den Germanisierungsplänen Berlins als Bastion eines künftigen »Großgermanischen Reiches deutscher Nation« galten. Um einen möglichen Putsch der faschistischen »Eisernen Garde« abzuwenden, ernannte der König Generaloberst Ion Antonescu zum Chef einer »Regierung auf militärischer Grundlage«. Die Verfassung wurde außer Kraft gesetzt, und der König dankte zugunsten seines Sohnes Mihai ab. Der ehemalige Generalstabschef und Verteidigungsminister Antonescu hatte bislang zu den schärfsten Kritikern des Monarchen gehört und unterhielt undurchsichtige Beziehungen zur »Eisernen Garde«. Zum »Staatsführer« berufen, behielt er bis 1944 die Macht fest in seinen Händen.

Antonescu setzte ganz auf die deutsche Karte. Ungarn, zu einer gleichrangigen Macht herangewachsen, konnte ihn nicht beeindrucken, hatte er doch 1919 maßgeblichen Anteil an der Niederwerfung der ungarischen Räterepublik und am zeitweiligen Einmarsch rumänischer Truppen in Budapest gehabt. Dem Spiel der Großmächte um den Balkan fühlte er sich durchaus gewachsen. Der General durchschaute offensichtlich Hitlers nächste Pläne und verlegte den Schwerpunkt der Landesverteidigung nach Osten. Dem rumänischen Ersuchen um Entsendung einer Militärmission folgten die Deutschen bereits im September 1940 so schnell und massiv, dass Rumänien damit zu einem Sprungbrett für größere Unternehmungen wurde. Mehr als 20 000 Mann und starke Flakverbände dienten nicht nur als »Lehrtruppe« der rumänischen Armee sowie zum Schutz des kriegswichtigen Ölgebiets von Ploiești gegen mögliche britische Luftangriffe. Im Dezember 1940 traf zusätzlich eine deutsche Panzerdivision ein.

Schon in den ersten Entwürfen für das »Unternehmen Barbarossa« war ein möglicher Vorstoß deutscher Kräfte über die rumänische Grenze in Richtung Kiew vorgesehen worden. In der Ukraine standen schließlich die stärksten Kräfte der Roten Armee. Das Vernichtungswerk sollten allerdings schnelle deutsche Panzerverbände übernehmen. Der rumänischen Armee traute Hitler lediglich Sicherungsaufgaben zu. Doch Antonescu strebte mehr an. Er wollte der Bundesgenosse des »Führers« sein und »Verdienste« erwerben, die Rumäniens Position auf dem Balkan wieder verbessern würden. Deshalb trat Bukarest dem deutschen Bündnissys-

Nach der Abdankung von Carol II.: Vorn König Mihai, rechts von ihm General Ion Antonescu.

tem des Dreimächtepaktes bei und versprach die Aufrüstung des Landes bis zum Frühjahr 1941. Als der Straßenterror der »Eisernen Garde« überhandnahm, ließ sie Antonescu mit brutaler Gewalt zerschlagen. Die faschistischen Legionäre und ihr Führer Horia Sima, bisher stellvertretender Ministerpräsident, fanden in Deutschland Asyl, aber keine politische Unterstützung.

Aus deutscher Sicht war der Erhalt der militärischen Leistungsfähigkeit Rumäniens von vorrangiger Bedeutung. Eine faschistische Machtergreifung hätte nicht zuletzt auch die Stellung der 800 000 Volksdeutschen im Land weiter gefährden können. So schien Antonescu der ideale Verbündete zu sein. Manche sahen das anders. Zu ihnen gehörte auch Artur Phleps, der sich 1940 wie viele seiner volksdeutschen Landsleute für das Reich entschied. Unter den Bessarabiendeutschen, die nach Absprache mit Stalin »heim ins Reich« umgesiedelt wurden, sowie anderen rumänischen Staatsbürgern deutscher Herkunft fand die Waffen-SS höchst willkommene Rekruten, mit Phleps sogar einen erfahrenen Berufsoffizier. Da in Rumänien zwischen 1918 und 1945 vier Grenzverschiebungen stattfanden, mussten die dort beheimateten Offiziere bis zu drei Mal ihre Uniform wechseln. Auch Phleps hatte im k.u.k. Heer gedient und war dann 1919 in die rumänische Armee eingetreten. 1940 schied er aus Enttäuschung über die eigenen Berufsperspektiven und Empörung über die Korruption in der Armee wieder aus. 1941 entschied er sich für die Waffen-SS, wo er als General Karriere machte und auch die ideologischen Muster übernahm. Gleichwohl waren es anscheinend vorwiegend finanzielle Motive und der professionelle Reiz einer modernen Armee, die ihn zu diesem Schritt motivierten.

Als die Wehrmacht im März/April 1941 Rumänien als Drehscheibe für Blitzfeldzüge gegen Jugoslawien und Griechenland nutzte, lief bereits der geheime deutsche Aufmarsch gegen die UdSSR. Die rumänische Armee umfasste 29 Divisionen, fast ausschließlich Infanterie, denen es an motorisierten Fahrzeugen und schweren Waffen fehlte. Bis auf drei Divisionen, die schon auf deutsche Kampfgrundsätze umgestellt waren, standen die Truppen praktisch auf dem Niveau des Ersten Weltkriegs. Antonescus Hoffnung auf moderne deutsche Bewaffnung konnte schon deshalb nicht erfüllt werden, weil die deutsche Rüstungsproduktion selbst für die komplette Ausstattung der Wehrmacht bei weitem nicht genügte. Lediglich Beutewaffen des Westfeldzuges konnten an die Rumänen geliefert werden sowie veraltete Modelle verschiedener Rüstungsfirmen. Das konterkarierte nicht nur die Modernisierung und Angleichung der Armee an deutschen Standard, sondern schwächte mit den Nachteilen bei der Logistik, beim Munitions- und Ersatzteilnachschub die Kampfkraft der Rumänen. In der Luftwaffe mit rund 400 Maschinen bot sich das gleiche Bild. Im Vergleich zu den Ungarn, die von Hitler nicht bessergestellt wurden und gegen die sich die rumänische Aufrüstung eigentlich richtete, mochte das ausreichen. Die Deutschen hätten es freilich lieber gesehen, wenn sich die rumänische Militärführung mit einem kleineren Umfang der Armee begnügt und diesen qualitativ besser ausgestattet hätte.

Offiziell wurde Bukarest bis kurz vor Angriffsbeginn nicht in den Plan »Barbarossa« eingeweiht. Der deutsche Aufmarsch für den geplanten Stoßkeil aus Rumänien in Richtung Kiew musste ohnehin modifiziert werden, weil die vorgesehenen Kräfte unerwartet im jugoslawisch-griechischen Raum gebunden blieben. Militärisch erwartete Hitler zunächst keinerlei Hilfe von den Rumänen. Seine interne Einschätzung über deren Leistungsfähigkeit war vernichtend. Gegenüber seinen Generalen erklärte er am 30. März 1941 kurzerhand: »Feige, korrupt, verdorben.« Nur wenn sie von breiten Flüssen geschützt werde, seien die rumänischen Truppen verwendbar, verlassen können man sich nicht auf sie.[3]

Die schließlich auf rumänischem Boden zum Angriff bereitgestellte 11. deutsche Armee bestand dennoch – und das war außergewöhnlich – zu zwei Dritteln aus Infanterie- und Kavalleriedivisionen Antonescus. Als dieser von Hitler wenige Tage vor Angriffsbeginn offiziell von den deutschen Absichten unterrichtet wurde, bot er spontan die gesamten rumänischen Streitkräfte für den Einsatz gegen die Rote Armee an. Rumänien werde es ihm nie verzeihen, »wenn er die rumänische Armee Gewehr bei Fuß stehen ließe, während deutsche Truppen in Rumänien gegen die Russen marschieren«.[4] Auf jenem alten Schlachtfeld, wo 25 Jahre zuvor rumänische Soldaten gemeinsam mit den Russen die deutschen Invasoren bekämpft hatten, bildete sich nun in aller Eile ein Großverband aus der 3. und 4. rumänischen sowie der 11. deutschen Armee, der nominell unter der Führung von Antonescu stand.

Die rumänischen Interessen lagen auf der Hand: die Wiederherstellung Großrumäniens an seiner Ostgrenze sowie die Hoffnung, durch unbedingte Unterstützung der Wehrmacht den »Führer« so sehr zu beeindrucken, dass dieser geneigt sein könnte, den Wiener Schiedsspruch zu überdenken, zumal wenn der rumänische Kriegsbeitrag größer sein würde als der ungarische. Außerdem hatte sich Bukarest bereit erklärt, die Treibstofflieferungen 1941 im Vergleich zum Vorjahr mehr als zu verdoppeln, was die Wehrmacht überhaupt erst in die Lage versetzte, an weiträumige Operationen zu denken. Der landwirtschaftliche Beitrag blieb dagegen rückläufig, obwohl man von deutscher Seite für die Zukunft wahre Wunderdinge erwartete. Mit der Wehrmacht war 1940/41 die Inflation ins Land gekommen, denn deren Ausgaben wurden über Kredit abgewickelt. Die rumänische Regierung hatte aber ein verständliches Interesse daran, das Land durch den Kriegseintritt nicht ruinieren zu lassen, und verlangte außerdem, dass Deutschland seine rasch wachsende Kreditverschuldung durch massive Waffenlieferungen kompensierte. Antonescu vertraute auf den guten Willen des »Führers«, ein Vertrauensvorschuss, der sich wohl nur im Fall eines raschen deutschen Sieges auszahlen würde.

Der Marschall ließ seine deutsch-rumänischen Truppen am 22. Juni 1941 marschieren, ohne Kriegserklärung an die UdSSR. In seinem Aufruf an die Soldaten forderte er die Befreiung der vom Bolschewismus okkupierten Landesteile, beschwor Ehre, Kirche und Vaterland – und verlor kein Wort darüber, dass die Ambitionen des deutschen Bundesgenossen sehr viel weiter gingen. Die Rumänen wurden an den entsprechenden Planungen in Berlin ohnehin nicht beteiligt. Doch auch wenn die rumänische Führung – ähnlich wie die finnische Regierung – an der Fiktion eines eigenen Krieges festhielt, war nicht daran zu denken, die Truppen nach der Rückeroberung Bessarabiens zu zügeln, denn erst beim weiteren Vorstoß nach Osten würde Antonescu jene »Verdienste« erringen können, die ihm, so meinte er, bei der »Neuordnung Europas« Hitlers Wohlwollen verschaffen würden.

Bei Beginn des Feldzuges rechnete man in Bukarest bei einer Bevölkerung von 13,5 Millionen mit einem maximalen Wehrpotential von 2,2 Millionen Mann. Die Mobilisierung der gesamten Streitkräfte am 22. Juni 1941 brachte 686 244 Mann zusammen.[5] Davon wurde rund die Hälfte – 325 685 – an der Ostfront zum Einsatz gebracht, und zwar in der 3. und 4. Armee sowie im II. Armeekorps. Die Fronttruppen umfassten 151 Infanteriebataillone, 53 Kavallerieschwadronen, 4 Panzerbataillone, 32 Panzerabwehrkompanien, 19 Flugabwehrkompanien, 203 Geschützbatterien, 61 leichte Haubitzenbatterien sowie 27 Batterien mit schweren Haubitzen. Die Ausrüstung bestand größtenteils aus veralteten Waffen, Geschützen und Fahrzeugen. Mit der geringen Ausstattung an leichten französischen Kampfpanzern erreichte die rumänische Armee nicht die Fähigkeit, einen Blitzkrieg nach deutschem Vorbild zu führen. Für leichte Sicherungsaufgaben und zur Säuberung von Ortschaften im Gefolge deutscher Panzervorstöße sowie bei der Verfolgung eines geschlagenen Feindes konnten die rumänischen Truppen aber wichtige Aufgaben übernehmen und so die Wehrmacht entlasten. Dafür genügten auch die Einsatzverbände der rumänischen Luftwaffe mit 209 Maschinen. Einen begrenzten Nutzen konnten die 39 Kampfschiffe der kleinen Marine im Donaudelta und im Küstenvorfeld entwickeln. Der starken sowjetischen Schwarzmeerflotte konnten sich die Rumänen allerdings nicht stellen.

Die schwachen rumänischen Armeen sahen sich konfrontiert mit den Kräften des Odessaer Militärbezirks der Roten Armee. Zwischen Dnjestr und Pruth waren allein drei mechanisierte bzw. gepanzerte Armeekorps stationiert. Das bedeutete ein mögliches Aufeinandertreffen von rumänischen Kavalleriebrigaden und sowjetischen Panzerbrigaden im Kampf um Bessarabien. Da in der Ukraine die Hauptkräfte der Roten Armee zu erwarten waren, konnte Antonescu froh sein, mit seiner Armeegruppe vorerst keine Angriffsaufgaben erfüllen zu müssen. Die operative Verantwortung hatten sich die Deutschen ohnehin vorbehalten.

So begann der Krieg am 22. Juni 1941 an der 600 Kilometer breiten rumänischen Front lediglich mit einzelnen lokalen Angriffen zur Bildung von Brückenköpfen jenseits des Pruth. Die Gegner bombardierten jeweils Städte und Garnisonen im Hinterland. Die sowjetische Luftflotte attackierte Bukarest und die Ölfelder. Innerhalb einer Woche verloren die Rumänen immerhin rund 1000 Mann. In der frontnahen Provinzhauptstadt Jassy kam es zu einem Pogrom, bei dem mehr als 12 000 Juden ermordet wurden. Der rumänische Antisemitismus richtete sich zunächst vor allem gegen Ausländer.[6] Später wurden Hunderttausende von rumänischen und ukrainischen Juden in die neue eroberte Provinz Transnistrien deportiert. Insgesamt wurden im rumänischen Holocaust vermutlich 300 000 Juden und 20 000 Roma ermordet.

Am 2. Juli 1941 schien der Zeitpunkt gekommen, um – aus rumänischer Sicht – den Kampf um jene Gebiete aufzunehmen, die ein Jahr zuvor von Stalin »gestohlen« worden waren. Der besser ausgestatteten 3. Armee gelang es innerhalb von zwei Wochen, die Mittelgebirgslandschaft der Nordbukowina gegen einen hinhaltend kämpfenden Gegner einzunehmen und das Westufer des Dnjestr zu erreichen. Die Offensive der 4. Armee gegen die bessarabische Hauptstadt Kischinew war nur deshalb erfolgreich, weil die Rumänen ein deutsches Korps zur Unterstützung erhielten. In der Stadt hatte die Rote Armee bei ihrem Rückzug schwere Zerstörungen durchgeführt. Die rumänische Bevölkerungsmehrheit begrüßte den Einmarsch der Truppen. Durch die neue Verwaltung wurden Russen, Ukrainer und Juden, die im Zuge der Sowjetisierung in die Stadt gekommen waren, jenseits des Dnjestr deportiert. Im Zuge der »Säuberungsmaßnahmen« sorgten die Deutschen dafür, dass innerhalb von zwei Wochen rund 10 000 jüdische Menschen getötet wurden, das erste große Massaker an der Ostfront.

Obwohl man die Kampfkraft des Verbündeten zurückhaltend beurteilte, übertrug das deutsche Armeeoberkommando 11 Antonescu am 22. Juli den selbständigen Auftrag zur Einnahme der wichtigen Hafenstadt Odessa. Im Herzen der

In Bessarabien werden die Soldaten der Armeegruppe Antonescu von rumänischen Landsleuten jubelnd begrüßt, Juli 1941.

Ukraine zeichnete sich eine Kesselschlacht ab, nachdem die Heeresgruppe Süd mit ihrer einzigen Stoßgruppe den Raum Kiew erreicht und nach Süden eingedreht hatte. Zwei Wochen später war das Schicksal von mehreren sowjetischen Armeen bei Uman besiegelt. Die 11. deutsche Armee, obwohl hauptsächlich aus rumänischen Verbänden formiert, und die 3. rumänische Armee wurden dringend gebraucht, um die Einschließung zu vollenden. Damit stand für den Kampf gegen die sowjetischen Kräfte im Südwesten der Ukraine nur noch die 4. rumänische Armee zur Verfügung.

Der Auftrag für Antonescu wäre undurchführbar gewesen, wenn nicht die gegenüberliegenden Verbände von drei sowjetischen Armeen das Bestreben gezeigt hätten, sich hinter den Bug zurückzuziehen. Für den rumänischen Staatsführer stand viel auf dem Spiel, nicht nur militärisch. Die Besetzung des südlichen Bessarabien bis Ende Juli war ein Leichtes, das eigentliche Kriegsziel damit erreicht. Mit der Einnahme Odessas jedoch würden die Rumänen die alte russische Grenze überschreiten und sich Hitlers weitreichenden Kriegszielen anschließen. Der deutsche Diktator sah sich veranlasst, Antonescu für die bisherigen militärischen Leistungen zu loben und für den Entschluss zu danken, den Krieg gegen die UdSSR an der Seite Deutschlands »bis zur letzten Konsequenz durchkämpfen zu wollen«.[7] Zugleich trug er ihm an, die »Sicherung« des Raumes südwestlich des Bug zu übernehmen – was auf eine territoriale Kriegsbeute jenseits der rumänischen Grenze hinauslief. Und schließlich verlieh der »Führer« Antonescu auch noch das Ritterkreuz, über den er im kleinen Kreis orakelte: »Seiner Rasse nach sicher nicht Rumäne, sondern Germane, ist Antonescu der geborene Soldat. Sein Unglück, daß er Rumänien unter sich hat.«[8]

Tatsächlich stieß die euphorische Kriegsausweitung durch den Staatsführer in der eigenen Bevölkerung nicht auf ungeteilte Zustimmung. Die Führer der demokratischen Opposition warnten vor dem Überschreiten des Dnjestr. Man dürfe keinen einzigen rumänischen Soldaten für fremde Zwecke opfern. Die Armee müsse für die Verwirklichung »Großrumäniens« bewahrt werden.[9] Innenpolitisch war Antonescus Stellung keineswegs gefestigt,[10] und in den konservativen Führungseliten registrierte man durchaus die Signale, die auf einen möglichen Kriegseintritt der USA hindeuteten. Die antibolschewistische Grundeinstellung konnte Antonescu für sein Abenteuer nicht strapazieren, auch wenn er seinen Schritt gar als Gebot der Zivilisation bezeichnete. In völliger Verkennung der rassenideologischen Ziele Hitlers trieb ihn die Sorge um, es könnte als Ergebnis des Krieges ein vom Bolschewismus befreites »Großslawisches Reich« entstehen. Die rumänische Regierung zeigte sich daher erleichtert, als die Deutschen das besetzte Galizien dem »Generalgouvernement« eingliederten, womit Rumänien jetzt gewissermaßen direkt an das »Großdeutsche Reich« grenzte. Hitler ließ zudem erkennen, dass er nicht an eine ukrainische Selbständigkeit dachte, wie sie die Deutschen noch 1918 gefördert hatten.[11]

In Überschätzung seiner realen militärischen Möglichkeiten bot Antonescu bald sogar an, nicht nur Odessa, sondern auch die Seefestung Sewastopol und die Krim zu erobern, um die Stützpunkte der sowjetischen Luftwaffe auszuschalten. Seine Truppen spielten tatsächlich auf dem ukrainischen Schlachtfeld eine wesentlich größere Rolle als das kleine ungarische Kontingent. Das mag ihn zu der Kühnheit verleitet haben, dem deutschen Gesandten Clodius gegenüber Mitte August 1941 freimütig zu verkünden, er sei entschlossen, »bei nächster sich bietender Gelegenheit gegen Ungarn zu marschieren«.[12] Denn sein Hauptinteresse richtete sich darauf, im Vertrauen auf die »Gerechtigkeit des Führers« nach Kriegsende im Osten die Abtretung Nordsiebenbürgens an den verhassten Nachbarn rückgängig machen zu können.

Kaum hatte die rumänische 4. Armee Odessa von der Landseite aus eingeschlossen, bat Hitler darum, Truppen für künftige Operationen ostwärts des Dnjepr bereitzustellen. Antonescu reagierte hocherfreut, mit seinen Soldaten »zur Rettung der Zivilisation, Gerechtigkeit und Freiheit der Völker beitragen zu können«.[13] Dafür bot er 15 Divisionen an, die aber zunächst aufgefrischt und von den Deutschen neu ausgerüstet werden sollten. Aus der französischen Beute konnte man Antonescu reichlich versorgen.

Die politischen Parolen der rumänischen Regierung spielten wohl bewusst auf die Prämissen der Atlantik-Charta an, die US-Präsident Roosevelt und der britische Premierminister Churchill am 12. August verkündet hatten (unter anderem Selbstbestimmung der Nationen und ihr Recht, innerhalb gesicherter Grenzen in Frieden und Freiheit leben zu können). Denn in Bukarest hatte man ein Interesse daran, sich am finnischen Beispiel zu orientieren und für die Wiederherstellung der Souveränität in den »befreiten« Gebieten internationale Anerkennung zu finden. US-Außenminister Cordell Hull empfing am 4. September 1941 den rumänischen Geschäftsträger in Washington, Brutus Coste.[14] Dieser erklärte den rumänischen Standpunkt: Der Kriegseintritt gegen die UdSSR habe lediglich dazu gedient, die von Stalin okkupierten Gebieten zurückzuholen. Die Fortführung der Operationen auf fremdem Gebiet sei aus strategischen Gründen notwendig und ziele nicht auf Annexionen, sondern diene dem Schutz vor der »roten Gefahr«. Hull bezeichnete die Ausbreitung des Kommunismus als eigenständiges Problem. Seine Regierung betrachte den »Hitlerismus« als derzeitigen Weltfeind. Die Warnung war unmissverständlich: Sollte Rumänien – anders als Finnland – den Krieg an Hitlers Seite über die eigenen Grenzen tragen, stellte es sich gegen die amerikanischen Interessen.

Entgegen den offiziellen Erklärungen fiel der auf elf Divisionen mit 160 000 Mann verstärkten 4. Armee die Aufgabe zu, für die Monarchie eine neue Provinz zu erobern. Das Gebiet zwischen Dnjestr und Bug sollte den Namen »Transnistrien« erhalten, mit Odessa als Hauptstadt. Rund 34 000 Soldaten der Roten Armee verteidigten den Seehafen in gut ausgebauten Stellungen – unterstützt von der Schwarzmeerflotte – nach Stalins Befehl »bis zum Letzten«. Selbst vier Wochen verlustreicher Angriffe der zahlenmäßig überlegenen rumänischen Kräfte führten keinen Erfolg herbei. Nach der Auswechslung der Armeeführung musste die Belagerung Ende September 1941 sogar zeitweilig abgebrochen werden. Die Deutschen hatten inzwischen Kiew erobert und die größte Kesselschlacht der Geschichte geschlagen. Als Teil der Heeresgruppe Süd marschierte die 3. rumänischen Armee bereits in Richtung Asowsches Meer. Bevor die Deutschen zwei eigene Divisionen für den Angriff auf Odessa bereitstellen konnten, zog sich die sowjetische Besatzung in der Nacht des 15. Oktober 1941 klammheimlich über See zurück.

Rumänische Sturmtruppen besetzten gegen Mittag widerstandslos den Hafen. Bei der siebenwöchigen Belagerung hatte die 4. Armee Verluste von fast 100 000 Mann erlitten, davon über 20 000 Tote. Das sprach freilich nicht so sehr für die Tapferkeit der Soldaten als für mangelnde Führungsqualität und Ausbildung bei einer Truppe, die hauptsächlich aus älteren, wenig enthusiastischen Reservisten bestand.[15] Odessa war eine entscheidende Schlacht für den rumänischen Krieg, denn sie beendete die kurze Phase eines unbegründeten Überlegenheitsgefühls gegenüber der Roten Armee und veranlasste die Militärführung dazu, die Anstrengungen zur Modernisierung der Armee zu verstärken.

Eine neue Verwaltung sollte aus dem ukrainischen Odessa eine rumänische Stadt machen. Die Zusammenarbeit mit den SS-Einsatzkommandos funktionierte reibungslos. Als am 22. Oktober 1941 in Odessa – wie vier Wochen zuvor in Kiew – durch Saboteure ein Divisionsstab in die Luft gesprengt wurde (hier General Ion Glogojeanu, Kommandeur der 10. rumänischen Infanteriedivision), organisierte man zur Vergeltung ein Massaker an 25 000 Juden. In vier großen Lagerhäusern wurde die Hälfte von ihnen eingesperrt. Drei Gebäude zündete man an, Fliehende kamen im Kugelhagel ums Leben. Frauen warfen aus Verzweiflung ihre Kinder aus den Fenstern. Mit Artilleriefeuer wurde die vierte Lagerhalle zerfetzt. In den folgenden Tagen wurde eine fast gleich große Zahl aus der Stadt getrieben und am Rande von Panzergräben erschossen, insgesamt also fast 50 000 Opfer (in Babi Jar bei Kiew ermordete das deutsche Sonderkommando 4 a im größten Einzelmassaker 33 000 Juden).

Aus rumänischer Sicht war der Feldzug damit beendet. Die 4. Armee kehrte in die Heimat zurück und sollte in aller Ruhe wieder aufgefüllt werden. Die 3. Armee, die unter dem Kommando der Heeresgruppe Süd immerhin rund 10 000 Mann Verluste erlitten hatte und am weitesten nach Osten vorgedrungen war, wurde aufgelöst. Im besetzten sowjetischen Gebiet blieben lediglich vier Besatzungsdivisionen in Transnistrien zurück, außerdem ein Kavalleriekorps sowie ein Gebirgskorps, die zum Verband der 11. deutschen Armee gehörten und auf der Krim eingesetzt waren. Sie beteiligten sich später an der Belagerung der Festung Sewastopol.

Als Hitler im Dezember angesichts der sowjetischen Gegenangriffe um den Zusammenhalt seiner Ostfront fürchten musste, konnte er die Schuld für die Rückschläge jedenfalls nicht seinen Verbündeten auflasten. Dafür entließ er zwei Dutzend eigene Generale. Antonescu schien das Vertrauen des »Führers« zu rechtfertigen. Nachdem er im November 1941 sein Regime durch eine Volksabstimmung legitimiert hatte, folgte der rumänische Marschall Hitler in den Weltkrieg. Am 7. Dezember erklärte Großbritannien auf Druck der UdSSR den Kriegszustand mit dem Balkanstaat, fünf Tage später erklärte Antonescu auf deutschen Druck den USA den Krieg. Der Kriegsminister und Chef des Großen Generalstabs in Bukarest, Generaloberst Iosif Jacobici, nahm demonstrativ seinen Abschied. Die Lektion von Odessa, wo er zuletzt selbst die 4. Armee befehligt hatte, bewahrte ihn vor dem Optimismus seines Marschalls. Seine eigenwillige Interpretation der Kriegslage beschrieb Antonescu so: »Ich bin der Verbündete des Reiches gegen Russland. Ich bin neutral zwischen Großbritannien und Deutschland. Ich bin für die Amerikaner gegen die Japaner.«[16]

Als Hitler am Jahresende die Krise der Ostfront so weit gemeistert hatte, dass er an die Vorbereitung einer neuen Sommeroffensive denken konnte, warb er mit einem besonders freundlichen Schreiben um die Unterstützung Rumäniens. Ohne dessen Unterstützung – neben der Heranziehung italienischer und ungarischer Truppen – war selbst die geplante begrenzte Offensive im Bereich der Heeresgruppe Süd kaum durchführbar. Für das »Unternehmen Blau« sollte allein Antonescu 27 Divisionen schnellstens einsatzbereit machen, zwei Drittel seines Heeres.

Deutsche Ausrüstungshilfe wurde versprochen, war aber gerade dort nur schwer zu realisieren, wo die Rumänen den größten Bedarf hatten: bei modernen Kampfpanzern und schwerer Panzerabwehr. Und sie würde geringer ausfallen müssen als noch im vergangenen Frühjahr. Vor allem aber berücksichtigte man in Berlin die fortdauernden rumänisch-ungarischen Spannungen, die es nicht ratsam erscheinen ließen, die beiden Kontrahenten im deutschen Bündnis über Gebühr aufzurüsten.

Auf rumänischer Seite fand der Generalstab Wege, die eigenen Interessen auch an den Deutschen vorbei zu schützen. Während nach außen der Eindruck vermittelt wurde, dass Rumäniens Grenze in Siebenbürgen völlig ungeschützt sei, weil man alles Kriegsmaterial an die Ostfront geschickt habe, sorgte man insgeheim dafür, dass die in Richtung Wolga marschierenden Truppen personell ausgedünnt wurden und die Masse ihrer Artillerie in der Heimat verblieb. Offiziell sollte das Material zur Aufstellung einer zweiten Welle dienen, die aber niemals nach Osten in Marsch gesetzt wurde.[17]

Auf deutscher Seite war man sich darüber im Klaren, dass Rumänien eigentlich auch auf wirtschaftlichem Gebiet ein stärkeres Entgegenkommen brauchte, »um kein Bleigewicht, sondern einen wertvollen Bundesgenossen« zu haben.[18] Mit ihren hemmungslosen Aufkäufen im Land drohte die Wehrmacht Rumänien in den Ruin zu treiben. Dabei brauchte man dringend eine Steigerung der rumänischen Ölförderung. Göring erklärte gegenüber dem Vizeministerpräsidenten Mihai Antonescu, »nach dem Blut seiner Soldaten sei daher der wertvollste Beitrag, den Rumänien zur gemeinsamen Sache leisten könne, sein Petroleum«.[19]

Aber was war die »gemeinsame Sache«, nachdem Rumänien sein Territorium auf Kosten der UdSSR erweitert hatte? Der Marschall erwartete jetzt sogar eine »endgültige Abrechnung mit den Slawen«[20] und wollte bis zum Kaukasus und auch bis zum Ural marschieren. Antonescu war jedoch vorsichtig genug, darauf zu dringen, dass sich auch die Ungarn stärker am Ostfeldzug beteiligten und der »Führer« zusagte, dass weder Bulgarien noch Ungarn nach Kriegsende gegen Rumänien aktiv werden dürften. Die antibolschewistische Parole war längst verblasst. König Mihai betrachtete den Einsatz seiner Truppen als »deutsche Angelegenheit« und suchte nach einer Möglichkeit, Antonescu ablösen und sein Land aus dem Bündnis mit Hitler führen zu können.[21] Später sorgte nur stärkster Druck des Marschalls dafür, dass der König widerwillig seine Soldaten auf der Krim besuchte, was den Deutschen nicht verborgen blieb. In Bukarest wuchs der Zweifel, ob Hitler wirklich willens sein würde, den rumänischen Einsatz mit der Rückgabe Siebenbürgens zu belohnen. Inzwischen hatte die SS begonnen, im Land unter den Volksdeutschen Freiwillige zu werben, und auch andere deutsche Organisationen beschäftigten in wachsender Zahl rumänische Staatsbürger deutscher Herkunft. Aus der Sicht der Regierung waren das Deserteure, und man drohte, sie bei Heimaturlaub oder Rückkehr entsprechend zu behandeln.[22]

Rumänische Infanterie vor Sewastopol, Juni 1942.

Der erneute Aufmarsch von zwei rumänischen Feldarmeen an der Ostfront zog sich in die Länge. Erst wenn er vollendet war, wollte Antonescu selbst wieder das Oberkommando übernehmen. Dazu sollte es nicht kommen. Verstärkungen gingen zunächst auf die Krim, wo sie sich im Juni 1942 an der Eroberung von Sewastopol beteiligten. Sechs Divisionen unterstützten den Vormarsch der Heeresgruppe A in Richtung Nordkaukasus. Sie bildeten den Kern der 3. rumänischen Armee, die im August die Sicherung der Küste im Bereich des Asowschen Meeres, im Kubangebiet und auf der Tamanhalbinsel übernahm. Im Zentrum der Heeresgruppe stießen die Spitzen der Panzergruppe 1 noch bis zum Rand des Hochkaukasus bei Naltschik vor, unterstützt von der 2. rumänischen Gebirgsdivision. Dann war die Kraft der Kaukasus-Offensive erschöpft, obwohl Hitler in der Eroberung der Ölfelder die kriegsentscheidende Wende sehen wollte.

Ein größeres rumänisches Engagement im Kaukasus hatte man im OKH vermeiden wollen, weil die Übergriffe der verbündeten Truppen bei der einheimischen Bevölkerung teilweise zu einem Umschlagen der positiven Stimmung geführt hatten. Der Generalquartiermeister notierte: »mit diesen allerschlechteste Erfahrungen: Plünderungen, Schändungen an der Tagesordnung, insbesondere bei Rumänen und trotz scharfer Gegenmaßnahmen weiterhin zu erwarten«.[23]

Aus den Erinnerungen von Léon Degrelle:

»Wir hatten geräuschvolle Nachbarn. Die Rumänen. Ihre Offiziere kamen manchmal zu uns herüber; sie trugen Käppis, die aussahen wie flache, runde Kuchen. Sie sprachen fast alle ein singendes und lispelndes Französisch. Ihre Soldaten vollführten einen Höllenlärm. Sie lagen zu mehr als zwanzigtausend auf unserm linken Flügel und schossen ohne Unterlaß. Dabei lagen wir in der Verteidigung. Das unaufhörliche Geknattere machte die Russen wild, lud sie uns auf den Hals und führte zu sinnlosen Gegenschlägen. In einer einzigen Nacht verschossen die Rumänen so viel Munition, wie der ganze übrige Abschnitt im Laufe von zwei Wochen. Das war kein Krieg mehr. Das war Ruhestörung. [...] Tausende von rumänischen Soldaten waren im Grunde Freunde der Russen. Bisher hatten die rumänischen Soldaten gute Leistungen vollbracht. Sie hatten Bessarabien befreit und Odessa erobert. Sie hatten sich auf der Krim und dem Donezbecken ruhmreich geschlagen. Aber sie waren von Natur aus wild und massakrierten ihre Gefangenen, wodurch sie Vergeltungsmaßnahmen hervorriefen, unter denen alle zu leiden hatten.«[24]

Statt nach Baku war ein großer Teil der kampfkräftigen Verbände in Richtung Stalingrad marschiert, eigentlich nur eine Flankensicherung an Don und Wolga. Das Prestigebedürfnis des »Führers« führte aber in die Falle jener Großstadt, die den Namen seines Widersachers trug. Mitte September 1942 wurde die Masse der 3. rumänischen Armee in den Raum nördlich von Stalingrad verlegt, wo sie den schwierigsten Abschnitt der neuen Front am Don – gegenüber einem starken sowjetischen Brückenkopf am westlichen Ufer – übernehmen musste. General-oberst Petre Dumitrescu verlangte vergeblich deutsche Panzer- und Artillerie-unterstützung, um die Bedrohung rechtzeitig ausschalten zu können.

Angesichts seines überdehnten Abschnitts von 180 Kilometern Frontlinie, man-gelhafter Versorgung und Ausrüstung beugte er sich erst unter starkem deutschen Druck, einen weiteren Bereich von den Italienern zu übernehmen. Man versuchte, ihn mit der Prognose zu beruhigen, die Rote Armee werde keinen Angriff wagen, und zog sogar noch deutsche Einheiten ab. Dumitrescu erhielt keine klaren Ins-truktionen und sah sich ständigen kleineren sowjetischen Angriffen ausgesetzt, die ihn bis zum 19. November 11 000 Mann kosteten. In letzter Minute stellten die Deutschen ein mühsam zusammengerafftes Panzerkorps als Eingreifreserve für die 3. Armee bereit.

Der anrückenden rumänischen 4. Armee war ein Frontabschnitt südlich von Stalingrad reserviert worden, der sich in der Kalmückensteppe sogar über 250 Kilometer erstreckte. Die rund 100 000 Mann trafen erst drei Wochen vor Beginn der sowjetischen Gegenoffensive ein. Sie mussten darauf vertrauen, dass sie im Krisenfall Unterstützung von der benachbarten deutschen 4. Panzerarmee erhal-ten würden, die freilich mit Teilen im Kampf um die Stadt verwickelt war. Der stellvertretende Ministerpräsident Mihai Antonescu bat bei einem Besuch im »Führerhauptquartier« in Winniza am 22. September 1942 darum, die rumäni-schen Kräfte nicht zwischen Krim, Kaukasus, Wolga und Don zu verzetteln. »Es ist unfair, vom rumänischen Volk zu erwarten, dass es den gefährlichsten Ab-schnitt der Ostfront verteidigt; diese Aufgabe ist für unsere Soldaten zu schwie-rig. Ich sagte dem Führer, dass nach meiner Auffassung die Konzentration unse-rer Verbände in einem einzigen Gebiet, ihre Vorbereitung auf den kommenden Winter zu unserem Schutz beitragen würde, andernfalls riskierten wir den Verlust unserer Armee.«[25]

In Moskau betrachtete man den Aufmarsch der Rumänen beiderseits des Schwerpunktes Stalingrad mit großer Erleichterung. Dass Hitler seine gefährdeten Flanken ausgerechnet mit den schwachen verbündeten Armeen besetzte, machte Stalin die Planung des Gegenschlages einfacher. Er würde mit der Einkreisung

Antonescu und Hitler im »Führerhauptquartier« in Winniza, 26. September 1942.

der deutschen Gruppierung bei Stalingrad und der Vernichtung der verbündeten Truppen auch politisches Kapital gewinnen. Nach einem gewaltigen Artillerieschlag ließ er am 19. November 1942 die Front der 3. rumänischen Armee aus den Brückenköpfen heraus zertrümmern. Das bei Raspopinskaja eingekesselte 5. Armeekorps suchte eigenständig auszubrechen. Nur 3500 Mann erreichten die deutschen Linien. Antonescu ließ seine Truppen im Stich und verwies auf die Befehlsführung der Deutschen. Diese zogen jetzt zwar drei deutsche Divisionen aus der Stalingrader Front heraus, um die Rumänen zu stützen und am Tschir eine neue Verteidigungslinie zu errichten. Der verspätete Gegenangriff des XXXXVIII. deutschen Panzerkorps blieb aber wirkungslos angesichts der sowjetischen Panzermassen, zwischen denen die geschockten Reste der 3. rumänischen Armee nach Westen auszuweichen suchten. Ohne Verpflegung und Munition irrten die Männer durch die eisige Winterlandschaft.

Nicht viel anders erging es ihren Kameraden von der 4. Armee südlich von Stalingrad. Sie waren seit fast einem Jahr ununterbrochen im Einsatz und zu weniger als 50 Prozent einsatzfähig. Winterausrüstung und Nachschub waren über die von den Deutschen kontrollierten Eisenbahnstränge nicht an die Front gebracht worden. In der offenen Steppe traf sie nun der Gegenschlag mit noch größerer Wucht. Innerhalb von Stunden waren die Verbände aufgerieben, auch wenn vie-

Rumänische Truppen auf dem Marsch Richtung Stalingrad, Sommer 1942.

lerorts verzweifelter Widerstand geleistet wurde. Die rumänische Kavallerie hatte gegen die modernen T-34-Kampfpanzer keine Chance. Bereits nach vier Tagen schloss sich die Zange bei Kalatsch. Zwei rumänische Divisionen gerieten mit in den Stalingrader Kessel. Da sie ihre Trosse und Depots verloren hatten, blieben ihnen rund 5000 Pferde, um nicht zu verhungern. Der Kommandeur der 20. Infanteriedivision, General Nicolae Tataranu, erhielt zwar am 25. Dezember das Ritterkreuz, hielt aber das Ausharren von Paulus für falsch. Am 18. Januar 1943 flog er zur Berichterstattung aus dem Kessel und verweigerte die Rückkehr. Rund 3000 rumänische Soldaten, darunter zwei Generale und einige Dutzend Offiziere, traten schließlich den Gang in die Gefangenschaft an. Insgesamt verloren die beiden rumänischen Armeen bis zu 150 000 Tote, Verwundete und Vermisste in der Schlacht um Stalingrad, das heißt die Masse ihres Expeditionskorps.

Von ursprünglich 22 rumänischen Divisionen waren lediglich vier noch leidlich einsatzbereit, um im Rahmen der von Manstein geführten neuen Heeresgruppe Don einen Frontabschnitt zu übernehmen und den Entsatzangriff auf Stalingrad zu unterstützen. Inzwischen hatte der Große Generalstab in Bukarest die Sache an sich gezogen und den eigenen verbliebenen Truppen operative Anweisungen erteilt. Die deutschen Kommandostellen warfen den rumänischen Bundesgenossen Versagen vor. Rumänischen Forderungen nach Bereitstellung ausreichender Panzerabwehrmittel begegnete man mit Misstrauen; man hielt das für eine bloße Ausrede, denn in einzelnen Fällen hatten rumänische Soldaten, die bereits mit schwerer Pak ausgerüstet waren, die Geschütze bei sowjetischen Angriffen im Stich gelassen.[26]

In einem Brief an Manstein beklagte sich Antonescu seinerseits darüber, dass deutsche Offiziere rumänische Soldaten erschossen oder entwaffnet hatten.[27] Dass sein innenpolitischer Gegner Hora Sima wenige Tage später aus dem deutschen Internierungslager in Süddeutschland entweichen konnte, fasste der Marschall wohl zu Recht als indirekte Drohung Hitlers auf. Nach einem persönlichen Gespräch des rumänischen Staatsführers mit Hitler, bei dem dieser neben seinen Vorwürfen auch neue Waffenlieferungen zugesagt hatte, unterband Goebbels weitere öffentliche Erörterungen über das angebliche Versagen der Verbündeten.

Trotz der Katastrophe seiner beiden Ostarmeen, deren Reste (135 000 Mann) in die Heimat zurückgeführt wurden, zeigte sich Antonescu zuversichtlich, dass ein Wiederaufbau des militärischen Potentials in Rumänien möglich sein würde, wenn die Deutschen endlich in größerem Maße moderne Waffen und Fahrzeuge lieferten. In einer Denkschrift für Hitler erklärte er freimütig, dass der »Krieg Rumäniens gegen den Bolschewismus und das Slawentum, für die Befreiung der eigenen, durch den ungerechten Sowjetangriff besetzten Gebiete, ein eigener Krieg« sei. Sein Land habe eine eigene Verantwortung gegenüber der Geschichte und müsse erwarten können, dass es für seine Kriegsbeteiligung im Osten im Gegenzug Garantien für die Sicherheit des Landes erhalte.[28] Die Ansprüche gegenüber Ungarn sprach er dabei noch einmal direkt an.

Aus dem Bericht des Deutschen Generals beim Oberkommando der rumänischen Wehrmacht vom 5. März 1943:

»In Verfolg der Ereignisse an der Ostfront ist eine zunehmende Kriegsmüdigkeit sowohl in Teilen der rumänischen Armee wie auch in der Bevölkerung festzustellen. Diese Kriegsmüdigkeit ist einerseits den starken Verlusten, andererseits dem vielfach merklich erschütterten Glauben an die Möglichkeit einer vollständigen Niederringung Russlands zuzuschreiben.

Die bolschewistische Gefahr ist eben in ihrer ganzen Größe vom Volke noch nicht richtig begriffen worden. Die breite Masse empfindet den Krieg infolge der zahlreichen Einschränkungen, der Teuerung, der Mobilisierung und der bitteren Verluste nur als lästig. Die Größe und Bedeutung des Kampfes im Osten ist ihr in keiner Weise bewußt. Auf Grund der alten, bis in die jüngste Zeit von der rumänischen Propaganda genährten ›Erbfeindschaft‹ wird auch heute noch Ungarn als der Feind angesehen. Selbst bei den im Osten kämpfenden rumänischen Einheiten wurde von chauvinistischen Elementen des Offizierkorps als Hauptgegner Ungarn hingestellt und als Sinn des rumänischen Kampfes im Osten – gleichsam als Dank für die rumänische Hilfe – die spätere Rückgliederung der abgetrennten Teile des Areals angedeutet.«[29]

Der Ministerrat in Bukarest beschloss den Wiederaufbau der Armee, aber nicht zum Nutzen der deutschen Wehrmacht, sondern zur Verteidigung der rumänischen Interessen. Das Ziel war es, bei Kriegsende über eine starke Armee verfügen zu können. Im Generalstab wurden hinsichtlich der Ausrüstung zwei verschiedene Listen erstellt. Die Deutschen bekamen nur eine speziell präparierte Aufstellung zu sehen, die verschleierte, dass auf rumänischem Territorium erhebliche Waffenreserven angesammelt wurden. Bis zum Herbst 1943 standen 24 voll ausgerüstete und einsatzfähige Divisionen im Heimatgebiet zur Verfügung. Und es gelang tatsächlich, ihren Einsatz an der Ostfront lange genug hinauszuzögern. Sie bildeten ein Faustpfand für geheime Kontakte, die man zu den Westmächten knüpfte, um einen Separatfrieden zu erreichen. In Bukarest hoffte man auf eine anglo-amerikanische Invasion auf dem Balkan und bot »45 Waggons Gold, riesige Mengen Getreide und 1 Million bewaffneter Soldaten« an.[30] Der britische Premierminister war durchaus daran interessiert, Südosteuropa dem Stalinismus vorzuenthalten. Doch die US-Politik setzte auf das Einvernehmen mit Stalin und eine Invasion in Westeuropa.

Ein Teil der rumänischen Armee blieb an der Ostfront präsent. Das galt vor allem für die Luftwaffe, die mit dem 1. rumänischen Fliegerkorps und rund 100 Flugzeugen 1943/44 laufend Einsätze in der Südukraine flog. Fast die Hälfte der Truppen, die den Vorstoß in den Kaukasus gewagt hatten, waren rumänische Verbände gewesen. Sie hatten das Glück, im Zuge der Stalingrad-Katastrophe rechtzeitig den Rückzug antreten zu dürfen. Sechs Divisionen Kavallerie und Gebirgstruppen verschanzten sich zusammen mit den anderen Verbänden der

Rumänische Soldaten treffen mit finnischen SS-Freiwilligen an der Ostfront zusammen.

17. deutschen Armee schließlich auf der Tamanhalbinsel. Dieser Kuban-Brücken-kopf wurde in mehreren heftigen Schlachten verteidigt, weil Hitler ein Sprung-brett zum Kaukasus behalten wollte. Die Stellungs- und Rückzugskämpfe dauer-ten bis Anfang Oktober 1943, als Hitler endlich einer Räumung zustimmte. Mit 240 Schiffen wurden schließlich 177 355 deutsche und 50 139 rumänische Solda-ten mit einem Teil ihres Materials auf die Krim evakuiert. Die Wehrmacht hatte rund 47 000 Tote, Verwundete und Vermisste eingebüßt, die Rumänen beklagten Gesamtverluste von rund 9000 Mann.

Auf der Krim gerieten diese Einheiten innerhalb von drei Wochen erneut in Bedrängnis. Die sowjetischen Armeen hatten über den Landweg die Enge bei Pere-kop erreicht und die Halbinsel abgeschnitten. Fünf deutsche und sieben rumä-nische Divisionen kämpften im Winter 1943/44 hier auf verlorenem Posten. Am 7. April 1944 durchbrach eine russische Offensive die dünnen Linien und drängte die deutsch-rumänischen Kräfte im Gebiet der alten Festung Sewastopol zusam-men. Dieses Mal kamen sie bei der viel zu spät eingeleiteten Evakuierung nicht so glimpflich davon. Zwar wurden zwei Drittel der Truppen (insgesamt 137 000 Mann, davon 40 200 Rumänen) über See nach Konstanza transportiert. Doch sie mussten ihre gesamte Ausrüstung zurücklassen. Die Rettung von Menschenleben hatte bei den deutsch-rumänischen Marinekräften Priorität. Die Gesamtverluste auf der Krim beliefen sich auf rund 100 000 Mann, davon 25 800 Rumänen.

Ankunft in Konstanza nach der Evakuierung von der Krim.

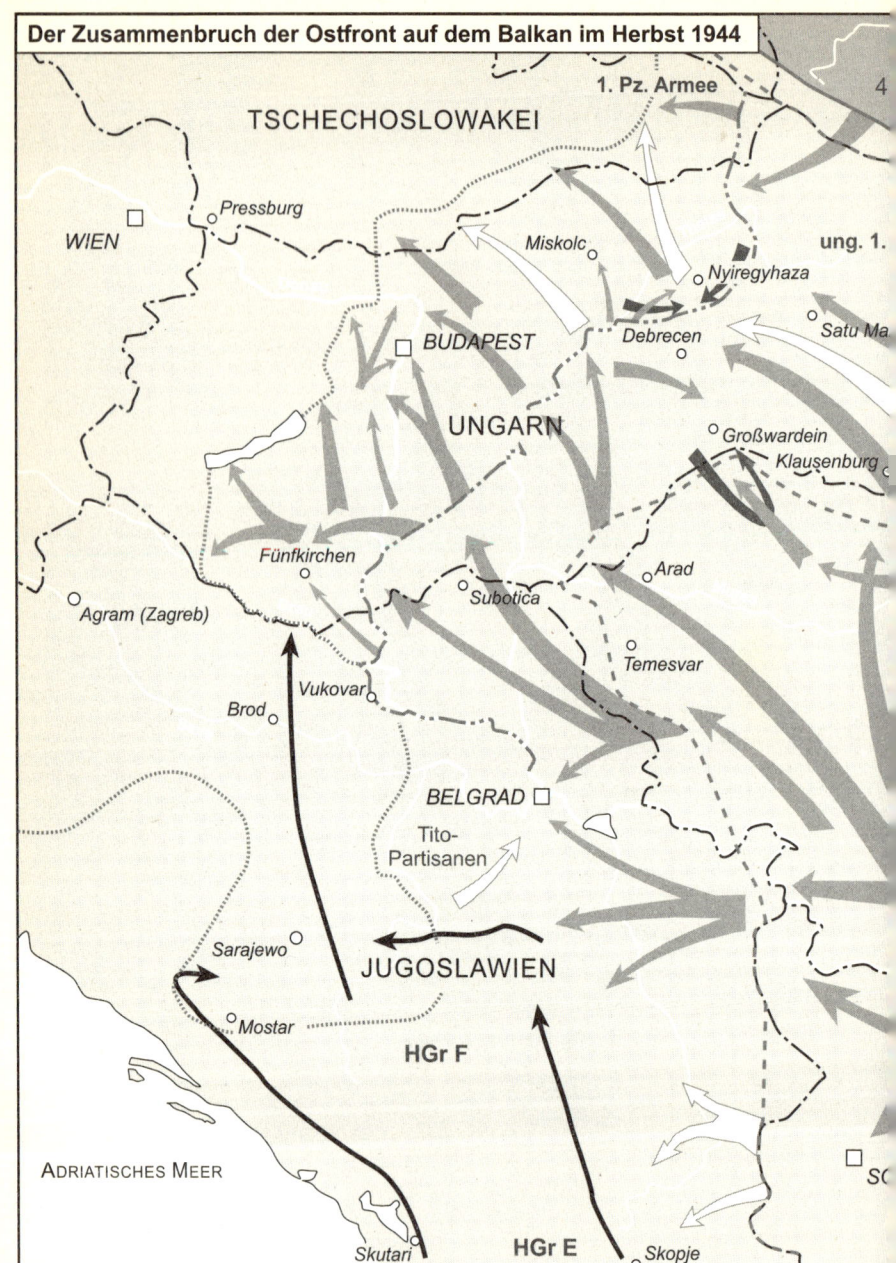

Der Zusammenbruch der Ostfront auf dem Balkan im Herbst 1944

4

1. Pz. Armee

TSCHECHOSLOWAKEI

ung. 1.

Pressburg

WIEN

Miskolc

Nyiregyhaza

Satu Ma

BUDAPEST

Debrecen

UNGARN

Großwardein

Klausenburg

Fünfkirchen

Agram (Zagreb)

Subotica

Arad

Brod

Vukovar

Temesvar

BELGRAD

Tito-
Partisanen

Sarajewo

JUGOSLAWIEN

Mostar

HGr F

ADRIATISCHES MEER

SO

Skutari

HGr E

Skopje

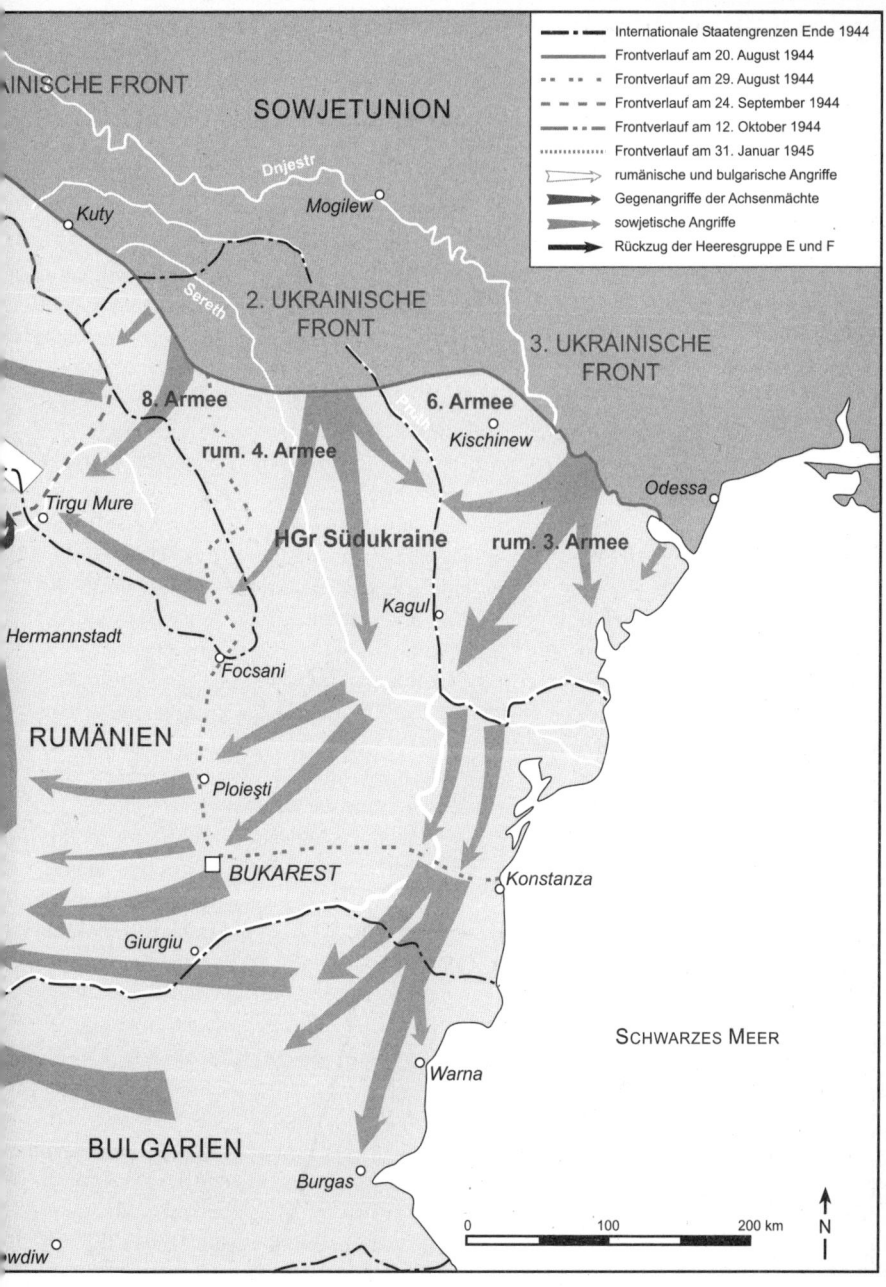

Der schnelle Vormarsch der sowjetischen Streitkräfte in der Südukraine drückte die 6. deutsche Armee auf den Dnjestr zurück. Um den Verlust von Transnistrien trauerten die Rumänen nicht lange. Aber ihre alte Ostgrenze sollte möglichst so lange gehalten werden, bis die Briten und Amerikaner nach ihrem Vormarsch in Italien im Balkanraum eingreifen würden. Es waren verzweifelte Hoffnungen, die spätestens mit dem Beginn der sowjetischen Sommeroffensiven am 22. Juni 1944 in sich zusammenbrachen. Schon knapp ein Jahr zuvor hatten die Amerikaner mit einem massiven Luftangriff auf die rumänische Ölindustrie ihre Entschlossenheit demonstriert, das Land keinesfalls zu schonen. Von Nordafrika aus hatten sie damals 178 Bomber auf den längsten Angriffsflug des Krieges geschickt. Sie waren freilich auf eine gut vorbereitete Luftabwehr gestoßen, vor allem auf die starken Flakverbände bei Ploieşti. Mit 67 verlorenen Maschinen erlitten die Amerikaner prozentual die stärksten Flugzeugverluste des gesamten Krieges. Am 24. April 1944 wiederholten 290 US-Bomber, jetzt von Italien aus, ihren Angriff und schonten auch Bukarest nicht.

Von deutscher Seite waren einige Anstrengungen unternommen worden, um die Verteidigungskraft des Verbündeten zu verstärken, obwohl man den Eindruck gewonnen hatte, dass Rumänien selbst »nicht seine letzte Kraft für den gemeinsamen Krieg einsetzte«.[31] In dem Bestreben, Bukarest von weiteren Kontakten zu den Westmächten abzubringen und Antonescu auf Kriegskurs zu halten, entschloss man sich in Berlin zu besonderen wirtschaftlichen Zugeständnissen. Kohlelieferungen wurden erhöht, Gold der Reichsbank, das in der Schweiz lagerte, wurde zur Verfügung gestellt und umfangreiche Lieferungen an Kriegsmaterial zugesagt. Während die deutschen Lieferungen stiegen, entwickelten sich die rumänischen rückläufig. Die Rumänen verstanden es, die angeschlagene Hegemonialmacht politisch zu beschwichtigen, ohne die eigenen Interessen aus den Augen zu verlieren. Sie kürzten sogar den Rüstungshaushalt für 1944 um 60 Prozent! Im Gegensatz zu anderen Verbündeten Hitlers gelang es ihnen, den Ausverkauf und Ruin des Landes bis zum Frontenwechsel zu verzögern. Die Deutschen mussten 1944 für eine Tonne Öl drei- bis viermal so viele Waren nach Rumänien liefern wie bei Kriegsbeginn.[32]

Gleichwohl sah man zunächst auch in Bukarest die Notwendigkeit, die allgemeine Mobilmachung des Landes zu erklären und die zwei bisher zurückgehaltenen Feldarmeen zum Schutz der Ostgrenze aufmarschieren zu lassen. Sie unterstanden der deutschen Heeresgruppe Südukraine unter Generaloberst Hans Friessner und waren jeweils mit einer deutschen Armee (6. und 8.) zusammengebunden. Es war auf den ersten Blick eine durchaus ansehnliche Streitmacht von ungefähr 900 000 Mann in 27 Divisionen. Die gegenüberliegende 2. und 3. ukrainische Front war zumindest bei den schweren Waffen weit überlegen, aber auch auf rumänischer Seite waren Verbesserungen eingeführt worden, so etwa die Umrüstung von zwei Kavallerie- auf Panzerdivisionen. Dennoch zeigte sich Friessner besorgt, weil Hitler wegen des Zusammenbruchs im Zentrum der Ostfront Ende

Juli 1944 insgesamt elf Divisionen und nahezu alle beweglichen Reserven von der Heeresgruppe Südukraine abzog.

Misstrauisch stimmte ihn die auffällige Auswechslung von Offizieren in den rumänischen Stäben und Kommandofunktionen. Der Gedanke an ein mögliches Komplott lag natürlich nahe, aber die deutsche Botschaft in Bukarest gab sich überzeugt, dass die Lage völlig sicher sei. Antonescu besuchte Hitler am 5. August 1944 in der ostpreußischen »Wolfsschanze«, zwei Wochen nach dem fehlgeschlagenen Attentat Stauffenbergs also. Man spielte sich gegenseitiges Einvernehmen vor. Hitler konnte die gewünschten Verstärkungen für die rumänische Front nicht zusagen. Der Marschall vermied jede Festlegung eines möglichen Kampfes »bis zum Ende« und behauptete, Armee und Volk stünden fest hinter ihm.[33]

Als am 20. August 1944 die sowjetische Großoffensive begann, richtete sich ihr Vorstoß wie eineinhalb Jahre zuvor an Don und Wolga gegen die beiden rumänischen Armeen. Die wieder aufgestellte deutsche 6. Armee wurde jetzt am Dnjestr überflügelt und eingekesselt. Wieder verbot Hitler den Ausbruch – ein neues Stalingrad, aus dem noch weniger Soldaten entkamen als 1943. Antonescu hatte kurz das Hauptquartier von Friessner aufgesucht und war sichtlich erschüttert.[34] Die rumänischen Truppen waren auf Befehl ihrer königstreuen Offiziere bestrebt, sich aus den Kämpfen möglichst herauszuhalten. König Mihai entschloss sich zum sofortigen Handeln. Seine Unterhändler hatten bereits in Kairo unter Vermittlung der Westmächte einen möglichen Waffenstillstand mit der sowjetischen Seite ausgehandelt.

Am 23. August befahl er Antonescu zu sich und ließ ihn verhaften. Er wurde sofort an Vertreter der bisher verbotenen Kommunistischen Partei ausgeliefert. An diesem Tag war die Lage der deutschen Verbände bereits hoffnungslos. Rund 20 Divisionen waren eingekesselt und verloren, und es bestand keine Aussicht, eine neue Verteidigungslinie innerhalb Rumäniens aufzubauen. Auch die Vielzahl deutscher Dienststellen im Land war wohl nicht mehr zu evakuieren. Der Große Generalstab in Bukarest befahl die Einstellung des Kampfes an der Seite der Wehrmacht und den Beginn des Einsatzes an der Seite der Armeen der »Vereinten Nationen«. Mit dieser Formulierung wollte man offensichtlich die Angst vor der Roten Armee dämpfen und nicht von der Hoffnung lassen, dass sich die Westmächte für die weitere Entwicklung Rumäniens mitverantwortlich fühlten. Nach einer Umgliederung der rumänischen Streitkräfte wollte man eine Offensive gegen die deutsch-ungarischen Kräfte mit dem Ziel eröffnen, Nordsiebenbürgen zurückzugewinnen, um so jenes zentrale nationale Interesse endlich zu verwirklichen, das die rumänische Armee 1941 an die Seite der Wehrmacht geführt hatte. Am 25. August 1944 erklärte die Regierung dem Deutschen Reich den Krieg.

Der Frontenwechsel verlief aber keineswegs unblutig. Hitler wollte sich weder auf einen freien Abzug seiner Truppen noch auf den Verzicht der rumänischen Wirtschaftsbasis einlassen. Als Friessner den Versuch unternahm, den Putsch in Bukarest niederzuschlagen, scheiterte er gründlich. Es fand sich kein einziger

Ein rumänischer General bei der Kontaktaufnahme mit der Roten Armee, etwa Ende August 1944.

rumänischer General, der bereit gewesen wäre, mit dem König zu brechen. Die Bombardierung der Hauptstadt durch die deutsche Luftwaffe erhöhte den einheimischen Widerstand. Die starken deutschen Flakkräfte bei Ploieşti waren nicht beweglich, und der Vorstoß schwacher deutscher Verbände brach zusammen, weil die teils mit modernen deutschen »Tiger«-Panzern ausgerüsteten rumänischen Truppen rasch die Oberhand gewannen. Innerhalb weniger Tage wurden mehr als 5000 Deutsche getötet und 56455 gefangen genommen, darunter 14 Generale.[35]

Die Ernüchterung für die Rumänen kam schnell. Der Versuch, die 3. und 4. Armee auf die Donaumündung zurückzuziehen und somit der Entwaffnung durch die Rote Armee zu entgehen, schlug fehl. Die Russen nahmen mehr als 150 000 rumänische Soldaten gefangen und transportierten sie als Zwangsarbeiter in die UdSSR. Die Flotte wurde beschlagnahmt und alles Kriegsmaterial als Beute behandelt. Offiziere und bürgerliche Repräsentanten fielen politischen Säuberungen zum Opfer. Manche Offiziere zogen es vor, Selbstmord zu begehen, unter ihnen der volksdeutsche General Hugo Schwab. Es wurde vielerorts geplündert und vergewaltigt. Eine Auslieferung der deutschen Kriegsgefangenen konnte nur mit Mühe verhindert werden. Die Regierung unter Generaloberst Constantin Sanatescu bat die Westmächte vergeblich darum, das Land durch Luftlandetruppen besetzen zu lassen. Stattdessen zog am 31. August 1944 zusammen mit sowjetischen Truppen eine aus ehemaligen Kriegsgefangenen gebildete rumänische Freiwilligendivision in Bukarest ein. Die königliche Regierung musste eine Waffenstillstandsdelegation nach Moskau entsenden. Ohne Verhandlungen unterzeichnete die sowjetische Seite am 12. September 1944 den vorbereiteten Vertrag auch im Namen der Westmächte. Er verpflichtete Rumänien dazu, Reparationen in Höhe von 300 Millionen US-Dollar zu zahlen, den Grenzverlauf vom 22. Juni 1941 anzuerkennen und zum Kampf gegen Deutschland mindestens zwölf Divisionen zur Verfügung zu stellen.

In den nächsten Monaten kämpften sogar zwischen 17 und 28 Divisionen in zwei Feldarmeen innerhalb sowjetischer Frontgruppen. Auf diese Weise bot sich für Rumänien die Chance, die Fesseln der Alliierten Kontrollkommission zu lockern und nicht mehr als Besatzungsgebiet behandelt zu werden. Bezogen auf die Personalstärke war es nach der UdSSR, den USA und Großbritannien die viertstärkste Armee der Anti-Hitler-Koalition. Sie spielte aber die gleiche untergeordnete Rolle wie zuvor im Verhältnis zur Wehrmacht. Die rumänische Wirtschaft musste die sowjetischen Truppen mit größeren Mengen an Nahrungsmitteln und Kriegsmaterial beliefern, als die eigenen Soldaten erhielten. Diese kämpften mit Elan vor allem dort, wo auf der anderen Seite ungarische Truppen standen, zuletzt beim Kampf um Budapest. Dabei erlitten sie ähnlich hohe Verluste wie zuvor an der Ostfront. Sie kämpften schließlich noch bei Wien und in der Nähe von Prag. Nach den offiziellen Zahlen hatte die rumänische Armee zwischen dem 22. Juni 1941 und dem 23. August 1944 an der Ostfront insgesamt 71 585 Tote, 243 622 Verwundete und 309 533 Vermisste zu beklagen. An der Westfront verlor sie danach 21 035 Tote, 90 344 Verwundete und 58 443 Vermisste.[36]

Während sich die rumänischen Soldaten als Sieger feiern ließen, nachdem sie Nordsiebenbürgen »befreit« hatten, organisierten die Kommunisten den politischen Kampf gegen die bürgerliche Regierung in Bukarest. Churchill hatte eingewilligt, den Einfluss in Rumänien zu »90 Prozent« Stalin zu überlassen. Das hatte Konsequenzen: Innerhalb von drei Jahren wurde das Land zu einer »Volksdemokratie« umgewandelt. Marschall Ion Antonescu, der frühere stellvertretende Ministerpräsident Mihai Antonescu und andere Repräsentanten des alten Regimes wurden am 1. Juni 1946 nach einem Schauprozess erschossen.

Mit dem Friedensvertrag vom 10. Februar 1947 wurden die Streitkräfte wie die eines besiegten Landes behandelt und auf 138 000 Mann in sieben Divisionen beschränkt. 40 Jahre kommunistischer Diktatur sorgten zwar in außenpolitischer Hinsicht für manche Bewegungsfreiheit, und Rumänien entwickelte sich unter Ceaușescu zum eigensinnigsten Mitglied des Warschauer Paktes, aber die Überwindung der Diktatur wurde 1989 zur blutigsten Revolte im früheren Ostblock.

Rumäniens Nachbar Bulgarien hätte ein begehrter Partner der Wehrmacht an der Ostfront sein können. Schließlich hatte sich das Land bereits im Ersten Weltkrieg als treuer Verbündeter des Reiches im Balkanraum erwiesen und wurde vom Königshaus Sachsen-Coburg und Gotha-Koháry regiert. Unter Zar Boris III. erklärte Bulgarien am 1. März 1941 seinen Beitritt zum Dreimächtepakt. Es wurde deutsches Aufmarschgebiet für den Angriff auf Jugoslawien und Griechenland, beteiligte sich dann zwar nicht am Feldzug, gleichwohl aber an der territoralen Aufteilung. Als Großbulgarien vergrößerte sich das Land um 50 Prozent, sicher Grund genug, um sich auch gegenüber Hitlers Ostfeldzug aufgeschlossen zu zeigen. Der »Führer« war an dem armen Land freilich wenig interessiert, das deutsche Waffenlieferungen vor allem mit Tabak und Schweinen bezahlte. Entscheidend für die Beibehaltung der bulgarischen Neutralität war jedoch die Einschätzung der Regierung in Sofia, dass die historischen Bindungen an Russland, denen Bulgarien seine Unabhängigkeit von der Türkei im 19. Jahrhundert verdankte, einen Krieg gegen die UdSSR als unpopulär ausschließen würden. Der Antibolschewismus hatte diese traditionell prorussische Orientierung nicht überwölben können.

So gewährte Bulgarien zwar der Wehrmacht im Schwarzen Meer Geleitschutz gegen sowjetische U-Boote in bulgarischen Gewässern und nutzte die Ausbildungshilfe für seine Piloten, blieb aber neutral gegenüber der Sowjetunion. Dagegen beteiligte sich Sofia am 13. Dezember 1941 ohne Zögern an der Kriegserklärung der Achsenmächte gegenüber Großbritannien und den USA, was zu Kampfhandlungen in der Ägäis und zu Luftangriffen auf Bulgarien führte. US-Bomber wurden 1943/44 nach Angriffen auf die rumänische Ölindustrie bei ihrem Rückflug über bulgarischem Territorium von den in Deutschland ausgebildeten Jagdfliegern des Landes angegriffen. Die Bemühungen der Alliierten, Bulgarien aus dem Krieg herauszubomben, führten im Januar 1944 dazu, daß 300 000 Einwohner die Hauptstadt Sofia verließen und der politische Zerfall begann. Der eingeleitete Seitenwechsel im Herbst 1944 kulminierte in dem kommunistischen Putsch vom 9. September. Es wurden mehr als 20 000 Vertreter der alten Ordnung ermordet, und Bulgarien musste sich am Feldzug gegen Ungarn und Deutschland an der Seite der Roten Armee beteiligen. Dabei fielen 30 000 bulgarische Soldaten. Seine kulturelle und religiöse Verbundenheit mit Russland, die auch gegenüber Hitler bewahrt worden war, schützte das Land nicht vor einer brutalen Stalinisierung.

Italien

■ Wie Rumänien hatte auch Italien im Ersten Weltkrieg die deutsche Politik enttäuscht und war auf die Seite der Feindmächte getreten. Der Kampf an der Alpenfront hatte jedoch auf deutscher Seite – bei den Österreichern sah das anders aus – nicht zu Hass oder Verbitterung geführt. Militärisch traute man den Italienern nicht viel zu. Dass sie sich als Siegermacht aufführten und auf der Annexion Südtirols beharrten, beeindruckte die Militärs in Berlin weniger als ein wachsender italienisch-französischer Gegensatz im Mittelmeerraum. Während die deutschen Rechtsparteien noch dem Verlust Südtirols nachtrauerten, entwickelte Hitler in seinem Buch *Mein Kampf* das Konzept einer strategischen Partnerschaft mit dem ehemaligen Kriegsgegner. Demnach sollte Italien in einem künftigen Krieg Frankreich und Großbritannien im Mittelmeer in Schach halten. Dafür war er bereit, dem Wunschpartner nicht nur Südtirol, sondern auch ein neues Imperium Romanum zuzugestehen.

Hoffnungen auf einen Kurswechsel des traditionell englandfreundlichen Landes hatte der Aufstieg Mussolinis und seiner faschistischen Partei gemacht. Der »Duce« verkörperte für Hitler lange Zeit ein persönliches Vorbild, von dem er sich bis zu seiner eigenen Machtübernahme inspirieren ließ. Die ideologische Nähe zwischen deutschem Nationalsozialismus und italienischem Faschismus war eng. Sie traf sich vor allem im strikten Antibolschewismus und den imperialen Bestrebungen, die die europäische Machtverteilung auch unter Einsatz von militärischen Mitteln verändern wollten. Während Italien seine Zukunft im Mittelmeer und in Afrika suchte, wollte Hitlers »Drittes Reich« eigenen »Lebensraum im Osten« erobern.

Dennoch schien ein Zusammengehen beider Staaten belastet, weil sich Italien in Sorge um seine Südtiroler Erwerbung als Schutzmacht eines neutralen Österreich verstand, während die österreichischen Nationalsozialisten bereits 1934 einen Putsch in Wien versuchten. Die Konfrontation löste sich aber rasch auf, als Mussolini ein Jahr später mit der Eroberung Abessiniens den Genfer Völkerbund gegen sich aufbrachte. Deutschland verweigerte sich der Sanktionsfront und fand überraschend schnell zu einer außenpolitischen Allianz gegen die Westmächte, vordergründig als »Achse« Berlin–Rom gegen den Bolschewismus gerichtet, erweitert im November 1936 zum Antikominternpakt mit Japan. Im Spanischen Bürgerkrieg kämpfte die deutsche Legion Condor gemeinsam mit einem italienischen Expeditionskorps gegen die republikanischen Kräfte.

Obwohl Mussolini 1937 bei einem spektakulären Besuch in Berlin gefeiert und auch Hitler bei seiner Gegenvisite in Italien 1938 bejubelt worden war, brachen Interessengegensätze der Achsenpartner immer wieder auf. Als Hitler in der Sudetenkrise auf Kriegskurs ging, profilierte sich der »Duce« als Vermittler während der Münchener Konferenz. Nachdem Hitler im März 1939 die sogenannte Rest-

Tschechei besetzt hatte, zog Mussolini am 7. April mit einer überraschenden Besetzung Albaniens nach. Es folgten deutsch-italienische Militärbesprechungen, die am 22. Mai 1939 in den Freundschafts- und Bündnisvertrag (»Stahlpakt«) mündeten. Hitler ließ Mussolini in dem Glauben, dass nun eine mehrjährige Friedensperiode bevorstand, die das von den auswärtigen Kriegen geschwächte Italien mit seinen knapp 44 Millionen Einwohnern dringend brauchte, und verließ sich zugleich auf den vertraglichen Bündnisautomatismus.

Als sich Hitler nach dem überraschenden Abschluss seines Paktes mit Stalin und dem Überfall auf Polen anschickte, auch den Waffengang gegen Briten und Franzosen auszutragen, glaubte er deshalb Mussolini an seiner Seite. Doch dieser schickte ihm eine Liste unerfüllbarer Material- und Rüstungswünsche als Voraussetzung für einen Kriegseintritt. So blieb es zum Ärger Hitlers zunächst bei einer Zurückhaltung Italiens. Der »Duce« war bemüht, seine Eigenständigkeit zu unterstreichen, und scheute sich nicht, die deutsch-sowjetische Annäherung bei jeder Gelegenheit zu torpedieren.[1] Dabei trieben ihn keineswegs primär ideologische Absichten, sondern der begründete Verdacht, Hitler und Stalin könnten sich auf eine Aufteilung ihrer Interessen im Balkanraum geeinigt haben. Rom sah hier eigene Interessen gefährdet und unterstützte massiv den Verteidigungskrieg Finnlands gegen die UdSSR im Winter 1939/40. Hitler hatte einige Mühe, Mussolini damit zu besänftigen, dass er keineswegs sein antisowjetisches Programm aufgegeben habe, sondern lediglich Rückendeckung im Osten brauche, um die Auseinandersetzung mit Frankreich und Großbritannien führen zu können.

Hitler musste akzeptieren, dass Italien erst nach weiteren militärischen Erfolgen Deutschlands in den Krieg eintreten würde. Der Zeitpunkt war gekommen, als im Zuge des deutschen Westfeldzuges im April/Mai 1940 der Gegner nahezu geschlagen war. Die italienische Armee erwies sich bei näherer Betrachtung für einen modernen Krieg bei weitem noch nicht gewappnet. Rund 1,6 Millionen Soldaten wurden mobilisiert, aber schlechter ausgerüstet als im Ersten Weltkrieg. Heer und Luftwaffe steckten in einer Umrüstungsphase. Es fehlte den 67 Divisionen an Motorisierung und Panzern, an modernen Flak und Pak sowie an ausreichender Bevorratung. Sie waren vom Roten Meer bis zum Balkan verstreut eingesetzt und konnten von einer durchaus schlagkräftigen Kriegsmarine nicht ausreichend unterstützt werden. Bei Kriegseintritt im Juni 1940 verfügte Italien über 1796 einsatzbereite Militärflugzeuge und drei Panzerdivisionen, die in ihrer Leistungsfähigkeit hinter den Erwartungen Mussolinis zurückblieben.

Am 10. Juni 1940 erklärte Rom den Briten und Franzosen den Krieg. Wenige Tage vor dem Waffenstillstand in Frankreich gelangen den italienischen Verbänden an der Alpenfront keine besonderen Erfolge mehr. Dennoch beharrte Mussolini darauf, das Erbe Frankreichs im Mittelmeerraum antreten zu können. Die italienischen Ambitionen behinderten Hitlers Versuch, mit dem Vichy-Regime im unbesetzten Teil Frankreichs sowie mit Franco-Spanien zu einem Ausgleich zu kommen und so im Süden eine starke Front gegen Großbritannien aufzubauen.

Er brauchte diese Rückendeckung für seinen Entschluss, den nächsten Feldzug gegen die Sowjetunion zu richten. Strategische Absprachen mit Rom fanden freilich nicht statt. Italien betrieb nun eine Parallelkriegführung gegen Großbritannien und geriet dabei zunehmend in Schwierigkeiten. Die Kolonialgebiete in Ostafrika gingen schon im Herbst 1940 verloren, und auch in Libyen gerieten die Italiener bald in die Defensive. Als Mussolini im Oktober ohne Absprache mit Berlin sogar Griechenland überfiel und mit seiner Armee nahezu scheiterte, war Hitler gezwungen, seinen wichtigsten europäischen Verbündeten mit Hilfe der Wehrmacht zu unterstützen.

Es gab also durchaus gute Gründe für die deutsche Führung, bei der Planung des »Unternehmens Barbarossa« Italien nicht von vornherein einzubeziehen. Es lag im deutschen Interesse, dass Mussolini mit seinen beschränkten Kräften im Mittelmeergebiet aktiv blieb und so den deutschen Ostkrieg indirekt unterstützte. Spätestens im Mai 1941 war man sich aber auch in Rom über die weiteren Pläne Berlins im Klaren. Als beide Diktatoren am 2. Juni 1941 am Brenner zusammentrafen, wurde Mussolini offiziell über die deutschen Absichten informiert. Der »Duce« drängte Hitler förmlich, die »russische Frage« endgültig zu lösen, wollte aber nicht akzeptieren, dass die Deutschen entschlossen waren, diesen Feldzug ohne die Italiener zu führen.[2] Hitler genügte freilich die Teilnahme der Balkanstaaten, ohne zu berücksichtigen, dass Italien in Südosteuropa gleichfalls politische und ökonomische Interessen verfolgte und deshalb eine deutsche Vorherrschaft in diesem Raum nicht hinnehmen konnte.

Mussolini hatte sich bereits am 30. Mai 1941 entschlossen, von Anfang an am Ostfeldzug teilzunehmen. Vordergründig ging es um den »Kampf gegen den Kommunismus«, hauptsächlich aber um den Beleg für die italienischen Großmachtansprüche. Deshalb sollten drei motorisierte Elitedivisionen bereitgestellt und bestmöglich ausgerüstet werden – bei der allgemeinen Schwäche der Armee eine große Anforderung. Das Comando Supremo entschied sich dafür, unter der Führung von General Francesco Zingales das Corpo d'Armata autotrasportabile aufzustellen, und zwar aus einer sogenannten Schnellen Division mit gepanzerten Anteilen und zwei motorisierten Infanteriedivisionen.

Aus deutscher Sicht war das keine wesentliche Verstärkung der Offensivkräfte, an denen es gerade bei der Heeresgruppe Süd mangelte. Doch sah man es schließlich als nützlich an, das italienische Korps zwischen Rumänen und Ungarn einzuschieben, quasi als Trennwand und Brücke zugleich zwischen den verfeindeten Verbündeten. Eigenständige operative Aufgaben wie den Rumänen billigte man den Italienern mit ihren geringen Kräften nicht zu. Auf keinen Fall sollten sie in die Nähe der Krim geraten, denn dort wollte Hitler später die Südtiroler ansiedeln.[3] Mussolini seinerseits hoffte sehnsüchtig darauf, dass der Feldzug lange genug dauern würde, damit sich seine Truppen endlich bewähren konnten – und dass Hitler im Kampf gegen die UdSSR ausreichend bluten würde, um die Nachkriegsordnung nicht allein bestimmen zu können.[4]

Die Motive des »Duce« für dieses Abenteuer, das innerhalb der italienischen Führungskreise durchaus umstritten war, sind vielfältig gewesen. Zu den ideologischen und machtpolitischen Aspekten gesellte sich die Hoffnung auf materielle Beute, auf Kohle, Eisen, Erdöl und Getreide, die in Südrussland zu erwarten waren und an denen es der italienischen Kriegswirtschaft mangelte. Italien produzierte nur rund zehn Prozent der Stahlmenge, über die Deutschland verfügte, so dass der materielle Unterbau fehlte, um die ehrgeizigen, zudem zersplitterten Operationen der italienischen Armee zu verstärken.

Deren größte Schwäche lag im personellen Bereich. Das Bildungssystem brachte zu wenige technische Spezialisten hervor, um den militärischen Bedarf zu decken. Viele Soldaten konnten kaum lesen und schreiben, die allzu geringe Zahl von Unteroffizieren reichte nicht aus, die gravierenden Ausbildungsmängel auszugleichen, und die Offiziere zeigten übertriebene Sensibilität und Geltungssucht, was ihr Verhältnis sowohl zu den eigenen Mannschaften als auch zu den deutschen Verbündeten belastete.[5]

General Giovanni Messe, der den erkrankten Francesco Zingales ersetzte, führte das Corpo di Spedizione Italiano in Russia (CSIR) mit dem Bewusstsein, damit trotz aller Schwächen eine Elite des italienischen Heeres einsetzen zu können. Dieses Expeditionskorps sei »wunderbar. Enorm reich an Kraftfahrzeugen und den besten Waffen, die bei der Bevölkerung wie bei den Truppen unserer Verbündeten Verwunderung hervorrufen.«[6] War das Selbsttäuschung oder Propaganda? Die 9. Infanteriedivision »Pasubio« sowie die 52. Infanteriedivision »Torino« waren – im Vergleich zur Wehrmacht – mit rund 10 000 Mann schwache Einheiten, die aber mit Kraftfahrzeugen schnell verlegbar sein sollten und jeweils sowohl über ein motorisiertes Artillerieregiment als auch über motorisierte Trosse verfügten. Tatsächlich reichte die Zahl der Fahrzeuge nicht aus, um beide Divisionen gleichzeitig zu verlegen. So musste die Infanterie entweder zu Fuß oder auf ungeschützten Lastwagen gegen den Feind marschieren.

Die 3. Schnelle Division »Principe Amedeo Duca d'Aosta« brachte die einzige gepanzerte Komponente ein, bestehend aus 60 Panzern vom Typ L 3-33, drei Tonnen leicht und mit Maschinengewehren bewaffnet, die den Kampfpanzern des Gegners hoffnungslos unterlegen waren. Das zur Division gehörende Mailänder Regiment »Savoia Cavalleria« sowie das motorisierte 3. Bersaglieri-Regiment verliehen dagegen dem Verband eine besondere Schlagkraft, was in gewisser Weise auch für die Kavallerie der Division galt. Rom hatte das CSIR außerdem mit ungewöhnlich starken Korpstruppen ausgestattet, um mit Pionier-, Flak- und Pak-Einheiten selbständige Kampfaufträge zu unterstützen. Der antibolschewistischen Parole folgte auch die Miliz mit drei Bataillonen der 63. motorisierten Legion »Tagliamento«. Insgesamt wurden 62 000 Mann mit 220 Geschützen, 92 Pak und 5500 Kraftfahrzeugen bereitgestellt und von 83 Flugzeugen unterstützt.[7]

Alles in allem war das CSIR durchaus in der Lage, die deutschen Angriffsverbände zumindest in der zweiten Staffel zu entlasten. Vier Wochen nach Beginn

Italienischer Vormarsch in der Ukraine, 1941.

des Russlandfeldzuges trafen die ersten italienischen Einheiten zunächst in Ungarn ein, wo sie von der Bevölkerung mit Sympathie aufgenommen wurden. Aus eigener Kraft mussten die Verbände dann die Karpaten überqueren, um Anschluss an die 11. deutsche Armee zu finden, deren Reserve die Italiener vorerst bildeten. Obwohl noch nicht vollständig versammelt, war das CSIR bereit, die Division »Pasubio« einzusetzen, um sowjetischen Verbänden am Bug den Rückzug abzuschneiden.

Nach diesen erfolgreichen ersten Gefechten trauten auch die Deutschen ihren Verbündeten wieder mehr zu. Das Expeditionskorps wurde der Panzergruppe 1 unterstellt, deckte mit der Division »Pasubio« deren linke Flanke und machte damit deutsche Divisionen für die Angriffsspitze frei. Mit einiger Mühe gelang es, die Masse des CSIR über die große Distanz bis zum Dnjepr nachzuführen, wo sie Ende September 1941 bei Petrikowka sogar größere Verbände der Roten Armee einzukesseln verstanden. Mehr als 10 000 Kriegsgefangene fielen in die Hände der Italiener. Nach diesem eindrucksvollen Erfolg übernahm das Korps erneut die Sicherung der linken Flanke der Panzergruppe 1, als diese Anfang Oktober auf Rostow und das Donezbecken vorstieß.

Neben dem erstarkenden sowjetischen Widerstand schwächten die witterungsbedingten Nachschubprobleme den weiteren Vormarsch. Bei starkem Regen fuhren sich die Kolonnen fest und wegen der Zerstörung der Dnjeprbrücken konnte mit der Eisenbahn keine Entlastung herbeigeschafft werden. Die logistischen Probleme wuchsen sich für die Italiener zur Katastrophe aus, zumal sie sich von den Deutschen getäuscht und benachteiligt fühlten. Trotz ihrer Einwände

Mussolini informiert sich Ende August 1941 im Bereich der Heeresgruppe Mitte über die Lage.

hielt das deutsche Oberkommando an den weitreichenden Operationszielen fest. Zusammen mit dem XXXXIX. deutschen Gebirgskorps eroberte das CSIR am 20. Oktober das Industrierevier von Stalino, Einheiten der »Pasubio« schließlich am 2. November 1941 auch noch die Hüttenwerke von Gorlowka im Donezgebiet. Bei einbrechendem Winter machte man sich daran, den eigenen Frontabschnitt zu stabilisieren und die Verteidigung vorzubereiten. In der letzten Dezemberwoche traf die stark geschwächte 3. Schnelle Division ein heftiger sowjetischer Gegenangriff. Die Italiener gerieten unter diesem Druck und den extremen winterlichen Bedingungen teilweise ins Wanken, erhielten jedoch rechtzeitig Unterstützung durch die 1. Panzerarmee.

Die »Weihnachtsschlacht« konnte als Erfolg gefeiert werden, weil man den Gegner zurückgeworfen hatte. Freilich war auch deutlich geworden, dass auf sich allein gestellte italienische Einheiten verwundbar waren. Léon Degrelle, der Führer der im Nachbarabschnitt eingesetzten wallonischen Legion, begegnete diesen »Kameraden« mit größtem Missfallen. »Überall zwischen Dnjepr und Donez begegnete man ihnen, klein, dunkel, drollig unter ihrer zweispitzigen Feldmütze oder, Paradiesvögeln ähnlich, unter Bersaglieri-Helmen, von denen inmitten der Steppenstürme eindrucksvolle Mengen von Hahnen- und Fasanenfedern herunterhingen.« Er bemerkte auch, dass sie die Deutschen verabscheuten, weil diese die Plünderungen, die leidenschaftlichen Liebesbezeigungen in den Dörfern, »die unvorschriftsmäßige Haltung, ihr lateinisches, pittoreskes Sichgehenlassen, ganz unehrbietig, voller Faulheit, Liebenswürdigkeit und freudigem Geschnatter, fern aller preußischen Steifheit« nicht ertrugen.[8]

**Aus den Erinnerungen von Léon Degrelle über die Begegnung
mit den Italienern:**

»In einer Nacht glitten im Süden des Abschnitts starke Kosakenabteilungen auf ihren schnellen Pferden über den dichten Schnee. Beim Morgengrauen konnten sie ohne Schwierigkeiten drei von Italienern besetzte Dörfer einkreisen, die die schlafenden oder mit der Liebe beschäftigten Wachposten nicht mehr schützten. Die Überraschung war vollständig. Die Sowjets haßten die Italiener ganz besonders. Sie verabscheuten sie noch mehr als die Deutschen. Sie behandelten sie an der ganzen Ostfront stets mit außerordentlicher Grausamkeit. Im Handumdrehen besetzten sie die drei Dörfer. Keiner hatte Zeit, zur Besinnung zu kommen. Die Gefangenen wurden zu den Brunnen geschleppt und völlig entkleidet. Dann begannen die Martern. Die Kosaken schöpften große Eimer mit eiskaltem Wasser und schütteten sie unter lautem Gelächter auf ihre Opfer. Es waren dreißig bis fünfunddreißig Grad unter Null. In den drei Dörfern erfroren die Unglücklichen alle bei lebendigem Leibe. Keiner entkam. Nicht einmal die Ärzte. Selbst nicht der Feldgeistliche, der wie ein römischer Marmorblock die Marter des Wasser und des Frostes über sich ergehen ließ. Zwei Tage später wurden die drei Dörfer wieder genommen. Überall lagen in seltsamen Verdrehungen und verkrümmt, wie nach einem Brande, die nackten Leichen im Schnee. Von da ab wurden die italienischen Truppen am Donez durch deutsche Panzer verstärkt.«[9]

Den harten Winter 1941/42 überstand das CSIR bemerkenswert gut, wohl auch dank der Erfahrungen im Feldzug gegen Griechenland im Winter zuvor. Bei größeren Kämpfen im nördlich gelegenen Raum Izjum stellten die Italiener auf Bitten der Deutschen mehrfach einzelne Kampfgruppen zur Verfügung, die sich in der Defensive und Offensive bewährten.

Der Erfolg des kleinen italienischen Expeditionskorps beruhte nicht zuletzt auf dem unermüdlichen Einsatz des Kommandierenden Generals Messe. Der 1883 geborene Berufssoldat hatte sich als Unteroffizier des Königlichen Heeres bis zum Major und vielfach dekorierten Stoßtruppführer des Ersten Weltkriegs hochgedient, um danach als Adjutant des Königs und Bewunderer Mussolinis auch an politischem Einfluss zu gewinnen. Das Kommando in Russland sollte ihn verdientermaßen bis zum Marschall Italiens aufsteigen lassen, da es ihm als charismatischem Truppenführer immer wieder gelang, seine Soldaten zu motivieren und die Leistungsfähigkeit der Armee zu verbessern. Trotz seiner zwiespältigen Einstellung gegenüber dem deutschen Verbündeten blieb er von der Mission gegen die UdSSR überzeugt, wobei ihm das nationale Prestige und die »Ehre der eigenen Waffen« als die höchsten Werte galten.[10]

Messe hatte die volle Rückendeckung seines »Duce«, der schon vor dem Abtransport des CSIR drei weitere Divisionen in Aussicht gestellt hatte. Mussolini ließ nicht locker, um Hitler ein zweites, sogar ein drittes Armeekorps für die Ostfront anzubieten. Doch bis zur Wende vor Moskau zeigte der deutsche Diktator kein Interesse. Er schien zu spüren, dass Mussolini darauf setzte, bei einem möglichen Vorstoß über den Kaukasus mit eigenen Verbänden beteiligt zu sein, wenn es sich 1942 darum handeln würde, die britische Position im Nahen Osten sowohl vom italienischen Libyen als auch vom Kaukasus aus zangenförmig anzugreifen. Militärisch gesehen machte das Angebot zur Entsendung der Alpini in jeder Weise Sinn, handelte es sich doch um die letzten greifbaren Eliteverbände des italienischen Heeres, während zusätzliche Panzerdivisionen für die russische Steppe von Rom nicht aufgestellt werden konnten. Das römische Außenministerium arbeitete bereits an Plänen, um sich an der wirtschaftlichen Erschließung der Ukraine und der kaukasischen Ölfelder beteiligen zu können – eine Anspruchshaltung, die in Berlin freilich nicht gern gesehen wurde.

Im Dezember 1941 verschloss sich Hitler nicht länger der Notwendigkeit, die italienischen Kräfte an der Ostfront zu verstärken. Für die geplante Sommeroffensive 1942 sollten nun auch die Italiener – neben Ungarn und Rumänen – in Armeestärke eingesetzt werden.[11] Rasch zeigte sich aber, dass Rom nicht über genügend moderne Ausrüstung und Kraftfahrzeuge verfügte, um weitere zwei Armeekorps auch nur auf den Stand des CSIR zu bringen. Innerhalb der Generalität wuchs der Unmut darüber, die Positionen in Nordafrika, im Mittelmeer und auf dem Balkan zugunsten der Ostfront zu schwächen. Angesichts der Kriegserklärung an die Vereinigten Staaten hielt man es für wichtiger, die errungenen Positionen zu halten und gegebenenfalls auch auf Distanz zum deutschen Bundesgenossen zu gehen.

Da aber Berlin, wohl auch wegen der eigenen Ausrüstungsprobleme, jegliche Unterstützung der Italiener ablehnte, blieb Mussolini nichts anderes übrig, als die zusätzlichen Divisionen aus eigenen Beständen auszustatten. So wurde die Armata Italiana in Russia (ARMIR) im Frühjahr 1942 mit zwei Korps in Norditalien aufgestellt, dem II. Armeekorps mit den Divisionen »Cosseria«, »Ravenna« und »Sforzesca«, sowie dem Alpinikorps mit den Divisionen »Tridentina«, »Julia« und »Cuneense«. Mit zwei Brigaden war auch die faschistische Miliz wieder vertreten, außerdem die Infanteriedivision »Vicenza« zur Sicherung des rückwärtigen Gebiets. An der Front würde sich als drittes Korps die CSIR eingliedern.

Insgesamt zählten die vom Armeeoberkommando (AOK) 8 geführten Truppen rund 230 000 Mann, mit etwa 250 leichten und 600 schweren Geschützen sowie 52 modernen Flak und 54 deutschen Pak 7,5 cm, die angesichts der italienischen Verwundbarkeit gegen sowjetische Panzerangriffe schließlich doch von Berlin bewilligt worden waren. Die Armee verfügte über etwa 23 000 Kraftfahrzeuge und fast ebenso viele Reit-, Zug- und Tragtiere, aber nur über 19 leichte Panzerwagen. Die größeren Panzerkampfwagen der Italiener blieben für Nordafrika bestimmt. Den Panzerkampf im Osten sollten die Deutschen führen. Bedenkt man, dass Mussolini gegen die Briten in Nordafrika sieben Divisionen eingesetzt hatte, wird erkennbar, dass trotz aller Mängel die 8. Armee wohl das Maximum darstellte, was für die Ostfront zur Verfügung gestellt werden konnte.

Der Transport nach Osten verzögerte sich mehrfach. Die deutsche Sommeroffensive hatte längst begonnen, als die Italiener ihre Truppenverstärkungen nachzogen. Der Aufmarsch der 8. Armee war eigentlich erst im Oktober 1942 vollständig abgeschlossen, kurz vor dem Beginn ihrer Tragödie.[12] Bis dahin gewannen die deutschen Verbindungsoffiziere einen positiven Eindruck von den Italienern, die trotz langer Fußmärsche als diszipliniert und einsatzfreudig eingeschätzt wurden. Es sei »besonders gutes Menschenmaterial«, da die meisten Soldaten aus Norditalien stammten.[13] Für einfache und mittlere Aufgaben seien die Verbände durchaus gut zu gebrauchen.

Die deutsche »Operation Blau« war davon ausgegangen, dass die Masse der Heeresgruppe Süd den Stoß in Richtung Kaukasus führen sollte, womit sich eine lange Nebenfront am Don bilden würde. Diese sollte von den deutschen Verbündeten gesichert werden: im Norden die Ungarn, dann die Italiener und schließlich im Süden die Rumänen. Eine solche Aufgabenstellung war eigentlich nur zu verantworten, wenn man eine so weitgehende Schwächung der Roten Armee annahm, dass diese nach den Verlusten in der Sommerschlacht nicht mehr zu stärkeren Gegenoffensiven in der Lage sein würde. Im OKH erkannte man durchaus die Risiken und war deshalb bemüht, deutsche »Korsettstangen« einzuziehen, um die verbündeten Armeen nicht sich selbst überlassen zu müssen.

Doch mit der Aufspaltung der deutschen Offensive und der Ausdünnung der Donfront sahen sich die Italiener mit der Aufgabe konfrontiert, am mittleren Don einen Abschnitt von 270 Kilometern zu übernehmen. Mit wiederholten Angriffen demonstrierte der Feind seine Absicht, die Italiener auf die Probe zu stellen. Die geforderte Zuführung starker deutscher Reserven aber unterblieb. Anfang November 1942 bezog die 8. Armee ihre Winterstellungen. Sie hatte Glück, dass die Deutschen das für den Kaukasus bestimmte Alpinikorps nicht angefordert hatten. Militärisch gesehen mochte es als Irrsinn angesehen werden, die hochspezialisierten Gebirgstruppen in der Steppe zu belassen, doch für Generaloberst Italo Gariboldi, den Armeeoberbefehlshaber, war das eine willkommene Verstärkung.

Sein Alpinikorps stand nördlich im Abschnitt Pawlowsk und hielt die Verbindung zu den Ungarn. Das II. Armeekorps schloss sich mit zwei Divisionen bei dem besonders bedrohten Abschnitt bei Werch an, wo es der Roten Armee gelungen war, in einer Flussschleife einen Brückenkopf auf dem westlichen Ufer zu halten und zu befestigen. Von dort bot sich ein feindlicher Vorstoß auf kürzeste Entfernung in Richtung Rostow an, der die ganze deutsche Heeresgruppe Süd einschließen würde. Genau an dieser Stelle startete die Rote Armee später ihre Offensive zur Zerschlagung der 8. Armee. Das XXXV. Armeekorps (bisher CSIR) lehnte sich rechts mit einer deutschen (298.) und einer italienischen (»Pasubio«) Infanteriedivision an. Den rechten Flügel der ARMIR bildete das XXIX. Armeekorps mit den beiden Divisionen »Torino« und – schwer angeschlagen – »Sforzesca« sowie der deutschen 62. Infanteriedivision. Von hier musste Verbindung zur rumänischen 3. Armee gehalten werden.

Zusammen mit der Reserve der italienischen 8. Armee (die deutsche 294. Infanteriedivision und die 22. Panzerdivision, außerdem die italienische 3. Schnelle Division – im Wesentlichen eine Kavalleriebrigade) hatte der besorgte Hitler nicht unbeträchtliche eigene Verbände im Abschnitt der Italiener postiert. Wäre Stalingrad im September/Oktober 1942 gefallen, hätten durch frei werdende Verbände die Verbündeten weiter gestärkt werden können. So aber verzehrte der »Rattenkrieg« in der Stadt laufend die deutschen Kräfte, die sich zudem auf den Ausbau von Winterstellungen konzentrieren mussten. Dabei gerieten die Italiener bei der Verteilung der knappen Transportmittel, von Treibstoff und Baustoffen wieder einmal ins Hintertreffen.

Die Stimmung zwischen Deutschen und Italienern verschlechterte sich rapide. Auf Seiten der ARMIR verfolgte man andere Vorstellungen der Verteidigungsorganisation. Hitlers Weisungen, direkt am Don eine durchgehende, massive Verteidigungsstellung auszubauen, widersprachen den Prinzipien der Italiener. Diese zogen es vor, abgesetzt von der Frontlinie ein System von Stützpunkten einzurichten, die jeweils von einem Leutnant und einem Zug Infanterie besetzt wurden. Gelang es dem Feind, einen solchen Stützpunkt auszuheben und das System zu infiltrieren, sollten starke Reserven im Gegenstoß die Lage bereinigen. Der deutschen Forderung, alle Kräfte auf eine Hauptkampflinie zu konzentrieren und diese um jeden Preis zu halten, entzogen sich die Italiener weitgehend.

Die ARMIR war selbstverständlich auch für die Sicherung und Verwaltung in ihrem rückwärtigen Gebiet zuständig. Das betraf rund 265 Ortschaften und Städte mit knapp einer halben Million Einwohnern. Zwar blieb hier der Spielraum begrenzt, weil die Italiener an die grundsätzlichen deutschen Regelungen gebunden waren, aber de facto konnten sie mit ihrem Auftreten gegenüber der russischen Bevölkerung eigene Akzente setzen. Die Veteranen haben später dieses Verhalten mit dem Klischee vom »edlen Italiener« beschrieben und bis heute die Erinnerung in ihrer Heimat geprägt.[14] Dabei fehlte es nicht an Bemühungen der faschistischen Propaganda, die Soldaten auf den »Kreuzzug« gegen Atheismus und Kommunismus einzustimmen. Für ihre Wirkung finden sich nicht wenige Belege.

Aus dem Brief eines italienischen Soldaten im Juli 1942 an seine Frau:
»Ich denke, es wäre unser Untergang, wenn unsere Führer diesen Krieg nicht führen würden. Ich denke daran, daß dieses Völkergemisch aus allen verkommenen und barbarischen Rassen in unseren Kontinent einfallen [...] und unseren kleinen Sohn töten und dich und alle italienischen Frauen vergewaltigen könnte – und schon wird man zum Löwen. Der Krieg ist ohne Zweifel gewonnen, aber erinnere dich daran, daß ich mich eher in Stücke hauen lasse, als so etwas anzusehen, sollte man verlieren. – Die Religion und die christliche Zivilisation müssen über die russische Barbarei und die gefährlichen jüdisch-hebräisch-freimaurerischen Minderheiten triumphieren.«[15]

Generalisierungen sind aber auch in diesem Falle schwierig. Die meist jungen und ungebildeten Soldaten hatten sicherlich Mühe, ihre vielfältigen Motive gerade in den Feldpostbriefen zum Ausdruck zu bringen, so dass die Übernahme von Versatzstücken der Propaganda wenig aussagekräftig ist. Wahrscheinlich haben sich auch die Einstellungen oft geändert durch die Konfrontation mit der Realität von Land und Leuten, die zunehmende Härte der Kämpfe und die schwindenden Erfolgsaussichten.

Mit der Verlegung der 8. Armee an die Ostfront im Sommer 1942 war – auf Wunsch des deutschen Oberkommandos der Wehrmacht (OKW) – eine erhebliche Verstärkung der italienischen Sicherungsverbände verbunden gewesen. Sie waren es, die hauptsächlich bei Säuberungsmaßnahmen, bei der Bekämpfung von Partisanen und im Zuge von Vergeltungsaktionen in die Gefahr gerieten, die Grenze zu Kriegsverbrechen zu überschreiten. Den Italienern war schon 1941 nicht verborgen geblieben, dass die Deutschen auf diesem Feld mit größter Brutalität und Entschlossenheit vorgingen. Gegen deutsche Anweisungen, jeden Widerstand von Zivilisten im Keim zu ersticken, Politkommissare und andere politische Gegner an deutsche Sammelpunkte auszuliefern, gab es keinen offiziellen Widerspruch, sondern eine weitgehende Anpassungsbereitschaft.

Die Erschießung von Spionen und sowjetischen Geheimpolizisten durch Bersaglieri im November 1941 lässt sich noch im Rahmen herkömmlicher Kriegführung sehen. Wenn Heeressoldaten aber Juden dem deutschen Sonderkommando übergaben oder Carabinieri in den besetzten Städten und Dörfern nicht nur gegen politische Aktivisten, sondern auch gegen sowjetische Juden vorgingen, verhielten sie sich zwar entsprechend der Befehlslage, doch zugleich übernahmen sie damit auch den pervertierten deutschen Sicherheitsbegriff.

Aus dem Tagebuch von Francesco Zito, Unterfeldwebel im 6. Bersaglieri-Regiment, vom 25. Februar 1942:
»Das Aufhängen von Juden ist hier mittlerweile nur noch eine simple Kurznachricht wert. Man hat sie bezahlt, wie sie es verdienen – kein Mitleid für diese Trabanten einer Rasse, die nichts anderes für die gesamte Menschheit vollbracht hat als Schlechtes. Hier werden sie mit einem runden Stück gelben Stoffs gekennzeichnet, das ihnen auf die Brust und die linke Schulter genäht wird. Das heißt, eines vorne und eines hinten. Alle müssen diese verrufenen Halsabschneider sehen, die die gesamte Menschheit ausgehungert haben. Am 22. nachts haben die deutschen Stellen zwei von ihnen aufgehängt und zwei andere erschossen; sie waren Hetzer.«[16]

Das wird nirgends deutlicher als bei der Bekämpfung der Partisanen. Je stärker man sich bedroht fühlte, desto brutaler wurden die Repressalien, obwohl man die Zivilbevölkerung eigentlich human behandelt wissen wollte. So schlug im Februar 1943 ein Regiment Bersaglieri einen Aufstand in Pawlowsk mit äußerster Härte nieder und führte nach der Ermordung von zwei italienischen Offizieren mit

Bersaglieri verbrüdern sich mit deutschen Soldaten.

deutscher Unterstützung Vergeltungsaktionen durch, denen ganze Ortschaften zum Opfer fielen.[17]

Im Allgemeinen blieben die deutsch-italienischen Militärbeziehungen an der Ostfront aber oberflächlich und punktuell. Die meisten Soldaten nahmen ihre Verbündeten kaum wahr. Es blieb bei kurzen Begegnungen und dem Austausch von Freundlichkeiten. Auch gemeinsame Fußballspiele förderten keine dauerhafte Annäherung. Durch die Sprachbarriere und die andere Lebensart kam es zu zahlreichen Missverständnissen. Das italienische Offizierkorps war stärker noch geprägt durch ein ungewöhnliches Prestigebewusstsein, was zwangsläufig zu Reibereien mit den deutschen Verbündeten führte. Tiefverwurzelte Ressentiments gab es in der Führungselite beider Seiten, auch wenn man sich mühte, sie durch symbolische Formen von Kameradschaft und Bündnistreue zu kaschieren.

Bis September 1942 hatten sich die Beziehungen aber im Großen und Ganzen positiv entwickelt. In Bereichen engerer Kooperation entstand sogar gegenseitige Wertschätzung. Die zunehmenden Spannungen resultierten im Wesentlichen aus einer Verschärfung der militärischen Situation. Von den deutschen Verbindungsoffizieren konnte diese Entwicklung nicht gebremst werden. Mit dem Einsatz der 8. Armee hatte man von Seiten des OKW einen größeren »Deutschen Verbindungsstab« unter Führung von General Enno von Rintelen installiert. Er übermittelte nicht nur Nachrichten und Informationen, sondern übte gleichzeitig eine gewisse Kontrolle aus, was von italienischer Seite als Misstrauen bzw. Bevormundung interpretiert wurde. Zu den italienischen Divisionen Verbindungsoffiziere zu entsenden, die aus Südtirol stammten und bis 1939 zum italienischen Heer gehört hatten, mochte praktisch erscheinen, ignorierte aber die Empfindsamkeiten der Italiener.

Die Spannungen ließen sich während der Offensiven immer wieder leicht abbauen. Eine erste schwere Belastungsprobe ergab sich während der ersten Don-Schlacht Ende August 1942, als die Rote Armee aus ihrem Brückenkopf die Division »Sforzesca« attackierte und ins Wanken brachte. Die wenig erfahrenen Italiener hatten hier einen Frontabschnitt von 30 Kilometern zu verteidigen, was nach deutschen Regeln mehr als das Doppelte des Zumutbaren ausmachte. Als das italienische Generalkommando nach Einsatz aller Reserven entschied, die Reste der Division auf zwei rückwärtige Stützpunkte zurückzunehmen, um so ein Aufrollen der Front zu verhindern, entstand zeitweilig eine breite Lücke in der Front, die nur von Kavalleriepatrouillen mühsam kontrolliert wurde. Die Infanterie hatte in den Stellungen bislang tapfer ausgehalten, doch die Absetzbewegung geriet dann teilweise zu einer regelrechten Flucht, die bei den Deutschen tiefsitzende Vorurteile aktivierte.

Aus dem Bericht des deutschen Verbindungsoffiziers bei der Division »Sforzesca« vom 25. August 1942:
Am 20. 8. verteidigte das Btl. Spighi zäh und tapfer die Stellung, mußte aber dann zurückgehen. Dieses Zurückweichen artete durch einen russ. Flankenangriff in eine Panik aus. Als um 16.00 Uhr der Gegenangriff von 3 anderen Btlen. begann, beobachtete ich mit dem Führer des D.V.K. die versprengten Reste des Btl. Spighi. Sie kamen zum Teil ohne Gewehre und Ausrüstung an. Die Masse der schweren Waffen der Infanterie war verloren gegangen. Die Moral war erschüttert. [...] Als am nächsten Tage die Lage durch den Stoß in der Mitte gefährlich wurde, versuchte man, uns zunächst nichts davon merken zu lassen. Teile der Division fluteten zurück und wurden teils beim Div.GefStand, teils in Gorbatowo aufgefangen. Sie wurden in Kp.Stärke und Zugstärke immer wieder vorgeführt. Sie hatten nur noch teilweise ihre Waffen und gingen erst nach längerem Zureden wieder vor. Teile wurden auf Lastwagen vorgebracht. Nach Aussage einiger Offze. stiegen die Männer während der Fahrt wieder aus. Einzelne kamen sogar ohne Schuhwerk an.«[18]

Das deutsche Oberkommando der Heeresgruppe B konnte zwar keine eigenen Reserven für die bedrohte Nahtstelle zu den Italienern bereitstellen, entschloß sich aber dazu, die italienischen Verbände in diesem Bereich zeitweilig einem deutschen General zu unterstellen. Diese Entscheidung belastete das Verhältnis zum Verbündeten außerordentlich, in der »Achse« zeichnete sich ein erster Bruch ab. Die Deutschen zogen daraus die Konsequenz, ihren Verbindungsstab erheblich auszubauen und mit General der Infanterie Kurt von Tippelskirch einen hochran-

Infanteristen der »Sforzesca« zerstören sowjetische Symbole in Krasnyi, August 1942.

gigen Experten zu entsenden. Als »Deutscher General bei der italienischen 8. Armee« verfügte er schließlich über seinen eigenen parallelen Generalstab, der im Krisenfall künftig die Kampfführung übernehmen konnte. In seinem Ehrgeiz fiel es ihm schwer, die Grenze zu respektieren, die vom empfindsamen Ehrgefühl der italienischen Offiziere gesetzt wurde. Die Zusammenstöße häuften sich. »Mimosenhafte Beratungsresistenz auf der einen und überhebliche Schulmeisterei auf der anderen Seite«[19] vertrugen sich nun einmal nicht – für die bevorstehende Krise kein gutes Omen.

Der Beginn der sowjetischen Winteroffensiven am 19. November 1942 zielte zunächst an den Italienern vorbei und traf in der ersten Phase hauptsächlich die Rumänen. Auch die folgende Einschließung der deutschen 6. Armee konnte die ARMIR aus der Ferne wahrnehmen. An den Folgen dieser Kämpfe entschied sich aber auch das Schicksal der 8. italienischen Armee. Sie verlor schrittweise fast alle deutschen Großverbände, die ihr als »Korsettstangen« zur Verfügung gestellt worden waren und nun zur Stützung der Rumänen abgezogen wurden. Nur die 298. Infanteriedivision verblieb im Verband des XXXV. italienischen Armeekorps. Sie war immerhin besser mit schweren Panzerabwehrwaffen ausgestattet, während Gariboldi schließlich über keinerlei Reserven mehr verfügte.

Während im Süden die neugeschaffene Heeresgruppe Don einen verzweifelten Kampf gegen die durchgebrochenen sowjetischen Armeen führte, bereitete Stalin mit dem Unternehmen »Saturn« den entscheidenden Schlag am mittleren Don vor. Mit der Offensive gegen die Italiener und dem Vorstoß in die Tiefe sollten die Voraussetzungen geschaffen werden, um den gesamten Südflügel der deutschen Ostfront zu vernichten. Bei aller Besorgnis über die Anfälligkeit des exponierten Frontabschnitts erkannte auch Tippelskirch nicht das volle Ausmaß der drohenden Gefahr. Ab Anfang Dezember bemühte man sich zumindest darum, neue Kräfte – insbesondere Panzerjäger – auch in den Bereich der 8. italienischen Armee heranzuführen.

Parallel dazu leitete die Rote Armee aber ihre Offensive ein, indem sie das italienische Zentrum immer wieder in Bataillonsstärke angriff. Daraus entwickelte sich eine Abnutzungsschlacht, die besonders das II. Korps mit den Divisionen »Cosseria«, »Ravenna« und dem deutschen Grenadierregiment 318 traf. Wiederholte Einbrüche wurden unter schweren Verlusten im Gegenangriff bereinigt. Die Russen schossen die italienischen Stützpunkte zusammen und schwächten die beweglichen Reserven. Von deutscher Seite wurde in dieser Phase die Standhaftigkeit der italienischen Infanterie gelobt, die sich auch in abgeschnittenen Stützpunkten ausdauernd zur Wehr setzte, unter dem ständigen Druck aber die Grenze ihrer Belastbarkeit erreichte.

Dabei hatte die Rote Armee noch gar nicht ihre überlegenen Panzerkräfte zum Einsatz gebracht. Durch die Heranführung der 3. sowjetischen Panzerarmee verstärkt, startete die 6. Armee aus dem Brückenkopf von Werch Mamon am 16. Dezember den Hauptangriff. Zusammen mit der 1. Gardearmee traten insgesamt zehn Schützendivisionen, 13 Panzerbrigaden, zwei Panzerregimenter und zehn selbständige Schützenbrigaden gegen die hoffnungslos unterlegenen Italiener an, die weiträumig durch einen gleichzeitigen Angriff der 3. sowjetischen Gardearmee südlich umfasst werden sollten.

Der Ansturm im Morgengrauen drang zunächst nicht vollständig durch und entwickelte sich über Stunden zu einem zähen Ringen mit den italienischen Stützpunkten. Die Division »Ravenna« wurde schließlich als Erste überrollt, eine Bresche entstand, die nicht mehr zu schließen war. Als am nächsten Tag die Rote Armee die Masse ihrer Panzerkräfte einsetzte, war kein Halten mehr. In der Durchbruchsschlacht kamen deutsche Verstärkungskräfte zu spät. Stellenweise brach bei den Italienern Panik aus. Der ungeordnete Rückzug ganzer Einheiten riss auch deutsche Truppen mit. Die Stäbe hatten keinen Überblick mehr. Wieder bewies die Erfahrung, dass die Soldaten so lange zäh und tapfer kämpften, wie sie sich in ihren vertrauten Stellungen befanden. Mit dem Rückzug verloren die schlecht ausgebildeten jungen Truppenoffiziere Orientierung und Initiative. Ihr Oberbefehlshaber bemerkte, daß die Leutnante es zwar verstünden, »sich töten zu lassen, aber weder die Fähigkeit noch die Tatkraft dazu haben, Kommandos zu geben«.[20]

Da besonders die fähigsten Kommandeure durch ihren persönlichen Einsatz rasch fielen, blieb die untere Führung oft auf sich allein gestellt. Den Soldaten entging die mangelnde Professionalität ihrer Offiziere nicht. In kritischen Situationen hielten sich manche lieber an die Deutschen. Die meisten zogen es aber vor, nicht zuletzt auch aus Angst vor Gefangenschaft, sich auf eigene Faust durchzuschlagen. Als ein italienischer Unteroffizier später von einem sowjetischen Dolmetscher gefragt wurde, warum sich sein Bataillon ohne einen Schuss ergeben habe, antwortete er mit verblüffender Logik: »Wir haben nicht zurückgeschossen, weil wir dachten, dies würde ein Fehler sein.«[21]

Trotz zahlreicher Beispiele von todesmutiger Tapferkeit zerbrachen auf diese Weise die italienischen Einheiten. Die Eingriffe und Pressionen deutscher Verbindungsoffiziere vermochten den Zusammenbruch nicht aufzuhalten, ihre verbalen Ausfälle sowie das teilweise rücksichtslose Verhalten deutscher Truppenteile erschütterten zwangsläufig die deutsch-italienische Waffenbrüderschaft.

Bei Kantemirowka trieb der Anblick der angreifenden Panzer Tausende Italiener zu einer kopflosen Flucht, was die deutschen Vorurteile ebenso bestätigte wie der Umstand, dass sich die Verbündeten zumeist ihrer Waffen entledigten, um nicht sofort wieder in die Front zurückgeführt werden zu können. Selbst innerhalb der ARMIR beurteilten Offiziere solche Zustände mit Scham und Verbitterung.

**Aus den Aufzeichnungen von Major Domenico Lo Faso,
Stab der Division »Sforzesca«:**

»Es krampft sich mein Herz zusammen, wenn ich sie vorziehen sehe. Was können wir von Soldaten wie diesen erhoffen? Beim ersten Schuß werden alle abhauen oder sich ergeben. Auch wenn es unter ihnen gute Leute gibt, werden sie doch von der Masse mitgezogen. Mir kommt fast das Heulen vor Wut und Scham. Das ist der italienische Soldat? Wie weit ist es mit unserem Volk gekommen? Und man schämt sich am meisten, wenn man auch Leute zum Vergleich heranzieht, die wir immer als unter uns stehend eingeschätzt haben. Inmitten der unseren ziehen einige Rumänen vorbei. Alle haben ordentliche Uniformen und alle sind bewaffnet, auch diejenigen, die sich mit in Decken eingewickelten erfrorenen Füßen langsam hinter den anderen herschleppen. Die Schuld liegt nur bei uns. Wir haben den Subalternoffizieren keine Seele gegeben und wir sind nicht energisch genug gewesen, um sofort gegen die Unordnung und die Unsitte vorzugehen, die Waffen zurückzulassen. Jetzt kann man nur noch leiden.«[22]

Alle Bemühungen, neue Verteidigungslinien aufzubauen, scheiterten. Aus den Trümmern der beiden südlichen Korps bildeten sich zwei Marschkolonnen, die sich unter abenteuerlichen Umständen in teilweise wochenlangen Fußmärschen in der vereisten Steppe bis zu den eigenen Linien durchschlugen. Unter unglaublichen Umständen stritten sich Deutsche und Italiener um Lebensmittel, Fahrzeuge und Unterkünfte, nicht selten unter Einsatz von Waffengewalt. Während sich die deutschen Kommandostellen darauf konzentrierten, alle verfügbaren Kräfte zur Stabilisierung der Lage einzusetzen, hatte Gariboldi die Rettung seiner Armee vor Augen. Deshalb befahl er, das Eigentum des königlichen Heeres »mit allen Mitteln zu verteidigen«.

Das nördlich von ihnen eingesetzte Alpinikorps konnte dagegen seine alten Stellungen am Don bis Mitte Januar 1943 halten, bis es durch eine weitere sowjetische Großoffensive in den Strudel des Untergangs geriet. Nachdem am 14. Januar die ungarischen, dann die deutschen Stellungen durchbrochen waren, standen die sowjetischen Panzertruppen schließlich im Rücken der Alpini. Der überraschende Vorstoß auf Hauptquartier und Versorgungsbasis in Rossosch konnte von diesen zwar abgewehrt werden, doch der Rückzugsbefehl war unvermeidbar. Vier italienische und zwei deutsche Divisionen mussten sich gemeinsam ihren Weg nach Westen freikämpfen. Dabei blieb das Gros im wörtlichen Sinne auf der Strecke und wurde gefangen genommen oder getötet.

Die Reste der ARMIR wurden schließlich im Raum Gomel zur Auffrischung zusammengezogen. Nun verbreiteten sich unter den Überlebenden Berichte, die überheblichen Deutschen hätten die italienischen Kameraden im Stich gelassen und geopfert. Dabei sei es zu – oft übertrieben geschilderten – Tätlichkeiten gegeneinander gekommen. Im Grunde genommen tendierten beide Seiten dazu, sich die Schuld für das Desaster zuzuweisen, wobei man von deutscher Seite eher bemüht war, die Wogen wieder zu glätten, während die italienische Seite großen Wert darauf legte, ihren Opfermut zu dokumentieren und zu unterstreichen. Die deutschen Offiziere hatten aber auch Grund, die mangelnde Disziplin und Haltung der Italiener zu beklagen. Als unangenehm wurde zum Beispiel empfunden, dass die einfachen Soldaten keine Scheu kannten, durch Musikdarbietungen zu betteln und gegenüber der russischen Bevölkerung »zersetzende« Äußerungen zu machen. So habe man auf öffentlichen Märkten erklärt: »Die Italiener und Rumänen gingen nach Hause, der Krieg sei zu Ende. Zu Hause würden sie sich ausruhen, um dann mit in den Krieg gegen die Deutschen zu gehen. [...] Sie wollten keinen Krieg mit Russland, dies hätten nur Hitler und Mussolini gewollt.«[23]

Allein schon die Verluste der ARMIR machten deutlich, dass die »Campagna di Russia« das deutsch-italienische Bündnis schwer erschüttert und die Basis für eine Weiterführung der Allianz unterminiert hatte. Mit dem Sieg über die 8. italienische Armee erzielte Stalin auf diese Weise einen weitreichenden strategischen Erfolg, der die nachfolgende Landung der Alliierten in Sizilien erleichterte und entscheidend zum Kriegsaustritt von Hitlers größtem europäischen Verbündeten

Nach dem Frontwechsel Italiens nehmen die Deutschen den größten Teil der italienischen Armee gefangen und besetzen am 10. September 1943 Rom.

im Sommer 1943 beitrug. Nahezu die komplette Artillerie, der Stolz des königlichen Heeres, war verloren, desgleichen fast 80 Prozent sämtlicher Fahrzeuge. Nicht weniger dramatisch und ebenso unersetzbar war der Verlust an Soldaten. Bei dem Appell zum Rückmarsch in die Heimat fehlten 37 Prozent der Unteroffiziere und Mannschaften sowie 42 Prozent der Offiziere. Das königliche Heer hatte in Russland insgesamt 84 830 Gefallene und Vermisste verloren, rund 30 000 waren durch Verwundung, Krankheit oder Erfrierungen in Mitleidenschaft gezogen. Das sind rund ein Drittel der gesamten militärischen Verluste des faschistischen Italiens bis zum Kriegsaustritt.[24]

Eine genaue Aufgliederung ist bis heute kaum möglich. Man schätzt, dass etwa 25 000 Mann gefallen bzw. beim Rückzug ums Leben gekommen sind. Es bleiben 70 000 Italiener, die von den Russen gefangen genommen wurden. Wie bei den deutschen Soldaten in Stalingrad hat der größte Teil nicht überlebt. Rund 22 000 von ihnen gelangten nicht einmal in ein Lager, sondern sind den Strapazen des Marsches, dem Hunger, dem Winter und der Willkür der Wachmannschaften zum Opfer gefallen. In den Lagern selbst kamen noch einmal 38 000 durch Krankheiten ums Leben. Nur 10 032 ehemalige Angehörige der ARMIR durften nach langen Jahren in sowjetischer Gefangenschaft in die Heimat zurückkehren.

Ihre Armee, das heißt der Stab Gariboldi und die Reste der Alpini, des XXXV. Armeekorps sowie der »Sforzesca« wurden im März 1943 nach Italien zurückgebracht. Die Soldaten, so bemerkte ein deutscher Verbindungsoffizier, wanderten »größtenteils enttäuscht in ihre Heimat zurück [...], weil sie vom deutschen Soldaten oft alles andere als kameradschaftlich behandelt wurden«.[25]

Eigentlich sollte zumindest das II. Armeekorps (»Ravenna« und »Cosseria«) neu formiert und in die Ostfront wieder eingegliedert werden, doch die Führungsstäbe beider Seiten konnten sich über Ausrüstung und Einsatz nicht mehr einigen. Das faschistische Italien stand selbst unmittelbar vor dem Zusammenbruch und konnte für Hitlers Ostkrieg keine wertvolle Ausrüstung mehr bereitstellen. So kehrte auch dieses Korps im Mai 1943 nach Italien zurück, um schon wenige Wochen später zum Opfer der Wehrmacht zu werden. Als nach der Landung der Alliierten auf der italienischen Halbinsel Mussolini überraschend abgesetzt und verhaftet wurde und die neue Regierung des Königs um Waffenstillstand bat, schlug Hitler zu. Gariboldis 8. Armee lag im Nordosten Italiens, als sie am 8. September 1943 von der deutschen Heeresgruppe B im Zuge des »Falles Achse« entwaffnet wurde. Aus den ehemaligen Verbündeten wurden auf diese Weise plötzlich Kriegsgefangene, ja sogar nur »Militärinternierte« mit noch weniger Rechten, Arbeitssklaven, die nicht besser gestellt waren als sowjetische Kriegsgefangene, die früheren gemeinsamen Gegner.

An der Ostfront fanden sich nach dem Frontwechsel Italiens lediglich einzelne italienische Etappenkommandos, einige hundert Kraftfahrer mit ihren Fahrzeugen, die sich den Rumänen angeschlossen hatten. Das bewahrte sie vor der Auslieferung in deutsche Gefangenenlager.[26] Deutsche Spezialeinheiten befreiten Mussolini am 12. September 1943 und installierten nach der Kriegserklärung der königlichen Regierung am 13. Oktober 1943 in Norditalien unter Mussolinis Führung ein erneuertes faschistisches Regime. Dessen Milizen und militärische Verbände waren hauptsächlich zur Bekämpfung der Partisanen eingesetzt. Die Einheiten von Wehrmacht und Waffen-SS, teilweise von der Ostfront abgezogen, lieferten den Alliierten in Italien heftige Gegenwehr und bekämpften den Widerstand im Land mit härtesten Mitteln. Der Zweite Weltkrieg endete in Italien am 2. Mai 1945. Das Land verlor seine Kolonien und seinen Großmachtstatus, fand aber eine Zukunft im Kreis der künftigen europäischen Gemeinschaft.

Slowakei

■ Neben den großen Nationalstaaten innerhalb der antibolschewistischen Allianz Hitlers spielten einige kleinere Staaten eine gewisse Rolle, die ihre Existenz der deutschen Expansionspolitik ab 1939 verdankten und nach heutigem Verständnis als Satellitenstaaten einzuordnen sind. Ihr militärischer Beitrag für die Ostfront resultierte stärker aus dem Abhängigkeitsverhältnis gegenüber dem Reich als aus eigenen nationalen Interessen. Deshalb standen hier die antibolschewistischen Parolen im Vordergrund.

Hitlers Gewaltpolitik gegenüber der Tschechoslowakei hatte im Frühjahr 1939 zur Bildung eines slowakischen Staates geführt, der sich unter den »Schutz« des Deutschen Reiches stellte und nur über eine eingeschränkte Souveränität verfügte. Mit rund 2,6 Millionen Einwohnern, davon 130 000 Volksdeutsche, entwickelte der Kleinstaat im Herzen Europas in kurzer Zeit ein durchaus kräftiges National-bewusstsein, das sich für die große slowakische Minderheit in Ungarn verant-wortlich fühlte. Das autoritäre Regime von Josef Tiso stützte sich auf die Volks-partei, die rechtsextreme Hlinka-Garde und die katholische Kirche.

Nach der Niederlage Frankreichs setzte Pressburg ganz auf den Ausbau der Beziehungen zum Reich und trat am 15. Juni 1941, kurz vor Beginn des deutschen Überfalls auf die UdSSR, dem Dreimächtepakt bei. Einen Putsch der faschistischen Extremisten duldete Hitler in der Slowakei ebenso wenig wie zur gleichen Zeit in Rumänien. Ihm lag an der Zusammenarbeit mit den konservativen Eliten, um die Kräfte der Länder in seinem Machtbereich ganz für die deutschen Zwecke ausnutzen zu können. So kann man sagen, dass die bäuerlich geprägte Slowakei der »einzige katholische Priesterstaat im Herrschaftsbereich des Nationalsozialis-mus« gewesen ist.[1] Später bei der Segnung und Verabschiedung der Truppen für die Ostfront konnte der päpstliche Nuntius erklären: »Ich freue mich, in der Lage zu sein, dem Heiligen Vater nur das Beste aus dem vorbildlichen Slowakischen Staat melden zu können, der ständig sein christliches, nationales Programm ver-wirklicht, das sich in der Devise ausdrückt: Für Gott und Nation.«[2]

Aus Resten der tschechoslowakischen Armee war eine slowakische Natio-nalarmee in der Stärke von zwei Infanteriedivisionen mit Heerestruppen (etwa 28 000 Mann) formiert worden. Verteidigungsminister General Ferdinand Čatloš rechnete nicht mit einem schnellen Einsatz und musste hauptsächlich auf äl-tere Reserveoffiziere zurückgreifen. Nach Kriegsende sollte die Bewaffnung auf deutsches Gerät umgestellt werden. Darauf stellte sich auch die kleine deutsche Militärmission im Rahmen ihrer Ausbildungshilfe ein.[3]

Bei den Vorbereitungen für »Barbarossa« lehnte Hitler die Einbeziehung der Slowaken ab.[4] Er hielt sie für unzuverlässig und befürchtete eine mögliche slawi-sche Verbrüderung. Das OKH wollte freilich auf diese Kräfte nicht verzichten und sie zumindest für Besatzungs- und Sicherungsaufgaben verwenden. Der deutsche

Die slowakische Schnelle Brigade mit veralteten Straßenpanzerwagen in Galizien.

Aufmarsch blieb der slowakischen Führung nicht verborgen, so dass Čatloš schon Anfang Mai 1941 dem deutschen Militärattaché Truppen für den Kampf gegen die UdSSR offerierte, sofern sich auch die Ungarn beteiligten – die Rivalität mit dem großen Nachbarn drängte offenbar zum Handeln –, und bat deshalb darum, bei der »Neuverteilung des Balkans doch nicht ganz vergessen zu werden«.[5] Nach einem Besuch Halders am 19. Juni 1941 in Pressburg erklärte sich die Staatsführung zwei Tage später zu einer Beteiligung an der Aktion bereit.

So brach die Slowakei am 22. Juni 1941 ihre Beziehungen zur Sowjetunion ab und mobilisierte ihre Truppen. Čatloš beschwor in einem Tagesbefehl die »Todesgefahr« des Bolschewismus, hob allerdings auch hervor, die slowakische Armee kämpfe nicht gegen »das große russische Volk oder gegen das Slawentum«. Der Eliteverband der Schnellen Brigade mit rund 3500 Mann wurde sofort in Marsch gesetzt. Mit veralteten und leichten tschechischen Panzern ausgerüstet, geriet die Brigade im Zuge der Verfolgungskämpfe im Rahmen der deutschen 17. Armee nachgeführt am 22. Juli 1941 bei Lipowiec ins Gefecht. Mit dem Einsetzen einer stärkeren Gegenwehr des Feindes ging die schlecht ausgebildete und geführte Infanterie rasch wieder auf ihre Ausgangsstellungen zurück. Die Panzerausfälle waren beträchtlich. Der deutsche Verbindungsoffizier berichtete, die Arbeitsweise des Brigadestabs sei »völlig unmöglich« und er sei froh, noch nicht verwundet worden zu sein, da die Sanitätseinrichtung der Slowaken noch aus der Zeit Maria Theresias stamme.[6] Bei aller Höflichkeit gegenüber den slowakischen Offizieren

Deutsche besichtigen Kampfpanzer der Slowaken.

verzichtete man auf deutscher Seite vorerst auf einen weiteren Fronteinsatz. Die Brigade versetzte man in die Reserve und rüstete sie zunächst einmal mit deutschem Gerät aus. Lediglich die Artillerie und die Flieger begleiteten weiter den Vormarsch im Süden der Ukraine.

Die kleine, mit tschechischem Gerät ausgestattete Luftwaffe entsandte eine Jagdgruppe mit einer Beobachtungsgruppe und einer Verbindungsstaffel an die Ostfront. Wegen der Anfälligkeit der Maschinen ging die Einsatzbereitschaft schnell zurück, und im Oktober 1941 endete vorerst der Fliegereinsatz. Inzwischen war das slowakische Armeekorps mit zwei Infanteriedivisionen und Korpstruppen unter dem persönlichen Befehl von General Čatloš in die Ukraine eingerückt (rund 45 000 Mann). Das ungenügend motorisierte Korps mit insgesamt 35 tschechischen Panzern schätzten die Deutschen als wenig nutzbringend ein. Die Offiziere waren völlig überfordert, so dass es sinnvoll erschien, die slowakischen Truppen grundlegend neu zu formieren. So kehrte Čatloš bereits nach zwei Monaten unverrichteter Dinge mit dem Gros seiner Soldaten in die Heimat zurück. Zurück blieb die zur Divisionsstärke aufgefüllte ehemalige Schnelle Brigade mit rund 10 000 Mann sowie eine leicht bewaffnete Sicherungsdivision von 8500 Mann, die bei Schitomir und schließlich im Raum Minsk Partisanen bekämpfte und Bewachungsaufgaben erfüllte.

Die Schnelle Division übernahm Sicherungsaufgaben am Asowschen Meer. Mit der sowjetischen Gegenoffensive am Mius gerieten auch die Slowaken wie-

Parade slowakischer Soldaten in der Ukraine, 1941.

der in den Brennpunkt der Kämpfe. Weihnachten 1941 übernahmen sie einen zumutbaren Abschnitt von zehn Kilometern, flankiert von einer deutschen Gebirgsdivision und einer Waffen-SS-Einheit. Die jetzt von Generalmajor August Malar befehligte Division konnte sich unter diesen Umständen erfolgreich verteidigen und hielt die Stellungen bis zum Juli 1942. Die Slowaken beteiligten sich dann am Vormarsch der 4. Panzerarmee gegen Rostow. Sie überschritten den Kuban und hatten Anteil an der Eroberung des Ölgebiets von Maikop.

Die erheblichen Verluste resultierten weniger aus den Kämpfen als aus Seuchen und mangelhafter Ernährung der Soldaten. Die schlecht geführten Bauernsoldaten litten arge Not und fanden bei den deutschen Verbündeten wenig Rücksichtnahme. Ende August 1942 bezog die Division vor Tuapse Verteidigungsstellungen, nachdem der Vormarsch im Kaukasus aus Mangel an einsatzfähigen Kräften zum Erliegen gekommen war. Als zum Jahresende die Stalingrad-Katastrophe einen überstürzten Rückzug aus dem Kaukasus auslöste, sah sich die Schnelle Division zusammen mit deutschen Truppen wieder zum Asowschen Meer abgedrängt. Mit Mühe konnten sich die Slowaken über die Straße von Kertsch in allerlei schwimmfähigen Fahrzeugen retten. Ihre Kraftfahrzeuge und sämtliche Geschütze blieben zurück.

Mit rund 5000 Mann zur 1. Slowakischen Infanteriedivision reorganisiert, wurde der Verband im März 1943 auf die Krim evakuiert. Er sollte die Sicherung von 250 Kilometern Küstenlinie übernehmen. Die monatelange Ruhe wurde lediglich unterbrochen durch Strafaktionen gegen Partisanen und Geländeübungen. Zusätzliche Waffen und Verstärkungen trafen nur wenige ein. Obwohl die Stimmung in der Division schlecht blieb, zeigte sich Staatspräsident Tiso entschlossen, den slowakischen Kriegsbeitrag an der Ostfront aufrechtzuerhalten, im Vertrauen darauf, dass Hitler aus Dankbarkeit die Slowakei gegenüber ungarischen Gelüsten schützen würde.

Zur Verteidigung der Krim befahl Hitler im August 1943 den Bau einer Stellungslinie im Vorfeld der Halbinsel. Für die Besetzung dieser Linie sollten auch die Slowaken herangezogen werden. Bei Perekop jedoch teilte man die Division. Ein Regiment blieb auf der Krim zurück, das Gros bezog Stellungen bei Kachowka und geriet sofort in eine sowjetische Großoffensive. Es wurde das Stalingrad der Slowaken. Innerhalb eines Tages war die Division zerschlagen. Trotz vereinzelter Widerstandsinseln gingen komplette Einheiten der Slowaken zur Roten Armee über, ein Frontwechsel, der auch durch Aktivitäten der tschechoslowakischen Kommunisten auf sowjetischer Seite vorbereitet worden war.

Mit knapp 5000 Mann übernahmen Reste der Division unter Oberst Karl Peknik Sicherungsaufgaben am Zusammenfluss von Bug und Dnjepr. Desertionen waren an der Tagesordnung. Teilweise liefen Offiziere mit zahlreichen Soldaten zur anderen Seite über, um sich zum Dienst bei der 1. tschechoslowakischen Brigade der Roten Armee zu melden. Ähnliche Vorgänge spielten sich zur gleichen Zeit bei der Sicherungsdivision im Raum Minsk ab. Zu Hunderten desertierten die Slowaken zu den Partisanen. Die Deutschen sorgten dafür, dass die Reste der Division nach Italien verlegt wurden, wo sie schließlich als »Arbeitsdivision« Verwendung fanden. Eine ähnliche Lösung fand man für die 1. Infanteriedivision, deren demoralisierte Überbleibsel als Bautruppen hinter der Front eingesetzt wurden, zunächst in Rumänien, dann in Ungarn.

Das Schicksal der slowakischen Armee war damit noch nicht besiegelt. Einrichtungen und Truppenverbände im Heimatgebiet sahen sich im Herbst 1944 vor die Frage gestellt, zusammen mit den Deutschen die Beskidenlinie gegen die heranrückende Rote Armee zu verteidigen oder wie die anderen deutschen Verbündeten einen »glimpflichen« Ausgang aus dem verlorenen Krieg zu versuchen.[7] Die Vorbereitungen zu einem offenen Aufstand liefen im Slowakischen Nationalrat bereits seit Juli – parallel zu den konspirativen Bemühungen in den Balkanländern, die ebenfalls einen Frontwechsel vorbereiteten. Dazu würde man auch die Regierung Tiso beseitigen müssen. Der Staatsstreich sollte von der Armee getragen werden und konnte sich auf ein in der Ostslowakei stationiertes Armeekorps stützen, das mit 24 000 Mann, gut ausgebildet und ausgerüstet, das stärkste Element bildete. Es sollte im Rücken der deutschen Armeegruppe Heinrici den Kamm der Beskiden besetzen und gleichsam das Tor für die sowjetischen Truppen unter Marschall Konjew öffnen. In der Zentralslowakei standen außerdem 14 000 Mann Ausbildungs- und Ersatzeinheiten zur Verfügung, um im Raum Banská Bystrica ein Widerstandszentrum zu bilden. Durch die zunehmenden Aktivitäten der kommunistischen Partisanen gewarnt, zeigten sich die Deutschen allerdings vorbereitet.

Die Ermordung von 22 durchreisenden deutschen Offizieren auf dem Bahnhof von Sv. Martin am 27. August 1944 durch meuternde slowakische Soldaten löste heftige Gegenreaktionen aus. Von mehreren Seiten rückten improvisierte deutsche Verbände ins Land ein und entwaffneten die regulären slowakischen Truppen im Osten. In der Zentralslowakei gelang es den Aufständischen aber, ihre Kräfte auf 47 000 Mann zu erhöhen und den Befreiungskampf aufzunehmen. Unter Führung von SS-Obergruppenführer Berger versuchten deutsche Kampfgruppen in einer Gesamtstärke von 10 000 Mann, die Gefahr im Rücken der Ostfront zu beseitigen. Auch aus kriegswirtschaftlicher Sicht schien dieser Raum unentbehrlich zu sein. Der slowakische Nationalaufstand konnte sich fast zwei Monate in dem für die Verteidigung günstigen Gelände behaupten und geriet vor allem deshalb in Schwierigkeiten, weil es den sowjetischen Truppen gegen heftigen Widerstand der deutschen 1. Panzerarmee nicht gelang, den strategischen wichtigen Duklapass zu erobern.

Nach Zuführung von weiteren drei deutschen Divisionen begann am 18. Oktober 1944 die Schlussoperation. Sie führte zur Eroberung von Banská Bystrica und zur Niederwerfung des Aufstandes. Dabei wurden neben Hlinka-Gardisten auch Einheiten eines karpatendeutschen »Heimatschutzes« eingesetzt, was später zu Racheakten gegenüber den rund 135 000 Volksdeutschen führte. Bei den Kämpfen und als Folge deutscher Vergeltungsmaßnahmen starben fast 25 000 Slowaken. Rund ein Drittel der slowakischen Soldaten tauchte nach dem Abschluss der Kämpfe unter und ging nach Hause, etwa 40 Prozent gerieten in deutsche Gefangenschaft. Ein kleiner Teil setzte den Kampf bei den Partisanen fort.[8] Es war der letzte Sieg der deutschen Wehrmacht gegen eine fremde Armee und das Ende der ersten slowakischen Republik. Nach 1945 Teil der Tschechoslowakei und des sowjetischen Imperiums, erlangte das Land erst 1993 seine volle Unabhängigkeit.

Kroatien

■ In der Folge des deutschen Überfalls auf Jugoslawien am 6. April 1941 hatte sich der kroatische Landesteil für unabhängig erklärt und wurde von den Dreierpakt-Staaten anerkannt. Italien ließ sich neben der Besetzung der dalmatinischen Küste und des Gebiets um Ljubljana Kroatien als »Einflussgebiet« zusprechen. In Rom beabsichtigte man die Bildung eines kroatischen Königreiches unter einem italienischen Prinzen. Das kroatische Exil in Italien hatte sich lange auf diese Gelegenheit vorbereitet. Die Führung des neuen Staates mit rund sechs Millionen Einwohnern übernahm Ante Pavelić, Chef der rechtsradikalen und militanten Ustascha-Bewegung. Als »Poglavnik« (Staatsführer), errichtete er eine autoritäre Diktatur. Sie entfaltete einen hemmungslosen Terror gegen die serbische Minderheit, organisierte Massenmord und Vertreibung, so dass selbst die Deutschen zu bremsen versuchten. Sie kontrollierten Ex-Jugoslawien von Belgrad aus mit einer Militärverwaltung für Serbien und waren daran interessiert, den eskalierenden Bürgerkrieg einzudämmen.[1] Wenn sie letztlich nicht verhindern konnten, dass sich Jugoslawien zu einem blutigen Schlachtfeld entwickelte, dann lag eine Hauptursache in der Politik der Ustascha.

Italien hatte sich 1941 eine Mitbestimmung über die neu aufzustellende kroatische Armee einräumen lassen. Diese wurde nach italienischen Grundsätzen ausgebildet und ausgerüstet, ebenso eine kleine Luftwaffe. Bis Ende 1941 entstand eine für die Landesverteidigung mehr als ausreichende Truppe (46 Bataillone mit 55 000 Mann) unter dem Kommando von Slavko Kvaternik, ehemaliger k.u.k. Oberst, nun Verteidigungsminister und Marschall von Kroatien. Eine Kriegsmarine stand nicht zur Diskussion, da die italienische Flotte die Adria als ihre Domäne betrachtete. Das kroatische Offizierkorps stammte überwiegend aus der alten k.u.k. Armee und betrachtete die Wehrmacht als Vorbild. Umgekehrt resultierte das hohe militärische Ansehen der Kroaten bei den Deutschen aus einer Waffenbrüderschaft, die seit vier Jahrhunderten Bestand hatte und sich im Ersten Weltkrieg – auch gegen den damaligen italienischen Gegner – bewährt hatte. Die politische Führung, obwohl eher an Rom ausgerichtet, erkannte durchaus die Chance, sich größeren Spielraum zu verschaffen, indem man den Deutschen einen zunehmenden politischen und wirtschaftlichen Einfluss einräumte.

Bei den Vorbereitungen für »Barbarossa« hatten die Kroaten keine Rolle gespielt. Sie mussten ihren Beitrag leisten, um das Hinterland der künftigen Ostfront im jugoslawischen Gebiet zu befrieden. Das bezog sich vor allem auf den nach dem 22. Juni 1941 sich formierenden Widerstand und den von Titos kommunistischen Kräften forcierten Partisanenkrieg. Trotz dieser Aufgaben sah Pavelić mit Beginn des deutschen Russlandfeldzuges die Chance, durch das Angebot einer Freiwilligenformation unter deutschem Kommando sein Land gegenüber der italienischen Hegemonie aufzuwerten. Hitler bedankte sich für die

Der Staatsführer Ante Pavelić (rechts) und sein Verteidigungsminister Slavko Kvaternik.

Offerte und sagte zu, die Freiwilligen als geschlossene nationale Formation innerhalb der Wehrmacht einzusetzen. Für Zagreb bot dieses überraschende Entgegenkommen die Gelegenheit, das eigene Militär noch stärker nach deutschem Vorbild auszurichten.

So wurden innerhalb weniger Tage 5000 Freiwillige zwar zunächst noch mit alten jugoslawischen Uniformen ausgestattet, dann aber auf dem österreichischen Truppenübungsplatz Döllersheim mit Wehrmachtuniformen versehen. Bewaffnung und Ausrüstung wurden ebenfalls nach deutschen Normen geregelt. Obwohl nicht offiziell Bestandteil der Wehrmacht, bildeten die Männer das »verstärkte kroatische Infanterieregiment 369« (mit einer zusätzlichen Artillerieabteilung leichter Feldhaubitzen) im Rahmen der österreichischen 100. leichten (später: Jäger-) Division. Zagreb behielt das Recht der Personalführung, ansonsten aber mussten die Soldaten den Eid auf Hitler schwören und sich verpflichten, »unerschrocken und tapfer« gegen den Bolschewismus zu kämpfen. Aus deutscher Sicht lag die Bedeutung des kroatischen Einsatzes weniger in seiner militärischen Unterstützung an der Ostfront als in seiner politischen Option gegenüber dem italienischen Verbündeten und dessen konkurrierenden Ansprüchen auf dem Balkan. Deshalb konnte Zagreb neben der Aufstellung von zwei Fliegerstaffeln auch ein Marinekontingent bereitstellen, das zwar nur für das Schwarze Meer gedacht war und vorerst über keinerlei Schiffe verfügte, aber doch auch eine Umgehung der italienischen Rüstungsverbote bedeutete.

Das für die Ostfront bestimmte kroatische Regiment wurde von Oberst Ivan Merkulj geführt und am 21. August 1941 verladen. Von Rumänien aus musste es freilich einen mehrwöchigen Fußmarsch antreten, um die Frontlinie und die zur 17. Armee gehörende 100. Division zu erreichen. Es zählte ebenso wie das gleichfalls heranmarschierende italienische Schnelle Korps zu den Verstärkungskräften, mit denen die Dnjeprlinie aufgefüllt werden musste. Die Kroaten trafen am 10. Oktober bei ihrer Division ein und beteiligten sich an der Eroberung von Charkow. Das Regiment kam zunächst nicht geschlossen zum Einsatz. Die Teileinheiten wurden vielmehr auf die Nachbarregimenter aufgeteilt, um das Eingewöhnen zu ermöglichen und die Ausbildung zu vertiefen. Nach dem langen strapaziösen Anmarsch machte die Truppe offenbar keinen guten Eindruck. Deshalb wurde als Ausbildungsziel vor allem befohlen: »Verbesserung der Manneszucht. Straffe Handhabung des Innendienstes. Hebung der Zucht auf dem Marsch und bei Rasten.« In der Divisionschronik hieß es weiter: »Überhaupt begannen sich die Kroaten langsam in die Division einzuleben. Trotz der Sprachbarriere klappte es bereits auf der unteren Ebene mit der Verständigung. Wo man weiter hinten in Häusern lag, zeigten sie sich äußerst gastfreundlich und manches Stamperl Slibowitz rann durch durstige Landserkehlen.«[2]

Die strengen deutschen Reglementierungen machten den Kroaten zu schaffen. Das Feldgericht der Division scheute sich nicht, den gleichen Maßstab bei Disziplinverstößen anzulegen. Verhaltensweisen, die die Kroaten als »harmlos« einschätzten, führten zu einigen Todesurteilen. »Unerlaubte Entfernung von der Truppe«, um zum Beispiel im Land herumzustreifen und sich mit russischen Frauen zu treffen, bedeutete in den Augen des deutschen Divisionskommandeurs ein Verbrechen, die Kroaten werteten die Ahndung mit der Todesstrafe als Mord. Auch wenn man sich nach Monaten darauf verständigte, dass künftig der kroatische Regimentskommandeur als »Gerichtsherr« wirken sollte, so blieb doch die Disziplin der Soldaten labil.

Ein ruhiger Garnisonsdienst und ein Überwintern in der Großstadt Charkow blieb den Kroaten nicht nur wegen der Attentate und Angriffe von Partisanen verwehrt. Eine sowjetische Gegenoffensive zwang die Deutschen, die strategisch wichtige Hafenstadt Rostow aufzugeben, woraufhin man zur Stabilisierung der Front auch die Kroaten aus Charkow heranzog. Ab dem Abmarsch am 22. November 1941 mussten sich die Soldaten bei minus 18 Grad und ohne Winterbekleidung mühsam nach Süden bewegen. Am Mius übernahmen sie einen Verteidigungsabschnitt. Die Division mit den aufgeteilten kroatischen Bataillonen grub sich in die gefrorene Erde ein. Zu den Nachbarn gehörten die slowakische Schnelle Brigade sowie die SS-Division »Wiking« mit Freiwilligen aus West- und Nordeuropa.

Die Kroaten wurden Mitte Januar 1942 mit der 100. Division aus der Miusfront herausgezogen, um eine bedrohliche Lage im Raum Stalino gegen ein durchgebrochenes sowjetisches Kavalleriekorps zu beheben. In teilweise schweren Kämpfen am Fluss Samara gelang es ihnen, eine neue Stellung den Winter über zu halten. Unterstützung durch eigene Fliegerkräfte gab es nicht, denn die beiden kroatischen Staffeln kämpften im Rahmen von Luftwaffenverbänden im Norden und im Süden. Die kroatischen Bomber beteiligten sich im Winter 1941/42 an Angriffen gegen Moskau, woraufhin Hitler sie als Vorbild für die anderen Verbündeten bezeichnete.

Das kroatische Marinekontingent hielt nach Erreichen des Asowschen Meeres Ausschau nach geeigneten Booten. Man organisierte 47 beschädigte bzw. verwahrloste Fischkutter, überwiegend Segler, formierte sich zur neuen kroatischen

Kroaten des verstärkten Infanterieregiments 369 bei Stalino im Herbst 1941.

Kriegsmarine und heuerte zusätzlich russische und ukrainische Matrosen an. Mit diesen improvisierten Mitteln übernahmen die Kroaten die Küstensicherung am Asowschen Meer.

Der Kommandeur des Infanterieregiments musste im Frühjahr 1942 um den Personalnachschub aus der Heimat besorgt sein, da Mussolini massiven Druck ausübte, damit Zagreb einen weiteren Verband aufstellte, der sich der italienischen Ostarmee eingliedern sollte. Schließlich wurde ein Bataillon von 800 Mann zusammengestellt und mit italienischen Waffen ausgerüstet in den Einsatz geschickt.

Mitte Mai 1942 kam das kroatische Regiment nunmehr geschlossen zum Einsatz, als die Division in die Endkämpfe der Kesselschlacht von Charkow eingriff. Über Woronesch folgten sie im Juni der 1. Panzerarmee entlang dem Don bis Kalatsch, wo das Übersetzen über den Fluss gegen heftigen sowjetischen Widerstand erhebliche Verluste unter den Kroaten forderte. Im großen Donbogen beteiligten sie sich an den »Säuberungs-« und Abwehrkämpfen. Anfang September wurde der Division eine Kampfpause gewährt, die der neue kroatische Regimentskommandeur, Oberst Viktor Pavecič, nutzte, um aus seiner stark angeschlagenen Einheit zumindest ein kampffähiges Bataillon zu formieren. Während die Soldaten darauf hofften, bald in die Heimat zurückkehren zu können, trafen

800 Mann Ersatz ein, die meisten völlig unerfahren. Auch für sie galt ab 17. September der Auftrag, im Rahmen der 6. Armee in Richtung Stalingrad zu marschieren.

Auszug aus der Divisionsgeschichte:

»Ja, ein seltsames Volk waren sie schon, die 369er. Stets übermütig und zu ›jeder Schandtat bereit‹, groß im Organisieren (sprich: Stehlen), dabei sehr kameradschaftlich. Gut beim Angriff, so der Bauch voll und der Schnaps nicht fehlte. Wenig standfest in der Abwehr, zu panikartigen Reaktionen neigend, wenn sie unerwartet angegriffen wurden. Jetzt aber ging es vorwärts, der Feind floh und da die ersten Ortschaften stark zerstört waren, gab es auch keine Zeitverzögerungen durch Plünderungen.«[3]

Im Armeehauptquartier von Generaloberst Paulus erschien am 24. September »Poglavnik« Ante Pavelić und verteilte an eine Abordnung seiner kroatischen Soldaten Orden und Beförderungen. Nachdem er ihnen Glück gewünscht hatte, besuchte er seine »Kriegsmarine« am Asowschen Meer und erreichte die Zustimmung der Deutschen zur Ausbildung und Ausrüstung einer kroatischen U-Boot-Jagdflottille.

Zwei Tage später übernahm das »verstärkte kroatische Infanterieregiment 369« einen Kampfabschnitt im Zentrum von Stalingrad. Die 100. Jägerdivision stand im Brennpunkt der schwersten Kämpfe in diesem »Rattenkrieg« um die berüchtigte Fabrik »Roter Oktober« und den Mamajew-Hügel. Dabei wurden auch die deutschen Kräfte nicht geschont. Trotz mehrfacher verlustreicher Angriffe konnte kaum Terrain erobert werden. Das kroatische Regiment schmolz bis Anfang Dezember erneut auf Bataillonsstärke zusammen, hatte also zwei Drittel seiner Kräfte verloren. Im Vergleich zu ihren deutschen Kameraden konnten sich die Überlebenden immerhin auf eine besser organisierte Versorgung verlassen. Sie hatten ihren eigenen Tross mit in die Stadt gebracht und wurden von kroatischen Fliegern aus der Luft versorgt, als die 6. Armee eingekesselt worden war.

In der Leidenssituation zeigten sich die Kroaten nach deutscher Einschätzung mit einer »sauberen und militärischen Haltung«.[4] Sie bildeten im Gegensatz zu den verbündeten Armeen der Italiener, Rumänen und Ungarn eine kleine, voll integrierte Gemeinschaft innerhalb eines deutschen Großverbandes. Sie waren nicht in der Steppe russischen Großangriffen mit Panzermassen ausgesetzt, sondern hielten im Ruinengewirr der Stadt einen kleinen Abschnitt, bei dem die Kampftätigkeit seit Ende November praktisch eingefroren war. Anfang Januar 1943 wurden die Kroaten aus ihrer exponierten Stellung herausgezogen, mussten sich aber mit Beginn heftiger sowjetischer Angriffe auch im Stadtbereich wieder ihrer Haut erwehren. Mitte Januar bildete das kroatische Bataillon nur noch eine kleine Kampfgruppe unter Führung von Oberstleutnant Marko Mesić. Der bisherige Regimentskommandeur kümmerte sich persönlich um den Abtransport

Kroatische Flieger an der Ostfront.

der Verwundeten. Insgesamt konnten mehr als 1000 von ihnen ausgeflogen werden.

Mit der Kapitulation der 6. Armee zogen auch rund 900 kroatische Soldaten in sowjetische Gefangenschaft. Ihr Schicksal verliert sich im Massensterben der Kriegsgefangenen. Nach der Auslöschung des »verstärkten kroatischen Infanterieregiments 369« beschränkte sich der Beitrag Kroatiens auf den Einsatz des Kampffliegerverbandes im Süden Russlands. Im Juli 1944 konnten auch diese Kräfte zurückkehren. Die kroatische Armee war inzwischen durch die Kämpfe mit den Tito-Partisanen gebunden. Sie erreichte im Dezember 1944 mit 70 000 Mann (Domobranen), 76 000 Ustascha-Milizionären und 32 000 Mann Gendarmerie ihren Höchststand. Dass nach der Auflösung der Marineabteilung auf dem Schwarzen Meer und dem Kriegsaustritt Italiens die Gelegenheit ergriffen wurde, mit diesen Seeleuten in der Adria eine kroatische Kriegsmarine zu bilden, war nicht mehr als eine symbolische Handlung.

Seit 1942 war Kroatien zu einem Hauptkriegsschauplatz des Kampfes gegen die Partisanen mit einem wachsenden Einsatz deutscher Truppen geworden, die im August 1943 bereits 80 000 Mann zählten. Die neu aufgestellte 100. Jägerdivision war in Albanien stationiert worden. Um den Ausfall der Italiener auf dem Balkan zu kompensieren, drang Hitler auf eine Generalmobilmachung in Kroatien. Neben der regulären kroatischen Armee sowie der Miliz sollten 75 000 kroatische Soldaten in die Wehrmacht und die Waffen-SS überführt werden. Als politisches Zugeständnis wurde den Legionärsdivisionen zugesichert, nur innerhalb Kroatiens eingesetzt zu werden.[5]

Als im Herbst 1944 der Ansturm der sowjetischen Armeen, der bulgarischen und der Tito-Armee auch Kroatien bedrohte, nahm Hitler strategische Nachteile in Kauf, um den exponierten Verbündeten zu schützen. An der Syrmienfront gegen die jugoslawische Volksbefreiungsarmee gelang im Januar 1945 eine überraschende Stabilisierung der Stellungen, was den Rückzug der deutschen Heeresgruppen aus Griechenland und Südjugoslawien ermöglichte. Erst der Beginn der Frühjahrsoffensive Titos am 12. April 1945 brachte Kroatien als eine der letzten Bastionen des »Dritten Reiches« zum Einsturz – für viele Einheimische, die nicht mit den Kommunisten sympathisierten, damit auch die letzte Hoffnung auf das Heranrücken der Westalliierten.

Unter Generaloberst Alexander Löhr stand ein deutsch-kroatisches Truppenaufgebot zur Verfügung, das größtenteils aus abgekämpften Verbänden bestand, darunter die drei kroatischen Legionärsdivisionen sowie einige deutsch-kroatische Polizeibataillone.[6] Löhr war bestrebt, den unausweichlichen Rückzug so zu organisieren, dass seiner Heeresgruppe der Übertritt nach Österreich und die Kapitulation gegenüber den Westalliierten gelang. Das erreichten bis zur Gesamtkapitulation am 8. Mai 1945 nur Vorhuten. So mussten rund 100 000 deutsche Soldaten den entbehrungsreichen Gang in die jugoslawische Gefangenschaft antreten. Noch viel härter traf es die kroatischen Verbündeten, die größtenteils Ende Mai einer Reihe von Massenerschießungen zum Opfer fielen. Zahlenmäßig entsprachen sie den bisherigen Verlusten in vier Kriegsjahren. Die kroatischen Streitkräfte verzeichneten bis Mai 1945 rund 65 000 Gefallene und Vermisste, dem Massenmord durch Titos Volksbefreiungsarmee fielen dann weitere 60 000 zum Opfer. Nach mehr als vier Jahrzehnten einer Teilrepublik im kommunistischen Jugoslawien erlangte Kroatien erst 1991 seine volle Unabhängigkeit.

II. Die Freiwilligen aus neutralen und besetzten Gebieten

Hitlers verbündete Truppen an der Ostfront bestanden fast ausschließlich aus Wehrpflichtigen und Berufssoldaten, die in regulären Truppeneinheiten zusammengefasst waren und auf Befehl ihrer Regierungen an dem Feldzug teilnahmen. Nur das kleine kroatische Kontingent bildete eine Ausnahme. Ihre Loyalität gehörte den jeweiligen nationalen Autoritäten und Militärführungen, die mit der Kriegsteilnahme unterschiedliche eigene Interessen verfolgten. Die ideologische Gemeinsamkeit im »Kreuzzug gegen die Bolschewismus« oder gar die rassenideologische Ausrichtung gegen die »Slawen« stand demgegenüber stets zurück, auch wenn die offizielle Propaganda natürlich gerade diese Parolen in den Vordergrund rückte.

Die Bündnistruppen stellten den größten Anteil ausländischer Soldaten an der Ostfront und standen in geschlossenen Großverbänden bis zur Ebene von Armeen unter der Befehlsgewalt ihrer eigenen Offiziere. Deutsche Verbindungsoffiziere konnten keine direkten Befehle erteilen, und eine intensive Zusammenarbeit mit Wehrmachtsoldaten blieb die Ausnahme. Offiziell inszenierte Begegnungen und zeitweiliges Zusammenwirken auf dem Gefechtsfeld oder in der Etappe förderten »Kameradschaft« oder gegenseitiges Verständnis nur bedingt. Die nationalen Vorurteile und Klischees wurden auf allen Seiten möglichst verdeckt, blieben aber virulent und brachen in Krisensituationen auf.

Gegenüber diesen rund 600 000 Mann (1941) aus sechs Nationen bildeten Freiwillige aus neutralen und besetzten Gebieten mit anfangs kaum mehr als 30 000 Mann eine sehr heterogene kleine Gruppe. Ihr militärischer Wert zählte weniger als die politische Symbolik, die sich gegen den Sowjetkommunismus richtete. Nutzen konnte Hitler sowohl auf internationaler Bühne erwarten als auch für seine Politik gegenüber den jeweiligen Heimatländern der Freiwilligen. Wenn unter den Legionären die ideologische Klammer auch stärker gewesen sein mag als unter den verbündeten Nationaltruppen, so waren sie doch nicht bloße Anhänger des deutschen Nationalsozialismus und seines »Führers«. Sie repräsentierten rechtsradikale bzw. faschistische Strömungen in ihren Heimatländern mit durchaus eigentümlichen Ausprägungen. In der Regel handelte es sich um kleine politische Minderheiten, teils Außenseiter der Gesellschaft, die mit ihrer Bereitschaft, sich als Freiwillige in deutschen Uniformen am Kampf gegen die Rote Armee zu beteiligen, politische Schubkraft und Anerkennung zu erringen hofften. Individuell mochten sich Abenteuerlust, Idealismus und politischer Ehrgeiz miteinander verbinden.

Zu dieser Gruppe gehörten aber auch Freiwillige aus fremden regulären Armeen (Spanien, Frankreich) bzw. den von der Wehrmacht besiegten Streitkräften, die entweder der Kriegsgefangenschaft zu entgehen oder – wenn bereits entlassen – sich der zivilen Zwangsrekrutierung für den Arbeitseinsatz im Reich zu entziehen trachteten. Mit jeweiligen nationalen Ärmelabzeichen an deutschen Uniformen – entweder der Wehrmacht oder der Waffen-SS – und in der Regel auch mit deutscher Ausrüstung und Ausbildung kämpften sie in kleineren geschlossenen Kontingenten, meist in Regimentsstärke, innerhalb deutscher Formationen. Das förderte zweifellos eine stärkere Integration und Loyalität, die durch den persönlichen Eid auf den »Führer« noch gefördert sein mochte. Trotz der Ausbildung und Bewaffnung nach deutschem Standard behielten sie aber weitgehend ihre nationalen Identitäten und mentalen Prägungen. Die Bindungen an die Heimatländer und damit die Länge des Verbleibs an der Ostfront war im Wesentlichen abhängig von deren Status und politischem Gewicht. In der überwiegenden Mehrheit verblieben sie bis in die letzten Stunden des »Dritten Reiches« innerhalb der deutschen Reihen und galten nach Kriegsende – mit Ausnahme der Spanier – als verlorene und verfemte Söhne ihrer Heimat. Viele gingen deshalb in die Emigration.

Spanien

■ Italien war ab 1935/36 Hitlers erster Verbündeter gewesen, von dem er sich beim Kampf um die europäische Vorherrschaft die größten Vorteile versprochen hatte. Einen militärischen Einsatz beim Feldzug gegen die UdSSR erwartete der deutsche Diktator hingegen von Italien eigentlich nicht, und das galt in anderer Weise auch für Spanien, der anderen Mittelmeermacht. Dabei machten die geostrategische Lage gegenüber dem französisch-britischen Block, der außereuropäische Einfluss Spaniens sowie dessen wohlwollend neutrale Haltung im Ersten Weltkrieg die Madrider Regierung zu einem besonders interessanten Partner. Die ehemalige iberische Großmacht hatte sich allerdings durch ihren wirtschaftlichen Entwicklungsrückstand und durch ihre innere Schwäche weitgehend gelähmt. Berlin unterstützte in den 20er Jahren insgeheim die Spanier bei der Verteidigung ihrer Positionen in Nordwestafrika und bemühte sich mit einigem Erfolg um den Ausbau der Wirtschafts- und Handelsbeziehungen.

Mit dem Sturz der Monarchie und einer Phase zunehmender innerer Auseinandersetzungen ab Anfang der 30er Jahre verlor Spanien weiter an strategischer Bedeutung. Als 1936 Teile des Offizierskorps einen Putsch gegen die republikanische Regierung planten, konnten sie über Francisco Franco die alten Verbindungen nach Berlin knüpfen und auch die Unterstützung des faschistischen Italien gewinnen. Mit deutscher und italienischer Hilfe setzten sie sich in einem dreijährigen blutigen Bürgerkrieg schließlich gegenüber einer republikanischen Allianz durch, die auch von der Sowjetunion Militärhilfe erhalten hatte. Für Hitler bot dieser Bürgerkrieg nicht nur die Möglichkeit, neue Waffen und taktische Einsatzverfahren der Wehrmacht – etwa Angriffe mit Sturzkampfbombern – zu testen, sondern sich auch als Vorkämpfer gegen den Bolschewismus zu profilieren.

Franco näherte sich als »Caudillo« und Staatsführer mit seiner Falange-Partei und der Ausbildung eines autoritären Regimes zwar den faschistischen Vorbildern an, blieb aber bestrebt, die Brücken zu den westlichen Demokratien nicht abzubrechen. Die Lage seines vom Bürgerkrieg verheerten Landes ließ ihm auch keine andere Wahl. Wenn Spanien bei Beginn des Zweiten Weltkriegs auch als potentieller deutscher Verbündeter mit rund 25 Millionen Einwohnern gelten mochte, so war man doch in Berlin zunächst durchaus zufrieden, wenn das Land wie zwischen 1914 und 1918 die wohlwollende Neutralität wählte. Nach dem Ende des Frankreichfeldzuges stellte sich die Lage freilich anders dar. Die deutsche Großzügigkeit gegenüber den spanischen Schulden, den fiskalischen wie den moralischen, sollte nun Zinsen einbringen, um Hitlers Machtbereich nach Westen abzusichern und so nach Osten ausgreifen zu können.

Das Bemühen um den Ausbau der deutsch-spanischen Beziehungen zu einer Kriegsallianz zeigte im Herbst 1940 einen geradezu hilflosen »Führer«, der auf diplomatischem Parkett nicht die Qualitäten seines Vorbildes Bismarck zu erreichen verstand. Franco wiederum spielte elegant und geschickt mit den Verstrickungen unterschiedlicher nationaler Interessen im Mittelmeerraum sowie mit der eigenen Schwäche.[1] In Berlin sah man sich außerstande, die spanischen Vorbedingungen, insbesondere materieller Art, für einen Kriegseintritt gegen Großbritannien zu erfüllen. So faszinierend auch die strategischen Chancen theoretisch sein mochten, aus Hitlers Sicht musste der Kampf um diesen Teil des Kontinents auf die Zeit nach »Barbarossa« verschoben werden. Planungen für eine »Wegnahme« Gibraltars (»Unternehmen Felix«) mit spanischer Hilfe mussten vorläufig warten.

Die Abkühlung der Beziehungen wurde unterbrochen, als am 22. Juni 1941 der deutsche Angriff auf die UdSSR begann. Madrid bot noch am selben Tag die Teilnahme freiwilliger Falangisten als Geste der Solidarität an, stimmte nun doch wieder die ideologische Stoßrichtung. Aber es gab entgegen den deutschen Erwartungen kein förmliches Kriegsbündnis, auch keine offizielle Kriegserklärung und damit auch keine Bereitstellung regulärer Truppen. Auf die konkrete militärische Leistungsfähigkeit kam es in diesem Fall nicht an. Hitler glaubte vielmehr, mit dem spanischen Angebot, das er umgehend annahm, Franco doch noch in ein Kriegsbündnis auch gegen den Westen manövrieren zu können. Deshalb drängte er auf eine schnelle Zuführung der Freiwilligen, um trotz der von ihm erwarteten kurzen Dauer des Feldzuges unbedingt ein Faustpfand in die Hand zu bekommen.

In Spanien entwickelte sich ein Wettstreit zwischen Armee und Falange um den zu erwartenden Ruhm an der Ostfront. Im glühenden Antikommunismus vereint, sahen diese Stützen des Regimes in einem Engagement für Hitlers »Kreuzzug« zugleich die Chance des innenpolitischen Machtgewinns zu Lasten des jeweilig anderen. Die Militärs wollten sogar ein ganzes Armeekorps aufbieten, während manche der vom »Neuen Staat« Francos enttäuschten Alt-Falangisten quasi an die Front »emigrieren« wollten. Im OKW zeigte man kein Interesse an einer bunt zusammengewürfelten Legion. Deshalb entschied Franco, eine herkömmliche Infanteriedivision als nationale Einheit aufzustellen, zusammengesetzt aus freiwilligen Soldaten und Milizionären und geführt von Berufsoffizieren. Nur bei Unteroffizieren und Leutnanten gab es ein Drittel Falangisten.

Die Rekrutierung wurde öffentlich und in allen Teilen Spaniens betrieben. An Freiwilligen mangelte es nicht. Aus deutscher Sicht standen zu viele Offiziere und zu wenige Unteroffiziere zur Verfügung. Motorisierte Fahrzeuge konnten die Spanier nicht mitbringen. Am 13. Juli 1941 fand die Verabschiedung der Männer statt, die dann auf dem Truppenübungsplatz Grafenwöhr bei Nürnberg nach deutschem Standard ausgebildet und ausgerüstet wurden. Der Verband erhielt die deutsche Numerierung der 250. Infanteriedivision und umfasste 17 909 Freiwillige, gegliedert in drei Infanterieregimenter, ein Artillerieregiment sowie das »bewegliche Reservebataillon 250«, bei dem sich hauptsächlich Bürgerkriegsveteranen und ehemalige Fremdenlegionäre einfanden. Sie schworen den in der

Wehrmacht üblichen Eid auf Adolf Hitler, allerdings mit dem Zusatz »im Kampf gegen den Kommunismus«. Damit war ein möglicher Einsatz gegen die Westmächte ausgeschlossen. Kommandeur der »División Española de Voluntarios« (DEV) war General Agustín Muños Grandes, ein erfahrener Offizier. Wegen der blauen Hemden der Falangisten wurde sie auch »Blaue Division« (División Azul) genannt.[2]

Aus Freiwilligen der spanischen Luftwaffe bildete man die »Escuadrilla azul«, eine Elite von 17 Jagdfliegern mit deutschen Me-109-Flugzeugen unter der Führung von Staffelkapitän Comandante Angel Salas Larrazábal (der 1956 Chef der spanischen Luftwaffe wurde). Im Rahmen des VIII. Fliegerkorps kam die Einheit im Zentrum der deutschen Offensive gegen Moskau zum Einsatz. Die hoch motivierten Flieger wurden allerdings zu ihrem Kummer statt zur »freien Jagd« meist als Tiefflieger eingesetzt. Während sie bei der Heeresgruppe Mitte kämpften, waren ihre Infanteriekameraden bei der Heeresgruppe Nord eingesetzt.

Wegen der verkürzten Ausbildung mit den zahlreichen Pferdegespannen, insbesondere bei der Artillerie, waren die spanischen Soldaten ungeübt und nachlässig, als sie schließlich Mitte August 1941 an die Front rücken sollten. Weil unklar gewesen war, wer für die Ausrüstung eigentlich verantwortlich war, hatte man kurzfristig Pferde in Serbien beschafft. Die Regierung in Madrid drängte darauf, die Division in den Brennpunkten der Kämpfe einzusetzen. Dazu hätten die Deutschen sie zu diesem Zeitpunkt in die Ukraine transportieren können, doch es mögen wohl auch politische Erwägungen dafür gesprochen haben, die Spanier nicht mit den anderen süd- und südosteuropäischen Verbündeten zusammenzubringen. Die Division wurde in den Bereich der Heeresgruppe Mitte gefahren und im Raum Grodno ausgeladen. Dann stand ihr ein mühseliger, wochenlanger Marsch an die Front bevor. Nach Norden umdirigiert, übernahmen sie nach einem kurzen Bahntransport einen ausgedehnten Frontabschnitt am Wolchow südlich von Leningrad.

Dem deutschen Verbindungsoffizier begegneten viele Vorurteile auf der eigenen Seite. Der Oberbefehlshaber der 4. Armee, Generalfeldmarschall Günther von Kluge etwa, lehnte es ab, die 250. Division in seinem Moskauer Bereich einzusetzen, da sie eher »Zigeuner« als Soldaten seien.[3] Dem Oberbefehlshaber der Heeresgruppe Mitte, Generalfeldmarschall Fedor von Bock, missfiel das ungewohnte Bild und die Haltung der Spanier, der schlechte Zustand der Pferde und die Neigung der iberischen Bundesgenossen, alle Frauen als Freiwild zu betrachten. In Grodno hätten sie sogar mit Jüdinnen Orgien gefeiert, so Bock.

Die spanische Division galt als nicht angriffsfähig, aber in der Verteidigung zeigte sie eine unerwartet hohe Kampfmoral. Im Stellungskrieg nördlich des Ilmensees konnten die Spanier trotz mangelhafter Ausrüstung und Ausbildung durch ihren Mut und Elan die stürmischen Angriffe der Roten Armee immer wieder zurückschlagen. Der vorgesetzte deutsche Kommandierende General, Friedrich-Wilhelm von Chappuis, forderte anfangs ihre Ablösung aus seinem Korps. Für

Spanische Soldaten auf dem Weg an die Ostfront, September 1941.

Muños Grandes umso mehr Anlass, seine Division so anzuspornen, als ginge es um die Verteidigung Spaniens. In den harten Kämpfen kam es auf beiden Seiten zu Grausamkeiten und hohen Verlusten. So ließ sich zwar auch Hitler von den Meldungen beeindrucken, die Spanier seien ein »verkommener Verband«, das Verhältnis zwischen Offizieren und Mannschaften miserabel, aber sie hätten niemals einen Meter preisgegeben. »Schneidigere Leute kann man sich nicht vorstellen. Sie nehmen dabei kaum Deckung, sie lassen sich totschlagen. Aber die unseren sind glücklich, wenn sie die Spanier zum Abschnittnachbarn haben.«[4]

Das Scheitern des »Unternehmens Barbarossa« im Winter 1941/42 veranlasste Franco, seine stark dezimierten Freiwilligen in die Heimat zurückzuholen. Die Fliegerstaffel trat im Januar 1942 die Heimreise an. Für die Infanterie einigte man sich auf ein Rotationsverfahren, um den Personalbestand quartalsweise auszutauschen und zu ergänzen, ohne die Division aus der Front herauszulösen. Auf diese Weise gelangten im Lauf der Zeit insgesamt 47 000 Spanier an die Ostfront.[5]

Muños Grandes, 1939 Generalsekretär der Falange, sah seine Position als Divisionskommandeur in Russland als Chance, um sein Ansehen in Spanien zu vergrößern und für einen Kurswechsel in der Heimat zu sorgen. Er befürwortete eine »harte« Ordnung im Inneren und den Kriegseintritt an der Seite Deutschlands. Franco hingegen suchte nach dem Kriegseintritt der USA das Verhältnis zu den Westmächten zu verbessern und wollte Muños Grandes im April 1942 im Osten ablösen. Doch dieser erhielt von Hitler das Eichenlaub zum Ritterkreuz für »hervorragende Tapferkeit«, und Franco wurde von deutscher Seite gedrängt, ihn auf seiner Position zu belassen. Mit Generalmajor Emilio Esteban-Infantes konnte Madrid zumindest einen zuverlässigen Stellvertreter an der Ostfront installieren.

Hitler empfing Muños Grandes am 12. Juli 1942 in der »Wolfsschanze« zu geheimen Gesprächen, in denen die Zukunft Spaniens im Mittelpunkt stand. Der deutsche Diktator sah in dem ergebenen spanischen General einen möglichen Nachfolger Francos, eine Trumpfkarte für den Fall, dass die deutschen Pläne für einen Durchmarsch durch Spanien zur Eroberung von Gibraltar zum Zuge kommen würden. Bis dahin galt es, den militärischen Ruhm an der Ostfront zu mehren.

Eine zweite spanische Fliegerstaffel war inzwischen wieder im Bereich der Heeresgruppe Mitte eingetroffen. Mit neuen gepanzerten Maschinen flogen sie von Orel aus zahlreiche Einsätze zur Unterstützung der Bodenkämpfe und schossen bis November 1942 insgesamt 13 Gegner ab. Dann wurden sie durch eine dritte spanische Staffel abgelöst. Die »Blaue Division« war im August von der Wolchowfront an den Einschließungsring von Leningrad bei Zarskoje Selo verlegt worden. Hitler war offenbar daran interessiert, die Spanier an der vermeintlich bevorstehenden Eroberung der Großstadt teilnehmen zu lassen. Der Vorstoß musste wegen der sowjetischen Fesselungsangriffe am Wolchow abgesagt werden. Aber auch an der Peripherie von Leningrad hatten die Spanier mit 29 Kilometern wieder einen sehr breiten Abschnitt zu verteidigen, in einem für sie ungewöhnlichen zweiten harten Winter.

Muños Grandes kehrte im Dezember 1942 nach Madrid zurück.[6] Die Alliierten waren inzwischen in Nordwestafrika gelandet, und Franco hielt es wohl für klüger, seinen ehrgeizigen General direkt zu kontrollieren. Er wurde Chef des Militärkabinetts, ohne Kommandogewalt, war aber weiterhin intrigant. Esteban-Infantes übernahm die 250. Division. Mitte Januar 1943 gelang es der Roten Armee, eine Landverbindung nach Leningrad freizukämpfen. Bei dem Versuch, bei Krasnijbor diesen Schlauch auszuweiten, stießen die Russen auf die gut verschanzte »Blaue Division«. In verlustreichen Kämpfen gingen nur wenige Kilometer verloren, dann herrschte wieder die relative Ruhe des Grabenkrieges mit einzel-

General Esteban-Infantes bei seinen Soldaten an der Leningrader Front, 1942/43.

nen Stoßtruppunternehmen und örtlichen Vorstößen. Umso unverständlicher beurteilte man im OKH die Forderungen der Division auf Ersatz ihrer materiellen Verluste. Die spanischen Forderungen lägen höher als der Ersatz für die gesamte Ostfront.[7]

General Esteban-Infantes schätzte den Gegner als sehr guten Soldaten, »ergeben und gehorsam«. Er sei »hartnäckig und zäh«, »aber er fühlt nicht die Verbindung mit den Kameraden seiner Einheit. Beim Fehlschlagen eines gegebenen Befehls verliert er schnell seine kämpferischen Eigenschaften und sinkt bis zum Nichts hinab. Wenn der Russe aber gut in Form ist, dann stellt er einen nicht zu verachtenden Gegner dar.«[8] Die dritte Ergänzungsstaffel wurde noch im April 1943 mit neuen Flugzeugen vom Typ Fw 190 A-3 ausgestattet. Sie bewährte sich im Mittelabschnitt während des »Unternehmens Zitadelle« beim Begleitschutz von Stuka-Verbänden und erzielte 29 Luftsiege im Rahmen des Jagdgeschwaders 51 »Mölders«. Dabei kam es sogar zu Luftkämpfen mit Exilspaniern in sowjetischen Flugzeugen, ein Nachschlag zum Bürgerkrieg.[9]

Mit der Landung der Alliierten in Sizilien und dem Frontwechsel Italiens sah sich Franco gezwungen, von der »Nichtkriegführung« zur Neutralität zu wechseln. Am 1. Oktober 1943 bat Madrid um die Rückführung der »Blauen Division«, was Hitler ohne Verzug genehmigte, da ihm aus wirtschaftlichen Gründen an einer wohlwollenden spanischen Neutralität durchaus gelegen war. Der politisch-propagandistische Nutzen des spanischen Einsatzes an der Ostfront hatte sich ohnehin verbraucht. In militärischer Hinsicht verständigte man sich darauf, die Division sehr rasch aus ihren Stellungen zu lösen und in die Heimat zu bringen. Der letzte Transport mit General Esteban-Infantes traf am 18. Dezember 1943 in Madrid ein. Dafür blieb an der Ostfront eine neuformierte »Spanische Legion« von Freiwilligen zurück. Sie wurde im Raum Narwa aufgestellt und umfasste mit 2133 Mann Einheiten in Regimentsstärke. Der erste Einsatz zielte gegen Partisanen, dann wurde die Legion der deutschen 121. Infanteriedivision unterstellt.

Auf starken Druck der Westmächte sah sich Franco veranlasst, die Legion im Februar 1944 wieder von der Front abzuziehen. Sämtliche spanischen Einheiten wurden dann Anfang April 1944 in die Heimat zurückgeführt, bis auf einige hundert Freiwillige, die sich aus politischer Überzeugung von ihrer Regierung lossagten und in Bataillonsstärke bei der Partisanenbekämpfung in der Ukraine sowie auf dem Balkan agierten. Ende 1944 fasste man sie mit etlichen Spaniern, die noch über die Pyrenäen heimlich nach Frankreich gelangt waren, zu einer Waffen-SS-Formation zusammen, zwei Kompanien, die das Kriegsende in Berlin erlebten. Der spanische Beitrag an der Ostfront war zweifellos nur von symbolischer Bedeutung. Insgesamt dienten in der »Blauen Division« 47 000 Mann. Bis zu 4500 wurden getötet, 8000 verwundet. 321 gerieten in Gefangenschaft und zeigten in sowjetischen Lagern eine »harte« Haltung. Die meisten traten bis 1954 die Heimreise an; der letzte Gefangene kehrte 1956 nach Spanien zurück.

Neben Spanien hatte die deutsche Politik 1941 auch auf einen Beitrag des faschistischen Portugal gehofft. Ministerpräsident Salazar sah sich jedoch nicht in einer Dankesschuld gegenüber dem »Dritten Reich« und beließ es bei öffentlichen Kundgebungen, die Portugals »Todfeindschaft gegen den Bolschewismus« zum Ausdruck brachten. Gern hätte Berlin zumindest einen symbolischen militärischen Beitrag erhalten, für den sich in der portugiesischen Armee durchaus Freiwillige fanden. Doch die exponierte Lage des Landes, seine traditionellen probritischen Orientierungen und nicht zuletzt die Rücksicht auf den Kolonialbesitz verhinderten ein Entgegenkommen gegenüber den Wünschen Hitlers. Aus der Perspektive des Sommers 1941 wäre über Portugal vielleicht ein stimmungsmäßiger Einfluss auf Brasilien zu erreichen gewesen und damit indirekt auf die USA.[10] Der größte Staat Südamerikas mit seiner portugiesisch geprägten Kultur gehörte immerhin zu den besten Kunden im deutschen Waffenexportgeschäft. Die USA sorgten aber im Herbst 1941 dafür, dass die südamerikanische Neutralität ins Fahrwasser ihrer eigenen Außenpolitik geriet. Portugal mit seinem strategisch wichtigen Wolframerz-Vorkommen belieferte dennoch Hitlers Kriegswirtschaft bis 1944, allerdings im Ringen der kriegführenden Mächte auch die andere Seite.

Frankreich

■ Nach Jahrhunderten der »Erbfeindschaft« war auch im »Dritten Reich« die Idee einer möglichen deutsch-französischen Waffenbrüderschaft völlig undenkbar. Die deutsche Niederlage im Ersten Weltkrieg und die harte Haltung der französischen Siegermacht gegenüber der Weimarer Republik hatten in der deutschen Bevölkerung wie in der Wehrmacht einen tiefen Eindruck hinterlassen. Wenn man auch Frankreichs Großmachtanspruch ablehnte und von der Wiederherstellung der alten Reichsidee träumte, so gab es zumindest in nationalkonservativen Kreisen und damit auch im höheren Offizierkorps der Wehrmacht durchaus eine weitverbreitete Hochachtung gegenüber der französischen Kultur und einen Respekt vor den militärischen Leistungen der Vergangenheit. Bis zum Mai 1940 stand jedoch die Revanche für Versailles im Vordergrund. Es galt, die damals stärkste Militärmacht und damit den Konkurrenten Frankreich zu überwinden.

Der geplante Feldzug war als »Normalkrieg« angelegt und wurde im Verständnis einer herkömmlichen »ritterlichen« Kriegführung verwirklicht. Dazu gehörte, dass der Gegner als »Kamerad« betrachtet wurde, dem nach seiner Niederlage »Pardon« zu gewähren war. Der unerwartet schnelle deutsche Sieg im Mai 1940 ließ eine weitere Ideologisierung des Krieges nicht zu. Im Triumph konnte man sich großzügig zeigen, wollte aber nicht darauf verzichten, den besiegten Feind ebenso zu demütigen, wie man die »Schmach« von Versailles 1919 selbst empfunden hatte. Deshalb wurde die Unterzeichnung des Waffenstillstandes im Wald von Compiègne inszeniert, wo der Museumswaggon noch einmal Geschichte machte. Das Bedürfnis, es den 42 Millionen Franzosen »mit gleicher Münze« heimzuzahlen, war so groß, dass man die gleichen Institutionen schuf und die gleichen Bedingungen auferlegte, unter denen die Reichswehr in den 20er Jahren gelitten hatte: eine ständige Waffenstillstandskommission, die alles überwachte, die Teilbesetzung des Landes, die Beschränkung des Heeres auf 100 000 Mann sowie strikte Rüstungsbegrenzungen.

Die überraschend geringe Gegenwehr der französischen Armee konnte man leicht mit der inneren Schwächung des Landes erklären und als Ergebnis der scharfen innenpolitischen Konfrontation in der Zeit der Volksfrontregierung Mitte der 30er Jahre werten. Die seit Beginn des Zweiten Weltkriegs von Moskau gesteuerte regierungsfeindliche Kampagne der französischen Kommunisten hatte zweifellos auch die Moral der Truppen beeinflusst und den Antikommunismus in Regierung, Bürgertum und Armee verstärkt.

Die von Marschall Henri Pétain, dem »Löwen« von Verdun, gebildete Regierung der nationalen Einheit zeigte sich zur Zusammenarbeit mit Berlin bereit. Nachdem die Briten die französische Flotte versenkt und eine Exilregierung unter dem »abtrünnigen« französischen General de Gaulle installiert hatten, wurde ein deutsch-französisches Bündnis zumindest denkbar. Rüstungserleichterungen sollten die in Vichy residierende Regierung, die 1940/41 die breite Unterstützung der Bevölkerung fand, in die Lage versetzen, die überseeischen Kolonien gegen britisch-gaullistische Angriffe zu verteidigen.

Allen Bemühungen nationalkonservativer Kräfte im Auswärtigen Amt, im Oberkommando der Wehrmacht und anderen deutschen Führungskreisen zur Anbahnung einer solchen Allianz widersprach Hitler energisch. Seine persönlichen Verhandlungen mit Pétain am 24. Oktober in Montoire änderten nichts an seiner hinhaltend-abweisenden Grundhaltung. Er wollte sich seine Entscheidungsfreiheit, wie die Zukunft Frankreichs aussehen sollte, unter allen Umständen bewahren und vermied alles, was die französische Position wieder hätte stärken

Vom Kronprinzen der Kommunistischen Partei Frankreichs zum Offizier der antibolschewistischen Freiwilligen-Legion: Jacques Doriot.

können. Deshalb gab es beim Planungsprozess zum »Unternehmen Barbarossa« keinen Gedanken an eine Einbeziehung der Franzosen.

Mit dem Beginn des deutschen Überfalls auf die UdSSR und den lautstarken Parolen vom »Kreuzzeug gegen den Bolschewismus« fühlten sich manche Förderer einer deutsch-französischen Annäherung ermutigt. Die von Pierre Laval geführte Rechtsregierung in Vichy brach die diplomatischen Beziehungen mit Moskau erst am 30. Juni 1941 ab – auffallend spät. Der deutsche Botschafter in Paris, Otto Abetz, stand bereits in Kontakt mit Vertretern rechtsradikaler, faschistischer Bewegungen im Land, die eine Chance witterten, politische Vorteile zu erringen, indem sie die »Kreuzzugs«-Parole aufgriffen. Unter antikommunistischen und antisemitischen Vorzeichen seien sie bereit, an der Seite Deutschlands an die Ostfront – und nur dorthin – zu ziehen. Aus ihrer Sicht ging es nicht allein um Ruhm und Ehre Frankreichs oder um Verhandlungsvorteile, die ihre Regierung womöglich aus einem solchen Kriegsbeitritt ziehen könnte, sondern um die Schaffung einer eigenen bewaffneten Streitmacht, durchaus in Konkurrenz zur regulären, konservativen Armee. Bezeichnend ist die Einschätzung von Jacques Doriot, einem ehemaligen führenden Kommunisten, der nun an der Spitze der rechtsradikalen Parti Populaire Français stand: »Wenn es einen Krieg gibt, der mir sympathisch ist, so ist es dieser!«[1] Das ergriff – wie in Deutschland – auch einflussreiche Kreise der katholischen Kirche, die nicht mit dem Faschismus sympathisierten.

Zusammen mit anderen französischen Politikern wie Marcel Deat und Eugène Delonde rief Doriot die Franzosen zum Kampf gegen den Bolschewismus auf. Abetz erreichte Anfang Juli 1941 die Zustimmung Hitlers, der das Angebot nur widerwillig annahm und besorgt blieb, dass daraus keine bindenden Verpflichtungen für die deutsche Seite erwuchsen. Es ist bezeichnend, dass er die berüchtigte Besprechung am 16. Juli 1941, in der er die künftigen Richtlinien für die Ostpolitik festlegte, mit dem Verweis auf das französische Angebot eröffnete. Er sprach von dem »von einer unverschämten Vichy-Zeitung« gebrachten Hinweis, »der Krieg gegen die Sowjet-Union sei ein Krieg Europas; er sei also auch für ganz Europa zu führen. Offenbar wolle die Vichy-Zeitung mit diesen Hinweisen erreichen, daß die Nutznießer dieses Krieges nicht allein die Deutschen sein dürften, sondern daß alle europäischen Staaten daraus ihren Nutzen ziehen müßten.«[2]

Die Bildung einer Legion von französischen Freiwilligen sollte deshalb im besetzten Gebiet und nicht in Abhängigkeit von Vichy durchgeführt werden. Vergeblich hatte man dort bereits die gesetzlichen Voraussetzungen geschaffen, damit sich Franzosen zum Dienst in fremden Streitkräften melden konnten. Die Bedingungen diktierten die Deutschen. Die Legion sollte – nach dem Vorbild der französischen Fremdenlegion – nicht mehr als 10 000 bis 15 000 Mann umfassen, auf Hitler vereidigt werden und nur Franzosen aufnehmen, die arischer Abstammung, zwischen 18 und 40 Jahren alt und in körperlich guter Verfassung waren. Sie durften nicht vorbestraft sein und mussten ihren Wehrdienst bereits abgeleistet haben. Es wurde auch damit geworben, dass die Deutschen für jeden Freiwilligen zwei kriegsgefangene Landsleute in die Heimat entlassen würden. Bemühungen zur Bildung einer Kampfflieger-Einheit wurden von deutscher Seite unterbunden.[3]

Bei diesen strengen Regeln war es nicht verwunderlich, dass nur rund die Hälfte der Freiwilligen (6429) angenommen worden ist. Hitler verbot zudem die Aufnahme russischer Emigranten, die es in großer Zahl in Frankreich gab. Jede politische Implikation sollte verhindert werden, aber als »Kanonenfutter« waren die Franzosen willkommen. Immerhin steckte man sie in deutsche Uniformen und bezahlte sie nach deutschen Sätzen. Es ist kurios, dass Berlin gleichzeitig darauf drängte, den Deutschen in der französischen Fremdenlegion die Rückkehr in die Heimat zu ermöglichen. Dort wurden sie in Bewährungseinheiten gesteckt und wiederum hauptsächlich in Nordafrika eingesetzt.[4]

Abetz gelang es, die teils konkurrierenden Gruppierungen im besetzten Gebiet in einem Aktionskomitee für die »Legion des Volontaires Français contre le Bolchevisme« (LVF) zusammenzuführen. Doriot als führender Kopf gewann den Berufsoffizier Colonel Roger Labonne für die Aufstellung der ersten Einheiten in einer Kaserne bei Versailles. Die Wehrmacht achtete sehr auf die Anpassung und Gleichstellung dieser Ausländer in ihren Reihen. Sie bildeten das Infanterieregiment 638 und wurden der 7. Infanteriedivision, einer alten bayerischen Stammdivision des Heeres, zugeteilt. Im September 1941 versammelten sie sich auf einem

Vereidigung des I. Bataillons der Légion des Volontaires Français (LVF) in Demba, 5. Oktober 1941.

Truppenübungsplatz südlich von Warschau, wo ihre Ausbildung vertieft wurde. Dort erreichte sie die einzige Grußbotschaft ihres Staatspräsidenten. Pétain rief dazu auf, die militärische Ehre Frankreichs zu wahren. Für die Teilnahme an dem »Kreuzzug« würden die Freiwilligen die »Dankbarkeit der Welt« erfahren, die auf diese Weise auch ihr Vaterland verteidigten.[5]

Kardinal Baudrillart, Direktor des Institut Catholique, über die Legionäre der LVF:

»Als Priester und Franzose wage ich zu sagen, daß diese Legionäre zu den besten Söhnen Frankreichs zählen. An die Spitze des entscheidenden Kampfes gestellt, ist unsere Legion das lebende Abbild des mittelalterlichen Frankreichs, unseres Frankreichs der wiederauferstandenen Kathedralen. Und ich betone, denn ich bin mir dessen sicher, daß diese Soldaten dazu beitragen, die große französische Wiedergeburt vorzubereiten. In Wahrheit stellt diese Legion in ihrer Art ein neues Rittertum dar. Die Legionäre sind die Kreuzfahrer des 20. Jahrhunderts. Ihre Waffen sollen gesegnet sein. Das Grab Christi wird befreit werden!«[6]

Ende Oktober transportierte man die drei Bataillone nach Smolensk. Von dort marschierten die Franzosen bei einbrechendem Winter auf den Spuren Napoleons in Richtung Moskau. 60 Kilometer vor der russischen Hauptstadt erreichten sie ihren deutschen Großverband. Für das VII. Armeekorps begrüßte sie General der Artillerie Fahrmbacher mit einem Tagesbefehl in französischer Sprache als Kameraden »in Leben und Tod«. Im Rahmen der 7. Division wurden zwei Bataillone unmittelbar an der Front bei der Nara-Seen-Enge eingesetzt. Die deutschen Soldaten waren skeptisch: »Junge Idealisten sind dabei, Abenteurer-Typen und alte Fremdenlegionäre mit zwölf und mehr Dienstjahren auf dem Buckel.«[7]

Sie bildeten die Verstärkung, die mithelfen sollte, die letzte sowjetische Verteidigungsstellung zu durchbrechen. Am 1. Dezember 1941 war es so weit. Das I. Bataillon stürmte über die offene Fläche. Ein deutscher Artilleriebeobachter berichtete: »Ein schneidiger Angriff der französischen Freiwilligen, aber völlig idiotisch, wie zu Zeiten Friedrichs des Großen!«[8] Unter großen Verlusten gelang der Einbruch in die Waldstellungen. In schweren Kämpfen wurden mehrere Bunker eingenommen. Der Divisionskommandeur Freiherr v. Gablenz war zufrieden. Die Franzosen hätten sich »gut geschlagen«.[9] Doch wenige Tage später erfolgte die sowjetische Gegenoffensive, der auch die schwer angeschlagenen französischen Bataillone weichen mussten. Es kam zu Meutereien, einzelne Soldaten flüchteten auf eigene Faust Richtung Westen, kaperten deutsche Lastwagen, um sich über Smolensk in die Heimat durchzuschlagen. Die Masse der Legion fand sich in Reservelazaretten im polnischen Raum wieder, wo man sie versammelte und überprüfte.

Zusammen mit neuen Rekruten aus Frankreich zählte man Anfang 1942 wieder 2000 Mann, aus denen zwei kampfstarke Bataillone gebildet wurden. Hitler bestand darauf, die Franzosen unbedingt im Frontbereich einzusetzen. Nach den zwiespältigen Erfahrungen verteilte man die Bataillone aber auf zwei deutsche Sicherungsdivisionen, die im Hinterland der Heeresgruppe Mitte im Raum Smolensk zur Partisanenbekämpfung eingesetzt waren. In den großen Waldgebieten waren gut organisierte Stützpunkte entstanden, deren Bekämpfung der deutschen Seite erhebliche Probleme bereitete. In keinem anderen Gebiet waren die Partisanen 1942/43 so aktiv. Die Franzosen »schlugen sich tapfer«, wie es in deutschen Berichten öfters hieß, und nutzten gern die Freiheiten, die die selbständige Kampfweise bot. Dann wehte über den Gefechtsständen die Trikolore, und man war froh, ohne deutsche Aufsicht zu sein.[10] Im beweglichen Einsatz erwies sich die Truppe als besonders brauchbar und motiviert. Sie war aber – wie man auf deutscher Seite notierte – wegen »ihrer ständigen Plünderung bei der Bevölkerung verhaßt«,[11] während die Franzosen glaubten, bei den Frauen beliebt zu sein. Einschränkungen akzeptierten die Legionäre nicht: »Entweder man schneidet uns die Hoden ab«, sagten sie, »oder man läßt uns gewähren!«[12]

Die Rücksichtslosigkeit der Franzosen gegenüber den Bauern muss man nicht als Reminiszenz an die Erfahrungen von 1812 werten, die Brutalisierung dieser Form der Kriegführung reicht als Erklärung für das Verhalten aus, das auch deutsche Einheiten prägte. In mehreren großen Aktionen unter der Führung des Höheren SS- und Polizeiführers Russland-Mitte, Curt von Gottberg, versuchte man immer wieder, die Kontrolle über die riesigen Gebiete zu gewinnen und

Ein neues Kontingent französischer Freiwilliger auf dem Marsch zu einem Pariser Bahnhof, 9. April 1942.

bediente sich dabei brutalster Gewalt gegenüber der Bevölkerung, wozu auch die Ausplünderung und Zerstörung von Dörfern gehörte. Da die Partisanen meistens dem Kampf auswichen, hielt sich die frustrierte Truppe an die Zivilisten. Das Verhältnis der Toten unter den Partisanen gegenüber deutschen Verlusten betrug oft zehn zu eins und war zum Teil noch extremer, weil man hemmungslos »Bandenverdächtige« erschoss und grundsätzlich alle aufgegriffenen Juden ermordete.

Aus Frankreich kamen in mehreren Schüben neue Freiwillige, um die Verluste des Regiments aufzufüllen, das so seinen Bestand erhalten konnte (113 Offiziere, 3528 Unteroffiziere und Mannschaften). Für Hitler gab es im Herbst 1942 eine weitere Gelegenheit, auf das französische Militärpotential zuzugreifen. Die Besetzung des restlichen Frankreich und die Auflösung der Vichy-Streitkräfte eröffneten die Möglichkeit, das Personal in deutsche Dienste zu stellen. Bis auf wenige Ausnahmen gelang das freilich nicht. Die Kriegslage hatte sich geändert, die Deutschen waren auf der Verliererstraße, hatten sich aber auch in Frankreich selbst so unbeliebt gemacht, dass Freiwillige für die Ostfront immer schwerer zu finden waren, erst recht nach der Katastrophe von Stalingrad. In der Legion selbst

Anwerbungsbüro für die LVF in Frankreich.

verstärkten sich angesichts der veränderten Umstände die internen politischen Auseinandersetzungen.[13]

Dafür interessierte sich jetzt Marschall Pétain für seine Legion in Russland, in der er ein Element für den Wiederaufbau französischer Streitkräfte sah. Er bot den Deutschen an, nach Auflösung der LVF in Frankreich selbst einen größeren Verband zu bilden, eine unpolitische »Légion Tricolore« unter der Führung von Berufsoffizieren, die nicht nur für die Ostfront bestimmt sein sollte. Berlin lehnte den Plan ab, weil die LVF ein deutsches Regiment sei. Diese politische Trumpfkarte wollten die Deutschen nicht aus der Hand geben.

Im Mai 1943 umfasste die LVF noch 2317 Mann, die jetzt im Rahmen der 186. Sicherungsdivision als geschlossenes Regiment unter Oberst Edgar Puaud mit drei Bataillonen im Kampf gegen die Partisanen an der Desna standen. Der Versuch, die Einheit mit turkestanischen »Hilfswilligen« aufzufüllen, scheiterte, da unter der Führung der SS diese Freiwilligen einen eigenen nationalen Verband bildeten.[14]

Ende Januar 1944 wurde das Regiment zu einem Großeinsatz verwendet, um den der Kommandeur mehrfach als Bewährung gebeten hatte. Das »Unternehmen Marokko«, wie es die Deutschen ihm zu Ehren nannten, zielte auf die »Säuberung« eines großen Waldgebietes bei Somry. Der Winterkampf war wenig erfolgreich, da die Partisanen meist auswichen. Dennoch meldete das OKW

Edgar Puaud in deutscher Uniform.

immerhin die Zerstörung von 41 Partisanenlagern, 1000 Blockhäusern sowie 1118 Tote und 1346 Gefangene.[15] Die Franzosen gerieten bei ihrem Rückmarsch an die Desna aber in einen Hinterhalt, der beim I. Bataillon zu schweren Verlusten führte. Die größte Bewährungsprobe fand im Juni 1944 statt, als nach der alliierten Landung in der Normandie die Rote Armee in Weißrussland ihre Sommeroffensive eröffnete, die zum Zusammenbruch der deutschen Heeresgruppe Mitte führte. Die LVF musste eine Kampfgruppe bilden, die, um eine deutsche Panzerkompanie verstärkt, eine durchgebrochene sowjetische Panzerdivision in der Tiefe auffangen sollte. 400 Franzosen kämpften tagelang gegen einen weit überlegenen Feind und konnten seinen Vormarsch vorübergehend aufhalten. 40 sowjetische Panzer blieben zurück, aber auch 41 eigene Tote und 24 Verwundete. Doch das war nur der Anfang. Oberst Puaud geriet mit seinen Regiment in den allgemeinen Rückzug bei Minsk, der bei den Franzosen einen nachhaltigen Eindruck hinterließ. Sie hatten Glück und erreichten ungeschoren Wilna, von wo aus sie überraschend nach Pommern verlegt wurden.

Die LVF sollte aufgelöst werden und mit anderen französischen Einheiten eine Division in der Waffen-SS bilden. Bis dahin galten die Franzosen nicht als würdig für die SS, doch Himmlers Skrupel waren längst verflogen. Unter den Legionären gab es Widerstand gegen diese Entscheidung, einige von ihnen sollen in Konzentrationslager gekommen sein.[16] Die neue 33. Panzergrenadierdivision der Waffen-SS »Charlemagne« wurde im August 1944 aus den Resten der LVF, 1500 Milizionären der Vichy-Regierung, einer bereits bestehenden französischen SS-Sturmbrigade sowie Freiwilligen gebildet, die bislang für die deutsche Kriegsmarine gearbeitet hatten. Andere dienten weiter in Einheiten der Organisation Todt sowie den Transporteinheiten von Rüstungsminister Speer.

Kommandeur der Division mit rund 7000 Mann wurde Puaud im Rang eines Generalmajors der Waffen-SS. Die »Charlemagne« erlebte Ende Februar 1945 bei der Verteidigung Pommerns ihre Feuertaufe. Der größte Teil des Verbandes wurde eingekesselt und vernichtet. Aus den Resten stellte man im März in Neustrelitz eine verstärkte Kampfgruppe von rund 1000 Mann zusammen, die am Kampf um Berlin teilnahm. Einige Kompanien gehörten zu den Verteidigern der Reichskanzlei.[17] Zu ihnen zählte Henri Fenet, ehemaliger Angehöriger der Vichy-Miliz, der noch am 29. April 1945 das Ritterkreuz erhielt, weil er mit seinen Männern 62 sowjetische Panzer in den Straßen Berlins außer Gefecht gesetzt hatte. Von 300 französischen Freiwilligen überlebten nur zehn Prozent die Kämpfe in der deutschen Hauptstadt. Fenet geriet verwundet in sowjetische Gefangenschaft, floh aus einem Krankenhaus bei Eberswalde und wurde in Frankreich zu 20 Jahren Zwangsarbeit verurteilt, von denen er allerdings nur vier abzuleisten hatte.

Die Verluste der französischen Freiwilligen an der Ostfront lassen sich nicht genau beziffern. Bei insgesamt wohl 60 000 Franzosen, die in verschiedenen deutschen Formationen eingesetzt waren, kämpften nicht mehr als 10 000 Soldaten an der Ostfront. Daher ist mit einigen tausend Mann an Verlusten zu rechnen, nicht zu vergessen jene französischen Staatsbürger aus dem annektierten Elsass (etwa 52 000), die sich während des Krieges als Deutschstämmige freiwillig zur Wehrmacht bzw. zur Waffen-SS meldeten oder mehrheitlich aufgrund der Wehrpflicht zwangsrekrutiert wurden.[18]

Belgien

■ Das westliche Nachbarland hatte sich in beiden Weltkriegen einem deutschen Einmarsch vergeblich widersetzt, der hauptsächlich darauf zielte, einen strategischen Vorteil gegenüber der französischen Armee zu gewinnen. Die belgische Armee galt daher den Deutschen nicht als ernstzunehmender Feind. Das Land mit rund 8,4 Millionen Einwohnern, seinen Rohstoffen und überseeischen Verbindungen war nicht nur im Kriegsfall ein interessantes Objekt deutscher Politik. Wegen der historisch-politischen Spaltung Belgiens mit den tiefgreifenden Spannungen zwischen holländischsprachigen Flamen und französischsprachigen Wallonen galt es als leicht beherrschbar. Der König als Symbolfigur für die nationale Einheit war zwar im Mai 1940 im Land verblieben, aber die deutsche Militärverwaltung wusste – bei einer vergleichsweise maßvollen Politik – diese inneren Gegensätze durchaus zu ihren Gunsten zu nutzen.

Sie profitierte davon, dass die in beiden Lagern entstandenen rechtsextremen Kräfte um die Gunst der Deutschen buhlten, um eine »Neuordnung« Belgiens in ihrem jeweiligen Sinne zu erreichen. Ideologische und politische Gründe ließen die neuen Herren vorzugsweise auf die Flamen setzen. Deren Zielsetzung eines großniederländischen Nationalstaats unter Einschluss des wallonischen Landesteils entsprach keineswegs den Vorstellungen Hitlers, der eher an die spätere Einrichtung von zwei »germanischen« Gauen im Westen des künftigen »Großgermanischen Reiches deutscher Nation« dachte. Die flämisch-nationalistischen Gruppen unter der Führung des Abgeordneten Staf de Clercq vereinten sich in dem »Vlaamsch Nationaal Verbond« (VNV); sie orientierten sich zwar am Beispiel der NSDAP, blieben aber der Nationalidee verbunden. Bei den Wahlen im Jahr 1939 hatten sie 15 Prozent der flämischen Stimmen erhalten. Untereinander zerstritten sie sich im Verlauf des Krieges immer mehr und wurden vom belgischen Widerstand bekämpft.

Die ersten Freiwilligen hatten sich bereits im Sommer 1940 zum Waffendienst für die Deutschen gemeldet, als Hitler wenige Tage nach der Besetzung die Aufstellung einer Standarte »Westland« genehmigte. In der Waffen-SS sollten die niederländischen und flämischen Freiwilligen zusammengeführt und ausgebildet werden. Zum 3. April 1941 entstand daraus die SS-Standarte »Nordwest«, für die bis zum 1. August 1941 rund 2000 Mann angeworben wurden, darunter auch 108 Dänen und 1400 Holländer.

Die Flamen bildeten einen Teil des Regiments »Germania« in der neu aufgestellten SS-Division »Wiking«, einem Sammelbecken für »germanische« Freiwillige aus allen west- und nordeuropäischen Ländern. Mit dem Beginn des deutschen Überfalls auf die Sowjetunion gaben die flämischen Nationalisten ihren Vorbehalt gegenüber der SS-Werbung auf und stellten den gemeinsamen Antikommunismus in den Vordergrund. In einem Aufruf des VNV-Mannes Reimond Tollenaere

Abfahrt flämischer Freiwilliger Richtung Ostfront.

an die flämische Jugend vom 20. Juli 1941 hieß es: »Wenn wir jetzt mit der Tat beweisen, daß wir bereit sind, uns gegen den gemeinsamen europäischen Feind – den Kommunismus – zu wenden, dann werden wir auch bei dem späteren Aufbau des neuen Europa ein Recht zur Mitsprache haben. [...] Es geht um unser Volk. Es geht um die Rettung Europas. Es geht um unser Recht zur Mitsprache in dieser Zeit.«[1]

Solche Illusionen, durch den Kampf an der Ostfront ein »Recht zur Mitsprache« bei der zukünftigen Gestaltung der eigenen Nation zu erringen, machten sich nicht nur die Flamen. VNV-Führer Staf de Clercq handelte immerhin mit der Waffen-SS Richtlinien für die Legion »Flandern« aus, um sicherzustellen, dass diese Legion eine rein flämische Angelegenheit unter eigener Führung sein sollte. Bis Oktober 1941 umfasste dieser Verband rund 1000 ausgebildete Soldaten. Als Legion »Flandern« nahmen sie am 8. November 1941 am Sturm auf Tichwin teil, dem sowjetischen Bollwerk südöstlich von Leningrad an der Bahnlinie nach Moskau. Unter sowjetischem Druck musste die exponierte Position am 8. Dezember wieder geräumt werden. Die Flamen waren an den schweren Abwehrkämpfen beteiligt, mit denen sich die Wehrmacht unter extremen winterlichen Bedingungen hinter den Fluss Wolchow zurückzog. An dieser sumpfigen Front entwickelte sich ein jahrelanger Stellungskrieg. 1942/43 kämpften die Flamen in Nachbarschaft zur spanischen »Blauen Division« und mit lettischen Verbänden im Raum Puschkin–Zarskoje Selo. Mitte Januar 1943 gerieten sie in die zweite große Schlacht am Ladogasee. Nach achttägigen heftigen Abwehrkämpfen war

Remy Schrijnen:

Geboren am 24. Dezember 1921
in Kümtich bei Löwen

Letzter Dienstgrad:
Unterscharführer

Einsätze: Russland, Polen,
Ostdeutschland

Einziger flämischer Träger
des Ritterkreuzes zum
Eisernen Kreuz (1944)[2]

die Legion »Flandern« praktisch aufgerieben. Von 500 Männern waren nur 45 übrig geblieben. Der Rest wurde auf den polnischen Truppenübungsplatz Debica zurückverlegt. Die Legion löste man auf und bildete mit den Flamen die neue 6. SS-Freiwilligen-Sturmbrigade »Langemarck«. Sie zählte im Dezember 1943 etwa 2000 Soldaten.

Die Brigade wurde der 2. SS-Panzerdivision »Das Reich« zugeführt und geriet östlich von Schitomir erneut in schwere Abwehrkämpfe. Der deutsche Eliteverband erlitt im Winter 1943/44 im Raum Jampol große Verluste und wurde wiederholt als »Feuerwehr« herangezogen, mit der Feldmarschall Manstein als Oberbefehlshaber der Heeresgruppe Süd in beweglicher Operationsführung sowjetische Angriffsspitzen zu zerschlagen versuchte. Nach dem Rückzug auf die Karpatenlinie und dem Beginn der sowjetischen Sommeroffensive 1944 wurde die Kampfgruppe im August 1944 praktisch aufgerieben. Mit den Überlebenden und dem Ersatz bildete man die 27. SS-Freiwilligen-Panzer-Grenadier-Division »Langemarck«. Der vorgesehene Einsatz im Rahmen der Ardennenoffensive im Dezember 1944 wurde aufgegeben, weil sich die Flamen weigerten, gegen die eigenen Landsleute zu kämpfen. So verlegte man die Division Ende Januar 1945 nach Hinterpommern. Hier kämpften die Flamen im Rahmen des III. (germanischen) SS-Panzerkorps bei der Verteidigung von Arnswalde und gingen mit ihrer Division im Raum Stettin unter. Von den Überlebenden, die in die Heimat zurückkehren konnten, wurden 30 ehemalige Freiwillige zum Tode verurteilt und hingerichtet.

Im Gegensatz zu den Flamen, die bevorzugt von der SS angeworben wurden, gingen die »nichtgermanischen«, wallonischen Freiwilligen in die Wehrmacht und nahmen bereits 1941 am Ostfeldzug teil. Die nationalistische Rex-Bewegung unter der Führung von Léon Degrelle war im Herbst 1940 mit dem Plan eines faschistischen Großbelgiens gescheitert. Die »revolutionäre« Idee des Nationalsozialismus über den Rassegedanken zu stellen entsprach nicht den Vorstellungen der Deutschen, in deren Augen die Wallonen praktisch Franzosen waren. Den Beginn des Ostfeldzuges erkannte Degrelle als seine Chance, im Wettstreit mit den Flamen die Idee des antibolschewistischen »Kreuzzuges« aufzugreifen, um sich politisch wieder ins Spiel zu bringen. Mit mehreren hundert Anhängern meldete er sich persönlich als Freiwilliger für den Kampf im Osten. Die deutsche Militärverwaltung vereinte sie in der Legion »Wallonie«. Durch die rexistische Propaganda konnten schließlich 1200 Freiwillige gewonnen werden, aus denen das Infanteriebataillon 373 der Wehrmacht gebildet wurde.

Nach der Ausbildung in Polen marschierten die Wallonen unter der Führung von Hauptmann Jacobs im Oktober 1941 in Richtung Front und wurden östlich des Dnjepr zunächst zur Bekämpfung von Partisanen eingesetzt.[3] Anfang Dezember verstärkten sie die erschöpfte 97. Leichte Division, die im Verband der 17. Armee am Südflügel der Ostfront kämpfte. Doch setzte man die rund 670 Mann vorerst zur Sicherung eines rückwärtigen Stützpunktes am Donez ein. Degrelle fieberte dem ersten Fronteinsatz seiner Männer entgegen, da er den Eindruck hatte, die deutschen Vorgesetzten würden ihnen nicht viel zutrauen. »Inzwischen mußten wir uns als Unbekannte und Verkannte in einem kleinlichen und bitteren Dienst aufreiben«, schrieb er in seinen Erinnerungen.[4]

Die deutsche Zurückhaltung war verständlich angesichts interner politischer Richtungskämpfe in der Legion. Der Divisionskommandeur, Generalmajor Maximilian Fretter-Pico, wurde gebeten, zwischen den Rexisten und einer stärker nationalsozialistischen Richtung zu vermitteln.[5] Das vorgesetzte Armeekorps beurteilte das Bataillon – wohl etwas voreilig – als »militärisch wertlos«. Degrelle beschwerte sich direkt beim OKH, so dass der Oberbefehlshaber der 17. Armee schließlich, um außenpolitische Schwierigkeiten zu vermeiden, das Bataillon direkt einem anderen Armeekorps unterstellte, wegen vermeintlicher Unfähigkeit und Krankheit aber sechs Offiziere und 50 Mann nach Hause schickte. Ende Januar 1942 schob man das Bataillon zur 100. Leichten Infanteriedivision, wo sie die abgezogenen französischen Freiwilligen ersetzten. Auch dort schickte man die Wallonen ins Hinterland zum »Orts- und Bahnschutz«, wo sie allerdings gegen durchgebrochene sowjetische Verbände in schwere Kämpfe gerieten. Im März 1942 besaß die Legion nur noch ein Drittel ihrer ursprünglichen Stärke. Von 22 Offizieren waren nur noch zwei im Einsatz.[6]

Nach einer Reorganisation sowie verstärkter Ausbildung in Disziplin und Taktik folgten die Wallonen im Rahmen der 97. Jägerdivision der deutschen Sommeroffensive auf dem langen Marsch bis in den Kaukasus.[7] Die Legion galt nun

Verleihung des Eisernen Kreuzes an wallonische Freiwillige an der Ostfront im März 1942.

als »ebenbürtiges« Bataillon, das bei Maikop kämpfte und den Rückzug am Jahresende überstand. Ende Januar 1943 nahm sie in Brüssel einen neuen Anfang. Inzwischen hatten sich trotz der für Deutschland ungünstigen Kriegslage knapp 2000 neue Freiwillige gefunden, in der Mehrzahl Bergarbeiter, die der schweren Arbeit in den Kohlegruben überdrüssig waren, sowie zahlreiche Kriegsgefangene der ehemaligen belgischen Armee, die den Lagern in Deutschland entkommen wollten. Degrelle forderte seine Anhänger auf, die Zukunft Belgiens »unter einem rein germanischen Gesichtswinkel« zu betrachten, ein Gesinnungswandel, den der »Reichsführer SS« mit Wohlwollen betrachtete.[8]

Nach einer Vereinbarung der Wehrmacht mit Himmler wurden die Wallonen zum 1. Juni 1943 in die Waffen-SS übernommen, als »Nicht-Germanen« nun also für »würdig« befunden, in der SS zu dienen. Dort bildete man aus der Legion die SS-Sturmbrigade »Wallonien«, die Ende 1943 im Rahmen der SS-Panzerdivision »Wiking« wieder in der Ukraine eingesetzt wurde. Im Januar 1944 trug die Brigade die Hauptlast der Abwehrkämpfe im Kessel von Tscherkassy sowie beim verlustreichen Ausbruch, den nur 632 Mann überlebten. Nach einer Neuformierung im Juli 1944 wurde sie in der Schlacht von Narwa im Baltikum eingesetzt und erlitt erneut schwere Verluste. Im Oktober baute man sie nach Wiederauffüllung zur 28. SS-Freiwilligen-Panzer-Grenadier-Division »Wallonien« aus. Degrelle avancierte vom einfachen Soldaten zum hochdekorierten Divisionskommandeur und SS-Standartenführer.

Anfang 1945 kehrte der Verband an die Ostfront zurück und kämpfte im Rahmen der von Himmler geführten Heeresgruppe Weichsel im pommerschen Raum. Zuletzt verfügte sie noch über 700 Mann, von denen ein Teil nach Dänemark entkam. Degrelle flüchtete über Norwegen nach Spanien. Dort tauchte er unter und starb 1994 in Málaga. Während des Krieges kämpften etwa 6000 wallonische Freiwillige auf deutscher Seite an der Ostfront, von denen 2500 gefallen sind. Insgesamt dienten in der Waffen-SS im Verlauf des Zweiten Weltkriegs 22 000 Flamen und 16 000 Wallonen.[9] Die innere Spaltung Belgiens, eine historische Erblast, hatte dazu geführt, dass die belgischen Freiwilligen für die Ostfront in zwei verschiedenen Legionen kämpften. Die Überlebenden sollten nach Kriegsende zunächst summarisch zum Tode verurteilt werden, doch wurde schließlich die Todesstrafe nur gegen Offiziere und Ritterkreuzträger verhängt. Die Mannschaften erhielten Zwangsarbeit zwischen zehn und 20 Jahren. Legionäre, die in sowjetische Kriegsgefangenschaft geraten waren, zogen es nach ihrer Entlassung aus jahrelanger Haft zumeist vor, in der Bundesrepublik zu bleiben.

Léon Degrelle bei einer Ansprache in Berlin.

Niederlande

▪ Aus der Neutralität des westlichen Nachbarn hatte das Deutsche Reich im Ersten Weltkrieg große Vorteile gezogen, doch bei der Planung eines neuen Feldzuges zur Niederwerfung Frankreichs ab Ende 1939 nahm man darauf keine Rücksicht mehr. Gleichwohl waren die Nationalsozialisten sofort nach Besetzung des Landes im Mai 1940 sehr darum bemüht, die rund 8,8 Millionen Niederländer auf ihre Seite zu ziehen. Dabei spielte auch die Illusion eine Rolle, in einer Übergangszeit der »Umerziehung« die Bevölkerung durch eine bevorzugte und »großzügige« Behandlung geneigt zu machen, im künftigen »Großgermanischen Reich« aufzugehen. Deshalb unterstellte man die Niederlande einem zivilen deutschen »Reichskommissar« (Arthur Seyß-Inquart), der für die politische Ausrichtung auf die Hilfe der niederländischen rechtsradikalen NSB (Nationaal-Socialistische Beweging) unter Anton Adriaan Mussert setzte.[1] Die NSB fügte sich aber insofern nicht den deutschen Wünschen, weil sie an den Vorstellungen einer nationalen Eigenständigkeit innerhalb eines »germanischen« Staatenbundes festhielt.

Deshalb blieben die Ergebnisse der Werbungen für die bereits im Mai 1940 gebildete Standarte »Westland« der Waffen-SS weit hinter den Erwartungen Himmlers zurück, obwohl man die niederländischen Kriegsgefangenen »großzügig« wieder nach Hause entließ. Zu der Zurückhaltung der Mussert-Bewegung kam noch eine Besatzungspolitik, die sich sehr rasch von den »guten« Vorsätzen entfernte und sich schrittweise radikalisierte sowie die wirtschaftliche Ausbeutung zunehmend verschärfte. Das Ergebnis war eine katastrophale Verschlechterung der allgemeinen Stimmung. Der Einbruch traf ziemlich genau mit dem Beginn des Ostkrieges zusammen und hatte eher wirtschaftliche denn politische Gründe. Die besetzten Niederlande mit ihrer hochentwickelten Landwirtschaft wurden von den Nationalsozialisten rücksichtslos ausgebeutet.[2]

Dennoch konnte die SS den Kriegsbeginn gegen die UdSSR nutzen, um den Antikommunismus für die eigene Werbung auszuschöpfen. Arnold Meijer, der Führer der Nationaal Front, regte am 28. Juni 1941 die Bildung einer Legion an, was Mussert aufgriff, weil er sich davon den Neuaufbau einer niederländischen Armee versprach. Meijer lehnte die Hinwendung zur Waffen-SS vergeblich ab und zog sich zurück. Am 26. Juli 1941 formte man den Stamm niederländischer Freiwilliger beim Waffen-SS-Regiment »Westland« um zur »Freiwilligen Legion Niederlande«. So sollte in Parallele zu den anderen Legionen für den »Kreuzzug Europas« gegen den Bolschewismus ein Sammelbecken geschaffen werden. Die Deutschen bemühten sich nicht ohne Erfolg darum, die Zugehörigkeit der Legion zur SS zunächst nicht sichtbar werden zu lassen.

Sie gewannen Generalleutnant Hendrik Alexander Seyffardt, der zwischen 1929 und 1934 Generalstabschef des niederländischen Heeres gewesen war, dafür, das Kommando über die Legion zu übernehmen. Die von ihm ausgewählten

Insignien an der Uniform unterstrichen die Eigenständigkeit. Die Legionäre trugen die »Prinsevlag«, das niederländische Wappen, und – statt der traditionellen SS-Runen – die »Wolfsangel« als Anspielung auf die NSB. In ihrem Eid schworen die Soldaten nicht nur Treue gegenüber dem »Führer«, sondern ebenfalls gegenüber der »Prinsevlag.« Auch mit der Komposition eines Liedes der Legion sollte eine spezielle holländische Atmosphäre geschaffen werden, um den Rekruten den Eindruck zu vermitteln, dass sie in einer eigenständigen nationalen Formation am Kampf gegen die Sowjetunion teilnehmen würden. Den meisten blieb verborgen, dass sie bereits in den Fängen der SS waren. Erst 1943 gehörten sie dann offiziell zur Waffen-SS.

General Seyffardt hatte natürlich einen Informationsvorsprung, aber seine Einwände gegen den Einbau in die Waffen-SS wurden von den Deutschen übergangen. Er teilte auch nicht in vollem Umfange die NS-Ideologie und diente wohl vor allem als Aushängeschild. Am Jahresende 1941 stellten die Holländer mit 4814 Mann den größten Anteil unter den »germanischen Freiwilligen nichtdeutschen Volkstums« in der Waffen-SS.[3] Selbst Anton Mussert als Führer der NSB versuchte der »Umarmung« durch die SS zu entgehen. Die Legion behielt auch durchaus einen eigenen Charakter und unterschied sich in Disziplin und Haltung von regulären Waffen-SS-Einheiten.

Das Verhältnis zu den deutschen Ausbildern war von Anfang an schlecht. Nach dem Training in Ostpreußen wurde die Legion der Heeresgruppe Nord zugeführt und sollte an der Eroberung Leningrads teilnehmen. Sie kam Ende 1941 an der Wolchowfront zum Einsatz. In schweren Abwehrkämpfen und bei der Säuberung von Waldgebieten hatten sich die Legionäre ebenso zu behaupten wie im Kampf gegen Partisanen. Im Februar 1942 besuchte Mussert die Einheit, die nun von SS-Brigadeführer Klingemann geführt wurde. Bei den Kämpfen im Winter und Frühjahr 1942 wehrten die Niederländer wiederholt massive sowjetische Angriffe ab. Trotz erheblicher Verluste beteiligten sie sich im Sommer an einem deutschen Angriffsunternehmen, bei dem die Niederländer 3500 Gefangene machten, darunter den bekannten sowjetischen General Wlassow, den späteren Führer der prodeutschen Wlassow-Armee.

Im Juli 1942 wurde die Legion an die Leningrader Front verlegt und beteiligte sich nun im Rahmen der 2. SS-Infanterie-Brigade an der Belagerung der Stadt. Sie verfügte nach den schweren Verlusten nur noch über die Hälfte ihres ursprünglichen Bestandes. Die relativ ruhige Kampfsituation ermöglichte die Auffrischung der Einheit, die nun von SS-Obersturmbannführer Josef Fitzthum geführt wurde. Bereits Ende Juli geriet die Legion erneut in heftige Kämpfe, als im Rahmen der Operation »Nordlicht« die Eroberung der Großstadt versucht wurde. Die ungenügend vorbereitete und schlecht versorgte Legion geriet im Raum Krasnoje Selo in Bedrängnis, als die sowjetische Gegenoffensive die deutschen Kräfte auf ihre Ausgangsposition zurückwarf. Im Zuge dieser ersten Ladoga-Schlacht scheiterten schließlich aber auch die sowjetischen Attacken an der deutschen Abwehrfront.

Auszeichnung für Niederländer in Selo Gora, Februar 1942.

Mitte Januar 1943 wiederholte die Rote Armee ihren Angriff mit massiven Panzer-kräften. Zusammen mit der benachbarten norwegischen Legion setzten sich die Niederländer erfolgreich zur Wehr. Für die Zerstörung von 13 sowjetischen Panzerwagen erhielt Gerardus Mooyman das Ritterkreuz. Im April ließ Himmler die Niederländer von der Leningrader Front abziehen. Die Legion wurde in die selbständige 4. SS-Freiwilligen-Panzer-Grenadier-Brigade »Nederland« umgebildet. Mit dem politisch motivierten Versteckspiel der SS war es damit zu Ende. Das tödliche Attentat des niederländisches Widerstandes gegen Generalleutnant Hendrik Seyffardt, der als »Befehlshaber« der Legion schon längst keinen Einfluss mehr gehabt hatte, klärte auch politisch die Fronten im Lande selbst.

Demaskierend wirkte auch die Internierung der ehemals entlassenen niederländischen Kriegsgefangenen im April 1943, die fortan als Zwangsarbeiter für die Deutschen arbeiten mussten, was erhebliche Widerstände auslöste. Bei dem folgenden Massenstreik wurde eine größere Zahl von Demonstranten niederge-schossen. Damit näherte sich auch ein anderes Kapitel der Kollaboration an der Ostfront seinem Ende. Die deutschen Siedlungspläne für die künftigen Kolonien

Propagandaplakat des »Reichskommissariates Westland«, das zum europäischen Kampf gegen den Bolschewismus aufruft.

im Osten hatten unter anderem den Einsatz von »germanischen« Führungskräften des Auslandes vorgesehen. Bereits 1941 hatte die Zivilverwaltung 416 Holländer in Litauen und Weißrussland als Wirtschaftsexperten eingesetzt. Alfred Rosenberg, Hitlers »Reichsminister für die besetzten Ostgebiete«, vertraute darauf, den rassisch erwünschten Holländern eine Alternative für die verlorenen Kolonien in Übersee anbieten zu können. Im Juni 1942 etablierte man die halbstaatliche »Nederlandse Oostcompagnie« (NOC). Sie warb Hunderte von Landwirten, Handwerkern, Technikern und Geschäftsleuten an, die Aufgaben in den besetzten sowjetischen Gebieten übernehmen sollten. Sowohl im gewerblichen als auch im landwirtschaftlichen Bereich, bei der Torfgewinnung und der Fischerei auf dem Peipussee leisteten sie anerkannt gute Dienste.[4] Im Sommer 1943 wurden allein in der Ukraine 365 holländische Bauern beschäftigt. Wegen der Partisanengefahr waren sie bewaffnet, nicht wenige kamen ums Leben.

Durch die Zusammenlegung mit ihren norwegischen und dänischen Einheiten wollte die SS einen größeren europäischen Freiwilligenverband der bevorzugten »germanischen Länder« schaffen. Die Division erhielt gegen den Einspruch von Mussert den Namen »Nordland«, obwohl die Holländer das größte Kontingent stellten, deren Zahl freilich nicht ausreichte, um damit eine komplette Division mit bis zu 20 000 Mann zu bilden. Während der Umbildung und der Zusammenlegung mit den rund 1500 holländischen Freiwilligen aus der Division »Wiking« war die Brigade in Kroatien stationiert, wo sie im Sommer 1943 zusammen mit den anderen Einheiten des III. (germanischen) SS-Panzerkorps gegen die Tito-Partisanen eingesetzt wurde. Am Jahresende wurde die Brigade mit zwei Regimentern (niederländisches Nr. 1 »General Seyffardt« und Nr. 2 »De Ruyter«) wieder an die Leningrader Front geschickt.

Dort geriet sie erneut in den Brennpunkt schwerster Kämpfe im Raum Oranienbaum, wo die Rote Armee im Februar 1944 eine neue Offensive startete, um die Belagerung von Leningrad endgültig zu beenden. Nach dem Einbruch bei einer benachbarten deutschen Luftwaffenfelddivision musste sich die niederländische Brigade zum Westufer der Narwa zurückkämpfen, um einer Einkesselung zu entgehen. Als Teil der neugeschaffenen Armeegruppe Narwa hatte sie zusammen mit vier deutschen Infanteriedivisionen und der estnischen 20. SS-Freiwilligen-Panzer-Grenadier-Division im Frühjahr 1944 die wichtige Stellung gegen heftige sowjetische Frontalangriffe zu verteidigen. Sie erlitt dabei schwere Verluste. Von Januar bis April 1944 verlor sie 87 Offiziere, 502 Unteroffiziere und 3139 Mannschaften.

Der Zusammenbruch der Heeresgruppe Mitte im Sommer 1944 brachte auch die Niederländer in der »Festung« Narwa in eine schwierige Lage. Trotz hoher Verluste und ohne Nachschub oder Verstärkung hielten die Niederländer ihre Stellungen. Die Brigade wurde für ihren Einsatz mehrfach gelobt. Ende Juli 1944 sollte sie sich mit der Heeresgruppe Nord auf die Tannenbergstellung zurückziehen. Dabei ereignete sich eine Katastrophe infolge von Führungsfehlern. Das

Regiment »General Seyffardt« verfehlte die vorbereitete Rückzugsstraße, wurde von der sowjetischen Luftwaffe entdeckt und durch pausenlose Attacken in den Wäldern außerhalb von Narwa vollständig zerschlagen. Nur wenige Überlebende erreichten den Rest der Brigade.

Die politische Moral der Niederländer war ungebrochen, ihre Kampfkraft durch den Mangel an Munition und Kraftstoff aber geschmälert. Nach einer relativ ruhigen Phase wurde die Brigade durch ein wallonisches Bataillon verstärkt und sollte den strategisch wichtigen Ort Pernau gegen sowjetische Angriffe verteidigen. Wegen des sowjetischen Durchbruchs an der Ostsee bei Riga geriet aber die Front erneut in Gefahr. Der Rückzug nach Kurland war unvermeidbar, wo sich

SS-Angehörige der 23. Division »Nederland«.

die Brigade nach großen Verlusten Mitte Oktober 1944 abermals eingraben musste. Im Zuge der ersten Kurland-Schlacht verteidigte sie erfolgreich die wichtige Hafenstadt Libau. Die Niederländer hatten sich im Hinterland heftiger Partisanenangriffe zu erwehren, wobei sie bei Vergeltungsmaßnahmen nicht davor zurückschreckten, Zivilisten zu erschießen.

Bei der zweiten Kurland-Schlacht Ende Oktober wurde nur ein Bataillon des Regiments »De Ruyter« von den Frontalangriffen der Roten Armee schwer angeschlagen. In der Krimhildestellung konnten sich die Freiwilligen gut behaupten. Mit der dritten Kurland-Schlacht ab dem 21. Dezember 1944 wurde auch Libau zu einem Hauptangriffspunkt. Dort konnten die Niederländer alle sowjetischen Angriffe abschlagen.

In ihrer Heimat war der Süden des Landes bereits von den Alliierten befreit. Wegen der umfangreichen deutschen Verteidigungsmaßnahmen, zu denen auch die Überflutung großer Gebiete gehörte, und als Konsequenz einer rücksichtslosen Besatzungspolitik starben im Hungerwinter 1944/45 in den nördlichen Niederlanden rund 20 000 Menschen.[5]

Ende Januar 1945 sollte das III. (germanische) SS-Panzerkorps mit der niederländischen Brigade die bedrohte Weichselfront verstärken. Als die Brigade Anfang Februar in Swinemünde ausgeladen wurde, war die Front bereits durchbrochen. Die Holländer wurden nun in den Status einer Division erhoben (23. SS-Freiwilligen-Panzer-Grenadier-Division), obwohl sie zahlenmäßig diesen Rahmen gar nicht auffüllen konnten. Zu den rund 6000 Mann gehörte auch eine größere Zahl von rumäniendeutschen Rekruten.

Zusammen mit den SS-Divisionen »Wallonien«, »Langemarck« und »Nordland« bildeten sie Himmlers Elite bei der Verteidigung Pommerns, für die der »Reichsführer SS« persönlich die Verantwortung übernommen hatte. Doch die Verteidigung scheiterte im März 1945 an den heftigen sowjetischen Angriffen und dem Mangel an Treibstoff. Die Division »Nederland« wurde aufgespalten. Bei Parchim geriet das Regiment »De Ruyter« in amerikanische Gefangenschaft, während das Regiment »General Seyffardt« weiter südlich bei Hammerstein von der Roten Armee zerschlagen wurde. Die Gefangenen wurden erschossen.

Im Verlauf des Zweiten Weltkriegs dienten rund 40000 Niederländer in der Waffen-SS und bildeten dort zahlenmäßig das größte nichtdeutsche Kontingent. (Nach neueren niederländischen Forschungen soll es sich lediglich um 25000 Mann gehandelt haben.) Diese stattliche Zahl wurde trotz der widerstrebenden Haltung von Mussert und eines sich versteifenden Widerstands der Bevölkerungsmehrheit erreicht. Dennoch handelte es sich um eine Minderheit, deren Kollaboration nach dem Ende des Kriegs hart bestraft wurde. In soldatischer Hinsicht unterschieden sich die niederländischen Freiwilligen an der Ostfront nicht von ihren deutschen Verbündeten. Ihr militärischer Beitrag in der Größenordnung einer Brigade und durchschnittlich 3000 bis 6000 Mann war weniger bedeutsam als der politisch-propagandistische Nutzen, den Hitler aus ihrem Einsatz zu ziehen vermochte.

Dänemark

■ Der nördliche Nachbar des Deutschen Reiches hatte im Ersten Weltkrieg seine Neutralität bewahren können. Die landwirtschaftlichen Produkte des Landes waren auch in der Zwischenkriegszeit ein begehrtes Objekt der deutschen Handelspolitik. Dennoch war eine Besetzung ursprünglich nicht von Hitler geplant, sondern ergab sich aus dem unvorhergesehenen Verlauf der Auseinandersetzung mit den Westmächten. Der Einmarsch am 10. April 1940 resultierte primär aus militärisch-strategischen Gründen. Dänemark war ein Sprungbrett nach Norwegen und sicherte den wichtigen Ostsee-Ausgang. Offiziell kam es den Deutschen lediglich darauf an, die Neutralität des Landes zu sichern. Der Einmarsch der Wehrmachtverbände sollte sich daher möglichst reibungslos und ohne Widerstand vollziehen.

Im Falle Dänemarks gelang dieser Plan – im Gegensatz zu den Niederlanden und Norwegen setzte sich die Armee mit ihren 14 000 Mann nicht zur Wehr. König und Regierung blieben im Amt, die Deutschen beschränkten sich auf eine Aufsichtsverwaltung. Trotz aller Versprechungen stand die Einbeziehung Dänemarks in den »großdeutschen Raum« aber außer Frage, »als militärisch unentbehrliche Brücke zu der für Deutschland lebenswichtigen norwegischen Atlantikposition«.[1] Auch wenn keine förmliche Annexion des nördlichen Nachbarn vorgesehen war, blieb dem Land nur die enge Anlehnung an das »Dritte Reich« mit einem Satellitenstatus.

Die rund 3,8 Millionen Einwohner galten als »Blutsverwandte« und zogen daher das Interesse der SS auf sich. Bereits im Mai 1940 wurden erste Freiwilligen-Meldungen für die SS-Standarte »Nordland« angenommen. Es waren, neben Angehörigen der deutschen Minderheit in Süddänemark (sie stellten fast 25 Prozent der dänischen Freiwilligen), hauptsächlich Anhänger der Dänischen Nationalsozialistischen Arbeiterpartei (DNSAP) sowie ehemalige Legionäre, die sich zunächst zum Kampf auf finnischer Seite gegen die Rote Armee gemeldet hatten und nun in die Heimat zurückgekehrt waren.[2] Man hoffte auch auf entlassene Soldaten der dänischen Armee, obwohl die Anwerbung für fremde Kriegsdienste nach der Gesetzgebung des Landes eigentlich generell verboten war. Die Erwartungen der SS wurden enttäuscht, denn das dänische Kontingent erreichte bis zum Sommer 1941 nur einen Bestand von 216 Mann. Etwa die Hälfte der dänischen Freiwilligen hatte nicht den deutschen Musterungskriterien entsprochen. Im Rahmen der SS-Division »Wiking« beteiligten sie sich am Vormarsch in der Ukraine und wurden im Dezember 1941 aus Rostow wieder zurückgedrängt. Sie nahmen am Sommerfeldzug 1942 bis weit in den Kaukasus hinein teil, mussten im Dezember aber wieder den Rückzug antreten. Etwa 170 Dänen blieben nach der Aufstellung der Division »Nordland« in der »Wiking« und machten den Ostkrieg bis zur Kapitulation gegenüber US-Truppen in Österreich mit.

Bedeutsamer als die »Wiking«-Frei-
willigen waren die Angehörigen eines
neuen Freikorps, das nach Beginn des
Überfalls auf die UdSSR unter erheblichen Mühen des Auswärtigen Amtes
gebildet wurde. Die dänische Regierung hatte das Ansinnen des Oberkommandos der Wehrmacht zurückgewiesen, ein Regiment des dänischen
Heeres für die Ostfront zur Verfügung
zu stellen. Nun suchte man Freiwillige
zum Kampf gegen den Bolschewismus. Dass sich bereits einige gemeldet
hatten, die aber auf finnischer Seite in
den Krieg ziehen wollten, sahen die
Deutschen nicht gern und begrüßten
es, dass Helsinki diese Meldungen sogleich zurückgewiesen hatte.[3] Der Regierung in Kopenhagen wurde versprochen, das neue »Freikorps Danmark«
im Rahmen der Waffen-SS als geschlossene dänische Formation nur im Kampf
gegen die Sowjetunion einzusetzen.
Bei dem Eid auf Hitler, den die Freiwilligen abzulegen hatten, wurde deshalb
ausdrücklich der »Kampf gegen den
Bolschewismus« hervorgehoben.[4]

Vor einem Anwerbungsbüro für das
»Freikorps Danmark«.

Nachdem auch den Angehörigen des auf 2200 Mann reduzierten dänischen
Heeres der Eintritt erlaubt worden war, konnten Ende Juli 1941 etwa 600 Freiwillige zur Ausbildung nach Deutschland verlegt werden. Zu ihnen gehörte auch eine
Handvoll Piloten, die schließlich in Görings Luftwaffe übernommen worden
sind.[5] Dem Freikorps wurde im Namen von König Christian X. eine Fahne vom
dänischen Verteidigungsminister verliehen, womit der Verband gleichsam offiziellen Charakter erhielt. Nach Kriegsende wollte von staatlicher Seite natürlich
niemand diesen Akt so verstanden wissen.

Bis Jahresende vergrößerte sich die Einheit auf über 1000 Mann und ging im
Mai 1942 als verstärktes Infanteriebataillon der SS-Division »Totenkopf« beim
Oranienbaumer Kessel vor Leningrad in den Kampf. Geführt wurde es von Christian Frederik von Schalburg, einem ehemaligen Kapitän der königlichen Garde,
der bereits als Freiwilliger im finnischen Winterkrieg 1939/40 gekämpft hatte.[6]
Nachdem er am 2. Juni 1942 gefallen war, schuf man einen regelrechten Helden-
mythos um seine Person.

Christian Frederik von Schalburg mit Ehefrau.

Aus dem Tagesbefehl von SS-General Felix Steiner zum Tod von Schalburg:
»Erfüllt von der Größe der germanischen Gemeinschaftsidee trat er [...] in unsere
Reihen ein. [...] Er war das Vorbild des pflichtgetreuen, mutigen und begeisterten
Soldaten. Als Vorkämpfer der gemeinsamen germanischen Sache ging er an der Spitze
der germanischen Freiwilligen seines Landes. Er sei uns ein Vorbild eines helden-
mütigen, uneigennützigen, treuen, germanischen Mannes. [...] Christian von Schalburg wird für immer mit dem Schicksal unserer Division verbunden sein.«[7]

Nach schweren Verlusten im Kessel von Demjansk wurde die Einheit im August
herausgezogen und auf Urlaub nach Dänemark geschickt. Bei Propagandaaktio-
nen der DNSAP fanden sich kaum noch Freiwillige. Die relative Geschlossenheit
des dänischen Widerstandes machte alle Rekrutierungsbemühungen zunichte.

Auch die Werbung bei der deutschen Volksgruppe in Nordschleswig brachte
1942 nur rund 1000 Freiwillige für Wehrmacht und Waffen-SS. Diese wollten
sich jedoch nicht bei ihren dänischen Landsleuten im Freikorps eingliedern, sondern wurden nach Protesten der SS-»Totenkopf«-Division zugeteilt. Mitte Oktober schickte man das Freikorps mit einer Kampfstärke von 500 bis 650 Mann
wieder an die nordrussische Front.[8] Dort verteidigten die Dänen während des
Winters erfolgreich eine Linie von Stützpunkten bei Newel, bis sie im März 1943
wieder herausgezogen wurden. Auf dem Truppenübungsplatz Grafenwöhr bei
Nürnberg erhielten sie im Mai die überraschende Mitteilung, dass sich die Deutschen entschlossen hatten, das Freikorps aufzulösen.

Als bei der Wahl am 5. Mai 1943 die dänischen Nationalsozialisten lediglich 2,1 Prozent der Stimmen erhielten und sich der Widerstand im Land verstärkte, riefen die Deutschen den Ausnahmezustand aus. Es kam zu einer »Zweiten Okkupation«. Dabei wurden die dänischen Streitkräfte aufgelöst und die Soldaten verhaftet. Einigen gelang die Flucht ins Ausland, so dass schließlich rund 1000 Dänen in den britischen Streitkräften dienten. Unter den 10 000 verhafteten aktiven und ehemaligen dänischen Soldaten hoffte die SS rund 4000 als Freiwillige für die Ostfront gewinnen zu können. Als sich diese Erwartungen zerschlugen, wurden die Kriegsgefangenen bis auf 1300 im Dezember 1943 wieder entlassen.[9]

Aus dänischen Freiwilligen des aufgelösten Freikorps sowie aus der Division »Wiking« bildete man das 24. SS-Panzer-Grenadier-Regiment »Danmark« der neuen Division »Nordland«. Es wurde im Herbst 1943 im Rahmen des III. (germanischen) SS-Panzerkorps bei der Partisanenbekämpfung in Kroatien eingesetzt. Dort beteiligten sie sich am Niederbrennen von Dörfern und an Erschießungen. Man verlegte sie im Winter 1943/44 wieder nach Norden, jetzt an die Narwafront, wo sie sich im Stellungskrieg unter hohen Verlusten bewährten. Ihr Weg führte in den Kurland-Kessel, wo sie in heftigen Kämpfen Ende 1944 erneut schwere Verluste erlitten. Einzelne dänische Offiziere befehligten auch andere ausländische SS-Einheiten. Zu ihnen gehörte Johannes Hellmers, der als Obersturmführer eine niederländische Kompanie der Division »Nederland« führte.

Aus dem Vorschlag zur Verleihung des Ritterkreuzes an Johannes Hellmers am 8. Februar 1945:

»Am Morgen des 25. 1. griff der Russe aus dem davorliegenden Wald mit Panzern und 200 Mann an. Es gelang ihm, in das Grabenstück einzudringen und die Hälfte des Grabens aufzurollen. In dieser aussichtslos erscheinenden Lage entschloß sich SS-Ostuf. Hellmers, mit wenigen Männern zum Gegenstoß anzusetzen. Selbst mit der Mpi. an der Spitze, stürmte er vor und warf den Feind unter hohen blutigen Verlusten aus dem Graben.
Obwohl er selbst zweimal dabei verwundet wurde, blieb er in der HKL [Hauptkampflinie] und wehrte mit seinen Männern alle weiteren Versuche des Feindes, die HKL zu nehmen, im Feuer der Infanteriewaffen ab. Es ist seiner Entschlußfreudigkeit und hervorragenden persönlichen Tapferkeit zu danken, daß am 25. 1. die HKL im Raum Kaleti in vollem Umfang gehalten und dem Feind der Durchbruch über Kaleti verwehrt wurde. Sein Widerstand war von entscheidender Bedeutung für den gesamten Abschnitt zwischen Purmasati und Skuodas.«[10]

Ende Januar 1945 transportierte man die Reste – einzelne Kompanien bestanden nur noch aus zehn Mann – nach Pommern. Aufgefüllt mit deutschen Marinesoldaten, sollten sie Himmlers Gegenangriff auf die Rote Armee unterstützen. Die Operation »Sonnenwende« scheiterte bei Arnswalde. Das Regiment »Danmark« wurde dann im April nach Berlin beordert, um die Reichshauptstadt zu verteidi-

Dänische Freiwillige nach einem Gegenangriff, Frühjahr 1944.

gen. Trotz der aussichtslosen Lage lieferten viele Dänen einen fanatischen Kampf; manchen gelang in der Niederlage die Flucht zu den Briten, aber die meisten verloren ihr Leben.

Dänemark spielte in der Schlussphase des Krieges die Rolle eines deutschen Refugiums, in dem viele Flüchtlinge aus den Ostgebieten, die über die Ostsee ihr Leben gerettet hatten, Zuflucht fanden. Im Land waren 186 000 deutsche Soldaten unter fast friedensähnlichen Bedingungen stationiert. Die Wehrmachtführung konnte darauf vertrauen, dass die Briten die strategisch wichtige Position nicht in sowjetische Hände fallen lassen würden.

Mit der Teilkapitulation in Nordeuropa am 4. Mai 1945 schlug auch für Dänemark die Stunde der Befreiung. Die dänische Freiheitsbewegung übernahm die Macht und kontrollierte den Abzug der bewaffneten deutschen Verbände nach Süden. Verwundete und Kranke, »Hilfswillige« und Kriegsgefangene sowie Flüchtlinge durften vorläufig in Dänemark bleiben.

Insgesamt sollen sich 6015 Dänen freiwillig für den Dienst in der Wehrmacht und der Waffen-SS gemeldet haben. Ebenso viele waren in deutsche Konzentrationslager verschleppt worden. Hinzu kamen 2000 Angehörige der deutschen Volksgruppe Nordschleswigs. Rund die Hälfte der dänischen Ostfrontkämpfer (3890) ist gefallen, 400 gelten als vermisst. Obwohl man den Berufssoldaten die Rückkehr in die dänische Wehrmacht versprochen hatte, wurden sie nach Kriegsende bestraft. Nach 1945 wurden insgesamt 34 000 Kollaborateure verurteilt.

Norwegen

■ Wie Dänemark hatte Norwegen im Ersten Weltkrieg seine Neutralität bewahren können. Das Land mit der längsten Küstenlinie Europas und rund drei Millionen Einwohnern hoffte zu Beginn des Zweiten Weltkriegs, diesen Kurs durchhalten zu können, obwohl die Sympathien dieser stabilen demokratischen Gesellschaft mit ihrer Monarchie natürlich auf der Seite der Westmächte lagen. Die britischen Versuche, den kriegswichtigen Erztransport von Schweden über den norwegischen Hafen Narvik zu blockieren, zwangen die Wehrmacht im April 1940 zu einer kühnen See-Luft-Operation, die wegen des unerwarteten norwegischen Widerstandes und der Intervention der Westmächte fast in einem Desaster endete. Das dünnbesiedelte Land war kein ernsthafter militärischer Gegner und bot mit seiner geographischen Lage den Deutschen wichtige strategische Vorteile im Kampf gegen Großbritannien. Nach der Kapitulation der norwegischen Armee und der Abgabe der Waffen entließ man die Kriegsgefangenen »großzügig« nach Hause. Das wichtigste norwegische Potential, seine große Handelsflotte, hatte in westlichen Häfen Zuflucht gefunden und nutzte den Briten. König Haakon VII. und seine Regierung organisierten aus dem englischen Exil den Widerstand.

So übertrugen die Deutschen Vidkun Quisling, dem »Fører« der rechtsradikalen Splittergruppe »Nasjonal Samling«, die Regierungsgewalt. Er stand unter der Aufsicht des Essener Gauleiters Josef Terboven als »Reichskommissar für die besetzten norwegischen Gebiete«. Quisling wurde von der Bevölkerung als Verräter abgelehnt, ansonsten musste man sich mit der deutschen Besatzungstruppe arrangieren, die rund 300 000 Mann umfasste. Norwegen sollte nach Hitlers Willen als selbständiger Staat bestehen bleiben, auf jeden Fall aber Bestandteil des künftigen »Großgermanischen Reiches deutscher Nation« sein.[1]

Unter rassenideologischen Gesichtspunkten galten die Norweger als bevorzugte Nation, als »notorische« Demokraten aber als politisch unzuverlässig. Dennoch begann die SS auch hier gleich nach dem Einmarsch mit der Werbung für ihre Standarte »Nordland«. Die Ergebnisse waren nicht sonderlich eindrucksvoll. Bis Ende 1941 verpflichteten sich 1883 Freiwillige für den Dienst in der Waffen-SS.[2] Im August 1941 gehörten der SS-Division »Wiking« 294 Norweger an.

Bei den Vorbereitungen für das »Unternehmen Barbarossa« wurde das Nordkap zum Aufmarschgebiet für das deutsche Gebirgskorps Norwegen unter der Führung des Generals der Gebirgstruppe Eduard Dietl. Mit zwei verstärkten deutschen Gebirgsdivisionen und unterstellten finnischen Grenztruppen wollte man im Rahmen des »Unternehmens Platinfuchs« die strategisch wichtige Hafenstadt Murmansk erobern. Die deutschen Kräfte erwiesen sich aber als viel zu schwach, um die starken sowjetischen Verteidigungsstellungen zu überwinden. Es entwickelte sich ein dreijähriger Stellungskrieg, der vor allem von der ungünstigen Topographie und der Witterung geprägt wurde. Nordnorwegen wurde

Werbeplakat für die norwegische Legion.

darüber hinaus Basis für den Einsatz von Kriegsmarine und Luftwaffe gegen die britischen Geleitzüge nach Murmansk, mit denen die UdSSR wichtige Hilfslieferungen erhielt.

Die deutsche Besatzungstruppe in Norwegen hatte weniger Probleme mit dem einheimischen Widerstand als mit der Sicherung der Nachschubtransporte und dem Schutz der langen, unübersichtlichen Küstenlinie gegen feindliche Landungsversuche. Der notorische deutsche Kräftemangel an der Eismeerfront führte dazu, die Anwerbungen unter den Norwegern zu intensivieren. Sie wurden in der »Legion Norwegen« versammelt. Unter dem ersten Kommandeur Jø Bakke erlebte der Verband seine Ausbildung auf dem Truppenübungsplatz Fallingbostel und wurde im Januar 1942 im Lufttransport an die Leningrader Front geworfen. Die Legionäre hatten sich für sechs Monate verpflichten müssen und wurden später ausgetauscht. Sie galten bei den deutschen Soldaten als ruhige und besonnene Leute, reagierten auf Herrenmenschen-Arroganz aber empfindlich. Ein Freiwilliger berichtete: »Ich hatte einen guten Offizierskameraden, der sich über deutsche Großmäuligkeit so erschrak, daß er während der Durchreise in Schweden desertierte. 1944 wurden vier norwegische Offiziere zu Strafkompanien geschickt, weil sie eines abends auf Hitlerbilder zielten. Dieses Bilderschießen war eine Reaktion.«[3]

Nach der Auflösung auch der Legion »Norwegen« im Zuge der veränderten Politik Himmlers formierte man im Sommer 1943 das SS-Panzer-Grenadier-Regiment »Norge« als Teil der SS-Division »Nordland«. Mit der Aufstellung der 6. SS-Gebirgs-Division »Nord« im Winter 1943/44 meldeten sich Freiwillige für ein norwegisches Skijägerbataillon dieser Division und kämpften schließlich an der Kandalakschafront im Norden Finnlands. Bei den Kämpfen um die Kaprolat-Höhe wurde es nahezu bis zum letzten Mann vernichtet. Nur einige wenige kehrten zurück.

Ab Anfang 1941 hatte man begonnen, einzelne Gruppen von norwegischen Offizieren zu verhaften, und im Juli 1943 ordnete Hitler die Rückberufung aller Offiziere in die Kriegsgefangenschaft an.[4] Die Aktion war Teil einer Verschärfung der Besatzungspolitik. Im Frühjahr 1944 begann man mit dem Bau von Stellun-

Norwegischer Skijäger.

gen am Lyngenfjord, auf die sich die Wehrmacht unter dem Druck der Roten Armee im Oktober 1944 zurückzog. Die 20. Gebirgsarmee unter Generaloberst Lothar Rendulic ließ in Finnland und Nordnorwegen »verbrannte Erde« zurück. Neben der Zerstörung von Ortschaften und der Infrastruktur transportierte man rund 40 000 Norweger zwangsweise nach dem Süden.[5] Hier warteten sie bis zum Mai 1945 auf die Befreiung durch die Briten, die nach der deutschen Kapitulation kampflos das Land besetzten. Der Wehrmachtbefehlshaber Norwegen verfügte zuletzt noch über fast 400 000 Mann und 77 300 Kriegsgefangene. Erwartungen auf deutscher Seite, man könne von hier aus den Kampf fortsetzen, selbst wenn Berlin gefallen sei, ließen sich nicht realisieren. Es gelang aber, die Masse der Wehrmachtverbände aus Nordnorwegen nach Süden abzuziehen.

Nach der Kapitulation am 8. Mai 1945 holte der norwegische Widerstand 32 Landsleute, die gegen die Sowjetunion gekämpft hatten, unter Androhung von Waffengewalt aus dem deutschen Kriegslazarett in Oslo. Alle Kollaborateure hatten harte Strafen zu erwarten. Quisling wurde hingerichtet. Mehr als 14 000 erhielten Gefängnisstrafen, 25 Todesurteile wurden vollstreckt. Andere kamen glimpflich davon. Rund 15 000 Polen, die größtenteils in der Wehrmacht gedient hatten, konnten zumeist unbehelligt in die Heimat zurückkehren, knapp 4000 zogen es aus politischen Gründen vor, im Westen zu bleiben oder wurden als Volksdeutsche von den polnischen Behörden abgelehnt. Die rund 6000 Norweger, die gegen die Rote Armee gekämpft hatten, zuerst mit der finnischen Armee, dann mit den Deutschen, blieben eine verfemte, vergessene Minderheit, im Gegensatz zu jener größeren Zahl, die sich auf alliierter Seite gegen die nationalsozialistische Herrschaft engagiert hatten.

Handelte es sich bei Norwegen ebenso wie bei Dänemark, die Niederlande und Belgien um kleine konstitutionelle Monarchien, die als neutrale Staaten von der Wehrmacht 1940 überfallen worden waren und von der Besatzungsmacht 1941 gedrängt wurden, gegen die ferne UdSSR zu kämpfen, sahen sich die baltischen Republiken Estland, Lettland und Litauen in einer anderen Lage. Sie waren 1940 sowjetisches Besatzungsgebiet geworden, wurden 1941 von der Wehrmacht anscheinend befreit und hatten deshalb eigene Gründe, den bewaffneten Kampf gegen den Stalinismus aufzunehmen – so wie auch andere osteuropäische Völker und Teile der russischen Bevölkerung.

III. Die osteuropäischen Völker im Kampf gegen den Stalinismus

Hitlers Wehrmacht kämpfte ab dem 22. Juni 1941 zunächst in den westlichen Randgebieten des sowjetischen Vielvölkerstaates. Hier konnte sie aus vielen Gründen mit großer Unterstützung rechnen, auch mit der Bereitschaft, an deutscher Seite am Ostfeldzug teilzunehmen. In Ostmitteleuropa waren die Jahrhunderte der Zarenherrschaft in unterschiedlicher Ausprägung durchaus als Bedrückung empfunden worden. Kulturelle und sprachliche Eigenheiten hatten sich trotz starker Russifizierung erhalten. Im 19. Jahrhundert waren daraus Nationalbewegungen entstanden, die auf eine stärkere Autonomie bzw. die Selbständigkeit zielten. Der Panslawismus als ideologische Gegenbewegung Moskaus hatte in dieser Region schon deshalb keine starken Wurzeln schlagen können, weil der Gegensatz zwischen russisch-orthodoxer Reichskirche und dem Katholizismus der westlichen Grenzgebiete virulent blieb.

Vom Baltikum über Ostpolen bis zur Westukraine hatte sich zugleich ein starker deutscher Einfluss geltend gemacht. Im Baltikum ging er auf die Ordensritter und hansischen Kaufleute zurück, die sich auch unter der späteren russischen Herrschaft als Führungselite halten konnten. Die deutsche Ostkolonisation mit Bauern und Handwerkern hatte in Ostpolen und in der Westukraine ebenfalls Fuß fassen können. Als die deutsche Armee ab 1915 in diesen Raum vorrückte, fand sie eine Gemengelage nationaler Interessen vor, die sie zu ihren Gunsten auszunutzen verstand. Als Teil eines künftigen deutschen Imperiums förderte man die Nationalstaatsbildung in Ostmitteleuropa, so dass die deutsche Besatzungszeit bei den Menschen in durchweg guter Erinnerung blieb.

Die meist instabilen neuen Staaten in dieser Zwischenzone hatten 1919/20 die Bedrohung durch die russische Revolutionsarmee erfolgreich abwehren können, teils noch mit deutscher Unterstützung, teils mit Hilfe der westlichen Entente-Mächte. Sie wurden zu Frontstaaten des europäischen »Bürgerkrieges«. Die anhaltende »bolschewistische Gefahr« schien in den 30er Jahren durch die deutsche Wiederaufrüstung und Hitlers Parole vom »Bollwerk« gegen den Bolschewismus gebannt zu sein. Der scharfe ideologische Gegensatz zwischen beiden Großmächten schien verhindern zu können, dass die baltischen Staaten und Polen zwischen »Hammer und Amboss« geraten würden. Die Bevölkerung sympathisierte im Zweifelsfall aber stärker mit dem Deutschen Reich, trotz seiner immer aggressiveren Außenpolitik, mit der die Gefahr eines Krieges heraufbeschworen wurde.

Der Schock des Hitler-Stalin-Paktes veränderte das Koordinatensystem. Polen wurde zerrissen, und die Stalinisierung Ostpolens war zunächst brutaler als die deutsche Herrschaft im Westen des Landes. Sie bestätigte die tiefsitzenden Ängste in den baltischen Staaten, deren Unabhängigkeit nur für kurze Zeit geschont wurde. Dann wurden auch sie vom Stalinismus überrollt. Erst von Deutschland, dann von den Westmächten im Stich gelassen, waren die Völker im ersten Jahr der sowjetischen Okkupation von politischer Repression, sozialen Umwälzungen und der Deportation ihrer Führungselite betroffen. Der Abzug der Deutschbalten sowie der ostpolnischen und bessarabischen Volksdeutschen »heim ins Reich« zerstörte Nachbarschaften und Milieus ebenso wie die politischen »Säuberungen« durch die Kommunisten.

Als kurz darauf die Wehrmacht in die neu formierten Grenzprovinzen des Sowjetimperiums einfiel, wurde sie von der Mehrheit der Bevölkerung als Befreier begrüßt. Einheimische Soldaten und Offiziere waren bereit, die Fahne zu wechseln und sich wieder in jene gemeinsame Front mit den Deutschen einzureihen, mit der ihre Heimat 1919/20 gegen den Bolschewismus verteidigt worden war – im Glauben, dies würde erneut gelingen können. Patriotismus und Antikommunismus verbanden und trennten sie zugleich von den neuen Herren, die nur vordergründig an die Tradition des Ersten Weltkriegs anknüpften. Die nationalsozialistischen Kriegsziele richteten sich nicht auf die Wiederherstellung der Unabhängigkeit und Waffenbrüderschaft. Die ostmitteleuropäische Zwischenzone sollte vielmehr eine »Siedlungsbrücke« bei der »Germanisierung« des künftigen »Lebensraums im Osten« werden. Das bedeutete in letzter Konsequenz Unterdrückung, Ausbeutung und Vertreibung, was die betroffene Bevölkerung nicht oder erst spät realisierte.

Für die Dauer des Krieges hielten es die Nationalsozialisten für opportun, in ihrer Propaganda diese Ziele zu kaschieren und in unterschiedlichen Tonlagen das Lied vom »Kreuzzug gegen den Bolschewismus« anzustimmen. Angesichts der unübersichtlichen Strukturen des neuen Besatzungsregimes, teilweise gegensätzlicher Interessen von Wehrmacht, SS, Zivil- und Militärverwaltung sowie der Wirtschaft erlebten die Menschen einen scheinbaren Zickzackkurs der Deutschen.

Als diese 1942 den Kaukasus erreichten, reagierten sie auf die Kollaborationsbereitschaft der verschiedenen Völkerschaften positiver und nutzten sie für die Aufstellung bewaffneter Verbände. Bei moslemischen Gemeinschaften wirkte sich neben dem antirussischen und religiösen Impuls auch die Erfahrung stalinistischer Nationalitätenpolitik aus, die zur Zerstörung traditioneller Lebensformen geführt hatte. Das galt in gewisser Weise auch für die südrussischen Kosakengebiete.

Das größte Potential bildeten aber Millionen von Rotarmisten russischer Herkunft, die nicht zu überzeugten Kommunisten geworden waren, unter ihnen viele Offiziere, die mit Mühe die stalinistischen »Säuberungen« der späten 30er Jahre überlebt hatten. Der Aufruf des Diktators zum »Großen Vaterländischen Krieg« klang für sie anfangs hohl. Mit ihrem brutalen Besatzungsregime und dem Massensterben der sowjetischen Kriegsgefangenen demonstrierten die Deutschen aber – im Gegensatz zum Ersten Weltkrieg – ihre Verachtung des russischen Menschen, die von Hitler als »Untermenschen« und rechtlose Sklaven angesehen wurden. Selbst im Zeichen der Niederlage hielt der deutsche Diktator an dieser für das Reich kontraproduktiven Politik fest. Dabei stellten die Russen – neben den Verbündeten Hitlers – mit bis zu einer Million Mann die größte Hilfstruppe auf deutscher Seite.

Estland

■ Im Friedensdiktat von Brest-Litowsk setzte das deutsche Kaiserreich im März 1918 auch die Abtretung des Baltikums gegenüber Russland durch, von Lenin nur unter Zwang akzeptiert. Während des Ersten Weltkriegs hatte sich in Deutschland die Auffassung gefestigt, man solle die Möglichkeit nutzen, um durch die Bildung abhängiger Randstaaten das Russische Reich entscheidend zu schwächen. Neben den strategischen und wirtschaftlichen Interessen einer künftigen deutschen Groß- und Weltmacht sah man in der baltischen Region auch die Chance für eine deutsche Ostsiedlung. Sie konnte sich auf die baltendeutsche Minderheit stützen, die seit dem Spätmittelalter über einen großen kulturellen, wirtschaftlichen und politischen Einfluss verfügte und diesen auch im Zarenreich bewahren konnte.

Mit rund einer Million Einwohnern war Estland das kleinste baltische Territorium, obwohl nach seiner Ausdehnung größer als zum Beispiel Dänemark oder Belgien, aber extrem dünn besiedelt und ein vor allem von Landwirtschaft geprägter Raum, in dem (1920) 90 Prozent der Bevölkerung zu den Esten zählten, die mit den Finnen auf der gegenüberliegenden Ostseeküste verwandt sind. Neben dieser vorwiegend bäuerlichen Bevölkerung bildeten damals Russen (8,2 Prozent), Schweden (0,7 Prozent), Juden (0,4 Prozent) Minderheiten, unter denen die Deutschbalten (1,7 Prozent) im Kreise der Gutsbesitzer und im städtischen Bürgertum überrepräsentiert waren. Estnische Politiker hatten bereits am 24. Februar 1918 die Unabhängigkeit proklamiert, die unter dem deutschen Besatzungsregime jedoch nicht realisiert werden konnte.

Der deutsche Rückzug Ende 1918 zwang die provisorische Regierung Estlands zur Aufstellung eigener bewaffneter Verbände, um die Narwafront gegen die vorrückende Rote Armee zu halten. Doch Premierminister Konstantin Päts musste einsehen, dass die Bauern nicht bereit waren, für die Städter und ihre Nationalidee zu kämpfen. Zu Hilfe eilten antibolschewistische russische Verbände (»Weißgardisten«) sowie Freiwillige aus Dänemark, Schweden und rund 3500 Finnen. Mit dem Versprechen einer Landreform wurden dann auch die Bauern gewonnen, was aber mit den Interessen der deutschbaltischen Großgrundbesitzer kollidierte. Am wirksamsten erwies sich das Auftauchen eines britischen Geschwaders vor Reval, das die Rotarmisten veranlasste, Estland zu umgehen und nach Lettland zu marschieren. Estnische Truppen beteiligten sich an der Verteidigung Nordlettlands und lieferten sich im Juni 1919 sogar eine Schlacht mit der deutschbaltischen Landwehr. Moskau lenkte nach einigen Niederlagen schließlich ein und verzichtete 1920 »freiwillig und für alle Zeiten« auf Gebietsansprüche gegenüber Estland.

Die estnische Regierung verfolgte in den 20er Jahren einen strikt antibolschewistischen Kurs und im Innern eine liberale Nationalitätenpolitik, die eine weit-

Generalstabschef Halder (rechts) beim Abschreiten einer Kompanie des estnischen Schutzkorps am 30. Juni 1939.

gehende Autonomie im kulturellen Bereich sicherte. Das Parlament wurde durch eine Vielzahl von Parteien geschwächt. Nach Schweizer Vorbild fehlte das Amt eines Staatspräsidenten. Berlin bemühte sich in der Zwischenkriegszeit um eine Stärkung des Landes und setzte auf die Förderung des deutschbaltischen Einflusses.[1] In Reval vertraute man in den 30er Jahren auf die Neutralität und lehnte jeden Anschluss an eine der Großmachtgruppen ab. Die Besorgnisse der Esten speisten sich aus der wachsenden Bedrohung durch die stalinistische Außenpolitik, während sich die Letten vor Deutschland fürchteten und die Litauer vor Polen. Ein stärkeres Zusammengehen der baltischen Randstaaten scheiterte an der unterschiedlichen Interessenlage.

Innenpolitisch hatte Estland 1934 einen drohenden Staatsstreich der sogenannten Freiheitskrieger, einer stark anwachsenden faschistischen Bewegung, abwenden können. Konstantin Päts von der Landwirte-Partei, der Staatsgründer von 1918, setzte mit Hilfe des Militärs eine neue Präsidialverfassung durch. Damit fand Estland ab 1938 aus eigener Kraft zur Demokratie zurück. Angesichts der zugespitzten außenpolitischen Lage wurde der Besuch des deutschen Generalstabschefs Halder Ende Juni 1939 zu einem wichtigen Ereignis. In allen Gesprächen, so vermerkten die Deutschen, sei ein »starker Haß gegen Russland« hervorgetreten. Nur im Zusammengehen mit dem Reich sähen die Esten die Chance, ihre nationale Souveränität zu verteidigen. Angesichts der innenpolitischen

Bedeutung der Agarreform lehne man eine Einflussnahme Berlins auf die betroffenen Deutschbalten aber ab. Militärisch würden sich die Esten erbittert gegen einen sowjetischen Angriff wehren und sich wohl auch für beschränkte Zeit behaupten können.[2]

Wenige Tage später entschloss sich Hitler, Estland fallenzulassen und der angestrebten Übereinkunft mit Stalin zu opfern. Das ganze Ausmaß dieses Paktes blieb auch den Esten zunächst verborgen. Hitlers Aufruf am 6. Oktober 1939 – nach der Niederwerfung und Teilung Polens – an die Deutschbalten zur »Rückkehr ins Reich« wurde von der estnischen Presse noch mit wenig freundlichen Bemerkungen über die deutschen Mitbürger kommentiert. Zu diesem Zeitpunkt war die Rote Armee bereits mit 160 000 Mann sowie 600 Panzern und Flugzeugen an der estnischen Grenze aufmarschiert. Dagegen konnte das Land lediglich 15 000 Wehrpflichtige und 16 Panzer aufbieten. Moskau forderte ultimativ die Gewährung von Stützpunkten und den Abschluss eines Beistandspaktes.

Das völlig isolierte Estland gab nach und musste es hinnehmen, dass wenig später die sowjetische Luftwaffe Angriffe gegen Finnland auch von estnischem Boden aus flog. Lediglich einigen Freiwilligen gelang es, dem angegriffenen Brudervolk Hilfe zu leisten. 14 000 Deutsche verließen Estland. Im Frühjahr 1941 folgten noch einmal 7000 Personen, darunter zur Hälfte Esten, die sich nach Deutschland in Sicherheit brachten.

Unmittelbar nach dem deutschen Sieg über Frankreich trachtete Stalin danach, seine Beute fest an sich zu binden. Nach manipulierten Wahlen wurde Estland im August 1940 Sowjetrepublik und Teil des russischen Imperiums. Die Sowjetisierung des Landes erreichte am Vorabend des deutschen Überfalls ihren Höhepunkt. Bei Massendeportationen am 14. Juni 1941 wurden 11 000 »antisowjetische Elemente«, das heißt frühere Politiker, Offiziere, Geschäftsleute und Grundbesitzer, ins Innere der UdSSR verschleppt. Rund 1000 von ihnen ermordete man bei dem »Baltischen Katyn« in der Nähe der Stadt Norilsk. Außerdem wurden 30 000 Esten für die Rote Armee zwangsrekrutiert, nach Kriegsbeginn aber bald wieder entlassen und in Arbeitslager gesteckt. Als zwei Wochen nach Beginn des »Unternehmens Barbarossa« deutsche Truppen in Estland eindrangen, war daher die Bereitschaft der Bevölkerung, die Deutschen als Befreier zu begrüßen, verständlicherweise groß.

Nicht wenige estnische Soldaten waren bereits aus der Roten Armee desertiert oder zu den Deutschen übergelaufen. Im »Sommerkrieg« 1941 hatten Tausende Esten, die vor den Deportationen in die Wälder geflüchtet waren, einen Guerillakrieg gegen die Vernichtungsbataillone der Roten Armee geführt und so die Strategie der »verbrannten Erde« in ihrer Heimat sabotiert. Sie organisierten auf lokaler Ebene eigene Administrationen und halfen der Wehrmacht bei ihrem Vormarsch Richtung Leningrad. Unterstützung hatten sie von Freiwilligen erhalten, die von der deutschen Abwehr bereits im Mai 1941 unter estnischen Exilanten rekrutiert worden waren. Etwa 80 Mann wurden bei Beginn des Krieges nach

Estland geschleust. Sie hatten Kontakte zu den »Waldbrüdern« hergestellt und im Hinterland der sowjetischen Front Erkundungen vorgenommen.[3]

Der estnische Selbstschutz beteiligte sich zwar nach der Befreiung eifrig an der Verfolgung und Ermordung der Kommunisten – nach neuesten Erkenntnissen sind dabei insgesamt 8000 Menschen ums Leben gekommen –, doch im Gegensatz zu ähnlichen Gruppierungen in den anderen baltischen Staaten ließ er sich nicht zu Pogromen gegenüber den jüdischen Mitbürgern verleiten. Die Mehrzahl der estnischen Juden war ohnehin von den sowjetischen Deportationen betroffen gewesen, damit vor deutscher Verfolgung sicher, doch zugleich dem stalinistischem Terror ausgeliefert. Für die verbliebenen Juden setzten sich viele Esten in Bittbriefen bei den Deutschen ein. Dennoch wurden rund 1000 bis Ende 1941 ermordet, so dass aus Himmlers Sicht das Land als eines der ersten »judenfrei« war. Dafür wurden im Verlauf des Krieges Zigtausende von Juden aus Osteuropa in die estnischen Lager verschleppt und knapp 10000 dort ermordet. Viele Esten arbeiteten in den Dienststellen der deutschen Sicherheitspolizei in Estland und spielten bei der »Gegnerbekämpfung« eine wichtige Rolle.[4]

Der letzte Ministerpräsident des Landes, Jüri Uluots, hatte sich am 29. Juli 1941 an den Oberbefehlshaber der deutschen Heeresgruppe Nord, Wilhelm Ritter von Leeb, mit einem Memorandum gewandt, in dem er eine eigenständige Rolle Estlands im Zusammengehen mit dem Reich forderte. Eine estnische Armee sollte sich der Wehrmacht anschließen, um die »kommunistische Gefahr« zu bekämpfen und die zunächst deportierten, dann zwangsrekrutierten Mitbürger aus dem Innern der UdSSR zu befreien. Im August wurde das Freiwilligenbataillon »Erna II« gebildet, das sich an der Befreiung der estnischen Inseln beteiligte. Bis zum September 1941 meldeten sich 5000 Männer, die in sechs estnischen Sicherungsabteilungen im Rahmen der 18. Armee organisiert wurden und hauptsächlich im Hinterland der Heeresgruppe Nord Verwendung fanden, wo man dankbar war für die willige Unterstützung der Esten.[5]

Doch an die Wiedergewinnung der Unabhängigkeit war nicht zu denken. Da die Esten nach den Maßstäben der SS mehrheitlich als »eindeutschungsfähig« galten und mit zu den »rassisch besten Elementen« zählten, war der Anschluss an das Deutsche Reich längst beschlossene Sache. Estland unterstand zunächst der Militärverwaltung durch die Wehrmacht. Der Chef des rückwärtigen Heeresgebiets, General Franz von Roques, ernannte Hjalmar Mäe im September 1941 zum »Ersten Landesdirektor«, der Ministerpräsident Uluots ersetzte. Mäe, ein ehemaliger Putschist der »Freiheitskrieger«, der nach Abbüßung seiner Freiheitsstrafe Zuflucht in Deutschland gefunden hatte, war im Land äußerst unpopulär und galt als Erfüllungsgehilfe der Deutschen.

Das Berliner »Reichsministerium für die besetzten Ostgebiete« übernahm Ende 1941 den »Generalbezirk Estland« als Teil des Reichskommissariats Ostland. SA-Obergruppenführer Karl Litzmann pflegte als »Generalkommissar« gegenüber der estnischen Selbstverwaltung ein gedeihliches Verhältnis. Die Esten nah-

Der deutsche Machtbereich im Baltikum 1941

STOCKHOLM

FINNISCHER MEERBUSEN

Reval

Narwa

ESTLAND

Pernau

RIGAER BUCHT

OSTSEE

LETTLAND

Riga

REICHSKOMMISSARIAT

Libau

LITAUEN

Memel

Kaunas

Königsberg

Wilna

OSTLAND

Danzig

WEISSRUTHENIEN

Minsk

Thorn

Białystok

WARSCHAU

Brest-Litowsk

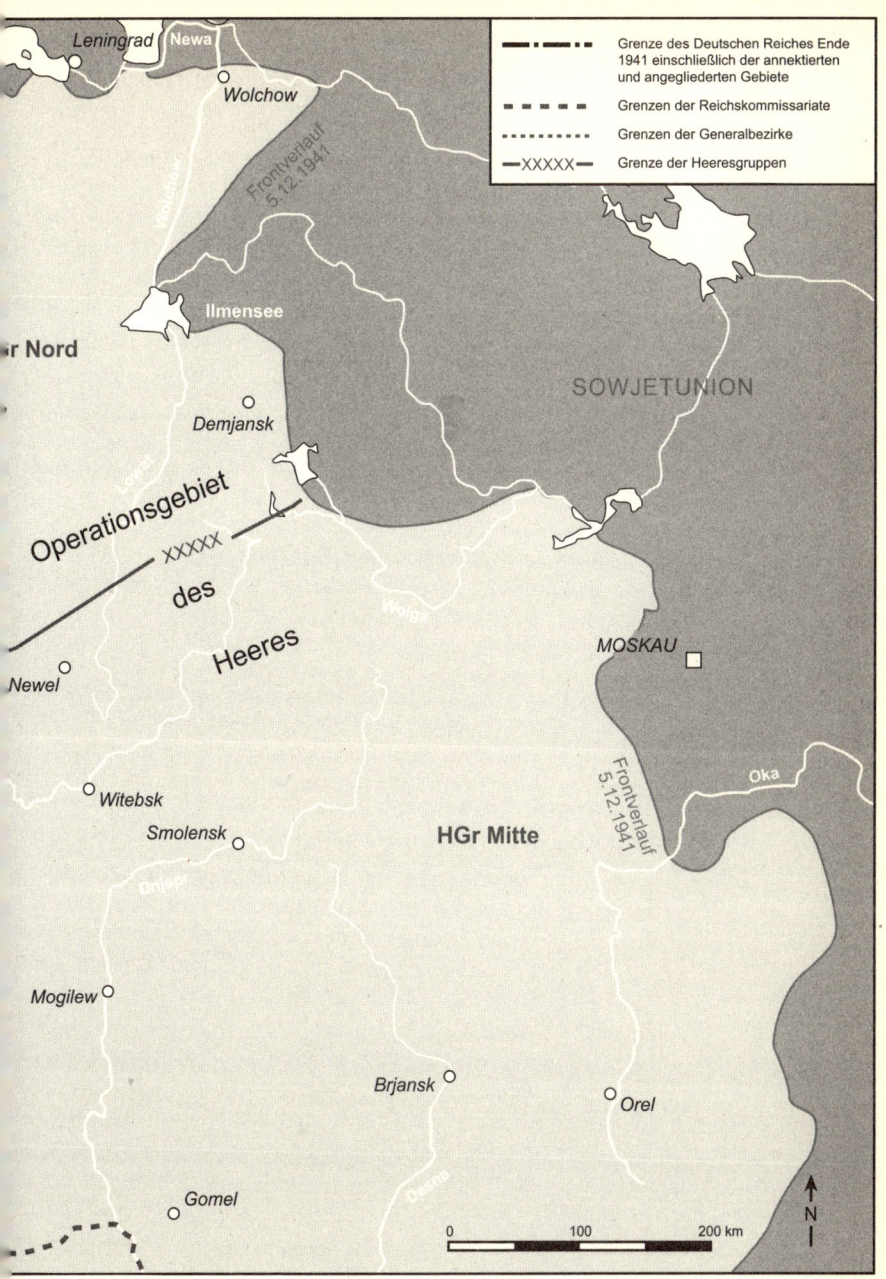

Legende:

- Grenze des Deutschen Reiches Ende 1941 einschließlich der annektierten und angegliederten Gebiete
- Grenzen der Reichskommissariate
- Grenzen der Generalbezirke
- XXXXX Grenze der Heeresgruppen

Leningrad
Newa
Wolchow
Frontverlauf 5.12.1941
Ilmensee
SOWJETUNION
r Nord
Demjansk
Lovat
Operationsgebiet
XXXXX
des
Wolga
MOSKAU
Heeres
Newel
Frontverlauf 5.12.1941
Oka
Witebsk
Smolensk
HGr Mitte
Dnjepr
Mogilew
Brjansk
Orel
Gomel
Desna
0   100   200 km
N

men eine abwartende Haltung ein, widerwillig loyal, ohne sich dem National-sozialismus ideologisch weiter zu öffnen.[6] Der deutsche Sicherheitsdienst beklagte weitverbreitete anglophile Strömungen in der Bevölkerung, die vor allem eine mögliche Rückkehr der deutschbaltischen Großgrundbesitzer befürchtete. Dass die Deutschen die ehemals sowjetischen Kolchosen nicht restlos auflösten und das Land an die estnischen Bauern zurückgaben, beförderte solche Ängste. Dennoch entwickelte sich vor allem in Frontnähe ein enges Zusammenleben der estnischen Bevölkerung mit den deutschen Soldaten. Gesuche, einheimische Mädchen zu hei-raten, konnte man schwerlich zurückweisen, wenn die Braut des Soldaten womög-lich die Schwester eines estnischen Freiwilligen in der deutschen Division war. Gewisse rassische Bedenken mancher deutschen Behörden mussten hier hinter der politischen Rücksichtnahme auf die Empfindungen der einheimischen Bevölke-rung zurückstehen.

Die sechs estnischen Sicherungsabteilungen der 18. Armee bewährten sich, zu-sammengefasst zu drei Ost-Bataillonen (estnisch), auch in der Frontlinie während der schweren Kämpfe am Wolchow.

Aus dem Tagesbefehl von General Lindemann, Oberbefehlshaber der 18. Armee, vom 4. Juli 1942:

»Estnische Freiwilligenverbände! Ihr könnt stolz sein, an diesem Sieg mitgewirkt zu haben. Bei den Kämpfen, die Ihr zu bestehen hattet, habt Ihr eine beispielhafte Opferbereitschaft und Tapferkeit bewiesen. Ihr habt Eurem Erzfeind, der wiederum, wie schon so oft in der Geschichte, Eure Heimat rauben und ausplündern wollte, die schwersten Verluste beigebracht.«[7]

Im Sommer 1942 bereiteten sich die Deutschen auf einen neuen Angriff auf Lenin-grad vor, bei dem man sich von der Bildung einer estnischen Legion im Rahmen der Waffen-SS eine nützliche Verstärkung versprach. Hitler erlaubte deren Auf-stellung, was Generalkommissar Litzmann am 28. August 1942, dem ersten Jah-restag des deutschen Einmarsches in Reval, öffentlich mitteilte. Als motorisiertes Infanterieregiment gegliedert, wurde die SS-Legion im Mai 1943 zur Brigade um-gebildet und kam Ende 1943 im Raum Newel zum Einsatz, anfangs gegen Par-tisanen im Hinterland der Heeresgruppe Nord, dann zur Abwehr eines sowje-tischen Durchbruchs. Hier kämpften die Männer immerhin im Vorfeld ihres Landes.

Seit Feldzugsbeginn dienten bereits 33 Esten in der SS-Division »Wiking«. Doch die Bereitschaft, auch außerhalb der Heimat zu kämpfen, war gering. So musste man Angehörige der estnischen Sicherheitspolizei und der Schutzmann-schaftsbataillone (Schuma-Bataillone) abkommandieren. Aus diesen »Freiwilli-gen« formierte die »Wiking« das selbständige Bataillon »Narwa« und transpor-tierte es in die Ukraine, wo die Einheit insbesondere bei den Kämpfen um den Kessel von Tscherkassy schwere Verluste erlitt.

Die Esten-Division wird auf dem Truppenübungsplatz Heidelager bei Debica aufgestellt.

Auszug aus dem Bericht der Veteranen des estnischen SS-Panzer-Grenadier-Bataillons »Narwa« über den Ausbruch aus dem Kessel von Tscherkassy am 16./17. Februar 1944:

»Hauptsturmführer Puusepp sammelte alle NARWA-Männer um sich. Aus den kampf-fähigen Männern stellte er zwei Kompanien zusammen, beide gut 100 Mann stark. Aus anderen noch einigermaßen gehfähigen Männern eine weitere Kompanie, die er direkt hinter den vorangehenden Kompanien nachführte. Aus dem Lazarett und dem Verbandsplatz waren noch alle gehfähigen NARWA-Männer zum Bataillon zurückge-kehrt. Alles Hinderliche wurde zurückgelassen; nur Handfeuerwaffen, Munition und die noch vorhandenen Handgranaten wurden mitgenommen. Die Männer waren sich der Schwere der Aufgabe voll bewußt, jedoch auch froh darüber, daß sie jetzt etwas Entscheidendes tun konnten. Von diesen Männern stammt auch der Spruch: ›Tod hier oder nach Sibirien‹. [...] Kurz danach strömten von rechts erst Hunderte, dann Tausende Männer sowie Panjewagen und Fuhrwerke in eine Senke. Im Nu wurde die Kampfgruppe auseinandergerissen. Die Verbindung mit dem Nebenmann ging ver-loren. In diesem Wirrwarr war jegliche Befehlsgebung unmöglich. Dazu feuerten die Russen vom Hügel erneut heftig in die Menschenmassen. Die Männer von NARWA wandten sich nach links, um Deckung vor dem massiven Feindfeuer zu finden. Dann versuchten sie in der großen Masse wieder die westliche Richtung einzuschlagen. Es wurde nun langsam hell, und da erschienen auf der Bühne russische Panzer, die wahllos in die Menschenmenge feuerten und einfach über sie hinwegfuhren! [...] Keiner traute sich mehr, die Talsenke zu verlassen. [...] Nach kurzer Instruktion standen etwa 60 NARWA-Männer zum Angriff bereit. Auf ein Zeichen von Türk erhoben sich die Männer gleichzeitig und rannten mit lautem Hurra in Richtung Maschinengewehrstellung.«[8]

Angesichts des gescheiterten Angriffs an der Leningrader Front und der sowjetischen Erfolge im Winter 1942/43 forderte die Heeresgruppe Nord die umfassende Mobilisierung Estlands.[9] Da man in Berlin noch immer nicht an weitergehende politische Zugeständnisse dachte, tarnte man die Zwangsrekrutierung als Einberufung zum Arbeitsdienst. Die Gemusterten konnten sich entscheiden, ob sie ihrer Dienstpflicht in der SS-Legion, in Hilfsverbänden der Wehrmacht oder als Arbeiter in kriegswichtigen Betrieben nachkommen wollten. Wer sich zur Legion meldete, erhielt das Versprechen der sofortigen Rückgabe seines Landbesitzes. Die Musterung war aus deutscher Sicht in Estland ein Erfolg. Rund 85 Prozent der einberufenen Jahrgänge 1919 bis 1924 erschienen bei den Ämtern, so dass der Legion weitere 5300 und der Wehrmacht 6800 Mann zugewiesen werden konnten.[10] Angesichts dieses Ergebnisses verzichtete man auf die zwangsweise Verschickung von Arbeitskräften nach Deutschland.

Die Erwartungen der estnischen Selbstverwaltung auf eine größere Autonomie wurden wieder einmal enttäuscht. Auch ein Streik an der Universität Tartu im Februar 1943 änderte nichts am deutschen Kurs, ebenso wenig wie die Forderung estnischer Offiziere nach dem Aufbau einer eigenen Armee. Noch war die Zahl derjenigen gering, die sich der Zwangsmusterung durch Flucht in die Wälder oder nach Finnland entzogen. Aber nicht wenige junge Männer wollten lieber in »ehrenvoller Uniform« gegen die Rote Armee bei den finnischen Brüdern kämpfen.[11] Im Sommer 1944 beteiligte sich ein estnisches Infanterieregiment an den Abwehrkämpfen in Karelien. Helsinki kam den deutschen Forderungen nach Rücksendung der »Flüchtlinge« nicht nach. Das Verhältnis zwischen Esten und Deutschen verschlechterte sich. Die estnische Bevölkerung fühlte sich wie in einem besetzten Land und als Partner nicht ernst genommen. Der bisherige militärische Einsatz werde von den Deutschen nicht honoriert, wie das Oberkommando der Heeresgruppe Nord die Stimmung im Land beschrieb.[12]

Bei der zweiten Musterung im Herbst 1943 erschienen nur noch 70 Prozent der Dienstpflichtigen des Jahrgangs 1925. Von den tauglichen jungen Männern wiederum meldeten sich 76 Prozent bei ihren Einheiten (3375 Mann).[13] Hitlers Anordnung, angesichts der sich zuspitzenden Lage an der Front zehn Jahrgänge einzuberufen, sollte der SS-Legion noch einmal 10 000 Mann zuführen, obwohl die Zivilverwaltung bei einer solchen Mobilisierung große Einbußen für die Rüstungsindustrie befürchtete. Die Musterungen brachten in Estland bis Ende Januar 1944 aber nur noch 900 Mann Verstärkungen. Himmler verlangte daraufhin die Einführung der Wehrpflicht für alle Offiziere und Unteroffiziere der ehemaligen estnischen Armee sowie die Erfassung aller Wehrpflichtungen zwischen 17 und 55 Jahren.

Angesichts des Vordringens der Roten Armee ging es aus der Sicht der Esten nun um die unmittelbare Landesverteidigung gegen eine Resowjetisierung. Die Tätigkeit sowjetischer Partisanen blieb auf geringe Sabotageakte beschränkt. Sie fand in der Bevölkerung keinen Rückhalt. Diese hoffte auf Unterstützung durch die Westalliierten, die 1940 die sowjetische Annexion nicht anerkannt hatten. Der ehemalige Ministerpräsident Uluots fand sich nach Absprache mit einigen Oppositionsgruppen im Februar 1944 bereit, den Aufruf zu einer Totalmobilmachung öffentlich zu unterstützen. Dadurch meldeten sich 30 000 Freiwillige, doppelt so viele, wie die Deutschen erwartet hatten.

Die estnischen Waffen-SS-Soldaten wurden nun in einem größeren nationalen Verband vereinigt und an der Narwafront im Rahmen des III. (germanischen) SS-Panzerkorps in verlustreichen Abwehrkämpfen eingesetzt. Es

Oberleutnant Harald Riipalu, Führer einer Kampfgruppe in der 20. estnischen Freiwilligendivision (estnische Nr. 1).

entstand bis zum August 1944 die 20. Waffen-Grenadier-Division der SS (estnische Nr. 1) mit einer Stärke von 13 500 Mann. Außerdem wurden aus der Generalmobilmachung Grenzschutzregimenter formiert. In deutschen Reihen kämpften 1944 insgesamt 60 000 Esten, auf sowjetischer Seite etwa 30 000.[14]

Mit der Gründung eines »Nationalkomitees der Estnischen Republik« Anfang März 1944 wurden weitere Schritte unternommen, um die Selbständigkeit des Landes zu sichern, obwohl der deutsche Sicherheitsdienst durch eine Verhaftungswelle die nationale Opposition zu schwächen suchte. Eine Regierung konnte erst wenige Tage vor dem Abzug der Wehrmacht installiert werden. Sie hatte keine Chance, die Unabhängigkeit Estlands durchzusetzen. Während die Hilfskräfte der Wehrmacht im Land untertauchten und den Kampf gegen die Rote Armee teilweise in den Wäldern fortsetzten, folgten die Freiwilligen der Waffen-SS, unwillig und unter Drohungen, dem deutschen Rückzug. Die 20. Waffen-Grenadier-Division wurde bei Rückzugsgefechten praktisch zerschlagen und in Schlesien Anfang

1945 neu formiert. Im April sammelten sich die Reste nach schweren Abwehr-kämpfen im Raum Goldberg. Nur wenige konnten sich nach der Kapitulation zu den Westalliierten durchschlagen.

Estland verlor als Folge des Zweiten Weltkriegs rund 25 Prozent seiner Bevöl-kerung und konnte seine Unabhängigkeit gegenüber den deutschen und sowjeti-schen Vormachtansprüchen nicht verteidigen. Das Land, etwa so groß wie Nie-dersachsen, stellte bei 1,2 Millionen Einwohnern mit 60 000 Mann den prozentual größten Anteil bei den ausländischen Freiwilligen für Hitlers Ostkrieg. In der Wehrmacht kämpften 5000 Esten, in der Waffen-SS rund 20 000, in den SS-Grenz-schutzregimentern 20 000, in Schuma- und Polizeibataillonen 9000 sowie im Selbstschutz und sonstigen Einheiten noch einmal mehrere tausend Mann – in erster Linie wohl zur Wiedererringung der estnischen Unabhängigkeit. Dabei sind auf deutscher Seite rund 15 000 Esten gefallen. Etwa die gleiche Zahl an Zivilis-ten fiel dem Partisanenkrieg zum Opfer. Weitere 30 000 Personen wurden 1944/45 von den Sowjets exekutiert oder deportiert. Schließlich wurden zwischen 1946 und 1953 noch einmal 80 000 Esten deportiert. Dafür wanderten 230 000 Russen, Weißrussen und Ukrainer nach Kriegsende ein.[15]

Estland konnte seine Unabhängigkeit erst nach dem Zusammenbruch des so-wjetischen Imperiums erringen. Das Land gehört heute zur Europäischen Union und zur NATO und ist jener Teil der ehemaligen UdSSR, der am meisten westlich orientiert und wirtschaftlich entwickelt ist. In der geschichtspolitischen Auseinan-dersetzung wird zwischen Kollaborateuren und »Freiheitskämpfern« kaum noch unterschieden. Dagegen richtet sich der Protest der russischen Minderheit, insbe-sondere der Veteranen der Roten Armee, die sich als Sieger und Patrioten wäh-nen. Ein 2002 in Pärnu errichtetes Denkmal für die Legionäre der Waffen-SS wurde nach dem Einspruch des Premierministers zunächst wieder abgebaut. Dann brachte man die Statue 2004 nach Lihula und ein Jahr später auf das Ge-lände des »Museums des estnischen Freiheitskampfes« in Lagedi bei Riga. Die russische Seite protestierte 2007 vergeblich gegen die Entfernung eines alten Denkmals für die Befreiung der Hauptstadt durch die Rote Armee im Oktober 1944.

Lettland

■ Die Entwicklung im größeren Lettland mit 1,9 Millionen Einwohnern (1935) entsprach im Wesentlichen der Estlands, wenn es auch einige gravierende Unterschiede gab. So war der Anteil der deutschbaltischen Bevölkerung (3,3 Prozent) erheblich höher, was vor allem auf das städtische Bürgertum, insbesondere in der Hauptstadt Riga, zurückzuführen ist. Hinzu kam ein höherer Grad an Industrialisierung und die Existenz einer Arbeiterschaft, die schon vor dem Ersten Weltkrieg stark von der bolschewistischen Bewegung beeinflusst war. Bei den Kommunalwahlen erhielten die Bolschewiki in den Städten bis zu 70 Prozent der Stimmen (in Estland nur um 35 Prozent).[1] Ab 1915 kämpften in den Reihen der Zarenarmee lettische Schützenregimenter in einer Gesamtstärke von 130 000 Mann. Sie spielten in ihrer antideutschen Ausrichtung für die Belebung des Nationalbewusstseins eine wichtige Rolle. Deutsche Truppen eroberten im September 1917 Riga und förderten die Loslösung vom Russischen Reich. Damit verband sich die Vorstellung einer Massenansiedlung deutscher Bauern. Die deutschbaltische Führungsschicht hoffte sogar auf einen unmittelbaren Anschluss an Preußen.

Am 18. November 1918 proklamierte aber ein Volksrat die Unabhängigkeit. Das erste Kabinett wurde von Kārlis Ulmanis geführt und von den bürgerlichen Parteien getragen. Der auf Riga zielende Vormarsch der Roten Armee vereinte die divergierenden deutschbaltischen und lettisch-nationalen Kräfte. Die lettische Landwehr verbündete sich mit der »Eisernen Brigade«, die aus Freiwilligen der abziehenden deutschen 8. Armee gebildet worden war. Ein deutschbaltischer Putschversuch scheiterte im April 1919 und führte zu einer folgenschweren Belastung im lettisch-deutschen Verhältnis. In Berlin trauerten die Militärs noch lange der Chance nach, über einen baltischen Brückenkopf die Entwicklung in der Sowjetunion beeinflussen zu können. Die strategischen Interessen mussten aufgrund der Bedingungen im Versailler Vertrag vorerst aufgegeben werden, aber zumindest der Wirtschaftsaustausch bot positive Aussichten, den deutschen Einfluss zu erhalten.

Die lettische Demokratie stand von Anfang an auf schwachen Füßen und konnte die parteipolitische Zersplitterung nicht überwinden. Mit der Agrarreform zugunsten der lettischen Kleinbauern wurden die deutschbaltischen Großgrundbesitzer in ihrem Einfluss entscheidend geschwächt. Lettland entwickelte in der Zwischenkriegszeit eine starke Land- und Holzwirtschaft. Dagegen konnte die frühere Großindustrie schon wegen des Verlusts des russischen Hinterlandes nicht wieder errichtet werden. Ebenso wie in Estland musste Ulmanis im Frühjahr 1934 mit Hilfe der Armee einen möglichen Putsch extrem nationalistischer Organisationen durch Ausrufen des Kriegszustandes abwehren. Im Gegensatz zum Nachbarland fand Lettland allerdings nicht den Weg zurück zu halbwegs demokratischen Verhältnissen. Ulmanis errichtete ein autoritäres Regime mit dem vom

Nationalsozialismus übernommenen Führerprinzip. Mit dem Idealbild einer »geeinten Nation« verbanden sich jedoch ausgeprägte antideutsche und antisemitische Tendenzen.

Nach Beginn des Zweiten Weltkrieges zwang die UdSSR auch Lettland, einen Beistandspakt abzuschließen und die Einrichtung von Stützpunkten zuzugestehen. Rund 51 000 Baltendeutsche wurden Anfang 1940 ins Reich »umgesiedelt«, ein Jahr später folgten noch einmal 10 000, darunter auch Letten, die auf diese Weise den stalinistischen Deportationen entgingen, insbesondere ehemalige Angehörige der lettischen Armee. Der Sowjetisierung Lettlands ab August 1940 fielen insgesamt 35 000 Menschen zum Opfer. Sie wurden ermordet oder verschleppt, rund die Hälfte von ihnen erst im Juni 1941.

Zur Vorbereitung des »Unternehmens Barbarossa« rekrutierte die deutsche Abwehr auch eine Gruppe von lettischen Exilanten, die Kontakte zu Partisanengruppen im sowjetischen Hinterland knüpfen und den Vormarsch der Wehrmacht unterstützen sollten. Riga war ein wichtiges strategisches Ziel, aber nur eine Etappe auf dem Weg nach Leningrad. Für die Eroberung der lettischen Hauptstadt setzte man daher auch auf einheimische Hilfe, wenngleich Hitler die Bildung von Regierungen und die Aufstellung von Truppen im Baltikum zunächst ablehnte. Die Heeresgruppe Nord durfte lediglich einen polizeilichen Selbstschutz in Lettland zulassen,[2] denn schließlich dachte man daran, die alten Siedlungspläne wieder aufzugreifen, wofür Lettland besonders geeignet zu sein schien.

Bei den Kämpfen um Riga Ende Juni 1941 rief der ehemalige Oberstleutnant Voldemars Veiss seine Landsleute dazu auf, den Kampf gegen den »inneren Feind« aufzunehmen. Viktor Arajs, ehemaliger Angehöriger der lettischen Polizei, ergriff daraufhin mit seinen Leuten die Initiative und besetzte die Polizeipräfektur. Die antikommunistisch, antirussisch und antisemitisch eingestellten Nationalisten entfesselten einen Mob, der erste Pogrome veranstaltete und neben den Juden auch kommunistische Parteigänger ermordete. Als Hilfspolizei in den Dienst der SS übernommen, spielten Tausende von jungen Letten eine wichtige Rolle bei der Durchführung des Holocaust. Davon waren insgesamt 60 000 lettische Juden betroffen. Riga wurde zu einem Zentrum der Judenvernichtung, obwohl die Wehrmacht im Interesse ihrer zahlreichen Dienststellen und Werkstätten an der Gettoisierung und an der Zwangsarbeit besonderes Interesse hatte. Die oft unkoordinierten Mordaktionen von SS und lettischer Polizei wurden aber weder von der Wehrmacht noch von der Zivilverwaltung des »Reichskommissariats Ostland«, die ihren Hauptsitz in Riga hatte, unterbunden.

Den »Generalbezirk« Lettland übernahm Dr. Otto Drechsler, Bürgermeister von Lübeck. »Ostminister« Rosenberg sorgte dafür, dass Riga einen deutschen Oberbürgermeister (Hugo Wittrock) erhielt. Für ihn war die lettische Hauptstadt eine »deutsche Stadt« und Stützpunkt einer künftigen Eindeutschung des Baltikums. Da die einheimische Intelligenz als deutschfeindlich galt, trachtete man danach, ihren Einfluss auf die Verwaltung einzudämmen. Zum Vorsitzenden der

Freiwillige des lettischen Selbstschutzes rücken zur Bildung eines Polizeibataillons ein, August 1941.

landeseigenen Verwaltung wurde Oskar Dankers ernannt, ein pensionierter General der lettischen Armee, der keiner der zerstrittenen Parteien angehörte.

Selbst die faschistischen »Donnerkreuzler« betrachtete man auf deutscher Seite mit Misstrauen. Das Angebot ihres Führers Gustav Celmiņš, aus Hilfspolizei-Einheiten und Schutzmannschaften eine militärische Legion zum Kampf gegen den Bolschewismus aufzustellen, wurde von Himmler im Herbst 1941 strikt abgelehnt, obwohl die Heeresgruppe Nord darauf drängte, die einheimischen Freiwilligen für den Kriegseinsatz zu gewinnen. Generalkommissar Drechsler sah es rückblickend 1943 als schweren politischen Fehler an, die Letten nicht früher in militärischen Verbänden organisiert zu haben.[3] Die lettischen Polizei- und Schutzmannschaftsbataillone der deutschen Ordnungspolizei wurden im Zuge der Partisanenbekämpfung aber durchaus auch jenseits der Landesgrenze eingesetzt.

Im Juni 1942 übernahm der Höhere SS- und Polizeiführer im »Ostland«, Friedrich Jeckeln, die Idee, die Freiwilligen in den Polizei- und Schuma-Einheiten, deren Verpflichtungszeit auslief, für eine militärische SS-Legion zu werben, auch wenn der mögliche Einsatz außerhalb der Landesgrenzen nicht populär war. Später dachte man daran, junge Letten, die ihre Arbeitsdienstpflicht abgeleistet hatten, in eine solche Legion zu stecken. Erst nach der Katastrophe von Stalingrad

Lettische SS-Freiwillige an der Ostfront.

genehmigte Hitler ihre Aufstellung. Dazu griff man zunächst auf vier Schuma-Bataillone zurück, die bereits im Rahmen der 2. SS-Brigade eingesetzt waren, und bezeichnete sie als »Legion«. Um eine ganze lettische Division zu erhalten, musste eine erhebliche Zahl von Freiwilligen geworben werden. Für die Mobilisierung ganzer Jahrgänge forderte Dankers die Wiederherstellung der lettischen Selbständigkeit, die Befehlsgewalt für einen lettischen Kommandeur, den Einsatz nur zur Landesverteidigung und die Unterstellung der Legion unter die Wehrmacht, was von Hitler entschieden abgelehnt wurde.[4]

Wie in Estland und Litauen gelangte man schließlich über die Zwangsmobilisierung für den Arbeitsdienst ans Ziel. Die Musterungsergebnisse waren in Lettland äußerst zufriedenstellend. Die lettische Legion erhielt etwa 17 900 Mann, zu anderen Formen des Waffendienstes meldeten sich 13 400 Mann. Ideologische Indoktrination und Loyalität der lettischen Einheiten hielten sich aber in engen Grenzen, da die deutsche Seite keine greifbaren politischen Zugeständnisse machen wollte. Die deutsche Sicherheitspolizei vermerkte im August 1943, dass die »deutschfeindliche« Propaganda im Land selbst die SS-Legion erfasst habe und täglich aggressiver werde.[5] Celmiņš, der Führer der »Donnerkreuzler«, wurde im März 1944 vom Sicherheitsdienst des Reichsführers SS (SD) verhaftet. Daraufhin

SS-Gruppenführer Rudolf Bangerski bei einem Interview, Juli 1944.

waren die enttäuschten Kollaborateure nicht mehr zur Zusammenarbeit mit den geschwächten Deutschen bereit.

Das waren keine guten Voraussetzungen, um Himmlers Forderung nach weiteren 20 000 Mann für die Legion erfüllen zu können. Die erneuten Musterungen übernahm diesmal die lettische Selbstverwaltung in der Hoffnung auf Erfüllung ihrer alten politischen Forderungen. Das Prinzip Hoffnung sprach auch aus der Rede, die General Dankers zum Unabhängigkeitstag des ehemaligen Freistaates Lettland am 18. November 1943 hielt. Von der rot-weiß-roten Fahne war die Rede, die »im Kampfe wiederum ihren Platz an der Sonne erkämpft« habe. Unter dieser Fahne würden die Legionäre zum Kampf gegen den Bolschewismus marschieren, »in festem Glauben an ein freies Lettland, in der Gemeinschaft der freien Völker«.[6] Die lettische SS-Legion unterstand nun in allgemeiner Hinsicht General Rudolf Bangerski als einheimischem Inspekteur und SS-Gruppenführer, freilich nicht als Kommandeur.

Zur Musterung erschienen immerhin noch 67,5 Prozent der aufgerufenen Jahrgänge, von denen 5167 sofort zum Wehrdienst einberufen wurden. Aufgefüllt mit neuen Freiwilligen, formierte man aus der bisherigen Legion die 15. Waffen-Grenadier-Division der SS (lettische Nr. 1). Sie wurde bei der Abwehrschlacht im Raum Newel eingesetzt, folgte dem Rückzug der Heeresgruppe Nord nach Lettland, musste nach schweren Verlusten neu aufgestellt werden und beteiligte sich ab Anfang 1945 an den Kämpfen in Westpreußen, Pommern und Mecklenburg. Teile der Division gingen in Berlin unter, der Rest geriet bei Kriegsende im Raum Schwerin in US-Gefangenschaft.

Auszug aus dem Wehrmachtbericht vom 11. März 1944:
»Im Norden der Ostfront griffen die Bolschewisten nordwestlich Newel, im Raum Ostrow, bei Pleskau und bei Narwa mit starken, von Panzern und Schlachtfliegern unterstützten Kräften an. Ihre Durchbruchsversuche scheiterten am hartnäckigen Widerstand der Truppen des Heeres und der Waffen-SS sowie lettischer und estnischer Freiwilligenverbände. Örtliche Einbrüche wurden in sofortigen Gegenstößen bereinigt oder abgeriegelt. Der Feind verlor 101 Panzer.«[7]

Schwerer war das Schicksal der 19. Waffen-Grenadier-Division der SS (lettische Nr. 2). Sie entstand Anfang 1944 aus drei lettischen Polizeibataillonen und neugemusterten Rekruten, die sogleich im Rahmen des VI. SS-Armeekorps in schweren Abwehrkämpfen am Wolchow eingesetzt wurden. Auch sie folgte den Rückzügen der Heeresgruppe Nord, geriet aber im Oktober 1944 in den Kurland-Kessel. Dort beteiligten sich die Letten an mehreren Abwehrschlachten und mussten am 8. Mai 1945 den Gang in die sowjetische Gefangenschaft antreten. Viele lettische Freiwillige, die nach Schweden geflohen waren, wurden von dort an die UdSSR ausgeliefert.

Insgesamt machte der lettische Militärbeitrag für Hitlers Ostkrieg rund 100 000 Mann aus, darunter auch ein Polizeiregiment mit ungefähr 3000 Mann sowie 14 000 Mann in den Schuma-Bataillonen, die man zu »Grenzschutzregimentern« zusammenfasste. Manche Freiwillige konnten nur notdürftig mit tschechischen Stahlhelmen, polnischen Mänteln und alter lettischer Ausrüstung ausgestattet werden. In dem Chaos der zusammenbrechenden deutschen Herrschaft im Baltikum wurde Riga am 13. Oktober 1944 von der Roten Armee besetzt, in deren Reihen 20 000 Letten kämpften.

Insgesamt fielen auf deutscher Seite rund 40 000 Letten. 70 000 wurden bei Kriegsende von sowjetischer Seite exekutiert oder deportiert. Bis 1953 wurden noch einmal 100 000 Letten deportiert. Dafür wanderten in der Nachkriegszeit 535 000 Weißrussen, Russen und Ukrainer in das Land ein, wo sie heute zusammen mehr als 40 Prozent der Bevölkerung stellen. Entsprechend schwierig gestaltet sich die Auseinandersetzung um die Vergangenheit im Zweiten Weltkrieg.

Litauen

■ Der größte baltische Staat mit zwei Millionen Einwohnern grenzte unmittelbar an das Deutsche Reich. Daher wurde Litauen in beiden Weltkriegen jeweils zu Beginn und am Ende des Krieges zum Schlachtfeld zwischen Deutschen und Russen. Ab 1915 von der deutschen Armee besetzt und regiert, blieb den Litauern zunächst nur eine sehr begrenzte Mitwirkung im sozialen Bereich. Gegen die Zwangsrekrutierung von Arbeitsbataillonen erhob sich Widerstand. 1917 gründeten Vertreter aller Parteien in Wilna einen Landesrat unter der Führung von Antanas Smetona und forderten die Bildung eines unabhängigen demokratischen Staates. Die große polnische Minderheit verweigerte aber die Mitarbeit. Sie strebte die Wiederherstellung der historischen polnisch-litauischen Union an. Weißrussen und Juden – diese bildeten mit 7,6 Prozent die größte Minderheit – schlossen sich später der Nationalbewegung an. Im Sommer 1918 wurde sogar über die Einsetzung eines litauischen Königs deutscher Abstammung verhandelt. Mit dem Waffenstillstand in Compiègne endete die politische Einflussnahme Deutschlands. Litauen wurde zu einer westlich geprägten Demokratie unter dem Ministerpräsidenten Augustinas Voldemaras.

Als im Januar 1919 die Rote Armee Litauen erreichte, konnte die neu aufgestellte Armee des Landes mit Hilfe von Kriegsmaterial, das die abziehenden Deutschen zurückgelassen hatten, die Russen abwehren. Dafür eskalierte der Konflikt mit Polen, was zu einer völligen Entfremdung beider Länder führte. Aufgrund des stark agrarischen Charakters Litauens und seiner katholischen Prägung dominierten – anders als in Estland und Lettland – die Konservativen eindeutig die Politik. Die Agrarreform fiel gemäßigt aus und traf einen Großgrundbesitz, der mehrheitlich in russischen und polnischen Händen lag. Diese Abhängigkeit von der Agrarwirtschaft führte in Litauen bereits 1926 zur Entwicklung einer autoritären Regierungsform, die sich hauptsächlich auf die Armee stützte. Staatspräsident Smetona übte bald eine diktatorische Gewalt aus, die sich an faschistischen Vorbildern orientierte. Der Kampfverband »Eiserner Wolf« war der italienischen Miliz nachgebildet. Putschversuche und Bauernunruhen prägten das Bild Litauens in den 30er Jahren.

Außenpolitisch blieb das Land isoliert, weil die umstrittene Grenze zu Polen nicht völkerrechtlich geklärt werden konnte. Es herrschte ein latenter Kriegszustand zwischen beiden Ländern. Polen beanspruchte das Gebiet um Wilna aus ethnographischen und kulturellen Gründen, Litauen aus historischen und politischen Gründen. Den Anschluss an Polen hatte Litauen nicht anerkannt. Die sogenannte Wilna-Frage wurde erst 1939 gelöst, nachdem Ostpolen von der UdSSR unterworfen und Litauen von Moskau das Gebiet zugesprochen erhielt, um den Preis erheblicher Einschränkungen der litauischen Unabhängigkeit. Angespannt war – trotz guter Wirtschaftsbeziehungen – auch das Verhältnis zu Deutschland, weil nach dem Versailler Vertrag das deutsche Memelgebiet zunächst von den Franzosen verwaltet, dann aber 1923 von litauischen Freischärlern besetzt worden war. Nachdem das »Dritte Reich« Österreich und das Sudetenland besetzt hatte, sah man sich in Wilna unter derartig starkem Druck, dass man am 22. März 1939 das Memelgebiet an Deutschland abtrat. Litauen hätte unter anderen Umständen für Hitler durchaus ein Verbündeter sein können, als er den Überfall auf Polen plante. Doch für seinen Pakt mit Stalin opferte er bedenkenlos das nordöstliche Nachbarland.

Litauen schloss unter sowjetischem Druck als letzter baltischer Staat am 11. Oktober 1939 einen Beistandspakt mit Moskau und musste die Stationierung sowjetischer Truppen hinnehmen. Das Ende der Unabhängigkeit kam mit dem Einmarsch der Roten Armee am 16. Juni 1940, unmittelbar im Anschluss an manipulierte Wahlen. Einer ersten »Säuberungswelle«, die 14 000 »antisowjetische Kräfte« betraf, fielen auch 400 litauische Offiziere zum Opfer. Die Friedensstärke des litauischen Heeres betrug etwa 28 000 Mann. Im Juni 1941 deportierte man 21 000 Angehörige der ehemaligen Elite nach Sibirien. Die Litauendeutschen, als kleine Landwirte soziologisch von den baltendeutschen Großgrundbesitzern unterschieden, wurden aufgrund spezieller deutsch-sowjetischer Vereinbarungen erst im März 1941 ins Reich »umgesiedelt«. Gleichzeitig wurden mit Moskauer Zustimmung die Litauer aus dem von Deutschland beherrschten Memel- und Suwalkigebiet ins litauische Kerngebiet verfrachtet.

Zu diesem Zeitpunkt bereitete sich auch die deutsche militärische Abwehr schon auf den Angriff auf die UdSSR vor. Sie setzte auf die Zusammenarbeit mit Oberst Kazys Škirpa, der als ehemaliger litauischer Gesandter in Berlin die Litauische Aktivistenfront (LAF) mit mehr als 36 000 Untergrundkämpfern organisiert hatte. Škirpa verlangte vergeblich die Wiederherstellung der litauischen Souveränität. Zusammen mit 200 Exillitauern, die in der Abwehr tätig waren, eröffnete die LAF sofort nach Kriegsbeginn ihre Angriffe im Hinterland der Roten Armee. Der Aufstand mobilisierte rund 100 000 Bewaffnete. Etwa 4000 kamen dabei ums Leben.

Unter dem Druck der stürmisch vordrängenden Wehrmacht verließen die Sowjets Litauen bereits nach fünf Tagen. Unter den Augen der provisorischen Militärverwaltung organisierten nun antisemitisch eingestellte Aktivistengruppen Pogrome gegen die jüdische Minderheit, wovon sich die meisten Soldaten distanzierten.[1] Himmlers »Einsatzgruppe« fand jedoch eine willige Gefolgschaft. Den ersten »spontanen« Mordaktionen fielen zunächst 6000 Menschen zum Opfer. Bis zum Jahresende galt Litauen als »judenfrei«. Betroffen von der Shoa waren in Litauen rund 220 000 Menschen. Am 25. Juli 1941 wurde der »Generalbezirk Litauen« an die deutsche Zivilverwaltung unter der Führung von Adrian von Renteln übergeben, die sich wie in den anderen beiden baltischen Bezirken weitgehend auf die landeseigene Verwaltung stützte. An deren Spitze setzte man General Petras Kubiliunas, den früheren litauischen Generalstabschef.

Litauische Beteiligung am Holocaust: Während des Pogroms in Kaunas am 27. Juni 1941 prügeln litauische Nationalisten Juden zu Tode.

Jedes Bemühen um größere Autonomie unterband man von deutscher Seite. Eine provisorische Nationalregierung wurde boykottiert, Škirpa in Berlin unter Hausarrest gestellt. Sein Brief an Hitler, in dem er sich als Verhandlungspartner für ein freies Litauen anbot, blieb unbeantwortet. Die antikommunistischen Partisaneneinheiten löste man zumeist auf, nur einige wenige wurden als Hilfspolizei-Mannschaften von der SS in Dienst genommen. Um die Litauer politisch mundtot zu machen, verbot man die LAF, schließlich sogar die faschistische Gruppe »Eiserner Wolf«. Für die deutschen Nationalsozialisten galt Litauen als wertvolles Bauernland, das für die künftige deutsche Siedlungspolitik genutzt werden sollte. Schon aus diesem Grund neigte man dazu, die Litauer als die »minderwertigste baltische Rasse« einzustufen, auf deren Mitarbeit kein großer Wert gelegt wurde.

Der Streit in der Zivilverwaltung, zwischen den deutschen Behörden und der Wehrmacht, um eine maßvolle Besatzungspolitik wurde nie beendet. Der negative Kriegsverlauf bewirkte einige Zugeständnisse. Anfang 1942 wurde die einheimische Hilfspolizei in 15 Bataillonen Schutzmannschaften zusammengefasst. Litauen lag weit hinter der Ostfront, so dass man Verbände hauptsächlich außerhalb der Landesgrenzen im polnischen und weißrussischen Raum sowie in der nördlichen Ukraine einsetzen konnte. Diese rund 16 000 Mann hatten weniger mit Partisanen als mit der Jagd nach Juden zu tun. Und sie bekämpften mit besonderem Eifer den polnischen Widerstand im ehemals umstrittenen Grenzgebiet.

Angehörige eines litauischen Schutzmannschaftsbataillons.

Die Absicht der Deutschen, die bewaffnete Kollaboration auf den Polizeidienst zu beschränken, scheiterte in dem Maße, wie sich der Partisanenkrieg intensivierte. Nun wurden die schlecht bewaffneten litauischen Freiwilligen immer stärker auch militärisch eingesetzt, ohne dass sich die Hoffnungen der litauischen Offiziere, auf diese Weise doch noch eine eigene Nationalarmee aufbauen zu können, erfüllten. Stattdessen drängten 1942 etwa 30 000 Litauendeutsche aus ihren Lagern zurück in die Heimat. Mit ihrer gezielten Rücksiedlung förderte die deutsche Verwaltung das Misstrauen und die politischen Gegensätze im Land.

Als Anfang 1943 die Aufstellung einer nationalen Legion unter der Ägide der SS geplant wurde, stieß das Vorhaben auf die einhellige Ablehnung der litauischen Generalräte. Die Spitzen der einheimischen Verwaltung wollten einen entsprechenden Aufruf allein unter der Bedingung unterschreiben, dass damit die Selbstständigkeit Litauens verbunden sein würde. Nur General Kubiliunas unterzeichnete schließlich unter deutschem Druck eine Proklamation, mit der die Litauer zum gemeinsamen Kampf mit Deutschland gegen den Bolschewismus aufgerufen wurden. Da substantielle politische Zugeständnisse aber ausblieben, organisierte der nichtkommunistische passive Widerstand im Land den Boykott der Anwerbungsmaßnahmen. Anders als in Estland und Lettland war die deutsche Mobilisierung ein völliger Fehlschlag, da sich weniger als 20 Prozent der Einberufenen zur Musterung meldeten.

Als Vergeltung verhafteten die Deutschen die führenden Vertreter der litauischen Intelligenz und brachten sie ins Konzentrationslager Stutthof bei Danzig. Auch ein zweiter Aufruf von Kubiliunas blieb ohne Resonanz, so dass Generalkommissar Renteln das Vorhaben der Gründung einer Legion aufgab. Da die bereits Gemusterten umgehend als Zwangsarbeiter in die deutschen Rüstungsfabriken geschickt wurden, begannen die jungen Männer in zunehmender Zahl in die Wälder zu fliehen.

Im Februar 1944 unternahm die deutsche Verwaltung einen erneuten Versuch, litauische Militärverbände aufzustellen. Renteln machte intern keinen Hehl aus seiner Meinung, dass die Litauer ein »völlig unkriegerisches Volk« seien, geprägt von »Disziplinlosigkeit, Indolenz, Feigheit und Trägheit«.[2] Unter dem Eindruck der heranrückenden Sowjetarmee zeigte sich der nationale Widerstand schließlich bereit, die Mobilisierung doch noch zu unterstützen. Unter der Führung litauischer Offiziere und der Verantwortung des früheren Generals Povilas Plechavičius hoffte man auf diese Weise, in letzter Minute eine litauische Nationalarmee mit sechs Divisionen zur Landesverteidigung schaffen zu können. Geplant waren von deutscher Seite aber zunächst nur zehn Bataillone mit zusammen 15 000 Mann. Himmler dachte freilich eher daran, diese Einheiten der bedrängten Heeresgruppe Nord für den Stellungsbau und die Etappe zur Verfügung zu stellen, um so deutsche Soldaten für den Fronteinsatz freimachen zu können. In Frage kam allerdings auch der Einsatz im Wilnagebiet, um polnische Partisanen zu bekämpfen. Bewährten sich Litauer im Kampf, sollte aus den Bataillonen vielleicht eine geschlossene Division formiert werden.

Zur Überraschung der Deutschen meldeten sich doppelt so viele Freiwillige, wie erwartet worden war. Bei den Verhandlungen mit den litauischen Generalen verlangten die misstrauischen Vertreter Himmlers nunmehr, die überzähligen Freiwilligen für Hilfsdienste bei der deutschen Luftwaffe im Reichsgebiet abzustellen. Fürchteten die Deutschen, die Litauer könnten die Waffen auch gegen sie wenden, so bewirkten sie mir ihren ultimativen Forderungen einen weiteren Misserfolg der Mobilisierung. Der nationale Untergrund bekämpfte die Anordnungen mit einer klaren Einstellung: Der bevorstehende Kampf gegen die Rote Armee erfordere den Einsatz aller verfügbaren Männer. 30 000 von ihnen nach Deutschland abzuschieben komme daher nicht in Betracht. Litauen habe keine Feinde im Westen und lege keinen Wert darauf, mit England und den USA in kriegerische Handlungen verwickelt zu werden.[3]

Die bereits mobilisierten Bataillone von Plechavičius schickten die Deutschen trotz unzureichender Ausbildung und Ausrüstung nach Wilna. Dort zeigten die Männer, die sich zuvor geweigert hatten, einen Eid auf Hitler abzulegen, keinen großen Kampfgeist. Manche verkauften ihre Waffen sogar an die Partisanen. Der General und sein Stab wurden schließlich verhaftet, die Bataillone entwaffnete man, wobei sich ein Teil allerdings durch Flucht in die Wälder entzog. Mitte Mai 1944 kam es bei der Auflösung der litauischen Militärakademie in Mariampole sowie in Kaunas sogar zu erbitterten Kämpfen zwischen Deutschen und Litauern. Nach der Erschießung von 100 Gefangenen wurden weitere 3500 Inhaftierte nach Deutschland verfrachtet und der Luftwaffe als Hilfssoldaten zur Verfügung gestellt. Anfang 1945 dienten insgesamt 36 800 Litauer überwiegend in Baukompanien in den Reihen von Wehrmacht, Reichsarbeitsdienst sowie in der Organisation Todt.

Eine ähnlich hohe Zahl widersetzte sich dem Einmarsch der Roten Armee. Bis Ende der 40er Jahre leisteten die »Waldmänner« bewaffneten Widerstand gegen die Sowjetisierung ihrer Heimat. 1944/45 waren bereits 50 000 Litauer von der stalinistischen Geheimpolizei deportiert bzw. getötet worden. Bis 1953 wurden noch einmal 260 000 Menschen deportiert. In Litauen herrschte auf diese Weise wieder »Frieden«. Die Freiheit des Landes wurde erst 1990 wieder errungen.

Insgesamt läßt sich für die drei baltischen Staaten feststellen, dass die große Bereitschaft dieser Nationen, nach der Befreiung von einjähriger Sowjetherrschaft mit den Deutschen zusammenzuarbeiten, von den Nationalsozialisten nicht genutzt worden ist. In der Siegeseuphorie des Sommers 1941 dominierten die ideologischen und siedlungspolitischen Zielsetzungen sowie das Interesse an einer rücksichtslosen wirtschaftlichen Ausbeutung. Die schwache Heeresgruppe Nord bemühte sich vergeblich darum, in Anknüpfung an die ehemalige Waffenbrüderschaft von 1918 das militärische Potential der baltischen Länder auszuschöpfen. Man hätte damit vermutlich den beiden deutschen Armeen vor Leningrad und am Wolchow eine dritte Armee aus estnischen, lettischen und litauischen Soldaten zur Seite stellen können. Stattdessen holte Hitler im Herbst 1942 Mansteins 11. Armee von der Krim, während die baltischen Freiwilligen lediglich in Polizeiverbänden und wenigen Infanterie-Einheiten Verwendung fanden. Ihre rassische und politische Diskriminierung dauerte bis in die Tage des Untergangs.

Polen

■ Die Sympathie in Teilen der deutschen Gesellschaft für das Streben der Polen nach nationaler Unabhängigkeit im frühen 19. Jahrhundert war in der Bismarck-Ära einem wachsenden Antagonismus zum Opfer gefallen. Im Ersten Weltkrieg wurde Polen, das nach drei Teilungen als Staat seit rund 120 Jahren nicht mehr existierte, zum Schlachtfeld fremder Mächte und stellte 1,5 Millionen Soldaten, die in fremden Uniformen auf beiden Seiten der Front kämpften. Nachdem das polnische Territorium vollständig besetzt war, erfolgte am 5. November 1916 die Proklamation eines Königsreichs Polen durch die Kaiser von Deutschland und Österreich. Die Mittelmächte hofften, bereits im Jahr 1917 rund 250 000 Soldaten einer polnischen Armee gegen das Zarenreich einsetzen zu können.[1] Die Zahl der Freiwilligen blieb aber gering. Da die neue Truppe in deutschen Uniformen auftreten und den Treueschwur auf die Waffenbrüderschaft mit den Mittelmächten leisten sollte, verweigerten sich die meisten Soldaten. Sie wurden ebenso interniert wie der Befehlshaber einer polnischen Legion, die seit 1914 unter österreichischem Kommando an der Ostfront gekämpft hatte: Józef Klemens Piłsudski. Sein Drängen auf volle Unabhängigkeit machte ihn noch populärer. Erst die Niederlage der Mittelmächte ermöglichte im Oktober 1918 eine neue Staatsgründung.

Die nachfolgenden, gewaltsamen Auseinandersetzungen um die Bestimmung der polnischen Staatsgrenzen zementierten einen deutsch-polnischen Gegensatz, der durch die gemeinsame antibolschewistische Frontstellung nicht aufgehoben werden konnte. Der polnische Sieg 1920 über die Rote Armee in der Schlacht vor Warschau wurde mit französischer Unterstützung errungen, womit Polen zu einem Bollwerk der antideutschen Einkreisungspolitik Frankreichs in der Zwischenkriegszeit aufstieg. Durch die Übernahme der Herrschaft in den »Östlichen Grenzmarken« (Kresy Wschodnie) nach dem Frieden von Riga 1921 spielte Polen zugleich die Rolle eines Bollwerks gegen Sowjetrussland.

Im Gegenzug entwickelte die Reichswehr ihre geheimen Kontakte zur Roten Armee mit einer starken antipolnischen Zielrichtung, eine politisch-militärische Option, die Hitler nach seiner Machtübernahme überraschend umkehrte. Der Nichtangriffspakt von 1934 leitete eine kurze Phase relativ entspannter Beziehungen zwischen beiden Staaten ein. Selbst ein gemeinsames Bündnis gegen die UdSSR kam immer wieder einmal ins Gespräch, obwohl Piłsudski als polnischer Staatsführer und Marschall schon 1935 starb. Die antipolnischen Ressentiments blieben freilich in der NS-Bewegung virulent, ebenso im Offizierkorps der neuen Wehrmacht. Dennoch wurden ab Ende 1938 Möglichkeiten zu einem deutsch-polnischen Offensivbündnis gegen die UdSSR erneut ausgelotet. Polen sollte seine Ambitionen in der Ukraine verwirklichen können, falls es angesichts der zugespitzten Krise im Fernen Osten zwischen der UdSSR und Japan zu einem Krieg kommen sollte und Deutschland seinen Bündnisverpflichtungen gegenüber Tokio nachkommen würde.[2] Bei der Zerstückelung der Tschechoslowakei hatte Hitler bereits dafür gesorgt, dass Polen nicht zu kurz kam. So besaß das Land nach keiner Seite eine auch vom jeweiligen Nachbarn anerkannte Grenze. Bei 35 Millionen Einwohnern war die polnische Armee mit rund einer Million Mann und 800 000 Reservisten die größte Ostmitteleuropas, wenngleich bei der technischen Modernisierung noch erheblich zurück. Sie bildete eigentlich das größte »Bollwerk« gegen den Bolschewismus und zum Schutz Europas vor einem möglichen sowjetischen Expansionsdrang.

In Warschau machte man sich aber zu Recht Sorge, dass es den Deutschen nur darum ginge, Polens Lebensader nach Westen abzuschneiden und das Land in einen Satellitenstatus zu zwingen. Hitler brauchte Polen als Aufmarschgebiet gegen die Sowjetunion. Unterwarf sich der Nachbar im Osten, war seine Armee – wie im Ersten Weltkrieg – als Hilfstruppe durchaus willkommen, wenn nicht, musste Polen erobert, gegebenenfalls mit Hilfe Russlands erneut geteilt werden – die Ultima Ratio, zu der Hitler erst im August 1939 griff.[3] Die polnische Führung beharrte freilich auf ihren Großmachtambitionen, die nach der Staatsräson Piłsudskis nur in gleicher Distanz zu Deutschland und Russland die Unabhängigkeit des Landes sichern konnten.

Mitte März 1939 brach des deutsche »Liebeswerben« ab, als Warschau erneut eine klare Absage an das Angebot Berlins formulierte. Am 31. März verkündete Premierminister Chamberlain die britisch-französische Garantieerklärung für Polen. Nur durch eine Militärallianz mit Moskau ließ sich die polnische Unabhängigkeit gegen eine mögliche deutsche Aggression wirksam verteidigen, doch die entsprechenden britisch-französisch-sowjetischen Verhandlungen im Sommer 1939 scheiterten an der polnischen Weigerung, im Kriegsfalle russischen Truppen ein Durchmarschrecht einzuräumen. Die Angst vor Hitler machte den Polen Stalin nicht sympathischer.

In Berlin wurden ab Mai 1939 die Weichen so gestellt, dass mit einem Einmarsch in Polen der Kampf um »Lebensraum im Osten« eröffnet werden konnte. Um eine Kriegserklärung der Westmächte zu verhindern, setzte Hitler auf ein überraschendes Bündnis mit Stalin. Die Rechnung ging bekanntlich nicht auf, aber die Polen mussten erleben, dass ihr Land zum vierten Mal in der Geschichte zwischen Deutschen und Russen geteilt wurde. Mehr noch: Während die Deutschen in den besetzten polnischen Westgebieten eine brutale »Germanisierungspolitik« betrieben, praktizierten die Russen eine hemmungslose Stalinisierungspolitik, die in Ostpolen mehr Opfer forderte, als die Nazis in dem von ihnen besetzten Teil des Landes bis 1941 verursachten.[4] Das größte Massaker war der Mord an mehr als 15 000 kriegsgefangenen polnischen Offizieren, den Stalin im Frühjahr 1940 anordnete.

Ein Teil der polnischen Armee war über Rumänien nach Frankreich entkommen und bildete den Grundstock für eine Exilarmee, die bis zum Ende des Zwei-

In der Nähe von Białystok finden erste Besprechungen über die Festlegung der deutsch-sowjetischen Demarkationslinie zwischen deutschen und sowjetischen Offizieren statt, September 1939.

ten Weltkrieges auf britischer Seite kämpfte. Die Wehrmacht gewann Vorteile nicht nur durch den Ausbau ihrer nach Osten vorgeschobenen Basis sowie die kriegswirtschaftliche Ausbeutung des Landes, sondern auch durch die Rekrutierung von mehreren hunderttausend ehemals polnischen Staatsbürgern, die als Volksdeutsche eingebürgert und in Uniform gesteckt wurden. Bedenken in der Heeresführung gegen die brutale Unterdrückungspolitik und die antisemitischen Exzesse waren rasch zerstreut, dennoch hielt sich in nationalkonservativen Führungskreisen die alte Vorstellung einer gewissen polnischen Autonomie.

Nach dem Frankreichfeldzug boten einige polnische Politiker der deutschen Seite ihre Zusammenarbeit an, ein Vorgang, der erst jüngst bekannt wurde und in Polen die Diskussion um die Kollaboration neu entfacht hat.[5] Es ging ihnen hauptsächlich darum, die Lage der Bevölkerung zu verbessern. Angesichts der sowjetischen Annexionen im Baltikum mochten sie glauben, dass die Deutschen an der Bildung einer antikommunistischen Front interessiert sein könnten. Die Kontakte zerschlugen sich, weil einerseits die Mehrheit der polnischen Bevölkerung an der Anerkennung der Exilregierung in London festhielt und der von dort aus gelenkte Widerstand »disziplinierend« wirkte und weil andererseits Terror,

Ausbeutung und rassische Diskriminierung von deutscher Seite nicht gemindert wurden.

Für Hitler war das Kapitel Polen »erledigt« und seinen Schergen Himmler sowie Frank übertragen. Bei der Vorbereitung des »Unternehmens Barbarossa« spielte die Ausnutzung des polnischen Raumes, insbesondere die Eisenbahndrehscheibe Warschau, eine zentrale Rolle. Hierfür war die Mithilfe der Bevölkerung und der polnischen Behörden erforderlich, doch nichts lag den Deutschen ferner, als etwa eine polnische Legion aufzustellen. Polen galt als deutsches Kolonialland, nicht als möglicher Bündnispartner, die Polen nicht als potentielle »Kameraden«. Immerhin verpflichtete die Wehrmacht rund 20 000 Männer, die als Panjewagenfahrer gebraucht wurden, um die untermotorisierten Infanteriedivisionen beweglich zu machen. Als Arbeitskräfte im Wehrmachtgefolge und für die deutsche Rüstungsindustrie leisteten viele Polen, mehr gezwungen als freiwillig, ihren Beitrag zum deutschen Russlandfeldzug.

Viele Polen empfanden beim Beginn des Krieges gegen die Sowjetunion Erleichterung, die meisten wahrscheinlich in der Erwartung, dass der deutsche Druck auf Polen nachlassen würde, manche aber wohl auch Genugtuung, dass nun die sowjetische Besatzungsmacht abziehen musste. Vor allem im östlichen Polen, das Stalin 1939 okkupiert hatte, wurde der Einmarsch der Wehrmacht begrüßt, was in manchen Orten mit Übergriffen gegen die jüdischen Mitbürger verbunden war, die man verdächtigte, Handlanger des Stalinismus gewesen zu sein. Die Polen hatten unter dem stalinistischen Terror am meisten gelitten. Von einem selbstbewussten Staatsvolk waren sie zu einer diskriminierten Bevölkerungsgruppe herabgesetzt worden, wogegen Weißrussen und Ukrainer den Einmarsch der Roten Armee 1939 teilweise begrüßt hatten.

Die Aufdeckung von Massenmorden der sowjetischen Geheimpolizei (NKWD), die bei Beginn des deutschen Überfalls an polnischen Häftlingen verübt worden waren, schürte nicht nur den Hass auf Kommunisten und Russen, sondern auf die vermeintlichen jüdischen Kollaborateure. Von deutscher Seite wusste man diese Erregung zu nutzen, um die ohnehin geplante Vernichtung der polnischen Juden voranzutreiben.[6] Die Deutschen unternahmen erst gar nicht den Versuch, die Polen als Kampfgefährten für den »Kreuzzug gegen den Bolschewismus« anzuwerben, obwohl es zu diesem Zeitpunkt dafür sicherlich ein gewisses Potential gegeben hat. Der deutsche Einmarsch in Ostpolen ermöglichte dafür auch das geheime Vordringen der polnischen Untergrundarmee (Armia Krajowa), wodurch der Nationalitätenkonflikt angeheizt wurde, denn Weißrussen und Ukrainer verfolgten ihre eigenen Unabhängigkeitsbestrebungen. Die bewaffneten Verbände der Ukrainer griffen bald polnische Dörfer an und lieferten sich mit dem polnischen Widerstand ein erbittertes Ringen um Herrschafts- und Einflussgebiete.

Auch nach dem Scheitern von »Barbarossa« und nach der Katastrophe von Stalingrad rückten die Deutschen nicht von ihrer antipolnischen Position ab.

Juli 1944 im Gebiet von Wilna: Angehörige der polnischen Heimatarmee eskortieren deutsche Gefangene.

Selbst nach der Aufdeckung des Massenmords von Katyn im Frühsommer 1943 war die deutsche Seite lediglich an einem Propagandacoup interessiert. Bald darauf kämpften polnische Soldaten an britischer Seite in Italien gegen die Deutschen. Trotz zunehmender Spannungen im alliierten Lager, die aus der polnischen Besorgnis um eine mögliche erneute Stalinisierung ihrer Heimat resultierten, wollte man in Berlin nicht den Schritt gehen, der selbst gegenüber Russen bereits gemacht worden war: Polen galten als nicht würdig, in der Wehrmacht oder gar der Waffen-SS zu dienen, es sei denn, sie hatten eine irgendwie geartete deutsche Abstammung vorzuweisen. Die Hürden dafür wurden allerdings 1943/44 spürbar gesenkt.

Inzwischen gab es nicht nur auf britischer, sondern auch auf sowjetischer Seite eine polnische Legion. Stalin war entschlossen, Polen als seine künftige Kriegsbeute zu betrachten und das Land zu sowjetisieren. Mit dem Näherrücken der deutsch-sowjetischen Front, insbesondere im Sommer 1944, geriet die polnische Heimatarmee in ein unauflösbares Dilemma. Sie bereitete den Aufstand gegen die deutsche Besatzung vor und musste sich zugleich darauf einstellen, dass die Rote Armee die Kontrolle über das Land nicht mit der Exilregierung teilen würde. Die Polen befanden sich in einem Mehrfrontenkrieg: gegen deutsche SS- und Polizeibataillone, die mehrheitlich aus Litauern bestanden, die ihre eigenen nationalen Ansprüche gegenüber der polnischen Minderheit verfolgten; gegen die vordrin-

Während des Aufstands gegen die Wehrmacht in Warschau 1944.

genden sowjetischen Partisanen, die den Anspruch der Armia Krajowa negierten; und gegen die ukrainischen Nationalisten um Stefan Bandera.

Es ist nicht verwunderlich, dass es 1944 sogar örtliche Bündnisse und Absprachen zwischen Wehrmacht, SS und Heimatarmee gab.[7] Doch mit dem Vordringen der Roten Armee erlebten die nationalbewussten Polen ein Desaster. Ihre Offiziere in Ostpolen wurden ermordet, die Widerstandsgruppen liquidiert, und im Oktober scheiterte der Aufstand in Warschau, weil die Rote Armee am anderen Weichselufer zuschaute, wie die Deutschen den Versuch zur Selbstbefreiung niederschlugen. Späte deutsche Überlegungen, den Antikommunismus der Polen gegen die Rote Armee zu mobilisieren, trugen keine Früchte. Der tragische Kampf der Armia Krajowa gegen die deutsche und die sowjetische Fremdherrschaft fand erst nach 1990 seine offizielle Würdigung.[8]

Weißrussland

■ Bisher wurden Länder betrachtet, die über eine historisch gewachsene nationale Identität verfügten und sich bereits im Ersten Weltkrieg aus dem russischen Imperium herausgelöst hatten; nun fällt der Blick auf Territorien, die bis zum Einmarsch der Wehrmacht Bestandteil Russlands bzw. der UdSSR gewesen waren und bis zu diesem Zeitpunkt den Stalinismus erduldet hatten.

Weißrussland, das erst nach dem Zusammenbruch des sowjetischen Imperiums den Weg in die Unabhängigkeit gefunden hat, ist in der Geschichte immer wieder Durchmarschgebiet und Schlachtfeld für fremde Armeen gewesen. 1812 marschierten Soldaten aus Deutschland im Rahmen der Grande Armée Napoleons in Richtung Moskau, und nur wenige kehrten auf diesem Weg in die Heimat zurück. Erst zu Beginn des 20. Jahrhunderts hat sich ein schwaches weißrussisches Nationalbewusstsein ausgebildet, in einem Territorium mit der Hauptstadt Minsk und den Gebieten um Witebsk, Mogilew, Gomel, Smolensk, Brest-Litowsk und Grodno, ohne feste Grenzen, in dem mehrere Nationalitäten und Konfessionen nebeneinander lebten, vereinzelt auch deutsche Siedlungsgruppen. Neben Juden, Polen, und Russen stellten die Weißrussen hauptsächlich die Landbevölkerung.

Ab 1915 traten die Deutschen zum ersten Mal als Eroberer und Besatzer auf, als es ihnen gelang, die Zarenarmee zurückzudrängen und auf weißrussisches Territorium vorzurücken. Nach dem Frieden von Brest-Litowsk im März 1918 stießen sie weiter vor bis Mogilew. Die deutsche Militärverwaltung verfolgte hauptsächlich wirtschaftliche Ziele, öffnete sich aber auch für weiterreichende siedlungspolitische Vorstellungen, um eine Art Militärgrenze aus deutschen Siedlern zu schaffen.[1] Für »Russisch-Polen«, wie man das Gebiet auch bezeichnete, gab es von deutscher Seite keine eigenständigen nationalen Ambitionen oder militärische Erwartungen.

Nach dem Friedensvertrag von Riga 1921 fiel der westliche Teil Weißrusslands an Polen, ein vom Krieg ausgebranntes Land. Die »Östlichen Grenzmarken« (Kresy Wschodnie) blieben ein Armenhaus, ein kulturelles Niemandsland, ein Stiefkind auch der polnischen Verwaltung. Nationalistische Politiker fanden kaum Gehör. Aus der Sicht der adligen polnischen Großgrundbesitzer waren die Weißrussen urtümliche Bewohner der ausgedehnten Sumpflandschaften, arme Bauern und Landarbeiter.

Auch in der Weißrussischen Sowjetrepublik mit der Hauptstadt Minsk wurde die nationale Elite, die in den 20er Jahren zunächst gefördert worden war, im Zuge der Stalinisierung der 30er Jahre unterdrückt. Von den Deportationen sowjetischer Bürger war die polnische Bevölkerungsgruppe überproportional betroffen. Insgesamt werden die Opfer des stalinistischen Terrors in diesem Gebiet auf eine halbe Million Menschen geschätzt, rund ein Zehntel der Gesamtbevölkerung.[2] Dieser Terror dehnte sich mit dem Einmarsch der Roten Armee ab dem 17. September 1939 auf Ostpolen aus. Die überrumpelten polnischen Reserveverbände leisteten kaum Widerstand. Im Prozess allgemeiner Auflösung kam es aber auch zu spontanen Angriffen ukrainischer und weißrussischer Gruppen gegen die Sowjetarmee. Grodno wurde von sowjetischer Artillerie in Schutt und Asche geschossen. Etwa 800 Tote waren bei der Verteidigung der Stadt zu beklagen, darunter auch viele Freiwillige.

Am 28. September wurden aufgrund deutsch-sowjetischer Vereinbarungen die ostpolnisch-weißrussischen Gebiete nach einer fingierten Volksabstimmung der UdSSR einverleibt. Weißrussen, die etwa die Hälfte der Bewohner ausmachten, sowie Ukrainer und Juden wurden automatisch zu Sowjetbürgern. Polen konnten ihre Staatsbürgerschaft frei wählen. Rund 250 000 von ihnen, etwa die Hälfte Soldaten und Offiziere, hielt man in sowjetischer Kriegsgefangenschaft. 15 000 polnische Offiziere wurden im März und Mai 1940 heimlich erschossen.

Die Weißrussische Sowjetrepublik verdoppelte damit ihr Territorium, die Einwohnerzahl stieg auf 10,4 Millionen. Durch die Aufteilung ehemals polnischer Güter an mittellose Landarbeiter gewann der Sowjetstaat viele Weißrussen für sich. Die Sowjetisierung bedeutete vor allem einen Elitenaustausch, von dem aber die weißrussischen Nationalisten nicht zu profitieren vermochten. Der Überwachungs- und Polizeistaat Stalins schürte durchaus die Gegensätze. Dennoch kam die Sowjetisierung der Landwirtschaft im Westen nicht recht voran, ein Indiz für den stillen Widerstand der Landbevölkerung. Bis zum deutschen Angriff waren alle sozialen und nationalen Gruppen von Repressalien betroffen. 250 000 Personen wurden von sowjetischen Gerichten verurteilt, 990 000 Einwohner der Weißrussischen Sowjetrepublik als »unzuverlässig« nach Sibirien deportiert.

Rund 220 000 junge Männer rekrutierte man für die sowjetische Industrie bzw. für den Dienst in der Roten Armee. Dafür verließen 67 000 Deutsche mit polnischem Pass das Land in Richtung Westen, »heim ins Reich«. Das Widerstandspotential im Westen Weißrusslands wurde damit nahezu vollständig zerstört.[3]

In Berlin verschwendete man daran bei der Vorbereitung von »Barbarossa« keinen Gedanken, im Gegenteil. Das Konzept zur wirtschaftlichen Ausbeutung und zur Durchsetzung rassen- sowie siedlungspolitischer Ziele fand im Hinblick auf Weißrussland seine radikalste Ausprägung. Aus wirtschaftlicher Sicht kam es darauf an, das karge Land im Interesse der Truppenversorgung so rasch wie möglich auszuplündern, bevor die Bevölkerung die Gelegenheit haben würde, sich die Ernte und die Lebensmittelvorräte anzueignen. Die Ermordung der relativ großen jüdischen Gemeinschaft war ohnehin beschlossene Sache. An den Polen war man nicht sonderlich interessiert, und die Weißrussen galten als »minderwertige Rasse«. Als potentielle Verbündete brauchte man sie nicht, da die Masse der Wehrmacht in Richtung Moskau durch Weißrussland marschieren würde. Für die Sicherheit im Hinterland würden die bewaffneten Verbände der SS sorgen.

Die deutsche Kriegsmaschinerie überrollte nach dem 22. Juni 1941 das Land und hinterließ als Ergebnis der ersten Grenzschlachten, vor allem infolge der

Anschlag sowjetischer Partisanen gegen einen deutschen Zug in Weißrussland, 1943.

Kesselschlachten von Białystok und Minsk, Tod und Zerstörung. Endlose Kolonnen von Kriegsgefangenen verdeckten ein Ergebnis, das den Deutschen noch zu schaffen machen sollte. Zahlreiche Rotarmisten hatten sich nämlich in die Wälder und Sümpfe flüchten können, und mit Unterstützung von NKWD-Offizieren, die in den Städten untergetaucht waren, entbrannte ein sowjetischer Partisanenkrieg, den die Deutschen niemals zu ersticken vermochten. Mitte August 1941 waren schon 231 Partisanenabteilungen mit über 12 000 Mann organisiert. Bis zum Jahresende wurden weitere 60 operative Gruppen mit fast 2000 Mann hinter den deutschen Linien abgesetzt. Sie rühmten sich, 669 deutsche Soldaten und Offiziere sowie 95 »Treulose und Vaterlandsverräter« getötet zu haben.[4]

Hitler hatte zunächst nur den Vorteil sehen wollen, dass man unter dem Vorwand der Partisanenbekämpfung »jeden, der nur schief schaue«, erschießen könne.[5] Gleiches galt umgekehrt für seinen Rivalen Stalin, dessen Partisanenkommandos am Ende mehr Landsleute ermordeten als deutsche Soldaten. Der militärische Nutzen der Partisanenbewegung ist bei strenger Betrachtung womöglich geringer gewesen als ihre Bedeutung bei der Terrorisierung und Kontrolle der »eigenen« Bevölkerung.[6] Sie kontrollierten immerhin 60 Prozent des Territoriums. Erst 1943/44 gelangen den sowjetischen Partisanen mit dem »Schienenkrieg«, das heißt mit der schlagartigen, massenhaften Unterbrechung strategisch wichtiger Schienenverbindungen einige taktische Erfolge. Die meiste Zeit kämpften sie in den ausgedehnten Wäldern und Sümpfen um ihr Überleben, attackierten einzelne deutsche Kolonnen und Stützpunkte, drangsalierten die Dorfbevölkerung, insbesondere die polnischen Bauern, und erwehrten sich vereinzelter deutscher Großaktionen zur »Bandenbekämpfung« hauptsächlich durch die Flucht. In der Spätphase des Krieges bildeten sie großräumige »befreite« Gebiete, in denen die kommunistische Partei wieder die Herrschaft ausübte.

Die wenigen Sicherungsdivisionen (zunächst drei, später sechs) der Wehrmacht sowie die SS- und Polizeibataillone konnten allenfalls die größeren Ortschaften und wichtigen Straßenverbindungen sichern. Unter dem Druck der Partisanenbewegung hielten sie es für nützlich, die antikommunistisch eingestellte Bevölkerung zu gewinnen und teilweise zu bewaffnen. Die deutsche Herrschaft im »Generalkommissariat Weißruthenien« übte offiziell der deutsche Gauleiter Wilhelm Kube aus. Ihm gefiel es, als quasi weißrussischer »Landesvater« mit den Allüren eines absolutistischen Herrschers aufzutreten. Er schuf sich neben seiner deutschen Wache eine persönliche Leibgarde aus 50 einheimischen Jugendlichen und verfügte nur über eine geringe Zahl von eigenen Verwaltungsexperten. Er wurde am 23. September 1943 durch ein Attentat getötet, das der Geheimdienst der Roten Armee organisiert hatte.

Die Vertreter der weißrussischen Kollaboration glaubten an ihre Chance, durch die Unterstützung der deutschen Herrschaft das Streben nach Eigenstaatlichkeit endlich voranzubringen. Der Antikommunismus wurde die wichtigste Klammer mit einer Besatzungsmacht, die freilich nicht im Ernst daran dachte, eine weißrussische Nation zu schaffen. Die multiethnische Bevölkerung war hauptsächlich daran interessiert, ihre soziale Situation zu verbessern, was am ehesten mit Unterstützung der Nationalbewegung möglich schien. Aktionen und Institutionen wie das »Weißruthenische Selbsthilfewerk« und das Jugendwerk fanden auf diese Weise einigen Zulauf, obwohl sich rasch erwies, dass die Deutschen weder die drückenden landwirtschaftlichen Ablieferungspflichten noch die Zwangsrekrutierung von Arbeitskräften für das Reich zu mildern bereit waren.

Nützlich aus deutscher Sicht waren die Bestrebungen, einen bewaffneten Selbstschutz gegen die Partisanen zu bilden, mochte die Nationalbewegung in der 1944 gegründeten »Weißruthenischen Heimatwehr« auch bereits ein Kernelement eines eigenen Staates sehen wollen. Über die Bildung von »Wehrdörfern« wurde im deutschen Sicherheitsapparat lange diskutiert. Beutewaffen sollten erst dann zur Verfügung gestellt werden, wenn sich die Bürgermeister als zuverlässig erwiesen hatten. Weißrussen rekrutierte man vorzugsweise als Polizisten, die man dann, ebenso wie die Angehörigen der Nationalbewegung, auch für Verbrechen gegen jüdische Bevölkerungsteile und als Handlanger für die Deportationen ins Reich einsetzte.

Einheimische Polizeiverbände wurden als »Ordnungsdienst«, als »Hilfspolizei« oder als »Schutzmannschaft« deklariert. Am Jahresende 1941 umfassten sie bereits mehrere tausend Mann, meist schlecht uniformiert und ausgerüstet mit

Oben: Weißrussische Freiwillige mit einem erbeuteten Maschinengewehr der Roten Armee, Herbst 1941.
Unten: Weißrussischer Selbstschutz in der Region Minsk im Winter 1941/42.

sowjetischen Beutewaffen. Oft waren sie in deutschen Kriegsgefangenenlagern angeworben worden. Der SS- und Polizeiführer in Weißrussland verfügte daneben über eine größere Zahl von gemischten Verbänden für die Partisanenbekämpfung, in denen auch ukrainische, lettische und litauische Polizisten dienten. 1942 richtete man zwei Offiziersschulen für einheimische Polizisten ein. Von großer Bedeutung sind die vielen kleinen Polizeistützpunkte in den Dörfern gewesen. Sie waren bevorzugte Ziele der sowjetischen Partisanen. In dieser Gendarmerie dienten auch einige deutsche Unteroffiziere und aktive Polizisten. Mitte 1943 betrug die Personalstärke insgesamt 6850 Mann. Die nationale Zusammensetzung schwankte in den Regionen; Polen bildeten ein starkes Element. In manchen Landstrichen blieben die Stützpunkte, oft unter der Führung älterer deutscher Kommandanten, bis zum Sommer 1944 handlungsfähig.[7]

Auszug aus dem Befehl des Bevollmächtigten des Zentralstabs der Partisanenbewegung beim Hauptquartier des Oberkommandos und des ZK der KP(B) Weißrusslands vom 10. Mai 1943 über den Angriff auf die Ortschaft Naliboki:
»In dem 4,5-stündigen Kampf wurden 200 Angehörige der Selbstverteidigung getötet, ferner 4 schwere MGs, 13 leichte MGs, 4 Granatwerfer, 10 MPs, 93 Gewehre, über 20000 Gewehrpatronen, zahlreiche Minen und Handgranaten vernichtet, verbrannt bzw. erbeutet. Das Kraftwerk, das Sägewerk, die Kasernen, der Wachposten, die Verwaltung und ein deutsches Landgut wurden verbrannt, bis zu 100 Kühe und 70 Pferde erbeutet.
Für die mustergültige Erfüllung der Gefechtsaufgabe, die Garnison von Naliboki zu zerstören, für die bekundete Kühnheit und Tapferkeit spreche ich der Führung der Stalin-Brigade und der Abteilungen ›Dzeržinskij‹, ›Bolševik‹ und ›Suvorov‹ sowie allen Partisanen und Partisaninnen, die an diesem Gefecht teilnahmen, meinen Dank aus. [...] In diesem Gefecht zählten unsere Abteilungen sechs Tote und sechs Verwundete. Ruhm unseren mutigen Patrioten!«[8]

Diese Polizisten waren nicht sonderlich zuverlässig. Nicht wenige wechselten, teilweise mehrfach, die Fronten. Dennoch wagte es die SS 1944 nach dem Rückzug aus Weißrussland, auch dieses Potential in ihre militärischen Verbände aufzunehmen. Auf die Nationalisten konnte sie bauen, da diese nicht nur aus Hass auf den Stalinismus, sondern auch durch ihre Beteiligung an den deutschen Verbrechen längst die Brücken hinter sich abgebrochen hatten. In der 30. (weißruthenischen) Waffen-Grenadier-Division der SS wurden die Schutzmannschaftsbataillone der deutschen Ordnungspolizei in Weißrussland militärisch organisiert. Sie waren im Zuge des Zusammenbruchs der Heeresgruppe Mitte zunächst in einer Brigade mit vier Regimentern zusammengefasst worden, zu denen auch ukrainische und russische Freiwillige gehörten. Die Brigade wurde im Raum Warschau gesammelt und ins französische Belfort verlegt. Doch gegen die Westmächte wollten die Weißrussen nicht kämpfen.

Während der Umgliederung und Ausbildung zur 30. Waffen-Grenadier-Division der SS kam es unter den Soldaten zu einer Meuterei und Verschwörung. In zwei Bataillonen wurden am 27. August 1944 die deutschen Offiziere getötet, und die Mannschaften liefen zur französischen Résistance über. Weitere 2300 Mann schätzte man als unbrauchbar und unzuverlässig ein. Sie wurden der Transport-Kommandantur Karlsruhe überstellt, wo sie als Schanzregiment 1 und 2 verwendet wurden. Es blieb ein einziges Bataillon übrig, das man als einsatzfähig beurteilte. Aufgefüllt mit russischen Freiwilligen der Wlassow-Bewegung, bildete man zunächst wieder eine Brigade, dann im März 1945, nach dem Herausziehen der Russen, nannte man den Verband noch einmal »30. Waffen-Grenadier-Division der SS (weißruthenische Nr. 1)«. Diese Division bestand aber nur aus einem Regiment, das auf dem bayerischen Truppenübungsplatz Grafenwöhr das Kriegsende erlebte. Das hektische Herumorganisieren der SS-Führung zeigt, dass man mit den wenigen tausend Weißrussen nicht viel anzufangen wusste – ein verwirrendes Ende des bewaffneten Beitrags Weißrusslands für Hitlers Kriegführung gegen die Sowjetunion.

Im westlichen Teil des Landes selbst hatte sich bereits im Frühjahr 1944 durch die zunehmenden Aktivitäten der polnischen Untergrundarmee die Lage kompliziert. In überwiegend polnisch besiedelten Gebieten mobilisierte die Armia Krajowa die Bevölkerung zum Kampf gegen die deutsche und zugleich gegen die sowjetische Seite. Temporäre Bündnisse, hauptsächlich im Wilnagebiet, waren auch zwischen Deutschen und Polen möglich. Die Befreiung der Stadt erfolgte schließlich im Zusammenwirken polnischer und sowjetischer Verbände. Anschließend wurde die Armia Krajowa von der sowjetischer Seite zerschlagen, Weißrussland resowjetisiert. Die bewaffneten »Befriedungsaktionen« durch den NKWD und die Rote Armee im Frühjahr 1945 richteten sich hauptsächlich gegen den polnischen Untergrund und setzten in perfider Weise die NS-Methoden fort. Im Zuge einer ethnischen »Säuberung« wurden 274 000 Menschen nach Polen umgesiedelt. In der verbliebenen weißrussischen Bevölkerung nahm die Apathie überhand. Eine atomisierte Kriegsgesellschaft richtete sich darauf ein, auch unter sowjetischem Regime überleben zu wollen.

Ukraine

■ Bereits im Ersten Weltkrieg hatte sich gezeigt, dass die Deutschen in der Ukraine das größte Potential an Zustimmung innerhalb der osteuropäischen Völker finden konnten, wenn sie es denn für sich nutzen wollten. Wie in Weißrussland hatte sich eine Nationalbewegung formiert, die eine Unabhängigkeit vom Russischen Reich anstrebte. Sie war allerdings in sich zerstritten und fand in den verschiedenen Landesteilen unterschiedlichen Widerhall. Ähnlich wie in Weißrussland bildeten das Auseinanderstreben bzw. die Eigentümlichkeiten der verschiedenen Regionen und Nationalitäten ein großes Problem. Die landwirtschaftlich geprägte Westukraine gehörte seit mehr als einem Jahrhundert zur österreichischen Doppelmonarchie. Galizien orientierte sich stärker nach Wien als nach Kiew, wozu auch der religiöse Gegensatz zwischen katholischer und orthodoxer Kirche beitrug. Die Ostukraine wiederum war in hohem Maße russifiziert und besaß mit dem Zentrum Charkow einen leistungsfähigen industriellen Kern, der von der bolschewistischen Partei beeinflusst wurde.

Gerade in der Ukraine aber hatten die Deutschen erhebliche Anstrengungen unternommen, um in Kiew eine Nationalregierung zu bilden, die bereit war, mit dem Deutschen Reich ein antirussisches Bündnis einzugehen. Mit dem Frieden von Brest-Litowsk war der Krieg mit Russland 1918 förmlich beendet worden. Doch die ukrainische Regierung hatte es schwer, sich als Erfüllungsgehilfe der deutschen Militärverwaltung im Lande durchzusetzen, da sich diese hauptsächlich um die wirtschaftliche Ausbeutung des Landes kümmerte. Von der vermeintlichen »Kornkammer Ukraine« hatte sich das hungernde Kaiserreich die wichtigste Entlastung für die deutsche Kriegführung versprochen.

Der Aufbau einer ukrainischen Armee geriet ins Stocken, nicht nur wegen der internen ukrainischen Konflikte, sondern auch deshalb, weil die deutsche Militärverwaltung vorerst keinen militärischen Bundesgenossen brauchte, sondern allenfalls Polizeikräfte, die bei der Eintreibung der Ernte helfen konnten.[1] Doch neben rebellierenden Bauern hatte man es auch mit vordringenden »roten« Partisanen zu tun. Die antikommunistische Klammer mit der nationalukrainischen Bewegung war aber schon deshalb nicht belastbar, weil das Deutsche Reich mit der bolschewistischen Regierung in Moskau offiziell seinen Frieden gemacht hatte.

Den Ausschlag gab schließlich die strategische Gesamtlage, da mit dem Waffenstillstand mit der Entente die deutschen Truppen aus der Ukraine zurückgezogen werden mussten. Nun zeigte sich, dass die deutsche Ukrainepolitik 1917/18 kein lebensfähiges staatliches Gebilde geschaffen hatte. Im Land eskalierte der Bürgerkrieg, der schließlich mit dem Sieg der Moskauer Roten Armee endete. In der Zwischenkriegszeit wurde die Sowjetukraine mit 30 Millionen Einwohnern von Zwangskollektivierung, Hungersnöten und Massenrepressalien gelähmt. Man geht heute davon aus, daß Stalins Kampf gegen die »Kulaken« mit einer künstlich herbeigeführten Hungersnot in der Ukraine zwischen 1930 und 1933 bis zu sechs Millionen Menschenleben kostete. Die Westukraine war zwischen Polen (Galizien mit sechs Millionen Menschen), der Tschechoslowakei (Karpato-Ukraine mit rund 500 000 Menschen) und Rumänien (Bukowina) aufgeteilt worden. Dort herrschte ein vergleichsweise freies politisches Umfeld. Eine Gruppe emigrierter ukrainischer Offiziere organisierte bereits 1920 eine Aufstandsbewegung, die sich hauptsächlich gegen Polen und Sowjetrussland richtete.[2]

1938 zerfiel die Organisation, die insgeheim mit der deutschen Abwehr zusammenarbeitete, in zwei sich einander heftig befehdende Gruppen unter Andrij Melnik (OUN-M) und Stefan Bandera (OUN-B). Als im März 1939 Hitler Tschechien besetzte und die Slowakei unter den »Schutz« des Reiches stellte, proklamierte man in der Karpato-Ukraine vergeblich eine ähnliche nationale Unabhängigkeit. Die Deutschen hatten das Territorium aber schon den Ungarn zugesprochen. Eine ukrainische Wehrorganisation von 15 000 Mann leistete aussichtslosen Widerstand und setzte trotzdem auf die deutsche Karte.

Für den Polenfeldzug stellte der militärische Geheimdienst dann eine ukrainische Legion in Bataillonsstärke auf, die in Galizien Unruhe verbreiten sollte. Doch aufgrund des Hitler-Stalin-Paktes fiel das Land an die UdSSR. So sahen sich die Exilukrainer erneut getäuscht. Die Stalinisierung Galiziens mit seiner historisch gewachsenen sozialen und wirtschaftlichen Struktur wurde zu einem Alptraum. Etwa 400 000 Menschen sollen nach Sibirien und Kasachstan verbannt worden sein. Die Zwangskollektivierung der Landwirtschaft, die Verstaatlichung der Betriebe und die politischen »Säuberungen« schufen eine Situation, in der die Menschen die »Befreiung« durch die Wehrmacht 1941 mehrheitlich begrüßten.

Die beiden Exilgruppen der OUN wetteiferten zunächst um das Wohlwollen der Deutschen. Zum Nationalsozialismus gab es breite ideologische Brücken. Antikommunismus und Antisemitismus gehörten dazu. Im Hinblick auf die angestrebte Unabhängigkeit der Ukraine machten sich die Nationalisten allerdings falsche Hoffnungen. Hitler und sein Chefideologe Alfred Rosenberg hatten aus den Erfahrungen des Ersten Weltkriegs die Schlussfolgerung gezogen, dass die Ukraine als »Kornkammer« unentbehrlich für eine blockadefeste deutsche Weltmachtstellung sei und daher mit fester Hand regiert werden mußte.

Rosenberg setzte allerdings als künftiger »Reichsminister für die besetzten Ostgebiete« bei seinem Konzept einer »Dekomposition« des Russischen Reiches auf eine Vorzugsstellung der Ukrainer, denen er eine gewisse Eigenständigkeit – keinesfalls natürlich eine volle Souveränität – zubilligen wollte. Hitler hingegen war hauptsächlich an einer umfassenden wirtschaftlichen Ausbeutung des Landes interessiert und ernannte deshalb den ostpreußischen Gauleiter Erich Koch zum »Reichskommissar Ukraine«. Der regierte »sein« Land mit der Peitsche und interessierte sich nicht sonderlich für die politischen Ambitionen seines Ministers, wodurch die deutsche Ukrainepolitik einen Zickzackkurs einschlug und sich in ihren Handlungsmöglichkeiten durch interne Widersprüche blockierte.

Auch innerhalb der Wehrmacht gab es unterschiedliche Auffassungen. Die militärische Wirtschaftsorganisation musste auf die Versorgung der eigenen Truppen und die Lieferverpflichtungen ins Reich bedacht sein. Auf »unnütze Esser« glaubte man keine Rücksicht nehmen zu müssen, eine Raub- und Vernichtungsstrategie, die sich hauptsächlich gegen das ostukrainische Industrierevier richtete. In der Heeresgeneralität gab es daneben auch noch die Auffassung, es könne nützlich sein, die Ukrainer für die deutsche Sache zu gewinnen und im Kampf gegen die Rote Armee einzusetzen. In den Augen der SS war die Ukraine zunächst nur potentielles deutsches Siedlungsgebiet, das von vermeintlich »rassisch Minderwertigen« und »Untermenschen« »gesäubert« werden musste. Dazu kamen die Ermordung der kommunistischen Elite und die Unterdrückung politisch unerwünschter Strömungen und Widerstände in der Bevölkerung.

Bei der Vorbereitung des »Unternehmens Barbarossa« wandte sich zunächst Admiral Wilhelm Canaris, Chef der militärischen Abwehr, erneut an die Exilukrainer. Man rechnete mit bis zu 30 000 kampfbereiten Sympathisanten der OUN-B in der Westukraine. Aus Anhängern Banderas bildete man die Bataillone »Nachtigall« und »Roland«, die als Vorhut der Wehrmacht Sabotageakte unternahmen und das Hinterland der Roten Armee verunsicherten. Von ukrainischer Seite aus wollte man diese Einheiten als Kern einer künftigen eigenen Armee verstanden wissen und setzte auf die Erweiterung durch ukrainische Überläufer und Gefangene aus der Roten Armee. Die Legionäre trugen Uniformen, die an die erste Nationalarmee von 1918 erinnerten. Sie wurden im Gegensatz zu den anderen Legionen der Wehrmacht nicht auf Hitler vereidigt, sondern schworen: »Mit diesem Gewehr erkämpfe ich die Freiheit der Ukraine, oder ich werde sterben.«[3]

Die beratenden deutschen Offiziere, zu denen Oberleutnant Prof. Dr. Theodor Oberländer, der spätere Bonner Vertriebenenminister gehörte, griffen nicht überall ein, wo sich die ukrainischen Angehörigen der Wehrmacht an Ausschreitungen der Bevölkerung gegen jüdische Mitbürger beteiligten. Der sowjetische NKWD hatte bei seiner überstürzten Flucht in zahlreichen Gefängnissen bis zu 30 000 polnische und ukrainische Gefangene ermordet. In ihrem Zorn sahen viele Ukrainer die Schuld bei den Juden, von denen sie glaubten, dass sie besonders von der Sowjetherrschaft profitiert hätten.[4]

Die schlimmsten Massaker ereigneten sich in Lemberg, der galizischen Metropole. Ukrainische Aufständische waren in die Stadt eingedrungen, um die Unabhängigkeit der Ukraine auszurufen. Es gelang ihnen zunächst nicht, die Stadt zu erobern. Die Ermordung von etwa 3500 Gefangenen durch den NKWD dauerte bis zum Einmarsch der Wehrmacht am 29. Juni 1941. Die ukrainischen Milizionäre stachelten die Stimmung in der Stadt an. Nach den spontanen Pogromen setzte schließlich das Einsatzkommando der SS die systematische Ermordung der jüdischen Bevölkerung fort. An vielen Orten kam es allerdings auch zu Übergriffen der Ukrainer gegen die polnische Minderheit.

Aufmarsch ukrainischer Nationalisten in Galizien.

Ukrainische Beteiligung am Holocaust: Am 14. Oktober 1942 bewachen ukrainische Hilfspolizisten eine Gruppe von jüdischen Frauen und Kindern aus Mizocz (Region Wolhynien), bevor diese in einer nahegelegenen Grube von einer Einheit der SS erschossen werden.

Für die Wehrmacht war die OUN beim Durchmarsch durch Galizien der ideale militärische Partner, da die Nationalisten über eine langjährige Erfahrung im Untergrundkampf gegen das Sowjetsystem verfügten. Doch weit ging die Waffenbrüderschaft nicht. Bandera plädierte in einem Memorandum an Hitler für die Wiederherstellung des ukrainischen Staates. Ebenso wie der Melnik-Flügel der OUN bot Hetman Skoropadski, der ehemalige Regierungschef in Kiew (1918), in Berlin die Aufstellung einer zwei Millionen Mann starken Armee zum Kampf gegen den Stalinismus an.[5] Ein Stab erfahrener Offiziere stehe dafür zur Verfügung.

Die politischen Ambitionen der Ukrainer wurden rasch gedämpft. Zur Herrschaftstechnik der neu installierten deutschen Verwaltung gehörte es, von der OUN eingesetzte ukrainische Bürgermeister durch polnische zu ersetzen. Am 30. Juni 1941 tagte in Lemberg ohne Absprache mit Berlin eine Nationalversammlung und proklamierte die Erneuerung des ukrainischen Staates. Die »Nationalukrainische Revolutionsarmee« werde »mit der verbündeten deutschen Armee gegen die moskovitische Okkupation für einen Geeinten Ukrainischen Staat und eine neue Ordnung in der ganzen Welt kämpfen«, hieß es.[6] Eine provisorische Regierung beschloss außerdem die Aufstellung einer eigenen ukrainischen Miliz. Auch wenn Skoropadski kaum noch über Einfluss im Land verfügte, war die neue Riege von ukrainischen Politikern ebenfalls zuversichtlich, ihre Landsleute dafür gewinnen zu können, mit den Deutschen gegen den russischen Bolschewismus zu kämpfen.

196

Doch die deutsche Sicherheitspolizei schlug rasch zu, denn Hitler tobte, als er die Nachricht von der Unabhängigkeitserklärung erhielt. Bandera wurde in »Ehrenhaft« genommen und in Lemberg eine andere ukrainische Selbstverwaltung installiert. Ostgalizien gliederte man gegen den Protest der ukrainischen Nationalisten in das »Generalgouvernement« Polen ein, und für die restliche Ukraine war ein »Reichskommissariat« vorgesehen. Bandera, dessen Anhänger zeitweilig rund 50 Prozent der von den Deutschen eroberten Gebiete kontrollierten, hatte wie viele andere ukrainische Nationalisten die Deutschen wieder einmal falsch eingeschätzt. Die ukrainefreundliche Haltung mancher Wehrmachtoffiziere und die offizielle Befreiungspropaganda täuschten darüber hinweg, dass man in Berlin nur an der wirtschaftlichen Ausbeutung und Unterwerfung des Landes interessiert war.

Die beiden Ukrainer-Bataillone der Wehrmacht wurden noch im August 1941 aus der Front herausgelöst und als Polizisten umgeschult. Ab März 1942 schickte man sie als Schutzmannschaftsbataillon 201 zum Partisanenkampf nach Weißrussland. Nach Ablauf ihrer Verpflichtungszeit verweigerten die meisten Ukrainer im September eine Verlängerung. Die Deutschen lösten daraufhin den Verband auf und steckten die Offiziere ins Lemberger Gefängnis.

Beim weiteren deutschen Vormarsch in die Ukraine hatten sich im Juli 1941 Marschgruppen der OUN gebildet, die im Rücken der Wehrmacht regionale Stützpunkte errichteten. Sie vermieden fortan eine Konfrontation mit den Deutschen und stellten ihre Miliz für die Sicherung des Hinterlandes zur Verfügung. In Ermangelung eigener Polizeikräfte griffen Wehrmacht und Einsatzkommandos des SD gern auf diese bewaffneten Gruppen zurück, um zum Beispiel Wälder nach versteckten Rotarmisten zu durchsuchen. Im Antikommunismus und Antisemitismus fand sich eine gemeinsame politische Basis. Den Milizen fiel bei der Ausführung zahlreicher Massenmorde an den Juden eine Schlüsselrolle zu. Mit dem vorläufigen Verzicht auf eine Staatsgründung nach dem Modell von 1918 suchte die OUN-M in Anlehnung an die Schutzmacht Deutschland ihre eigene Machtbasis »von unten« zu vergrößern. Sie hoffte im Gegensatz zur OUN-B auf einen allmählichen Weg zur Unabhängigkeit und empfahl ihren Anhängern, sich den Deutschen als Dolmetscher und für die lokale Verwaltung zur Verfügung zu stellen.

Im Unterschied zum Ersten Weltkrieg schalteten sich zwischen dem deutschen Militär und der ukrainischen Nationalbewegung die Polizei- und SS-Verbände sowie die deutsche Zivilverwaltung ein. Das Ergebnis beklagte Propagandaminister Joseph Goebbels ein Jahr später: »In der Ukraine waren die Einwohner anfangs mehr als geneigt, den Führer als Retter Europas anzusehen und die deutsche Wehrmacht wärmstens zu begrüßen. Diese Einstellung ist im Laufe der Monate vollkommen umgewandelt worden. Wir haben in unserer Politik die Russen und vor allem die Ukrainer zu stark vor den Kopf geschlagen. Der Knüppel auf den Kopf ist eben auch Ukrainern und Russen gegenüber ein nicht immer überzeugendes Argument. Allerdings beginnen wir jetzt wenigstens in bescheidenen

Anfängen diese Tendenzen umzuwandeln. [...] Unsere Truppen möchten es schon, denn zweifellos würde ihnen damit ihr Kampf erleichtert werden.«[7] Wenn Himmler insbesondere auf die Volksdeutschen in der Ukraine gesetzt haben sollte, dann waren seine Siedlungs- und Polizeispezialisten doch sehr enttäuscht von den Eindrücken in den deutschen Dörfern. Die Menschen wirkten »rassisch« nicht sehr überzeugend, und aus den Männern konnte man lediglich einige »Selbstschutz«-Einheiten bilden.

Es brauchte erst den militärischen Rückschlag vor Moskau und das Scheitern der Blitzkriegpläne, um ein gewisses Umdenken auf deutscher Seite zu bewirken. Über den Einsatz ukrainischer Hilfspolizisten und »Schutzmannschaften« hinaus wollte man sich des möglichen militärischen Potentials im Kampf gegen die UdSSR freilich zunächst weiterhin nicht bedienen. Immerhin entstanden in der Westukraine die Schuma-Bataillone 201 bis 212. Die für den Aufbau einer ukrainischen Nationalarmee notwendigen Zugeständnisse in politischer und wirtschaftlicher Hinsicht wollte insbesondere Hitler – durchaus im Gegensatz zur Generalität des Ostheeres – nicht machen.

Die bei den deutschen Ortskommandanturen eingerichteten paramilitärischen Formationen der Ukrainer entlasteten die Wehrmacht in ihrem Kampf gegen die Rote Armee in einem nicht unbeträchtlichen Maße. Mit der Übergabe der Milizen an die deutsche Sicherheitspolizei und Gendarmerie mussten zwar die politischen Absichten der Ukrainer noch stärker reduziert und die eigenen verborgen werden, aber die wieder im Untergrund wirkende OUN-B forderte ihre Anhänger gleichwohl auf, sich für Polizeidienst zu bewerben oder in den Bahnschutz, den Postdienst und andere Verwaltungseinrichtungen einzutreten. Ähnlich verhielt sich auch der polnische Untergrund in Galizien, wodurch wegen der ukrainisch-polnischen Gegensätze ein verdeckter Bürgerkrieg unausweichlich wurde.

Anders als in der Westukraine entwickelte sich im Osten des Landes eine klare gemeinsame Frontstellung von »hilfswilligen« Ukrainern und Deutschen gegen das Eindringen von sowjetischen Partisanen. Hier wurden 70 Schuma-Bataillone aus Ukrainern und Kosaken aufgestellt, rund 35 000 Mann. Dazu kamen 15 665 Mann bei der Schutzpolizei und 55 094 bei der Gendarmerie, verteilt auf einzelnen Posten.[8]

Die Unterstützung der Wehrmacht durch die einheimische Bevölkerung im frontnahen Bereich litt freilich in dem Maße, wie durch die Stilllegung von Betrieben bzw. die Einführung von Zwangsarbeit bei gleichzeitiger Vernachlässigung der Fürsorge und Ernährung die deutsche Herrschaft als Bedrückung und Versklavung empfunden wurde. Vor allem das Zögern bei der Auflösung der verhassten Kolchoswirtschaft kostete die Deutschen die Sympathien bei der Mehrheit der Landbevölkerung. Dass schließlich ab dem Frühjahr 1942 Hunderttausende von Menschen aus der Ukraine zum »Reichseinsatz« nach Deutschland verschleppt, ja regelrechte Sklavenjagden unternommen wurden, beförderte einen Stimmungsumschwung. Es gab nun kaum noch wehrfähige junge Männer in den

Dörfern, da viele es vorzogen, zu den Partisanen zu flüchten, zumal spätestens mit der deutschen Niederlage bei Stalingrad für jedermann erkennbar war, dass mit einer Rückkehr der Roten Armee in die Ukraine gerechnet werden musste.

Die Ostukraine war von diesem Umschwung naturgemäß früher betroffen. In Galizien und der Westukraine blieben aus deutscher Sicht die Verhältnisse länger stabil, vor allem in jenen Landesteilen, die durch die frühere k.u.k. Monarchie geprägt worden waren. In dem fortwährenden Ringen zwischen der Militärverwaltung des OKH und einsichtigen Generalen auf der einen Seite, der harten Linie von SS und Wirtschaftsverwaltung auf der anderen spielte Erich Koch als »Reichskommissar« für die Ukraine eine Schlüsselrolle. Entgegen den Intentionen seines Ministers betrachtete er die Ukraine als deutsches Kolonialgebiet und die Ukrainer gleichsam als deutsche »Neger«, die ganz im Sinne Hitlers nur gehorchen und arbeiten sollten. So gab er an seine Beamten folgende Richtlinie aus: »Wir haben sie befreit; im Gegenzug dürfen sie kein anderes Ziel kennen, als für uns zu arbeiten. Da darf es keine menschliche Kameradschaft geben. [...] Streng genommen sind wir unter Negern. [...] Die Bevölkerung ist einfach dreckig und faul. [...] In meinem Gebiet wird jeder erschossen, der auch nur ein Anzeichen von Intelligenz zeigt.«[9]

Im Frühjahr 1942 stand deshalb die OUN vor der Frage, ob sie eine Partisanentruppe aufstellen sollte, um die eigene Bevölkerung vor den Deutschen zu schützen. Der Feind Nummer eins blieb für die ukrainischen Nationalisten zwar die UdSSR, doch die Not der Menschen im deutschen Hinterland konnten sie nicht ignorieren. Allzu früh aber mit Militäraktionen auch gegen die Deutschen zu beginnen, bevor sich der Ausgang des Krieges zwischen beiden Imperien klar abzeichnete, konnte sich als Fehler erweisen. Anders als die polnische Armia Krajowa konnte der ukrainische Untergrund nicht auf eine westliche Schutzmacht hoffen, die sich womöglich für die Unabhängigkeit der Ukraine gegenüber der UdSSR einsetzen könnte. Die Lage der OUN war daher eigentlich aussichtslos.

Nachdem spontan Selbstverteidigungsgruppen gegen die Deutschen und – in der Westukraine – gegen den polnischen Untergrund entstanden waren, verkündete die OUN Anfang 1943 (im Schatten der Stalingrader Katastrophe) den offenen Kampf gegen die deutsche Besatzungsherrschaft.

Aus dem Beschluß der III. Großen Versammlung der OUN im Februar 1943:
»Wir [...] kämpfen dafür, daß jede Nation in ihrem eigenen unabhängigen Staat ein freies Leben lebt. Die Beendigung der nationalen Unterdrückung und Ausbeutung einer Nation durch eine andere Nation, ein System freier Völker im eigenen unabhängigen Staat – das ist die einzige Ordnung, die der nationalen und sozialen Frage in der ganzen Welt eine gerechte Lösung gibt. Wir kämpfen gegen die Imperialisten und Imperien, weil in ihnen ein herrschendes Volk kulturell, politisch und ökonomisch andere Völker unterdrückt; darum sind wir gegen die UdSSR und gegen das deutsche ›neue Europa‹.«[10]

Die Bildung der Ukrainischen Aufständischen Armee (UPA) löste einen rasch wachsenden Zulauf von Kämpfern aus, unter ihnen viele mit Waffen und Ausrüstung, die bisher in der deutschen Hilfspolizei gedient hatten. Innerhalb weniger Wochen wurden so die deutschen Kräfte aus weiten Teilen des ländlichen Raumes in der Westukraine verdrängt. Die Deutschen konnten sich nur in den großen Städten halten und mühsam die wichtigsten Eisenbahnverbindungen sichern. Von der UPA wurden außerdem Einheiten in die Zentral- und die Ostukraine entsandt, um Kräfte für den gemeinsamen Kampf zu sammeln und die Bürger der ehemaligen Sowjetukraine für die nationale Unabhängigkeitsbewegung zu gewinnen. Hierbei gerieten sie zwangsläufig in Kämpfe mit sowjetischen Partisanen. Mit dem Vormarsch der Roten Armee in der Ukraine erhielten diese im Frühjahr 1944 den Auftrag, im Rücken der zurückweichenden deutschen Front hauptsächlich die UPA zu liquidieren.[11]

Eine wichtige Rolle bei der Sicherung des Hinterlandes spielten die ungarischen Besatzungstruppen in der Ukraine. Mit ihnen verständigte sich die UPA bereits 1943 in einem Geheimabkommen darauf, im Tausch von Waffen und Ausrüstung gegen Informationen und Lebensmittel einen Waffenstillstand zu organisieren. Rivalisierende bewaffnete Gruppen der Nationalbewegung wurden im Sommer 1943 zum Teil zwangsweise aufgelöst und in die UPA integriert. So standen 1944 rund 30 000 Kämpfer in militärisch straff geführten Gliederungen zur Verfügung. Im Vergleich dazu verfügten die »roten Partisanen« in der Westukraine über 24 000 Mann.

Die UPA bildete eine durchorganisierte Infanteriearmee mit einem Sammelsurium an Beutewaffen, unterstützt durch Kavallerie und Artillerie sowie einigen wenigen Panzern. Abgesehen von den Offizieren verfügten die jungen Frauen und Männer über keinerlei militärische Ausbildung. Sie führten einen Mehrfrontenkrieg. Bei der Verschiebung der Fronten griffen sie die Deutschen an und vertrieben am 9. Juli 1944 beim Kampf um den Berg Lopata sogar eine feindliche Division. Zugleich lieferte sich die UPA regelrechte Gefechte mit der polnischen Armia Krajowa, die in Galizien und Wolhynien eine Division aufgestellt hatte, um die Rückkehr dieser Gebiete in einen künftigen polnischen Staat zu befördern. Beide Seiten betrieben eine brutale ethnische »Säuberung« in den Dörfern – eine Wiederholung der Auseinandersetzungen am Ende des Ersten Weltkriegs. Im Zuge dieses eigentümlichen Krieges im Kriege kamen nach Schätzungen bis zu 100 000 Polen und rund 20 000 Ukrainer ums Leben.[12]

Die UPA unternahm aber auch von westukrainischem Gebiet Vorstöße in die Zentralukraine. In einem Hinterhalt tötete sie den Oberbefehlshaber der 1. ukrainischen Front, General Nikolai Vatutin. Der NKWD versammelte vergeblich 30 000 Mann, um das Vordringen der UPA ins sowjetische Hinterland zu verhindern. So blieb der Untergrundstaat auch nach dem Abzug der Deutschen erhalten und kämpfte bis Anfang der 50er Jahre gegen das Sowjetregime. Dabei wurden bis zu 30 000 kommunistische Funktionäre, Tschekisten und Rotarmisten getötet.

Im Gegenzug wurden von 1946 bis 1949 etwa 500 000 Westukrainer nach Sibirien verschleppt.[13]

In Konkurrenz zum Aufbau der UPA hatten die Deutschen nach der Katastrophe von Stalingrad endlich eigene Anstrengungen entwickelt, größere ukrainische Militäreinheiten aufzubauen. Die ideologischen Hemmungen gegen den Einsatz von slawischen Soldaten (man sprach lieber von »nichtgermanischen« Freiwilligen) waren inzwischen sogar in der SS gefallen. Nachdem die Ordnungspolizei bereits im Frühjahr 1943 aus eigener Initiative bewaffnete Verbände gebildet hatte, genehmigte Heinrich Himmler im noch immer relativ ruhigen Galizien den Vorschlag des dortigen Gouverneurs, des SS-Brigadeführers Dr. Otto Wächter, Freiwillige für die Waffen-SS zu werben.

Ukrainische Freiwillige aus dem Distrikt Lemberg melden sich zur Waffen-SS, Mai 1943.

Für die drei Regimenter sollten bevorzugt Männer ausgewählt werden, deren Väter bereits in der österreichisch-ungarischen Armee gedient hatten. Die OUN hielt es für sinnvoll, die Werbung zu unterstützen, um auf diese Weise an Waffen und ausgebildete Soldaten heranzukommen. Bis zum Juni 1943 meldeten sich 84 000 Männer, von denen aber nur ein Viertel von der SS ausgewählt wurde. Man war sehr darauf bedacht, den »Bazillus« des ukrainischen Nationalismus fernzuhalten. Die neu formierte und nach mehreren Umbenennungen etatisierte 14. Waffen-Grenadier-Division der SS »Halytschyna« (galizische Nr. 1) umfasste am Jahresende 15 299 Soldaten. Der Namenszusatz »Ukrainische« war von Himmler verboten worden. Für die SS ungewöhnlich war das Zugeständnis, neun Feldgeistliche aufzunehmen. In der Mehrzahl bestand die Mannschaft aus den Volksdeutschen sowie Ukrainern aus dem Raum Lemberg. Aus den übrigen Bewerbern bildete die Polizei fünf weitere SS-Freiwilligen-Regimenter (Nr. 4 bis Nr. 8).

Die Ausbildung zu einer schlagkräftigen Truppe im Rahmen der Waffen-SS konnte bis zum Sommer 1944 abgeschlossen werden. Zwischenzeitlich war eine Kampfgruppe gegen Partisanen eingesetzt worden. Im Juni wurde die Division als Reaktion auf die sowjetische Großoffensive der 1. Panzerarmee unterstellt und geriet am 19./20. Juli sogleich in den Kessel bei Brody. Trotz teilweise tapferer Gegenwehr konnten nur 3000 Mann der Division zu den deutschen Linien entkommen. Rund 1000 schlugen sich zur UPA durch.

Bei der Wiederaufstellung griff man auch auf die aufgelösten galizischen Polizeiregimenter zurück. Höhere ukrainische Offiziere hingegen wurden nicht eingegliedert. Das deutsche Führungspersonal stand seinen ausländischen Mannschaften verständnislos gegenüber. Dennoch hielten sich die Spannungen in Grenzen, weil die Division als Besatzungstruppe in die Slowakei verlegt wurde. Der Namenszusatz wurde nun in »ukrainische Nr. 1« verändert. Einzelne Auseinandersetzungen mit slowakischen Aufständischen und Tito-Partisanen stellten kein größeres Problem dar. So blieb die Desertionsrate (drei Prozent) bis zum Frühjahr 1945 gering.

Die ukrainischen Schutzmannschaftsbataillone der Ordnungspolizei fanden nach dem Rückzug aus der Ukraine teilweise in den Polizeiregimentern der SS Verwendung. Wie die Weißrussen zeigten sie sich bei vereinzelten Einsätzen an der Westfront als unzuverlässig. Ein ukrainisches Regiment wurde im Frühjahr 1945 am Oberrhein im Rahmen des XVIII. SS-Armeekorps eingesetzt, musste aber nach zahlreichen Beschwerden aus der deutschen Bevölkerung wieder zurückgezogen werden. Dass die deutsche Zivilbevölkerung nun von Ukrainern in deutscher Uniform drangsaliert wurde, war für das NS-Regime schwer erträglich.

Ende September 1944 hatte man in Berlin alle Hemmungen fallengelassen: Bandera wurde aus der Haft entlassen, und der »Jagdverband Ost« des berüchtigten SS-Hauptsturmführers Otto Skorzeny sollte mit der UPA in der besetzten Ukraine Verbindung aufnehmen, um den Partisanenkrieg gegen die Rote Armee zu verstärken – ein illusionäres Unterfangen. Das SS-Hauptamt in Berlin setzte – reichlich spät – auf eine Revolutionierung der nationalsozialistischen Ostpolitik und förderte auch die Bildung eines ukrainischen Nationalkomitees unter der Leitung von Pawlo Shandruk. Dieser hatte von 1918 bis 1920 als ukrainischer Oberst gegen die Rotarmisten gekämpft, war dann 1936 in die polnische Armee eingetreten und hoffte nun, die »Substanz« retten zu können, womit er die Rettung von möglichst vielen ukrainischen »Ostarbeitern«, Kriegsgefangenen und Freiwilligen vor der Roten Armee meinte.[14]

Der Gedanke einer ukrainischen Unabhängigkeit war ihm wichtig genug, um eine Unterstellung unter das von Himmler installierte russische Nationalkomitee des Generals Wlassow abzulehnen. Im März 1945 erhielt Shandruk die offizielle Anerkennung der deutschen Reichsregierung, die allerdings nur noch von ihrem Berliner Bunker aus regierte. Wie wenig fundiert dieser politische Umschwung gewesen ist, zeigte sich, als Hitler auf die ukrainische SS-Division aufmerksam wurde und ihre Entwaffnung empfahl. Sie wurde dennoch schließlich Shandruk unterstellt und im April 1945 in »1. Division der Ukrainischen Nationalarmee« umbenannt – nicht mehr als eine symbolische Geste in den letzten Kriegstagen, als die Rote Armee bereits die Stadtgrenze von Berlin erreicht hatte. Im fernen Österreich musste Ende April das deutsche Rahmenpersonal nun ebenfalls auf die fremde Fahne schwören: »Ich werde immer und überall mit der Waffe in der Hand unter der ukrainischen Nationalfahne für meine Heimat Ukraine kämpfen.«

Wenn die Deutschen geglaubt haben sollten, damit irgendwie der Gefangenschaft entgehen zu können, sahen sie sich nach wenigen Tagen getäuscht.

Bis auf eine in Aufstellung begriffene 2. ukrainische Division, die in Böhmen von der Roten Armee aufgerieben wurde, hatten die Verbände der 1. Division in Österreich (einschließlich des Reserveregiments 281 in Dänemark und zweier Wacheinheiten in Holland) Glück, das sie einmal die Bezeichnung »galizische« getragen hatte. So wurde sie von den Westmächten als »polnische Einheit« deklariert und nicht an Stalin ausgeliefert, sondern in Rimini interniert – für die Ukrainer in diesen trüben Zeiten sicher kein schlechter Standort. Viele wanderten nach ihrer Entlassung nach Kanada und in die USA aus, wo große ukrainische Gemeinden entstanden, die den Gedanken der Unabhängigkeit ihrer Heimat aufrechterhielten. Mancher Einwanderer bekam allerdings noch in den 80er und 90er Jahren Besuch vom Staatsanwalt, weil er falsche Angaben über seine Dienstzeit bei den Deutschen gemacht hatte oder womöglich als Kriegsverbrecher entdeckt wurde. Bandera war bereits 1959 von sowjetischen Geheimagenten in München ermordet worden. Auch dort war eine größere ukrainische Exilgemeinde entstanden.

Insgesamt wird der bewaffnete Beitrag der Ukraine für die deutsche Kriegführung auf 250000 Mann geschätzt.[15] Hätte Hitler bereits 1941 die Aufstellung einer Nationalarmee und eine gewisse staatliche Autonomie gewährt, wie es viele Experten und Offiziere – und in gewissem Maße selbst »Ostminister« Rosenberg – vorschlugen, wäre die von Skoropadski anvisierte Armee von zwei Millionen Mann vielleicht zu realisieren gewesen. Doch im Gegensatz zu anderen osteuropäischen Gebieten war für Hitler dort nicht die Rassenideologie ausschlaggebend, sondern ein radikales kriegswirtschaftliches Motiv. In Auswertung der Erfahrungen von 1918 sollte das rücksichtslose »Ausquetschen« der Ukraine die Fortführung des Krieges ermöglichen. So wurde die Ukraine zwar erneut von den Deutschen erobert, aber die brutale Ausbeutungspolitik scheiterte, und die zum Kampf gegen den Stalinismus bereiten Ukrainer verharrten in Resignation oder wechselten auf die sowjetische Seite.

Russland

■ Die guten deutsch-russischen Militärbeziehungen aus der Zeit der Napoleonischen Kriege waren Ende des 19. Jahrhundert von zunehmenden Spannungen zwischen beiden Ländern abgelöst worden. Machtpolitische Rivalitäten und ideologische Gegensätze führten zu gegenseitigen Bedrohungswahrnehmungen, die einen kriegerischen Zusammenprall immer wahrscheinlicher werden ließen. Ab Beginn des 20. Jahrhunderts galt Russland für den deutschen Generalstab als sicherer Gegner in einem künftigen Krieg. Nach Beginn der Kampfhandlungen im August 1914 rangen beide Seiten erbittert um den Sieg. An die Formierung von Legionen aus Staatsbürgern der jeweils anderen Seite dachte man weder in Berlin noch in Moskau. Das galt freilich nicht für nationale Minderheiten im feindlichen Lager. Deren Mobilisierung und Bewaffnung konnte, so das Kalkül auf beiden Seiten, den Zusammenhalt der Imperien erschüttern.

Das Kaiserreich war mit dieser Politik am erfolgreichsten, insbesondere durch die Förderung von Nationalstaatsbildungen auf dem Boden des am Ende geschlagenen Russischen Reiches. Die deutschen Kriegsziele richteten sich schon während des Ersten Weltkriegs darauf, Russland in seine nationalen Bestandteile zu zerlegen, im Zuge einer solchen »Dekompositionspolitik« ein besiegtes Russland auf seinen »altrussischen« Kernbereich zu beschränken und so die Konkurrenz einer östlichen Großmacht zu beseitigen. Man kooperierte sogar mit den verhassten russischen Bolschewisten, um den Gegner zu schwächen und niederzuwerfen. Obwohl die politischen Sympathien in dem ausbrechenden Bürgerkrieg keinesfalls den Kommunisten gehörten, betrachteten die Deutschen die »weißgardistischen« Armeen als Feinde, weil diese von der Entente unterstützt wurden.

Diese zynische Machtpolitik wurde selbst nach der deutschen Niederlage fortgeführt. Die Reichswehr intensivierte insgeheim sogar ihre militär- und rüstungspolitische Zusammenarbeit mit dem bolschewistischen Regime. Manche konnten sich einen gemeinsamen »Befreiungskampf« zusammen mit »roten Kosaken« am Rhein gegen Frankreich vorstellen, so etwa der deutsche Botschafter in Moskau, Graf Brockdorff-Rantzau. Der Chef der deutschen Heeresleitung, General Hans von Seeckt, verfolgte bei den Kontakten mit den Spitzen der Roten Armee ein nüchterneres Kalkül. Würde es in Sowjetrussland zum Niedergang des Kommunismus kommen, wie man es in der westlichen Welt allgemein erwartete, würden sich die Deutschen durch ihr Bündnis mit den ehemals zaristischen Offizieren in der Roten Armee mögliche Einflussmöglichkeiten bewahren und so ein Abdriften Russlands ins westliche Lager verhindern können.

Hunderttausende russischer Emigranten in Deutschland konnten sich zwar auch politisch betätigen, aber die ehemaligen Offiziere der Zarenarmee hofften vergeblich auf eine baldige Rückkehr. Überlegungen des letzten deutschen Oberbefehlshabers Ost, General Max Hoffmann, einen künftigen Krieg gegen das

Sowjetregime auch mit Hilfe der einheimischen Bevölkerung zu führen, fanden im machtpolitischen Kalkül der Reichswehrführung keinen Widerhall. Man entsandte vielmehr bis 1933 zahlreiche deutsche Offiziere zur Ausbildung in die UdSSR, so wie umgekehrt wichtige Kader der Roten Armee ihre Generalstabsausbildung in Deutschland erhielten.

Das mögliche Bündnis mit dem Sowjetregime blieb allerdings in nationalkonservativen Führungskreisen umstritten. Doch auch hier lebte die Grundidee der Bismarckschen Russlandpolitik fort. Deutsch-russische Bündnisvorstellungen in unterschiedlicher Schattierung fanden sich sogar in der radikalen Rechten. Als die Nationalsozialisten 1933 die Macht übernahmen, hatte aber zumindest ihr »Führer« ein klares Konzept: »Lebensraum« für Deutschland konnte es nur im Osten, und zwar auf Kosten Russlands geben. Das schloss jegliche Zusammenarbeit mit der russischen Bevölkerung aus. Rassenideologie, Antisemitismus und Antikommunismus hatte Hitler zu einer mörderischen ideologischen Mixtur verbunden, inspiriert von dem baltendeutschen Emigranten Alfred Rosenberg. Dieser vertrat ein striktes »Dekompositionsprogamm« für Russland, in dem zwar die nichtrussischen Nationalitäten je nach ihrer vermeintlich rassischen Wertigkeit durchaus als Bundesgenossen in Betracht kamen, nicht aber die Bevölkerung des russischen Kerngebiets, die »Moskowiter«.

Die deutsche Russlandpolitik blieb freilich nach 1933 mehrstimmig. Mit der Übernahme des Auswärtigen Amtes durch Joachim von Ribbentrop erhielt auch die »Kontinentalblock«-Konzeption eines deutsch-russischen Bündnisses wieder mehr Gewicht. Sie gewann 1939 an Bedeutung, als Stalin das Scheitern seines Systems der kollektiven Sicherheit konstatieren musste, mit dem er die Ambitionen der rivalisierenden Großmacht Deutschland einzudämmen versuchte. Die Spekulationen darüber, dass eine Intrige Berlins Stalin zu »Säuberungen« des höheren Offizierkorps der Roten Armee veranlasst haben könnte, sind bis heute nicht verstummt. Die Ermordung oder Deportation von Tausenden erfahrener Kommandeure hat jedenfalls die Sowjetarmee bis in den Zweiten Weltkrieg hinein schwer geschädigt und zu den katastrophalen Niederlagen im Sommer 1941 erheblich beigetragen.

Stalins Lockangebote im Sommer 1939 eröffneten Hitler die Chance, Polen überfallen zu können, ohne sogleich einen Weltkrieg zu riskieren. Im September entstand auf diese Weise eine Art von »Waffenbrüderschaft«, die an die Brest-Litowsk-Ära von 1918 erinnerte, nun allerdings auf gleicher »Augenhöhe« und um den Preis der Rückgewinnung der alten Grenzen des russischen Imperiums. Die deutsch-sowjetische Kooperation entwickelte sich im ersten Kriegsjahr für beide Seiten höchst erfolgreich auf nahezu allen Gebieten und hätte – so die Sicht mancher Nationalkonservativer in Deutschland – an das deutsch-russische Verhältnis der Bismarck-Zeit anschließen können. Doch Hitler wartete bekanntlich nur auf den günstigsten Augenblick, um seinen eigentlichen Krieg, die Eroberung Russlands, beginnen zu können.

In deutschen Führungskreisen blieben die Erwartungen uneinheitlich. Die Russlanddiplomaten setzten auf den Ausbau der Beziehungen zur UdSSR, ebenso wie manche Kreise der Industrie. Erste militärische Überlegungen für einen möglichen Waffengang gegen die Rote Armee gingen nicht von einem gleichwertigen Gegner aus und erwarteten einen schnellen Erfolg, zumal man im Juni 1940, nach dem Sieg über Frankreich, zunächst nur an eine »kleine« Lösung dachte, das heißt an die Eroberung bzw. »Befreiung« der westlichen Randgebiete der Sowjetunion, also des gerade erst von Stalin okkupierten Baltikums, Ostpolens und der Ukraine. Es war klar, dass die territoriale Erweiterung der UdSSR kein verlässliches, zusätzliches militärisches Potential verschafft hatte. Auf die Kooperationsbereitschaft mit den nichtrussischen Nationalitäten würden sich die Deutschen wie im Ersten Weltkrieg verlassen können.

Auch als Hitler im Juli 1940 die Planung einer Gesamtlösung zur Niederwerfung der UdSSR anordnete, rechnete man in der Wehrmachtführung nur mit einem kurzen Krieg, der weitergehende Überlegungen zur Einbeziehung der einheimischen Bevölkerung überflüssig machen würde. Der Generalquartiermeister des Heeres, Eduard Wagner, erwartete zwar große Gefangenenmassen, die aber, wenn sie nicht als Arbeitskräfte gebraucht wurden, möglichst rasch entlassen werden sollten. Doch sorgten Hitlers Eingriffe und die Ernennung Rosenbergs zum künftigen »Reichsminister für die besetzten Ostgebiete« im März/April 1941 für eine Radikalisierung der Planungen. Hitlers berüchtigte Ansprache am 30. März 1941 vor den Befehlshabern des künftigen Ostheeres schuf Klarheit über den Kurswechsel.[1] Die Russen sollten »keine Kameraden« sein, sondern durch die Ermordung der Kommissare eine führungslose Masse werden, bestenfalls rechtlose Arbeitssklaven, die ruhig zu Millionen verhungern konnten. Das künftige »Reichskommissariat Moskowien« unter der Führung von SA-Obergruppenführer Siegfried Kasche galt es nach Rosenbergs Konzept »niederzuhalten«.[2] Im Gegensatz zum Baltikum, zur Ukraine und zum Kaukasus war das russische Kerngebiet dazu ausersehen, ausgeplündert und langfristig seiner Menschen beraubt zu werden. Den russischen »Untermenschen« billigte man keine Zukunft im deutschen Ostimperium zu.

Daher lehnte Hitler mit größter Hartnäckigkeit jeden Gedanken an eine mögliche Bewaffnung von Russen in deutschen Diensten ab. Allenfalls bei den nichtrussischen Völkerschaften konnte man nach seinem Verständnis geringfügige Ausnahmen machen. Obwohl die deutsche Führung bei Beginn des »Unternehmens Barbarossa« daher davon ausging, dass die stalinistische Herrschaft von der Mehrheit der russischen Bevölkerung mehr ertragen als getragen wurde, war man in der ersten Euphorie davon überzeugt, dass man ihre Hilfe nicht benötigen würde, um den Sieg zu erringen – kein Gedanke also an den möglichen Aufbau einer russischen »Befreiungsarmee«.

Diese Überheblichkeit der NS-Führung hielt lange an und wurde erst allmählich durch den Druck der militärischen Zwänge aufgeweicht. Dagegen formierten die Fronttruppen bereits im Sommer 1941 erste Einheiten aus Überläufern und Gefangenen, zunächst in den »befreiten« Randgebieten der UdSSR, wo bewaffnete Milizen aber an die Höheren SS- und Polizeiführer Heinrich Himmlers abgegeben werden mussten. Dann bediente man sich immer stärker auch der Bereitschaft russischer Kriegsgefangener und Freiwilliger, Hilfsdienste für die Wehrmacht zu leisten. Als Dolmetscher, Wachmannschaften und Arbeitskräfte bei den Militärkommandaturen und in den Truppenteilen waren sie schon jetzt eingespannt. Hitler lehnte aber strikt alle Angebote zum Beispiel von russischen Exilanten oder einheimischen Bürgermeistern ab, eine gemeinsame antikommunistische Front oder gar eigenständige russische Truppen zu bilden.

Es gab nur eine Ausnahme vom rassenideologischen Kurs gegenüber den Russen: eine von Klischees geprägte wohlwollende Haltung gegenüber dem Kosakentum. Als am 22. August 1941 das sowjetische 436. Infanterieregiment unter der Führung von Major Iwan N. Konosow fast geschlossen zur Wehrmacht überlief, entschloss sich die Heeresgruppe Mitte, den Verband als »Kosaken-Abteilung 600« für Sicherungsaufgaben und zur Bekämpfung von Partisanen in ihre Dienste zu nehmen. Auch wenn die Zahl der »echten« Kosaken gering war, hatte man doch damit eine wirksame »Mogelpackung« geschaffen. Rosenberg wollte ursprünglich das kosakische Don- und Wolgagebiet zu einem eigenständigen Pufferstaat zwischen der Ukraine und Moskowien aufblähen, nahm dann aber wieder Abstand von der Idee, weil er bei den Kosaken kein ausgeprägtes Nationalbewusstsein zu erkennen glaubte.[3] Aufgrund ihres vermeintlich kriegerischen Geistes und ihres historisch bewiesenen Antikommunismus wurden sie immerhin aus dem Kreis der »Untermenschen« ausgenommen. Außerdem dürften sich die langjährigen Kontakte der exilkosakischen Führung, vor allem des Ataman Peter Krasnow, zur Wehrmacht ausgezahlt haben. Das OKW jedenfalls genehmigte Ende 1941 die Aufstellung von Kosakeneinheiten zum Kampf an deutscher Seite. Damit war zumindest eine Gleichstellung mit den nichtrussischen Völkerschaften erreicht, ja sogar etwas mehr.

Denn während der Vorbereitungen für die Sommeroffensive 1942, die in die historischen Siedlungsgebiete der Kosaken führen sollte, billigte Hitler ihren Einsatz nicht nur bei der Partisanenbekämpfung, sondern auch den Fronteinsatz! Die militärische Lage nach dem Rückschlag vor Moskau hatte den »Führer« gezwungen, auf verstärkte Mithilfe der Verbündeten zu drängen und zugleich Spielräume zu öffnen für eine »moderate« Besatzungspolitik im Osten.[4] Im »Ostministerium« gab man sich überzeugt, dass sowohl im Kaukasus wie in Südrussland die Bevölkerung durch politische und kulturelle Zugeständnisse zur Mitarbeit gewonnen werden könnte. Wieder waren es die Militärs, die hier die Initiative ergriffen. Nach der Besetzung der Kubanregion proklamierte die Militärverwaltung eigenmächtig die Schaffung eines »Versuchgebiets« mit kosakischer Selbstverwaltung. Eine Ataman-Regierung wurde in Aussicht gestellt, ebenso die Auflösung der Kollektivwirtschaften.

Kosak in deutschen Diensten.

Parade der Kubankosaken:

»Plötzlich blies der Trompeter über ihnen los, daß es ihnen schneidend in die Ohren gellte: Das Signal zur ›Parade im Schritt‹ flog lockend hinaus! Die bunte Reitermasse am Rande des Feldes gliederte sich, das erste Regiment kam in fünf Blöcken über die Linie. Voran ritt ein schwerer Oberst auf einem Schimmel, der sich schäumend überzäumte, ihm folgte ein finsterer Jessaul, schließlich kam ein kecker Leutnant auf einem Goldfuchs.

Dann folgte die erste Schwadron, die Leibschwadron des Ataman, alle in schwarzen Tscherkeßken. Sie saßen auf großen Goldfüchsen, seine Leibkosaken, auf den besten Pferden der Brigade. Der Stolz darüber leuchtete aus ihren wilden Gesichtern, die übrigens so blank aussahen, als hätte man sie zuvor mit scharfem Scheuersand geputzt. Sie hielten auch verhältnismäßig gute Linie, blickten wie aufgereihte Marionetten zu ihrem Ataman hinüber, über dessen Kopfe in langen Wellen die neue Fahne schlug: Das alte weißblaurote Tuch, in dessen Mitte eine Madonna gestickt war, ganz aus kostbaren Goldfäden aufgelegt, die segnend ihre Hände breitete. [...] Dort ritten sie wieder dahin, die schwarzen Kosaken des Zaren. [...] Zu Russlands Wiedergeburt, zu Russlands alter Größe. [...] Als zweites kam die braune Schwadron, ihre Pferde waren schon kleiner, aber dafür doppelt schön geputzt, manche mit fröhlichen Musterchen auf den Kruppen. Die Kosaken staken schon in deutschen Uniformen, die noch nicht ganz auf ihnen sitzen wollten, aber doch schon recht kommissig wirkten. Diese Männer schienen noch marionettenhafter als die ersten, kam es daher, weil sie sich durch ihre Uniformen besondere Mühe gaben? Wollten sie dieser Uniform damit Ehre erweisen, saßen sie deswegen so steif wie Stöcke da, glaubten sie vielleicht in ihrer kindlichen Einfalt, ihr das vor dem deutschen General schuldig zu sein?«[5]

Der Generalquartiermeister des Heeres, General Eduard Wagner, machte sich für die Kosaken stark, selbst gegen Widerspruch von Seiten der SS. Sogar ein kosakischer Armeekommandeur sollte ernannt werden, um aus der zunächst aufgestellten Polizeitruppe und mit Hilfe von 25 000 Freiwilligen einen frontfähigen Verband zu formen. Die deutsche Niederlage bei Stalingrad sowie der Rückzug aus dem Kaukasus machten solche Pläne Anfang 1943 zunichte. Den Deutschen schlossen sich dennoch Tausende von einheimischen Flüchtlingen an, darunter auch zahlreiche kleinere Kosakeneinheiten, die von deutschen Verbänden aufgestellt worden waren.

Wie bei anderen Hilfsverbänden wollte Hitler eigentlich keine größere Zusammenfassung als bis zur Bataillonsebene. So standen rund 20 Kosakenbataillone über die ganze Ostfront verteilt im Kampf. Diese restriktive Vorgabe wurde auch bei den Kosaken 1943 aufgeweicht. Bereits im Frühjahr waren drei vollwertige Regimenter im Einsatz. Ab Mai sollte eine komplette Kavalleriedivision aus Freiwilligen ausgebildet werden, wobei die Mannschaften fast zur Hälfte aus Kriegsgefangenenlagern stammten. Die bestehende Abteilung 600, inzwischen zum Donkosakenregiment 5 umbenannt, bildete den Kern der Division, die dem deutschen General Helmuth von Pannwitz, einem Draufgänger und ehemaligen Freikorpskämpfer, unterstellt wurde. Hier traf sich eine brisante Mischung aus Altemigranten und Bürgerkriegsveteranen auf der einen Seite sowie Überläufern und Kriegsgefangenen der Roten Armee auf der anderen. Um die bis zu gegenseitigen Mordanschlägen gereizte Truppe zu einem schlagkräftigen Verband zusammenzuführen, spielte neben der Einwirkung der orthodoxen Priester auch die Wiedereinführung einer alten Form von kosakischer Basisdemokratie eine Rolle, wie sie den Älteren noch aus der Zeit des Zarenreiches vertraut war.[6]

Im September 1943 galt der Aufbau der Division als abgeschlossen. Sie umfasste je ein Regiment Sibirischer und Terekkosaken sowie je zwei Regimenter Don- und Kubankosaken. In einem Lehr- und Ersatzregiment dienten auch einige Schwadronen Jungkosaken, Waisenkinder zwischen 14 und 18 Jahren. Bei einer Stärke von rund 2000 Mann war jedes Regiment mit 160 Deutschen als Rahmenpersonal ausgestattet. Als die Division einsatzbereit war, folgte die Enttäuschung. Hitler hatte inzwischen seine Meinung geändert und Befehl gegeben, die russischen Hilfsverbände von der Ostfront abzuziehen. Die 1. Kosakenkavalleriedivision wurde nach Jugoslawien verlegt, wo man sie zur Sicherung des deutschen Hinterlandes gegen die Tito-Partisanen einsetzte. Der Kampf gegen die Kommunisten wurde von den Kosaken bzw. denen, die sich dafür ausgaben, mit aller Härte geführt.[7] Wenig Verständnis hatten sie aber für die kroatischen Ustascha-Verbände, die einen mörderischen Vernichtungskrieg gegen die orthodoxen Serben führten.

Aus dem Kriegstagebuch von Major Erwein Karl Graf zu Eltz vom Stab der 1. Kosakendivision über seinen Einsatz in Jugoslawien:
»30. November (1943). Am Vormittag Spazierritt mit dem General. Als Begleitschutz hatten wir zehn Altkosaken mit, die beim Ritt durch Ortschaften prachtvoll gesungen haben. Die Bevölkerung starrte uns entgeistert an. Das Entsetzen über die Kosaken breitet sich aus. Wieder sind Dörfer in Flammen aufgegangen, und Bewohner wurden erschossen. Für die Truppe ist es sehr schwer, hier Krieg zu führen, da die Unterscheidung zwischen Partisan und Nichtpartisan ungeheuer schwierig, wenn nicht unmöglich ist. Dauernd war Art.Feuer zu hören. Von einer geschlossenen Front kann nicht die Rede sein. Der Gegner steckt überall. [...]
26. Dezember. Um 9 Uhr aufs Pferd gestiegen. Kosakisch gekleidet. Ritt mit Schultz, dem Trompeterkorps und einem Zug der Wachschwadron, alle mit ihren Tscherkesskas angetan, zum Quartier des Obst. v. Bosse, um zu seinem 25jährigen Dienstjubiläum ein Ständchen darzubringen. Anschließend mit ihm Umzug durch die Stadt mit großem Tamtam. Zum schwarzen Kaffee zum Logornik Faget, der uns alle für den Abend zum Tanz in die Synagoge [sic!] einlud. Ging gegraust für eine halbe Stunde hin. Erfreulicherweise kaum Leute, saukalt und zum Glück auch miserable Getränke.«[8]

Die Disziplin in der Division konnte nur mit drakonischen Strafen aufrechterhal-
ten werden. »Organisieren« von Lebensmitteln und vor allem Alkohol gehörte zur
Tagesordnung. Andere kosakische Bataillone schickten die Deutschen an den
Atlantikwall, wo sie als Infanterie in den Invasionskämpfen gegen Briten und
Amerikaner untergingen. Der durch die drohende Niederlage selbst bei Himmler
geförderte ideologische Pragmatismus sorgte Ende 1944 für einen weiteren Ausbau der Kosakenformationen. Kosakische Nationalisten verstanden es, mit antisemitischen und antiwestlichen Argumentationen den »Reichsführer SS« zu beeindrucken. Die Behauptung starker »Blutsbande zur deutschen Ursprungsheimat«
sollte die Forderung nach einem »Großkosakien« unterstützen.[9] Sie hatten wenigstens insofern Erfolg, als die Kosakenkavallerie zu einem Korps mit zwei Divisionen in Nordjugoslawien ausgebaut wurde, das inzwischen zum Hinterland
der Ostfront geworden war. Das am Jahresende gebildete XV. Kosakenkavalleriekorps hatte eine Kampfstärke von mindestens 25 000 Mann. General Krasnow
versprach dem »Führer« Treue bis in den Tod, was seine Kosaken, die meist mit
ihren Familien in den Südosten gezogen waren, mit einer geringen Desertionsrate
unterstrichen.

In 50 Eisenbahnzügen hatte man im Sommer 1944 etwa 35 000 Kosaken aus
dem Osten evakuiert und in Norditalien angesiedelt. Der Stab residierte in
Dolmezzo mit 2800 Offizieren und 20 000 Soldaten, die zur Bekämpfung von
Partisanen eingesetzt wurden. Am 25. März 1945 wählten die Teilnehmer eines
Kongresses kosakischer Frontkämpfer in Virovitica Helmuth von Pannwitz zu
ihrem Obersten Feldataman. Männer, Frauen, Kinder und der deutsche General
wurden bei Kriegsende von den Briten an die Rote Armee ausgeliefert.[10] Pannwitz und eine unbekannte Zahl seiner Männer wurden in der UdSSR verurteilt
und hingerichtet.

**Bericht über die Geschehnisse nach dem letzten erfolgreichen Angriff der
Kubankosaken auf eine sowjetische Infanteriedivision 1945 in Jugoslawien:**
»Aber die Panzer waren schneller, denn die Panzer hatten Motoren. Ein Ungeheuer-
liches hob jetzt an: Granate auf Granate heulte in die Reiterpulks, warf die Pferde in
blutigen Fetzen in die Luft, riß oftmals ganze Reihen wie Scheiben um. Die Kosaken
legten sich weit auf die Hälse, ihre Augen drangen glotzend aus den Gesichtern,
aber die Steigung der Senke nahm den Pferden die letzte Kraft. Immer näher rassel-
ten die Panzer heran, immer deutlicher wurde das brechende Bersten, schon rochen
sie den Dunst verbrannten Öls, fühlten sie die heißen Blitze der Maschinenwaffen.
Ein Zug nach dem anderen wurde niedergemäht, überall schlugen sterbende Pferde
um sich, schrien zerfetzte Menschen mit grausigen Stimmen. Die durchgehenden
Tiere sprangen mit ihren Hufen mitten in jene hinein, die, wie von einem Schlächter-
messer geteilt, in blutigen Gallertmassen auf dem Felde lagen. Einzelne schon
gestürzte Kosaken hoben flehend die Hände auf, sie doch mitzunehmen, aber ihre
gelben Gesichter verrieten meist schon den nahen Tod. Andere suchten noch auf

allen Vieren weiterzukriechen, schleppten oft eines der Beine nach sich, als hinge es wie ein fremdes Holzstück an ihnen. Nur fort aus dieser dampfenden Todeshölle, aus diesem blutigen Schlachthaus, in dem sich selbst die Luft zu Blut verdickte! Der Kampf wurde immer schneller zu einer fürchterlichen Hasenjagd, einzelne Pferde begannen schon aus Schwäche zu stürzen, einzelne Reiter sich in ihrer Todesangst aus den Sätteln zu werfen.«[11]

Ähnlich tragisch endete das Schicksal der überwältigenden Mehrheit derjenigen Russen, die sich während des Zweiten Weltkriegs bereitfanden, auf deutscher Seite zu kämpfen. Sie bildeten das bei weitem größte Potential, das Hitler – unter anderen Verhältnissen – gegen den Stalinismus hätte mobilisieren können. Doch wurden sie bis 1942 als »Untermenschen« eingestuft, und die letzten Diskriminierungen entfielen erst im Frühjahr 1945, als die Rote Armee bereits im Umland von Berlin operierte.

Die deutschen Vorbehalte gegen eine mögliche russische »Befreiungsarmee« waren so groß, dass bis 1944 der Einsatz von russischen Freiwilligen in aller Regel nur in unbewaffneten Hilfstruppen möglich gewesen ist, die ohne Zusammenhalt über die Ostfront verteilt wurden. Es gab nur eine Ausnahme, für die – anders als bei den Kosaken – auch keine ideologischen Verrenkungen möglich waren. Im Raum Brjansk hatte die 2. Panzerarmee Ende 1941 auf eigene Faust ein Experiment unternommen und in dem von Partisanen bedrohten, abgelegenen Gebiet von Lokot eine weitgehend selbständige russische Verwaltung mit eigenen Polizeikräften eingesetzt. Die Führung übernahm Anfang 1942 der polnischstämmige Ingenieur Bronisław W. Kaminski, der aus einem sowjetischen Konzentrationslager befreit worden war.

Unter deutscher Aufsicht baute er das Gebiet mit 1,7 Millionen Einwohnern, also durchaus einem der baltischen Staaten vergleichbar, zu seinem persönlichen Machtbereich aus. Schulen und kulturelle Einrichtungen blühten auf, ein ausgeklügeltes Steuersystem belohnte antikommunistische Aktivitäten. Kaminski wurde besonders populär durch die Abschaffung des verhassten Kolchossystems. Die verdienten Kämpfer gegen Partisanen erhielten von ihm Land geschenkt, worauf diese gleichsam als Wehrbauern hohe Überschüsse erwirtschafteten – ganz im Gegensatz zur deutschen Wirtschafts- und Besatzungspolitik im übrigen besetzten Russland. Seine »Nationalsozialistische Russische Arbeiterpartei« blieb allerdings ein Phantom und ohne politische Auswirkungen.

Kaminski musste seine Selbständigkeit mit eigenen Soldaten gegen sowjetische Partisanen verteidigen. Bis zum Frühjahr 1943 wuchs seine »Russische Volksbefreiungsarmee« (RONA), in der auch russische Juden dienten, bis auf 10 000 Mann an, zur Hälfte Überläufer von den Partisanen oder ehemalige Kriegsgefangene – ebenfalls eine Dimension, die an das Beispiel der baltischen Staaten erinnert. Seine Art von Heimatschutztruppe war größtenteils mit sowjetischen Beutewaffen ausgerüstet, und die Uniformen waren ein buntes Sammelsurium. Die 15 Bataillone wurden durch eine Artillerieabteilung sowie T-34-Panzer unterstützt. Nach deutschem Urteil entlasteten sie die Wehrmacht im Umfang mindestens einer Division.

Mit dem Beginn des deutschen Rückzugs änderte sich die Lage. Mit 6000 Soldaten und 25 000 Zivilisten wurde Kaminski im August 1943 nach Weißrussland evakuiert. Dort musste sich die Truppe mühsam gegen eine feindlich gesinnte Zivilbevölkerung und kampfstarke Partisanenverbände behaupten. Die »Brigade Kaminski« operierte nun als Besatzungstruppe. Bei einem Aufstand lief ein Bataillon zu den Partisanen über. Im Sommer 1944 wollte Himmler die moralisch angeschlagene Truppe zu einer regulären Division

Bronisław Kaminski in Lokot, 1943.

der Waffen-SS umformen. Bezeichnet wurde sie als 29. Waffen-Grenadier-Division der SS (russische Nr. 1), geführt von Kaminski im Rang eines SS-Brigadeführers. Noch in der Aufstellung und Ausbildung begriffen, wurden Teile des Verbandes bei der Niederwerfung des Warschauer Aufstandes im August 1944 eingesetzt. Plünderungen und Vergewaltigungen durch die Kaminski-Leute erreichten ein Ausmaß, dass sich Himmler entschloss, den marodierenden Söldnerhaufen aufzulösen. Kaminski fiel offenbar einem Mordkomplott seiner Herren zum Opfer, seine Männer steckte man kurz vor Kriegsende noch in die Wlassow-Armee.

Mit diesem Namen verbindet sich die größte Zahl russischer Freiwilliger an der Ostfront. Die Anfänge dieser Armee gehen auf das Jahr 1942 zurück, als das OKH vor dem Problem stand, die Fehlstellen im Ostheer nicht mehr mit deutschen Kräften ausgleichen zu können. Männer wie Stauffenberg und Wagner, die zu den Protagonisten eines Kurswechsels in der Russlandpolitik gehörten, sahen die Chance gekommen, die große Zahl russischer »Hilfswilliger« offiziell in die eigenen Reihen zu integrieren, gleichsam zu etatisieren, das heißt auf einem »Dienstposten« zu bringen, der im Stellenplan offiziell vorgesehen war. In zahlreichen deutschen Einheiten befanden sich bereits rund 250 000 russische Kriegsgefangene, die dem mörderischen Lagerleben entgingen, indem sie sich als Panjewagenfahrer und Hilfsarbeiter in den deutschen Trossen, aber auch als leicht bewaffnetes Wach- und Sicherungspersonal unentbehrlich gemacht hatten. Dort ersetzten sie deutsche Soldaten, die auf diese Weise für den Fronteinsatz freigestellt werden konnten.

Russische »Hilfswillige«.

Stauffenberg konnte im Sommer 1942 durchsetzen, dass deutsche Divisionen bis zu zehn Prozent ihrer Planstellen mit solchen »Hiwis« besetzen durften. Wären diese Spielräume voll ausgenutzt worden, dann hätte das theoretisch einer Kampfstärke von rund 25 Divisionen entsprochen bzw. der einer ganzen Armee. Nimmt man noch die Ostlegionen und die zahlreichen anderen Formationen aus ehemaligen Sowjetbürgern hinzu, kommt man auf eine Größenordnung von bis zu einer Million Mann! Diese Zahlen markieren den Erwartungshorizont jener Offiziere in der Heeresführung, die darauf hofften, dass die militärischen Sachzwänge einen Kurswechsel auch in der Besatzungspolitik herbeiführen würden. Die tatsächlich erreichte Zahl lag bei rund 250 000 »Hiwis«, immerhin noch zehn Prozent der Ist-Stärke des Ostheeres.[12] Mit der grundlegenden Verfügung des OKH Nr. 800 wurde eine völlige Anerkennung und Gleichstellung der verschiedenen Freiwilligenverbände an der Ostfront aber noch nicht erreicht. Zunächst galten nur die Kaukasier und die Kosaken als »gleichberechtigte Kämpfer«, Großrussen blieben vorerst vom Waffendienst ausgeschlossen, obgleich bei den einzelnen Heeresgruppen längst verschiedene Formationen von »Hilfswachmannschaften« oder »Einwohnerkampfverbände« gebildet worden waren.

Dass die Wehrmacht bei ihrer Sommeroffensive 1942 zumindest im Süden noch einmal viele Gefangene machte, erleichterte die Anwerbung von »Hiwis«, zumal von den im Jahr zuvor gefangen Genommenen schon mehr als die Hälfte ums Leben gekommen war. So verfügte die deutsche 6. Armee beim Kampf um Stalingrad über rund zehn Prozent russischer Kräfte, mindestens 19 000 Mann. Die italienische 8. Armee am Don hatte aus russischen Überläufern sogar ein bewaffnetes Sicherungsbataillon aufgestellt.

Ende 1942 sah es so aus, als ob durch zahlreiche Denkschriften und politische Gespräche in deutschen Führungskreisen die harten ideologischen Positionen gegenüber der »russischen Frage« aufgeweicht werden könnten. Auch wenn Rosenberg bei seiner strikten Ablehnung der »Moskowiter« blieb, so hatten einige seiner führenden Mitarbeiter doch in enger Absprache mit dem OKH den Bann bereits gebrochen.[13] Um »deutsches Blut« zu sparen – so das scheinbar pragmatische Argument, das sich gegenüber den ideologischen Hardlinern einsetzen ließ –, sollten neben den unbewaffneten »Hilfswilligen« wie bei den nichtrussischen Militärverbänden auch russische Freiwillige in »Ostlegionen« zum Kampf mit der Waffe gewonnen werden und mit den bereits bestehenden Verbänden von einem neugeschaffenen »General der Osttruppen« im OKH betreut werden.[14] Die Wahl fiel auf den General der Kavallerie Ernst Köstring, der bis 1941 Militär-

Der italienische Generaloberst Gariboldi nimmt den Vorbeimarsch eines russischen Sicherungsbataillons am Don ab.

Andrej A. Wlassow.

attaché in Moskau gewesen war. Major im Generalstab Claus Graf Schenk von Stauffenberg als zuständiger Gruppenleiter in der Organisationsabteilung II erwies sich als die eigentliche treibende Kraft bei diesem Vorhaben. General Reinhard Gehlen, als Chef der Abteilung Fremde Heere Ost verantwortlich für die militärische Feindaufklärung, verwies in einer Denkschrift darauf, dass man diese russischen Soldaten aber nicht wie Landsknechte um ein Stück Brot kämpfen lassen könne.[15]

Gegen den hartnäckigen Widerstand Hitlers gelang es im Lauf des Jahres 1943, eine – wenngleich unzureichende – politische Grundlage für die Anwerbung von Russen zu schaffen. Nur die strategische Notwendigkeit, die Ostfront angesichts einer drohenden alliierten Invasion im Westen bzw. im Süden zu schwächen, veranlassten den »Führer« zeitweilig dazu, solche – wie er meinte – Aushilfen zu dulden. Bei jeder passenden Gelegenheit blockierte er jedoch jeden weiteren Schritt in Richtung einer »Russischen Befreiungsarmee«, wie sie sich die Protagonisten im OKH erhofften.

Mit dem sowjetischen Generalleutnant Andrej A. Wlassow war den Deutschen ein Mann in die Hände gefallen, der über das Format zu verfügen schien, Führer einer solchen Armee zu werden. Wlassow hatte eine entscheidende Rolle bei der Verteidigung Moskaus gespielt und war von der Wehrmacht im Juli 1942 an der Wolchowfront südlich von Leningrad gefangen genommen worden. Seine 2. Stoßarmee war eingekesselt und im Stich gelassen worden. Desillusioniert vom Stalinismus, zeigte er sich dafür aufgeschlossen, an die Spitze einer antikommunistischen Bewegung zu treten. Sein politisches Ziel war ein freies und demokratisches Russland, das nichts mit all jenen Varianten deutscher Russlandpolitik gemein hatte, denen er in den nächsten drei Jahren begegnete.[16]

Die nationalkonservativen Vertreter eines möglichen deutsch-russischen Bündnisses wie die Offiziere Stauffenberg, Rudolf Christoph von Gersdorff und Henning von Tresckow gehörten der geheimen Militäropposition an und mussten sich letztlich ebenso bedeckt halten wie die früheren Russlanddiplomaten im Auswärtigen Amt, aber sie verbanden mit der Förderung der Wlassow-Bewegung auch die Hoffnung auf eine grundlegende Neuorientierung der deutschen Politik. In der Zusammenarbeit mögen sich beide Seiten in den Illusionen über einen solchen Kurswechsel bestärkt haben, doch wollten sie nichts unversucht lassen, um schrittweise Fakten zu schaffen und Überzeugungsarbeit zu leisten. Innerhalb der NS-Führung blieben die Meinungen schwankend, bei den entscheidenden Männern aber wie zementiert. Vor allem Hitler selbst, bestärkt durch seinen Sekretär Martin Bormann, beharrte auf seiner Überzeugung von der rassischen Minderwertigkeit und politischen Unzuverlässigkeit der russischen »Untermenschen«. Sollte sich Wlassow als »nützlicher Idiot« für die Propaganda erweisen und die Moral der Roten Armee erschüttern können, umso besser, aber um keinen Preis wollte er zulassen, dass tatsächlich eine russische Befreiungsarmee entstand.

Wlassows Illusionen wurden Ende 1942 gestärkt, als das OKH eine großangelegte Propagandaaktion durchführen ließ, um mit dem Phantom einer politischen Befreiungsbewegung gegen den Stalinismus für die deutsche Sache zu werben. Der öffentliche Auftritt des ehemaligen sowjetischen Generals im besetzten Smolensk am 26. Februar 1943 verfehlte nicht seine Wirkung, da er ein freies Russland im Rahmen der europäischen Staatengemeinschaft versprach. Den Nationalsozialismus lehnte er für ein künftiges Russland ab, beteuerte aber, man schätze die Deutschen als Verbündete gegen Stalin, auch wenn es bisher viele Fehler und Missverständnisse auf deutscher Seite gegenüber der russischen Bevölkerung gegeben habe.[17]

Bei seiner Rundreise im Bereich der Heeresgruppe Mitte besichtigte er mehrere russische Freiwilligeneinheiten und stieß dort wie in der Bevölkerung auf spürbare Begeisterung. Die Zahl der bewaffneten Russen beim deutschen »Ordnungsdienst« betrug im rückwärtigen Gebiet der Heeresgruppe bereits knapp 100 000 und bildete für die Deutschen ein unverzichtbares Element zur Bekämpfung der Partisanen. Neben der »Brigade Kaminski« gehörten dazu auch einzelne Bataillone, denen Wlassow Mut machte und sie für die Idee gewann, gemeinsam in einer künftigen Armee gegen den Bolschewismus zu kämpfen. Obwohl das OKW die Zusammenfassung von bewaffneten russischen Einheiten oberhalb der Bataillonsebene erneut untersagte, blieb die Hoffnung auf mögliche Veränderungen in der deutschen Haltung, zumal Wlassow bei seinen Besuchen von deutschen Militärs viel Zustimmung erhalten hatte. Selbst Propagandaminister Joseph Goebbels zeigte sich beeindruckt und bedauerte die strikte Ablehnung einer großrussischen Bewegung durch »Ostminister« Rosenberg.

Der Propagandaeinsatz blieb zunächst das einzige von Hitler geduldete Zugeständnis. In Dabendorf südlich von Berlin ließ Stauffenberg 1200 Russen zur »Ostpropagandaabteilung z.b.V.« zusammenziehen. Die künftigen Propagandisten wurden in Kriegsgefangenen- und Arbeitslagern sowie bei den Freiwilligenverbänden rekrutiert und begannen mit der Schulung am 1. März 1943. Sie durften deutsche Uniformen tragen mit dem Abzeichen ROA (Russkaja Osvoboditel'naja Armija = Russische Befreiungsarmee).[18] Dabendorf entwickelte sich in den folgenden Monaten insgeheim zu einem politischen Zentrum, wo unter dem Deckmantel der Propaganda die verschiedenen russischen Strömungen zusammengeführt wurden. Nicht zu lösen blieb allerdings das Spannungsverhältnis zu den anderen nichtrussischen Nationalbewegungen, die sich mit eigenen Legionen an der Ostfront beteiligten und nicht bereit waren, einer Wiederherstellung eines antikommunistischen Russischen Reiches zuzustimmen. Das Dilemma, nicht zuletzt hervorgerufen durch Rosenbergs »Dekompositionspolitik«, blieb bis zum Schluss bestehen und schmälerte Wlassows Spielraum ebenso wie die Blockade durch Hitler, der nach einem weiteren spektakulären Auftritt des russischen Generals an der Ostfront befahl, Wlassow wieder gefangen zu setzen und für die Propaganda nur noch den Namen, aber nicht die Person zu verwenden.[19]

Doch der Generalstab des Heeres drängte immer stärker auf einen Kurswechsel. Inzwischen hatte Stalin sein »Nationalkomitee Freies Deutschland« unter deutschen Kriegsgefangenen gegründet, dieses aber gleichfalls nur für Propagandazwecke eingesetzt. Am 8. Juni 1943 entschied Hitler in einer erregten Lagebesprechung, dass er sein Kriegsziel nicht aufgeben und die Russen lieber als Arbeiter nach Deutschland bringen wolle: »Da kann ich nur sagen, wir bauen nie eine russische Armee auf, das ist ein Phantom ersten Ranges.«[20] Wlassow gegenüber wurde diese Entscheidung freilich verschwiegen. Nach einer statistischen Erhebung innerhalb des Ostheeres soll es im Juni 1943 immerhin mehr als 600 000 »Hilfswillige« sowie rund 200 000 Angehörige der Freiwilligenverbände gegeben haben.[21]

Als nach den schweren Verlusten im Herbst 1943 durch rigorose personelle Einsparungen innerhalb der rückwärtigen Organisation des Heeres noch einmal 560 000 Mann für die Front abgestellt werden konnten, machte der Ersatz deutschen Personals durch russische »Hilfswillige« allein 260 000 Mann aus![22] Gleichzeitig häuften sich während der beginnenden Rückzüge die Fälle von Desertionen vor allem bei den »Osttruppen«. Die spürbare Kriegswende im Osten und die Verlegungen gaben manchem Freiwilligen Veranlassung und Gelegenheit zur Flucht. Die Deutschen entschlossen sich, die verstreuten »Osttruppen« in die Sicherungsdivisionen im Verhältnis von eins zu zwei einzubauen und parallel dazu ein Austauschverfahren mit den Sicherungseinheiten im Westen durchzuführen. Auf diese Weise gelangte eine große Zahl von russischen Einheiten nach Westeuropa, wo man sie besser zu kontrollieren glaubte. Da es meist an deutschem Rahmenpersonal mangelte, wurden die Ostbataillone schnell zu einer Belastung der deutschen Verbände. Deshalb ordnete das OKH an, dieses Rahmenpersonal aus der jeweiligen Division zu entnehmen und dessen Fehlstellen dann mit »Hilfswilligen« zu besetzen, was auf eine eigentlich nicht beabsichtigte starke Durchmischung der bodenständigen deutschen Festungsdivisionen hinauslief und deren ohnehin schwache Kampfkraft weiter schmälerte.[23] Der politische Impuls der russischen Freiwilligen, das heißt der Antibolschewismus, hatte an der Westfront keinen Wert.

Bei den unbewaffneten »Hilfswilligen« war die Loyalität aus deutscher Sicht etwas günstiger. Durch ihre feste Anbindung an deutsche Truppenformationen hatte sich ein beständiges emotionales Band entwickelt, das nicht so leicht zerriss. Durch die Verlegung bzw. den Austausch von Divisionen von der Ost- zur Westfront wurden aber auch sie bald über ganz Europa verteilt. Die Mehrzahl von ihnen blieb allerdings bei den Trossen und rückwärtigen Einheiten an der Ostfront. Noch im April 1945 versammelte man in Norwegen 15 000 sowjetische »Hilfswillige«, die für die Aufstellung der Wlassow-Armee vorgesehen waren. Da sie wegen der Transportschwierigkeiten nicht nach Süddeutschland gebracht werden konnten, gliederte man sie als bewaffnete Freiwillige in deutsche Verbände ein.

Die Umbenennung des »Generals der Osttruppen« in den »General der Freiwilligenverbände« im Mai 1944 signalisierte zu Beginn des letzten Kriegsjahres die Absicht von Teilen der Heeresführung, doch noch eine stärkere Förderung der Wlassow-Bewegung zu erreichen. Es wurden nun auch im frontnahen Bereich Propagandakurse der ROA organisiert. Im Juni 1944 ging Hitler noch davon aus, nach der erhofften Abwehr der Invasion im Westen mehr als 30 Divisionen an die Ostfront verlegen und dort wieder offensiv werden zu können. Aus dieser Perspektive gab es keinen Bedarf an einer russischen Befreiungsarmee.

Der Krieg nahm einen anderen Verlauf und führte mit Beginn der sowjetischen Sommeroffensiven ab dem 22. Juni 1944 zu einem katastrophalen Zusammenbruch der Heeresgruppe Mitte. Die Wehrmacht wurde praktisch innerhalb kürzester Zeit auf jene Ausgangsstellungen zurückgeworfen, die sie zu Beginn des »Unternehmens Barbarossa« 1941 bezogen hatte. Es waren zwei Ereignisse, die der Wlassow-Bewegung plötzlich doch noch Auftrieb gaben. Zum einem erreichten im Gefolge der geschlagenen Wehrmacht russische Einheiten und Hilfstruppen in größerer Zahl die Reichsgrenze, womit sich die Frage ihrer künftigen Verwendung aufdrängte. Zum anderen übernahm Heinrich Himmler nach dem gescheiterten Attentat vom 20. Juli den Oberbefehl über das Ersatzheer und wurde damit zu einer Schlüsselfigur der Organisation des Heeres.

Im Ergebnis zeigte sich der »Reichsführer SS« bereit, General Wlassow, den er ein Jahr zuvor noch als »Schwein« bezeichnet hatte, in Prag zu einem Gespräch zu empfangen. In den gelichteten Reihen der Waffen-SS und Polizei waren ideologische Bedenken gegen den Einsatz bewaffneter »nichtgermanischer« Freiwilliger längst fallengelassen worden. Wenn die SS inzwischen jeden rekrutierte, dessen sie habhaft werden konnte, ließen sich die Ambitionen des Heeres nicht länger ignorieren. Wlassow präsentierte weitreichende Pläne, um innerhalb eines Jahres zehn Infanteriedivisionen, ein Panzerregiment, mehrere Reservebrigaden, eine eigenständige Luftstreitmacht sowie eine Offiziersschule aufzubauen. Das wird für Himmler wohl utopisch geklungen haben, zumal er selbst die letzten deutschen Rüstungsreserven dazu nutzen musste, um die neuen »Volksgrenadierdivisionen« aufzustellen.

Angesichts einer feindlichen Übermacht von bis zu 500 Divisionen wäre eine Wlassow-Armee in diesem Ausmaß auch nicht mehr kriegsentscheidend gewesen. Offensichtlich dachte der russische General gar nicht daran, Hitlers Ostfront zu retten. Sein Kalkül zielte vermutlich darauf, sich eine militärische Basis zu verschaffen, um damit den absehbaren Untergang des »Dritten Reiches« zu überstehen. Alle Welt spekulierte bereits über ein wahrscheinliches Zerbrechen der fragilen Anti-Hitler-Koalition, und warum sollte eine antikommunistische Wlassow-Armee nicht ein möglicher Allianzpartner für die Westmächte sein können, so wie diese am Ende des Ersten Weltkrieges die »weißen« Bürgerkriegsarmeen auf russischem Boden unterstützt hatten?

Die Zeit konnte ihm allerdings davonlaufen. Um möglichst rasch einsatzfähige Verbände aufzubauen, kam es darauf an, die bereits vorhandenen, wenngleich höchst heterogenen russischen Truppen unter seinem Kommando zusammenzufassen. Das allerdings erwies sich schnell als kaum lösbare Aufgabe. Schon Wlassows Unterredung mit Generalmajor Boris A. Smyslowskij führte zu keiner Verständigung. Der russische Emigrantenführer und ehemalige Gardehauptmann war vom OKH als Alternative zu Wlassow aufgebaut worden. Er hatte 1941 zunächst an der Nordfront ein russisches Bataillon aufgestellt und im April 1944 den Auftrag erhalten, zwölf Ostbataillone zu einer Division zusammenzuführen.

Bis Anfang 1945 hatte Smyslowskij rund 6000 Mann unter seinem Kommando und nannte sich Befehlshaber der »1. Russischen Nationalarmee«, einer Truppe, die sich aus emigrierten ehemaligen zaristischen Offizieren und blutjungen Rekruten zusammensetzte. Sie flüchtete im April/Mai 1945 nach Liechtenstein, von wo aus die Offiziere nach Australien, die heimwehkranken Jungen aber nach Hause reisten.[24]

Die Emigranten konnten sich 1944 nicht mit Wlassows politischen Parolen identifizieren. Der ehemalige Sowjetgeneral war aus ihrer Sicht doch zu sehr Bolschewist. Unklar blieb deshalb auch die Unterstellung des in Serbien stationierten »Russischen Schutzkorps«, einer ebenfalls hauptsächlich aus Emigranten gebildeten Truppe, sowie der Kosakenkavallerie in Nordjugoslawien. General Krasnow, der legendäre Held des Bürgerkrieges, lehnte Anfang 1945 eine Koordinierung seiner Verbände mit Wlassows ROA ab. Hier trafen nicht nur unterschiedliche Generationen, sondern auch Weltanschauungen aufeinander.[25] General Pannwitz musste einigen Druck ausüben, um im März 1945 noch einen organisatorischen Verbund zu schaffen. Die nichtrussischen Nationalverbände lehnten die Zusammenarbeit strikt ab.

Vielleicht war Wlassows Behauptung, aus dem Millionenheer von sowjetischen Kriegsgefangenen und Zwangsarbeitern eine größere Zahl von Freiwilligen zu werben, nicht mehr als eine Illusion.[26] Nach Auftritten seiner Propagandisten in den deutschen Lagern gab es zwar durchaus entsprechende Meldungen, zumal viele Gefangene Grund hatten, die Rache Stalins zu fürchten, und andererseits dem Massensterben in deutschem Gewahrsam, das in den letzten Kriegstagen

Internierte russische Soldaten mit Hilfspolizisten und Feuerwehrmännern in Liechtenstein, 1945.

noch einmal anschwoll, entkommen wollten. Es fehlten Wlassow und seinem Stab aber vor allem Offiziere, um wenigstens die ersten drei Divisionen aufstellen zu können, die auch Himmler für realistisch gehalten hatte. Erst bei deren Bewährung wollte der »Reichsführer SS« und Befehlshaber des Ersatzheeres über weitere Aufstellungen nachdenken.

Auf öffentlichen Kundgebungen in Prag und Berlin durfte Wlassow jedenfalls wieder persönlich auftreten und vor allem für die internationale Presse die russische Phantomarmee beschwören, die nun an deutscher Seite den Kampf gegen den Bolschewismus aufnehmen werde. Im »Prager Manifest« vom 14. November 1944 verkündete er die Bildung des »Komitees zur Befreiung der Völker Russlands« und ein 14-Punkte-Programm mit »fortschrittlich-sozialdemokratischen« Ideen – ohne die von Himmler gewünschten antisemitischen Passagen und ohne Hitler zu erwähnen. Von der Aktion versprach sich nicht zuletzt Goebbels einen Nutzen, der schon seit langem für eine Aktivierung der politischen Kriegführung plädierte und dazu auf den Antikommunismus als wirksamstes Lockmittel für die Westmächte setzte.

Am 28. Januar 1945, eine Woche nach Beginn der sowjetischen Weichsel-Oder-Operation und zu einem Zeitpunkt, als die Rote Armee bereits zum Sprung auf Berlin anzusetzen schien, ernannte Hitler Wlassow offiziell zum »Oberbefehlshaber der russischen Streitkräfte«. Die ROA galt nun nominell als Verbündeter des Deutschen Reiches.[27] Intern aber blieb Hitler seinem Standpunkt treu: »Wlassov ist gar nichts.«[28] Bei der Besetzung der Stabspositionen dominierten die ehemaligen Sowjetoffiziere. Zu den wenigen Emigranten kamen nun auch Teile der Kosakenbewegung. Nach der Papier- und Verordnungslage entwickelte sich in kürzester Zeit ein blühendes Organisations- und Kompetenzzentrum, in dem Ideen geboren, Pläne geschmiedet, hektische Aktivitäten entfaltet und Träume von einer gleichberechtigten Kameradschaft geträumt wurden. Die Realität sah vielfach nüchterner aus. So wurde zum Beispiel auf dem Nürnberger Hauptbahnhof ein russischer Hauptmann aus der Leibwache Wlassows bei einem Streit mit deutschen Luftwaffenoffizieren, die ihm einen gebührenden Sitzplatz verweigerten, kurzerhand von einem Feldwebel der Bahnhofsstreife erschossen, ohne dass man den Täter bestrafte.[29]

Bereits Ende November 1944 hatte der Generalstab des Heeres die Aufstellung der ersten russischen Division befohlen. Die 600. Infanteriedivision (russisch) unter dem Befehl von Oberst Bunjatschenko wurde auf dem württembergischen Truppenübungsplatz Münsingen zusammengestellt. Als Grundstock für die Division griff man auf die Reste der »Brigade Kaminski« zurück, die nach den in Warschau begangenen Gräueln selbst von der SS abgewiesen worden war. So löste sich Himmler von seinem Experiment einer 29. und 30. Waffen-Grenadier-Division der SS (russische Nr. 1 und Nr. 2). Hinzu kamen einige Ostbataillone des Heeres. Aus diesem zusammengewürfelten Haufen eine einsatzfähige Truppe zu schmieden, war für die Offiziere Wlassows nicht einfach, zumal die Deutschen sie zu raschen Einsätzen an der gefährdeten Oderlinie drängten. So wurde die Aufstellung der Division unter schwierigsten Bedingungen bis zum 10. Februar 1945 abgeschlossen. Die geplante zweite Division der ROA als 650. Infanteriedivision (russisch) bestand lediglich aus einer Ansammlung ehemaliger sowjetischer Kriegsgefangener, die nur Handfeuerwaffen besaßen. Eine dritte Division kam über die Formierung eines Ausbildungsstabes nicht hinaus, und die geplante Einrichtung einer Offiziersschule und von Luftstreitkräften blieb ebenfalls in den Anfängen stecken.

Auch in diesen letzten Tagen des Untergangs der Wehrmacht verfügte Wlassow damit nur über eine kleine Minderheit der russischen Freiwilligen auf deutscher Seite. Neben den 20 000 Mann der 1. Division (ROA) unterstanden ihm weitere 30 000 Mann in verschiedenen Formationen. Mehrere sogenannte Panzerjagdverbände der ROA, die man deutschen Einheiten unterstellte, wurden im April teilweise von den deutschen »Kameraden« wieder entwaffnet. Bereits am 9. Februar hatte man eine kleine ausgewählte Gruppe von Freiwilligen herausgezogen, die den deutschen Angriff gegen den sowjetischen Brückenkopf bei Wriezen

Bei der 1. Division in Münsingen: Sacharow, Bunjatschenko, Wlassow.

an der Oder unterstützen sollte. Die Kampfgruppe fand mit ihrem Angriffsschwung sogar das Lob Himmlers. Auch ein aus Dänemark herangezogenes, dort bislang als Besatzungstruppe eingesetztes Grenadierregiment 1604 (russisch) hielt sich an einem nördlichen Abschnitt der Oderfront.

Der Abmarsch der 1. Division (ROA) aus Württemberg an die Oderfront vollzog sich im März 1945 nicht ohne innere Widerstände. Manche russischen Offiziere hätten es vorgezogen, in Richtung Schweiz abzurücken, statt sich – wie absehbar – als »Kanonenfutter« für die Deutschen zu opfern. Am 27. März sollte die Division einen Angriff nördlich von Frankfurt an der Oder unterstützen. Doch das Unternehmen endete mit einem Misserfolg und ohne russische Beteiligung. Die Deutschen brauchten einen propagandistisch verwertbaren und sichtbaren Erfolg der Russen. Das vereinte sie mit deren Einstellung, dass von der isoliert eingesetzten Division kein Kampf bis zum Letzten erwartet werden dürfe, solange nicht die gesamte ROA-Armee als geschlossener Verbund zur Verfügung stand, weil bei einem Desaster der 1. Division der Armee-Aufbau insgesamt zum Scheitern verurteilt sein würde.

So wurde ein neuer Angriffsauftrag mit günstigeren Bedingungen gesucht und schließlich auch gefunden: Es ging um die Beseitigung eines kleineren sowjetischen Brückenkopfes südlich von Fürstenberg. Die russischen Stabsoffiziere beurteilten den Kampfauftrag freilich als »Wahnsinn«. Sie dachten schon längst daran, angesichts des bevorstehenden deutschen Zusammenbruchs die verschiedenen Teile der ROA mit dem Kosakenkavalleriekorps im österreichisch-böhmischen Raum zusammenzuziehen, wo am ehesten Aussicht bestand, Anschluss an die amerikanische Armee zu finden. Eine Gefangennahme durch die sowjetischen Truppen mussten die russischen Freiwilligenverbände noch mehr fürchten als die Deutschen selbst. Wlassow aber sah sich gezwungen, zunächst den Deutschen zumindest durch eine symbolische Geste entgegenzukommen. Ein kampfloser Abzug von der Ostfront war unter den gegebenen Umständen nicht denkbar, wenn auch der Kampfesmut der russischen Soldaten nicht sonderlich hoch gewesen sein mag. Für sie kam es darauf an, Einsatzwillen zu demonstrieren und mit möglichst geringen Verlusten davonzukommen. Das Armeeoberkommando 9 stellte der 1. Division eine ungewöhnlich massive Feuerunterstützung zur Verfügung. Am 13. April 1945 sollte das »Unternehmen Aprilwetter« starten. Doch die russischen Regimenter blieben nach Anfangserfolgen im sowjetischen Verteidigungssystem hängen. Der Divisionskommandeur Bunjatschenko konnte trotz deutscher Drohungen mit List und Tücke seinen Verband aus der Front lösen und nach Böhmen überführen.

Die Versammlung der verschiedenen Teile der ROA gelang tatsächlich. Von deutscher Seite musste man sich darauf beschränken, die Bewegungen lediglich zu überwachen. Die Wlassow-Einheiten wollten nur noch kämpfen, wenn sie selbst unmittelbar angegriffen würden. Es bahnten sich Kontakte zum tschechischen Widerstand an, der einen Aufstand gegen die Deutschen plante, um die

Hauptstadt Prag noch vor dem Einmarsch der Roten Armee zu befreien. Der schlecht organisierte und unzureichend bewaffnete bürgerliche Aufstand hoffte auf die Unterstützung der ROA. Diese wiederum glaubte, auf diese Weise ins alliierte Lager aufgenommen zu werden. Am 6. Mai kam es zu ersten Kampfhandlungen der Russen gegen die bisher verbündeten Deutschen, und tags darauf gelang ihnen trotz hartnäckigen deutschen Widerstands die Einnahme Prags. Am selben Tag verkündeten die tschechischen Kommunisten, die anfangs dem Bündnis von ROA mit dem Militärkommando des Nationalrats zugestimmt hatten, die Wlassow-Leute seien Verbrecher und Verräter.

Nach der Distanzierung des Nationalrats und in der Erkenntnis, dass die bis nach Pilsen vorgestoßenen Amerikaner nicht zu Hilfe kommen würden, musste Bunjatschenko den Kampf abbrechen, um sich noch rechtzeitig vor den heraneilenden sowjetischen Kräften in Sicherheit zu bringen. Parlamentäre bahnten den Weg zu den amerikanischen Linien, die sich darauf einstellten, »the White Russian Corps« gefangen zu nehmen. Sich zu den Amerikanern durchzuschlagen vermochten allerdings nur Teile der ROA. Noch am 12. Mai, vier Tage nach Beginn des Waffenstillstands, vagabundierten zahllose Einheiten im Niemandsland und hofften darauf, bei den Amerikanern Asyl zu finden. Doch diese wollten sich nicht politisch belasten und spielten Wlassow und seinen Stab in sowjetische Hände. Zahlreiche Offiziere und Soldaten wurden von Rotarmisten bei der Gefangennahme erschossen.

Rund 20 000 Russen befanden sich nach Kriegsende in amerikanischem Gewahrsam in Bayern. Ihre Führer hofften, sich wieder politisch betätigen zu können, und erklärten sich bereit, sofort wieder die Waffen in die Hand zu nehmen, um gegen die Bedrohung durch den Bolschewismus zu kämpfen.[30] In Kärnten betrieben die Briten die Auslieferung der gefangenen Kosaken mit größter Brutalität.[31] Bis 1946 übergaben sie der UdSSR entsprechend den in Jalta beschlossenen Vereinbarungen insgesamt mehr als 32 000 russische Kriegsgefangene, die in deutscher Uniform gekämpft hatten. Die Amerikaner verhielten sich in dieser Frage zögerlicher, schlossen sich den Zwangsdeportationen aber schrittweise an, wenngleich sie großzügig über zahlreiche Fluchten hinwegsahen und diese teilweise auch ermöglichten.

Über das weitere Schicksal der Wlassow-Soldaten, Ostlegionäre und »Hiwis« herrschte jahrzehntelang Unklarheit. Wlassow selbst und viele seiner Offiziere kamen als Verräter vor sowjetische Tribunale und wurden hingerichtet. Von der Mehrzahl der Mannschaften wusste man, dass sie im »Archipel Gulag«, den Straflagern Sibiriens, landete. Sie waren Teil jener Millionenarmee von sowjetischen Kriegsgefangenen und »Ostarbeitern«, die nach ihrer Rückkehr in die Heimat zunächst durch »Filtrierlager« geschleust wurden. Auch die überwiegende Mehrheit der kriegsgefangenen Russen, die sich den Deutschen verweigert hatte, galt in den Augen Stalins als verdächtig. Sie kamen aber meist mit geringen Strafen und kurzer »Bewährung« davon,[32] während die »Wlassowisten« in der Regel weitaus härter bestraft wurden und die Überlebenden ihr Leben lang stigmatisiert blieben.

Die politische Zielsetzung einer freien nationalen Selbstbestimmung, für die Russen auf deutscher Seite bereit gewesen waren, gegen den Stalinismus zu kämpfen, wurde erst nach 1990 ermöglicht. Einen Eid auf Hitler haben die meisten nicht geleistet und nicht leisten müssen, weil der »Führer« nichts von ihnen wissen wollte. Dennoch bildeten sie die größte Gruppe von nichtdeutschen Helfern an der Ostfront. Bei der Einschätzung ihres militärischen Nutzens für die Deutschen ist nicht nur der kurze Einsatz der ominösen Wlassow-Armee in den letzten Kriegstagen zu berücksichtigen. Ohne die Mithilfe von russischen Freiwilligen in den verschiedendsten Formationen hätte die Wehrmacht wohl spätestens mit der Wende von Stalingrad den Ostkrieg nicht mehr führen können.

Kaukasus

▪ Noch Anfang des 19. Jahrhunderts war der Kaukasus für die meisten Deutschen nicht viel mehr als ein geographischer Begriff, den Bildungsbürger allenfalls mit der Antike in Verbindung zu bringen wussten. Als die Eroberung des Gebirges und seines Vorlandes durch die Zarenarmee zu einem jahrzehntelangen blutigen Ringen ausartete, nahm man mit interessiertem Erstaunen zur Kenntnis, welche kulturelle, religiöse und soziale Vielfalt in der Region existierte. Es entwickelte sich das Bild von einem wildromantischen Kaukasus, bewohnt von kriegerischen Bergstämmen, die sich der russischen Unterwerfung widersetzten. Die Sympathien waren durchaus nicht einseitig verteilt, auch wenn sie eher bei den christlichen Kosaken, den Georgiern und anderen prorussischen Volksgruppen lagen. Mit der Annäherung des Deutschen Kaiserreichs an das Osmanische Reich am Ende des Jahrhunderts richtete sich das Interesse auch auf den moslemischen Teil des Kaukasus.

Dabei spielten dann zunehmend strategische Überlegungen eine Rolle. Über den Kaukasus als Brücke zum Orient führte – nach den damaligen geostrategischen Ideen – der Weg ins »Herzland«, nach Zentralasien, dem Mittelpunkt weltbeherrschender Kräfte. Es zeichnete sich am Vorabend des Ersten Weltkriegs das »Große Spiel« der Mächte um den Einfluss in diesem Raum ab. Um einerseits den künftigen Gegner Russland in seinem »weichen Unterleib« und andererseits Großbritannien in seinem »Kronjuwel« Indien treffen zu können, entstanden abenteuerliche Ideen eines möglichen deutschen Diversionsunternehmens über die Türkei, Persien und Afghanistan. Der Vorstoß mit Hilfe einheimischer Kräfte in diesem Raum sollte den russischen Einfluss im Kaukasus und zugleich die britischen Positionen im Vorderen Orient zurückdrängen, was nicht zuletzt auch die neuen Erdölreviere der beiden gegnerischen Großmächte im kaukasischen Baku bzw. in Persien betraf. Die »Aufwiegelung« des Islam schien für diesen Zweck durchaus nützlich zu sein. Der bayerische Offizier Oskar Niedermayer erkundete bereits vor Kriegsbeginn das Terrain und wurde während des Ersten Weltkriegs zum führenden Kopf des Unternehmens.[1]

Nach dem Zusammenbruch des Zarenreiches 1917 und dem Diktatfrieden von Brest-Litowsk schien es 1918 für die deutsche Seite möglich, den Kaukasus auch von russischer Seite aus zu öffnen. Aus den mehr als 100 000 moslemischen Kriegsgefangenen in Deutschland hatte man bereits eine Mohamedanische Legion gebildet. In der Türkei war aus russischen Kriegsgefangenen eine Georgische Legion formiert worden. Deutsche Truppen erreichten schließlich Georgien und lieferten sich mit britischen Verbänden ein Wettrennen nach Baku. Niedermayer, der sich in Kabul festgesetzt hatte, schlug die Mobilisierung der kleinen russlanddeutschen Minderheit im Kaukasus vor, um eine Basis für den Vormarsch nach Persien zu gewinnen. Die Zeit reichte nicht aus, um solche waghalsigen Pläne zu verwirklichen oder einen nachhaltigen Einfluss auf die kaukasischen Volksgruppen zu gewinnen. Der rasche Zusammenbruch der Mittelmächte im Herbst 1918 bedeutete zunächst auch das Ende des akuten deutschen Interesses an dem militärisch nutzbaren Potential im Kaukasus und im Vorderen Orient.

In einem jahrelangen Bürgerkrieg konnten sich antikommunistische Regime und Stammesherrschaften im Kaukasus schließlich nicht gegen die Rote Armee der Moskauer Zentralregierung behaupten. Dennoch bildeten die Nationalitätenkonflikte in der Region ein fortdauerndes Unruhepotential, das selbst vom Stalinismus nicht völlig ausgeschaltet werden konnte. Der Kaukasus wurde zum Laboratorium für totalitäre Menschenexperimente der Umerziehung und der ethnischen »Flurbereinigung«; es entstand eine Kultur exzessiver Gewalt.[2] Gleichzeitig vollzog sich auf deutscher Seite ein Kurswechsel. Niedermayer residierte in den 20er Jahren in Moskau als Vertreter von General Hans von Seeckt, dem Chef der deutschen Heeresleitung, und dirigierte die geheimen Rüstungsmaßnahmen der Reichswehr in Russland. Seine Visionen, die in nationalkonservativen Kreisen einigen Widerhall fanden, zielten nun auf ein deutsch-sowjetrussisches Zusammenwirken, bei dem, gestützt auf den Kaukasus, die mögliche Auseinandersetzung mit dem britischen Weltreich weiterhin im Vordergrund stand. So fanden die Stimmen der emigrierten politischen Prominenz kaukasischer und turktatarischer Völker aus der Sowjetunion keine Resonanz in Deutschland. Stattdessen dienten zum Beispiel Hunderte georgischer Offiziere in der Zwischenkriegszeit in der polnischen Armee.[3]

In der heterogenen Ideenwelt des Nationalsozialismus hatte sich das Bild kriegerischer, fanatisch antikommunistischer Bergvölker mit dem modernen Pantürkismus verwoben, der an eine Wiederbelebung der deutsch-türkischen Achse denken ließ, aber mit den Interessen der christlichen Völkerschaften wie den Armeniern und Georgiern zwangsläufig kollidierte. Mit Hitlers Machtübernahme 1933 traten jedenfalls die alten nationalkonservativen Ideen eines deutsch-sowjetischen Machtblocks in den Hintergrund. Die lautstarke antikommunistische Stoßrichtung der deutschen Außenpolitik bis 1939 förderte dagegen das Interesse an möglichen Verbündeten auch im kaukasischen Raum. Das Reichssicherheitshauptamt Himmlers sammelte ab 1936 in einer von dem Georgier Lado Achmeteli geleiteten »Kaukasischen Vertrauensstelle« Informationen und verpflichtete sachkundige Mitarbeiter. Im Außenpolitischen Amt der NSDAP unter dem Parteiideologen und späteren »Reichsminister für die besetzten Ostgebiete« Alfred Rosenberg waren ebenfalls einige Georgier und Tataren vertreten, genauso wie in den Ausbildungsstätten der militärischen Abwehr, wo sie ab 1938 für den Partisaneneinsatz gegen die UdSSR geschult wurden.

Die zersplitterten und verfeindeten Organisationen der kaukasisch-turktatarischen Emigration hatten sich bereits teilweise der faschistischen Bewegung in Europa angenähert. Mit dem Abschluss des Hitler-Stalin-Paktes erhielten sie aber strenge Auflagen, um nicht die offizielle Außenpolitik des Reichs zu stören. Die

Betätigungsverbote wurden dann auf das besetzte Polen sowie ein Jahr später auf Frankreich ausgedehnt. In die Vorbereitung des »Unternehmens Barbarossa« waren die Emigranten aus dem Kaukasusraum kaum eingebunden. Auch in diesem Fall improvisierte die deutsche Politik und agierte widersprüchlich. Bei den militärischen und wirtschaftlichen Planungen spielte der Kaukasus natürlich im Hinblick auf seine kriegswichtigen Ölquellen eine herausragende Rolle. Doch in der Annahme eines schnellen Zusammenbruchs der UdSSR war an eine militärische Hilfestellung der Kaukasus- und Orientvölker nicht gedacht.

In den längerfristigen Planungen im späteren »Reichsministerium für die besetzten Ostgebiete«, die im April 1941 aufgenommen wurden, war die Konstruktion eines »Reichskommissariats Kaukasien« vorgesehen. Entsprechend der Konzeption Rosenbergs zur »Dekomposition« des Russischen Reiches erhielt die Förderung einer gewissen Eigenständigkeit der Völkervielfalt in der Region Gewicht. Dabei bildete man sich ein, die russischen Kosaken im Vorfeld des Kaukasus ebenso instrumentalisieren zu können wie die christlichen und moslemischen Völkerschaften, obwohl sie alle als »rassefremd« und damit nicht als gleichrangige Bündnispartner angesehen wurden.

In diesem politischen Gärungsprozess spielten alte Klischees nicht selten eine wichtige Rolle. Die allgemeine Warnung der deutschen Truppen vor »asiatischen« Sowjetsoldaten – sie seien »undurchsichtig, unberechenbar, hinterhältig und gefühllos«[4] – interpretierte die SS anfänglich als Befugnis zur Erschießung gerade jener kriegsgefangenen Rotarmisten, die vielleicht noch am ehesten bereit gewesen wären, sich für den Kampf gegen den Stalinismus zu melden.[5] Hitlers indifferentes Bild vom Kaukasus, Rosenbergs »Dekompositionspolitik«, der Rückgriff der Wehrmachtführung auf die Erfahrungen des Ersten Weltkriegs sowie nicht zuletzt die Präsenz verschiedener politischer Emigrantengruppen im Apparat des »Dritten Reiches« schufen für die kaukasischen und turktatarischen Volksgruppen insgesamt günstigere Bedingungen als für die Russen. Doch die rassistischen Wahnvorstellungen und Stereotype wie »asiatisches Untermenschentum« blieben stets präsent und gaben vielfach Anlass zu Irritationen in der Propaganda sowie in den ständigen internen Auseinandersetzungen um den »richtigen« Kurs in der NS-Ostpolitik.

Selbst bei der Durchführung der mörderischen antisemitischen Vernichtungspolitik kam es im Falle des Kaukasus zu Widersprüchen und teils irrwitzigen Definitionsproblemen. So wurden in der ersten Phase des Ostkrieges Tausende von muslimischen Kaukasiern, Turkestanern und Tataren als vermeintliche Juden erschossen, weil sie beschnitten waren. Da mussten erst Experten für Aufklärung über landesübliche und religiöse Sitten sorgen, um die Massenmorde an sowjetischen Moslems durch die SS einzudämmen. Militärische Abwehr und »Ostministerium« hatten einige Mühe aufzuwenden, um diese rassenideologisch motivierten »Sonderbehandlungen« von den Kaukasiern abzuwenden. Manche Zielkonflikte waren aber im Sinne des Nationalsozialismus unlösbar. So führte die Existenz kleinerer Volksstämme auf der Krim und im Kaukasus, die in früheren Jahrhunderten zum Judentum übergetreten waren, den Rassismus ad absurdum. Die zuständige »Einsatzgruppe« des Sicherheitsdienstes wusste nicht, ob sie die turktatarische Bevölkerung ausrotten durfte oder nicht, da sie ihre Abstammung nicht einwandfrei klären konnte. Man entschied sich schließlich dafür, 1942 die Bevölkerung ganzer Dörfer im Kaukasus zu ermorden und den sogenannten Bergjuden zu befehlen, den Judenstern zu tragen, als Vorstufe zu ihrer Ermordung. Im Dezember, als die Wehrmacht mit ihrem Rückzug aus dem Kaukasus begann, konnten »Ostministerium« und Abwehr durchsetzen, dass die »Bergjuden« nicht länger diskriminiert werden sollten.[6]

Andererseits vermutete man wegen ihres »nordischen Aussehens« in den Georgiern mögliche Nachfahren der germanischen Goten und pflegte gegenüber den Armeniern ähnliche Vorurteile wie gegenüber den Juden, die in der Annahme starker jüdischer »Rassebeimischungen« gipfelten. Dass die SS erst 1944 bereit war, den Rassismus gegenüber diesen Völkern hintanzustellen, um Rekruten für den »Endkampf« zu finden, zeigt, wie sehr dieser ideologische Wahnwitz verankert gewesen ist. Ein wichtiger Gegenspieler ist Otto Bräutigam gewesen, ein Berufsdiplomat, der in den 20er Jahren in Tiflis und Baku lebte und 1940/41 letzter deutscher Generalkonsul in Batumi gewesen war. Als Leiter der Grundsatzabteilung im »Ostministerium« und Kaukasusspezialist setzte er sich erst 1942 mit seinen Bemühungen um eine konstruktive Politik gegenüber den Kaukasusvölkern durch.[7]

Die Deutschen begannen das kaukasische und fernöstliche Potential der Roten Armee für ihre militärischen Zwecke vergleichsweise spät zu nutzen, ähnlich wie bei der Rekrutierung von Russen. Es waren auch hier zunächst Tausende von Emigranten, die sich nach Beginn des deutschen Überfalls auf die UdSSR aus allen Teilen Europas freiwillig zum Kampf gegen den Stalinismus meldeten und sich davon die künftige Unabhängigkeit ihrer jeweiligen Nationalitäten erhofften.[8] Im Juli 1941 wurden diese Meldungen zwar registriert, aber nicht angenommen. Auf die ehemaligen Weißgardisten und die frühere russische Elite wollten die Nationalsozialisten aus politischen Gründen nicht zurückgreifen. Interesse zeigte man lediglich an der Formierung möglicher Hilfstruppen aus sowjetischen Kriegsgefangenen und Überläufern.

So entstanden zunächst zwei Sonderformationen unter der Obhut der militärischen Abwehr. Im Oktober 1941 suchte man unter den Gefangenen in Poltawa 700 Kaukasier aus. Dieser sogenannte Sonderverband Bergmann wurde 1942 für Aufklärungs- und Diversionszwecke beim Vormarsch in die Region eingesetzt und erreichte eine Maximalstärke von 2900 Mann. Ihr Kommandeur war der Oberleutnant der Reserve Prof. Dr. Theodor Oberländer, der bereits einschlägige Erfahrungen mit Ukrainern gesammelt hatte und einer der umtriebigsten Köpfe bei der internen Diskussion um die Ausrichtung der NS-Besatzungspolitik gewesen ist. 1943 wurde er aus der Wehrmacht entlassen. Parallel dazu bildete die Wehr-

Ein georgischer Soldat des »Sonderverbands Bergmann«.

macht das sogenannte 450. Turkbataillon aus turktatarischen Soldaten. Es unterstand dem China-Kenner Major Andreas Mayer-Mader. Beide Einheiten behielten im Verlauf des Krieges ihren Sonderstatus innerhalb der Wehrmacht.[9] Mayer-Mader allerdings, als »chinesischer Major« intern wegen seiner eigenwilligen Führungsmethoden kritisiert, verlor bald seinen Posten und versuchte 1943 innerhalb der Waffen-SS das »1. Ostmuselmanische Regiment« aufzustellen. Diese schillernde Figur überwarf sich erneut mit seinen Vorgesetzten und verschwand 1944 unter mysteriösen Umständen.

Die Aufstellung regulärer nationaler »Legionen« wurde ab August 1941 durch Kommissionen betrieben, die in den Kriegsgefangenenlagern dafür sorgen sollten, dass im Sinne des »Ostministeriums« die verschiedenen Nationalitäten voneinander getrennt wurden. Prominente türkische Generale warben bei ihrem Besuch in Berlin im Oktober 1941 für eine gute Behandlung der turktatarischen Gefangenen, was Rosenberg im Dezember dazu veranlasste, Hitler um Erlaubnis für die Aufstellung »türkischer« Legionen zu bitten.[10]

Nachdem die Operationsziele im Osten nicht erreicht worden waren und deutlich geworden war, dass der kriegswichtige Vorstoß zu den kaukasischen Ölfeldern erst im folgenden Sommer unternommen werden konnte, genehmigte der »Führer« am 22. Dezember 1941 die Bildung einer turkestanischen, einer georgischen und einer kaukasisch-mohamedanischen Legion; Letztere teilte man später in eine aserbaidschanische und eine nordkaukasische Legion. Für die Wolgataataren bildete man im Herbst 1942 ebenfalls eine spezielle Legion. Bei der 444. Sicherungsdivision im Süden der Ukraine hatte man bereits auf eigene Initiative im November 1941 Hundertschaften kaukasischer und turktatarischer Herkunft geschaffen, um der wachsenden Partisanengefahr zu begegnen. Ihre Zusammenfassung zu einem Regiment – dann als Turkbataillon 444 bezeichnet – verstärkte den Sicherungsdienst an der Dnjeprmündung.

Die militärische Ausbildung der Legionen begann im Januar 1942 im besetzten Polen. Nach Überprüfung entließ man die Bewerber offiziell aus der Kriegsgefangenschaft, kleidete und behandelte sie wie deutsche Soldaten. Die Verbände unterstanden einem deutschen »Kommandeur der Ostlegionen« und übernahmen künftig als bodenständige Organisation die Ausbildung im »Generalgouvernement«. Sie sollten laufend einsatzfähige Feldbataillone bilden und der Front zur Verfügung stellen. Ständige Aufteilungen und Umbenennungen gehörten ebenso zum Bild wie die strikte Beachtung auch kleinster nationaler Prägungen. So bestand zum Beispiel das turkestanische Infanteriebataillon 450 neben dem Stab aus der 1. Kompanie (Kirgisen), der 2. Kompanie (Usbeken sowie ein Zug Tadschiken), der 3. Kompanie (Kasachen), der 4. Kompanie (Turkmenen sowie ein Zug Osttataren) und einer MG-Kompanie mit je einem Zug Kirgisen, Usbeken, Kasachen. Der Panzerjäger-, der Pionier- und der schwere Granatwerferzug waren jeweils gemischt. Die Systematik der Deutschen sorgte dafür, dass keine Nationalität sich zurückgesetzt fühlen konnte.[11]

Legionäre eines turkestanischen Infanterieregiments mit Kamelen.

Aus dem Bericht über eine Ansprache von Generaloberst Ewald von Kleist, Oberbefehlshaber der Heeresgruppe A:

»Der Herr Oberbefehlshaber ging von dem Befehl des Führers aus, daß sich die deutsche Wehrmacht die Bevölkerung Kaukasiens zum Freund machen solle. Deshalb sei eine besondere Behandlung der kaukasischen Bevölkerung geboten. Zu dieser Bevölkerung zählen auch die in Kaukasien wohnenden Russen. Die Voraussetzungen für eine günstige politische Entwicklung im besetzten kaukasischen Raum sind vorhanden. Die Heeresgruppe A ist von allen deutschen Heeresgruppen die am weitesten vorgeschobene. Wir stehen an den Türen der islamitischen Welt. Was wir hier tun und wie wir uns hier verhalten, das strahlt weit hinein nach dem Iran, nach Indien, ja bis an die Grenzen von China. Wir müssen uns der Fernwirkung unseres Tuns und Lassens bewußt sein. Die beste Propaganda nach innen und außen ist eine zufriedene und hoffnungsvolle Bevölkerung, welche weiß, daß ihr eine bessere Zukunft bevorsteht als unter der Herrschaft des Zaren und Stalins. Die Bevölkerung muß wissen, daß wir uns um sie bemühen, selbst wenn wir nicht alles, was sie wünscht, geben können. Dieses ist in Anbetracht der Kriegsverhältnisse nicht

233

möglich. Aber die Bevölkerung muß sehen, daß wir den guten Willen haben, ihr zu helfen, und auch im kleinen helfen, soweit es möglich ist [...]. Ein Unterschied zwischen Bergvölkern, Kosaken und Russen kann grundsätzlich nicht gemacht werden. Wir brauchen sie alle. Die Russen sind keine Ausnahme, denn es handelt sich gerade bei ihnen um wertvolle Menschen, die einst als Auslese, als Kolonisten, in die besetzten Gebiete gekommen sind. Damals waren sie Pioniere, heute sind sie ansässig und stehen nicht mehr im Gegensatz zur eingesessenen Bevölkerung. Was die im besetzten kaukasischen Gebiet zurückgebliebenen Kommunisten anbelangt, so ist es notwendig, sie im Auge zu behalten. Wir müssen uns aber vor aller Gespensterseherei hüten und bedenken, daß die Bevölkerung in den langen Jahren der bolschewistischen Herrschaft sich gegenseitig bespitzelte und denunzierte. Wir müssen versuchen, diese verbliebenen Kommunisten zu erziehen und durch eine Wirklichkeit und bessere Lebensbedingungen zu beeinflussen.«[12]

Nach den Bestimmungen galten die Angehörigen der Legionen als »freiwillige Kämpfer für die Befreiung ihrer Heimat vom Bolschewismus und für die Freiheit ihres Glaubens«. »Sie sind keine Fremdenlegionen. Nur durch Weckung von Idealismus, Verantwortungsbewußtsein und Ehrgefühl können die Legionen zu brauchbaren Verbänden gemacht werden.«[13] Sie sollten daher nicht mit der französischen Fremdenlegion verwechselt werden. Gleichwohl waren alle Kommandoposten mit Deutschen besetzt, die angewiesen waren, die Legionäre als Waffengefährten zu behandeln und ihren nationalen Eigentümlichkeiten mit Respekt zu begegnen. Man wird davon ausgehen können, dass gerade bei den kaukasischen und turktatarischen Minderheiten das verständliche Bedürfnis, sich in deutscher Kriegsgefangenschaft bzw. unter deutscher Besatzung in ihren vertrauten nationalen Zusammenhängen bewegen zu können, eine größere Bedeutung für die Motivation gehabt haben dürfte als der Antibolschewismus, der sie mit den Deutschen verband.[14] Von Seiten der Wehrmacht wiederum suchte man zwar die Stimmung der Legionäre für den Fronteinsatz mit antikommunistischen Parolen zu stärken, doch die Propagandamaßnahmen blieben ansonsten in politischer Hinsicht sehr zurückhaltend, zumal viele der »Turkos« Analphabeten waren und sich nur in ihrer Muttersprache verständigen konnten. Auch das Verständnis für andere Mentalitäten und Traditionen war bei dem deutschen Rahmenpersonal nicht immer ausreichend, um Missstimmungen, Disziplinmängel und Desertionen zu verhindern.

Aus einem Erfahrungsbericht über die Ausbildung der Turk-Freiwilligen:
»Die Art der Erziehung und Führung der Turkos unterscheidet sich wesentlich von der der deutschen Soldaten; z.B. wird der Turko angeschrien, so wird er verwirrt, da er ja auch meistens die Sprache nicht versteht, wird störrisch und setzt den asiatischen passiven Widerstand entgegen, der aber kann und muß gebrochen werden durch Geduld – 10 mal muß der Mann etwas wiederholen bis es sitzt, hat er es

aber richtig getan, so soll er dafür gelobt werden. [...] Aber eines steht vollkommen fest: nie werden sich die Turkos gegen ihre deutsche Führung und sei sie noch so unvollständig auflehnen und zu den Russen übergehen, denn was ihnen als Vaterlandsverräter bei den Russen blüht, wissen sie nur zu gut, und da kann keine Agitation sie vom Gegenteil überzeugen. Sie hängen darum auch fest an ihren deutschen Vorgesetzten, weil sie überzeugt sind, daß die deutsche Führung ihre einzige Rettung ist. Außerdem vertrauen sie den deutschen Versprechungen vollkommen. [...] Die Turkos sind in vielen Hinsichten noch recht primitive Menschen: so z.B. wenn ihnen etwas Frohes mitgeteilt wird, so klatschen sie vor Freude in die Hände, ungeachtet, daß sie in militärischer Ordnung stehen. Sie dafür zu strafen, wäre falsch, weil sie es gar nicht verstehen würden.

16.) Sie haben für alles was deutsch ist das größte Interesse und der größte Wunsch eines jeden Turko-Soldaten ist – mal nach Deutschland zu kommen. Viele besonders Handwerker, haben oft gefragt, ob sie nach dem Kriege in Deutschland arbeiten können.«[15]

Eigene nationale Abzeichen an der Wehrmachtuniform, die sich auch hinsichtlich der Dienstgradabzeichen vom deutschen Vorbild unterschied, mussten notfalls ausreichen. Die Bataillone wurden einzeln an die Front geschickt und konnten schon deshalb nicht als Grundstock für eine künftige georgische, armenische etc. Armee angesehen werden. In einer ersten Welle ließ das OKH bis zum Spätherbst 15 verstärkte Feldbataillone ins Feld rücken, denn die Heeresgruppe Süd brauchte bei ihrem Vormarsch in den Kaukasus dringend diese Verstärkungen.

Nach zum Teil nur sehr kurzer Ausbildung und mit unzureichender Ausrüstung konnten diese Einheiten die Erwartungen nicht immer erfüllen, kämpften aber meist sogar besser als die entsprechenden nationalen Truppenverbände der Roten Armee. Sie mussten nicht zu Unrecht befürchten, im Falle einer Gefangennahme durch Sowjetsoldaten erschossen zu werden. Lautsprecherpropaganda der Roten Armee forderte zum Überlaufen auf und verwies darauf, dass man sich anderenfalls an den Frauen und Kindern rächen werde. Dennoch war die Zahl der Desertionen relativ niedrig. Dafür blieben Spannungen zwischen den verschiedenen Nationalitäten auf deutscher Seite nicht aus. Es kam teilweise zu Zusammenstößen zwischen Kaukasiern und russischen Kosaken.[16]

Kämpften die Kaukasier im engen Verbund mit deutschen Einheiten, waren sie erfolgreicher, als wenn sie in ihren oft gemischten nationalen Bataillonen auf sich allein gestellt waren. Bei einem Angriff zur Säuberung des Popowa-Höhenrückens am 30. Oktober 1942 zum Beispiel setzte die 125. Infanteriedivision deutsche Alarmeinheiten sowie eine Panzerjägerkompanie zusammen mit vier slowakischen Kompanien der Schnellen Brigade und einer Kompanie des ihr unterstellten Nordkaukasischen Infanteriebataillons 800 im engen Zusammenwirken so erfolgreich ein, dass der Gegner vertrieben und die Front bereinigt werden konnte.[17]

Das aserbaidschanische Infanteriebataillon 804.

Bericht über den Einsatz des aserbaidschanischen Infanteriebataillons 805 am 3. Dezember 1942 am Berg Tuchu:

»Auf dem Gefechtsstand traf ich Major Rank (Gruppe Rank), Bataillons-Kommandeur von 805 und Stabsarzt. 140 Mann, die in dreimaligem Anlauf den Tuchu-Berg – dicht bei Werchny-Shemgala – vor einigen Tagen genommen hatten, sassen auf der Höhe des bewaldeten Berges. [...] Gegen 11.00 Uhr kamen die Meldungen nacheinander, dass der Russe den Berg umkreist habe. Das Waldgelände ist dort völlig unübersichtlich. [...] Drei Leute brachten drei russische Gefangene an, gaben sie ab, waren begeistert, zogen sofort wieder auf den Berg los. Es ist Ihnen bekannt, dass das Bataillon bis zu dem Tage erhebliche Verluste bereits hatte. [...] Es war durchaus keine gedrückte Stimmung bei den Aserbeidschanern zu merken, obwohl sie mit recht schlechtem Schuhzeug, zum Teil ohne Sohlen, zum Teil auch ohne Strümpfe, vorher auch gelegentlich einen Tag ohne Verpflegung gewesen waren. [...] Mein Gesamteindruck von der letzten Fahrt zur Front ist der, dass die Leute durchaus brauchbar sind. Sie bedürfen aber der Anlehnung an Deutsche. Jeder Zug und jede Gruppe brauchen einen deutschen Unteroffizier bzw. einen Gefreiten. Die Russen habe es wohl durch viele Erfahrungen belehrt so eingerichtet, dass sie bei den Kaukasiern alle Maschinengewehre und schweren Waffen mit Russen besetzen. Bei stärkerem deutschen Personal wird die Gefechtskraft eine ganz andere sein. Lassen wir es wie bisher, verbrauchen wir zu schnell diese wertvolle Unterstützung an Menschenmaterial.«[18]

Die Wehrmacht verlängerte für die zweite Welle die Ausbildung im General-gouvernement, so dass 1943 im Frühjahr 21 Bataillone in die Ukraine gingen, die sich besser bewährten. Bis Jahresende folgte dann eine dritte Welle mit 17 Feld-bataillonen.

Insgesamt konnte allein der Stab der Ostlegionen im besetzten Polen 53 Feld-bataillone mit rund 53 000 Mann der Wehrmacht zur Verfügung stellen. Hinzu kam noch eine größere Anzahl von kleineren Bau- und Nachschubeinheiten mit nicht voll verwendungsfähigen Legionären. Die Gesamtzahlen Freiwilliger, die auf deutscher Seite eingesetzt wurden, werden auf mindestens 110 000 Kaukasier, 35 000 Wolgatataren und 110 000 Turkestaner geschätzt.[19] Sonderverbände bil-deten die Krimtataren (20 000 Mann) sowie die Kalmücken (5000), Letztere in einem Kavalleriekorps, das zur Absicherung der schwachen Flanke der 6. Armee gegenüber der Steppe Richtung Astrachan eingesetzt wurde.

Die Aufstellung von krimtatarischen Einheiten fand nicht in Polen, sondern heimatnah auf der Krim selbst statt. Fast alle wehrfähigen Männer dieser Minder-heit stellten sich 1942 den Deutschen zur Verfügung (rund 20 000 Mann, doppelt so viele, wie zur Roten Armee eingezogen worden waren). Die 11. deutsche Ar-mee fand in ihnen eine wertvolle Verstärkung zur Sicherung des Hinterlands und zur Bekämpfung von Partisanen. Kleinere Tatarengruppen waren bei den meis-ten deutschen Einheiten auch direkt eingesetzt, meist sogar bessergestellt als die rumänischen Verbündeten. Größere Kampfverbände wurden aber nur vom Sicher-heitsdienst im rückwärtigen Bereich verwendet. Neben diesen Schutzmannschafts-bataillonen bildeten die Krimtataren in der Masse einen örtlichen Selbstschutz in ihren Dörfern. Der Versuch, nach der Evakuierung der Krim 1944 aus den Schuma-Bataillonen die Waffen-Gebirgs-Brigade der SS (tatarische Nr. 1) zu bilden, schei-terte, weil sich die Einheiten fern der Heimat auflösten.

Noch eindrucksvoller war der Einsatz der Kalmücken.[20] Mit der Einnahme von Elista am 26. August 1942 unternahm die 16. motorisierte Infanteriedivision den Versuch, das von ihr zu sichernde riesige Steppengebiet mit Hilfe einheimi-scher Kräfte zu kontrollieren. Nach der Bildung eines örtlichen Selbstschutzes der Kalmücken, die sich gegen Requirierungen ihres Viehs durch die Rote Armee zur Wehr setzten, riefen die Deutschen zum gemeinsamen Kampf gegen den Bol-schewismus auf und schufen Freiwillige Reiterschwadronen für Aufklärungs- und kleinere Kampfeinsätze. Unter deutschem Kommando wurde schließlich ein grö-ßerer Verband gebildet, der bis zu 5000 Mann umfasste und auch dem Rückzug der Wehrmacht aus der Region folgte.

Im Kalmückischen Kavalleriekorps der Wehrmacht dienten mehr Kalmücken als in der vergleichbaren Einheit der Roten Armee. Die Kalmücken, geführt von dem charismatischen ehemaligen Abwehroffizier Dr. Rudolf Otto Doll, leiste-ten 1943 wertvolle Unterstützung beim Küstenschutz am Asowschen Meer, bei der Partisanenbekämpfung im Raum Dnjepropetrowsk, 1944 dann in Polen: »Als Kampfverband an der Front wegen des Mutes und Hasses gegen den Bolschewismus und gegen die Ausrotter des Kalmückenvolkes bedingt brauchbar«, urteilten die Deutschen.[21]

Die Kalmücken führten ihre Familien und ihr Vieh mit, so dass die Deutschen für sie ein neues Ansiedlungsgebiet suchten. Im Juli 1944 bei Lublin von der Roten Armee überrannt, erhielten die Reste des Verbandes die Protektion der SS, konnten sich aus den Kriegsgefangenenlagern ergänzen und wurden im Januar 1945 erneut von der Roten Armee überrannt und schließlich vernichtet. Die Familienangehörigen evakuierte man nach Bayern, ein neu aufgestelltes Kavallerieregiment der Kalmücken wurde dem in Kroatien stationierten Kosakenkavalleriekorps von Pannwitz unterstellt und erlitt dessen Schicksal: Auslieferung an die Rote Armee nach Kriegsende.

Während die Wehrmacht Krimtataren und Kalmücken in den besetzten Gebieten dieser Völker selbst rekrutieren konnte, gelang es ihr bei dem Vorstoß in den Kaukasus nicht, direkten Kontakt mit den meisten Völkern aufzunehmen. Sie blieb in den Randgebieten hängen. Dennoch fanden sich von den drei großen Völkern der Region, den Armeniern, Georgiern und Aserbaidschanern, genügend Freiwillige unter den Kriegsgefangenen, die sich den Deutschen zur Verfügung stellten. Ihre Zahl hätte vermutlich noch wesentlich größer sein können, wenn es der Wehrmacht gelungen wäre, in diese Länder vorzurücken. Ein möglicher antisowjetischer Aufstand in der gesamten Region wurde von zahlreichen NKWD-Einheiten verhindert. Allein in Aserbaidschan sollen 1942 rund 32 000 »unzuverlässige« Personen »unschädlich« gemacht worden sein.[22]

Die kaukasisch-turktatarischen Freiwilligen bildeten keine dauerhafte Verstärkung der Wehrmacht, denn mit dem deutschen Rückzug aus der Region verschwanden manche Formationen,[23] und auch der Kampfwert der von deutschem Rahmenpersonal geführten Feldbataillone ließ mit jedem Kilometer in Richtung Westen nach. Deshalb mussten etliche Einheiten, die vorher tapfer gekämpft hatten, aufgelöst und die Freiwilligen in kleineren Gruppen auf die deutschen Regimenter verteilt werden. Als besonders unzuverlässig erwiesen sich die Armenier, bei denen sich 1942/43 Meutereien und Desertionen häuften. Auch Georgier neigten dazu, bei geringen Anlässen den Weg zu den Partisanen zu suchen, während die moslemischen Legionen beständiger waren. So wurden 1943/44 die meisten Legionen von der Ostfront abgezogen und über das ganze von der Wehrmacht besetzte Europa verteilt. Dort fanden sie nicht selten Kontakte zum einheimischen Widerstand.

Militärisch hatten die Kaukasier und Orientvölker für die Deutschen nur geringen Wert an der Westfront, der sich bei der ersten Feindberührung verflüchtigen konnte. Zuletzt meuterte das georgische Infanteriebataillon 822, das im April 1945 von der niederländischen Insel Texel aus an die Front verlegt werden sollte. Der lange vorbereitete Aufstand von 750 Legionären, bei dem die Georgier zunächst 200 Mann deutsches Rahmenpersonal und missliebige Vorgesetzte ermordeten, wurde von mehr als 2000 SS-Soldaten niedergeschlagen, die auf der Insel

General Köstring (rechts) im Gespräch mit einem turkestanischen Unteroffizier.

landeten, den Widerstand trotz brutalster Maßnahmen aber bis zur Landung der Kanadier nicht völlig brechen konnten.

Die Aufstellung militärischer Verbände aus den südlichen Randgebieten der UdSSR blieb zwischen 1942 und 1944 eine Domäne des Heeres. Im Rahmen der Organisationsabteilung des OKH spielte Graf Stauffenberg dabei eine wichtige, treibende Rolle.[24] Er sorgte dafür, dass eine Reihe von Schlüsselstellungen mit vertrauten Offizieren besetzt wurden, die als Russlandexperten des Heeres den offiziellen antirussischen Kurs nicht befürworteten und mit der Aufstellung der sogenannten Osttruppen und »ostvölkischen« Freiwilligenverbände eine Chance nutzen wollten, um an der Ostfront eine politische und militärische Wende zu erreichen. Die wichtigste Ernennung war die Berufung des Generals der Kavallerie Köstring, dem ehemaligen deutschen Militärattaché in Moskau, zunächst zum »Beauftragten General für Kaukasusfragen« (1942), dann zum »General der Osttruppen« (1943) bzw. zum »General der Freiwilligenverbände beim Chef des Generalstabes des Heeres« (1944).

Stauffenberg hatte wesentlichen Anteil daran, dass bereits 1942 die Turktataren, Kaukasier und Kosaken als »gleichberechtigte Mitkämpfer« auch an vorderer Front innerhalb der Wehrmacht eingesetzt werden durften – als einzige der Völker der UdSSR. Russen, Weißrussen, Ukrainer und Balten blieb lediglich der

Major im Generalstab Claus Graf Schenk von Stauffenberg (links) und Generalmajor Oskar Ritter von Niedermayer (Mitte) beim Stab der 162. (turk.) Division in der Ukraine, 27. September 1942.

Dienst in rückwärtigen Gebieten. Diese Sonderstellung konnte Stauffenberg im August 1942 mit der Behauptung durchsetzen, dass die Feldbataillone der »Osttruppen« zu diesem Zeitpunkt die einzige operative Reserve des Oberkommandos auf dem östlichen Kriegsschauplatz darstellten und ihr Ausbau deshalb forciert werden müsse.[25] Stauffenberg wirkte im Hintergrund auch an der Entscheidung mit, Oskar Ritter von Niedermayer zu reaktivieren und damit personell unmittelbar an die alten Verbindungen aus dem Ersten Weltkrieg und der Reichswehrzeit anzuknüpfen, die nicht durch die mörderische Rassenideologie der herrschenden Nationalsozialisten kontaminiert waren. Niedermayer verließ Anfang 1942 seinen Lehrstuhl an der Berliner Universität und erhielt als General den Auftrag, mit dem Stab der aufgelösten 162. Infanteriedivision einen Rahmen für den Einsatz turktatarischer und kaukasischer Einheiten innerhalb eines Großverbandes zu bilden. Niedermayers Pläne zielten auf den möglichen Einsatz jenseits des Kaukasus, wo er im Ersten Weltkrieg erfolgreich seine Unternehmungen organisiert hatte. Das Zusammenschmelzen der heterogenen Einheiten und die Ausbildung im Großverband erwiesen sich als außerordentlich schwierig. So kam die »162. (turk.) Infanteriedivision«, die Ende 1942 rund 35 000 Mann umfasste und im Osten der Ukraine stationiert war, nicht mehr im geplanten Gebiet zum Einsatz, sondern wurde nach der Katastrophe von Stalingrad zur Partisanenbekämpfung in Jugoslawien eingesetzt. Sie ging 1945 in Oberitalien unter.

Die Bemühungen der SS, sich in die Orientpolitik einzuschalten, fruchteten erst 1944. Man bildete im Sommer 1944 eine »Freiwilligen-Leitstelle Ost«, zu der auch eine Kaukasische und eine »Osttürkische« Leitstelle gehörten. Es hatten sich Experten gefunden, die den relativ unpolitischen Kurs der Wehrmacht beklagten und in der Revolutionierung der Turkvölker eine Chance erkennen wollten, den Gegner zu schwächen, auch unter Preisgabe bisheriger rassenideologischer Bedenken.[26] Es folgte die Aufstellung eines kaukasischen und eines »osttürkischen Waffenverbandes«, um die Reste der bisher von der Wehrmacht geführten Legionen übernehmen zu können. Zunächst suchte man das Personal aber unter den Angehörigen der SS-Hilfstruppen sowie in den Kriegsgefangenenlagern und unter den »Ostarbeitern«. Die beiden Waffenverbände sollten jeweils vier Regimenter umfassen, wurden bis Kriegsende aber nur teilweise realisiert. Insgesamt konnten nur rund 5000 Mann mobilisiert werden. Ihr militärischer Wert war geringer als der positive politische Widerhall, der in den Nationalvertretungen der Kaukasier und Turktataren durch die SS erzielt wurde. Einheiten, die Ende 1944 zur Niederwerfung des slowakischen Nationalaufstandes eingesetzt wurden, zeichneten sich durch eine hohe Desertionsrate aus. Dennoch trieb die SS die Werbungs- und Aufstellungsmaßnahmen weiter voran. Zuletzt meldeten sich im April 1945 vier Kaukasier freiwillig zur Verteidigung Berlins.[27]

Die Gesamtzahl der auf deutscher Seite gefallenen Kaukasier und Turkestaner wird auf mindestens 100 000 Mann geschätzt.[28] Vermutlich sind noch mehr Menschen ums Leben gekommen, als Stalin nach der Rückeroberung dieser Randgebiete seines Reiches zur Vergeltung ganze Völkerschaften deportieren ließ. Zunächst wurden nach der »Befreiung« des Nordkaukasus sämtliche wehrfähigen Männer zwangsrekrutiert und von der Roten Armee – teilweise noch nicht einmal uniformiert und ausgebildet – gegen die gut ausgebauten deutschen MG-Stellungen auf der Tamanhalbinsel getrieben.[29] Dann kamen die Truppen des NKWD, um die Städte und Ortschaften von »feindlichen Elementen« zu säubern. Dabei sollen Hunderttausende ums Leben gekommen sein.[30] So wurde zum Beispiel in Elista ein regelrechtes Blutbad angerichtet. Auf Beschluss des Politbüros deportierte man 1943/44 die Völker der Kalmücken, Karatschaier, Tschetschenen, Inguschen, Balkaren sowie einen Teil der Karbadinen aus ihren angestammten Heimstätten nach Sibirien oder Mittelasien.[31] Ihre Autonomen Gebiete wurden aufgelöst. Die Überlebenden durften in den 50er Jahren in die Heimat zurückkehren.

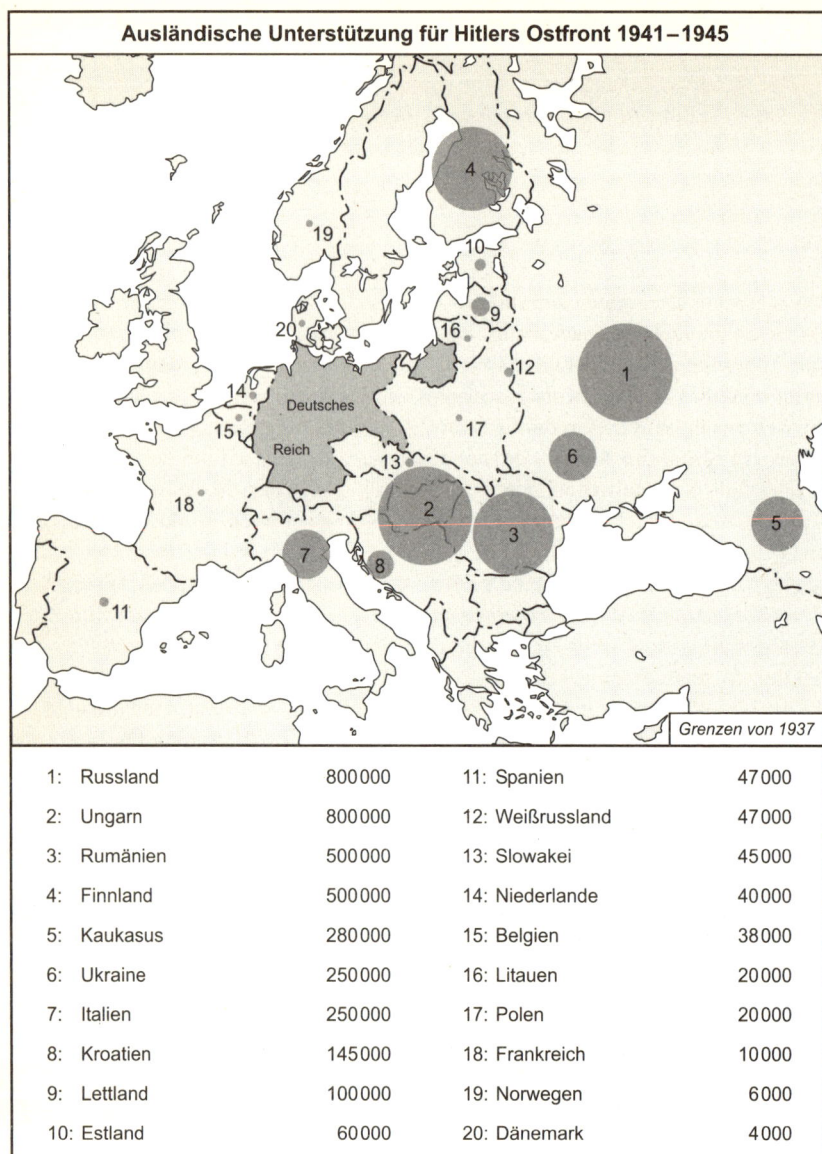

Ausländische Unterstützung für Hitlers Ostfront 1941–1945

Grenzen von 1937

1:	Russland	800 000	11:	Spanien	47 000
2:	Ungarn	800 000	12:	Weißrussland	47 000
3:	Rumänien	500 000	13:	Slowakei	45 000
4:	Finnland	500 000	14:	Niederlande	40 000
5:	Kaukasus	280 000	15:	Belgien	38 000
6:	Ukraine	250 000	16:	Litauen	20 000
7:	Italien	250 000	17:	Polen	20 000
8:	Kroatien	145 000	18:	Frankreich	10 000
9:	Lettland	100 000	19:	Norwegen	6 000
10:	Estland	60 000	20:	Dänemark	4 000

Zu den Zahlen vgl. die Hinweise in den einzelnen Länderkapiteln. Es handelt sich hier um die im Gesamtzeitraum mobilisierten Kräfte für verbündete Truppen, Wehrmacht, SS, Polizei und paramilitärische einheimische Verbände, die auf deutscher Seite gegen die Rote Armee kämpften. Nicht berücksichtigt sind volksdeutsche Wehrpflichtige, zum Beispiel aus Polen und Elsass-Lothringen, deren Anteil an der Ostfront nicht zu ermitteln ist. Die meisten Zahlenangaben in den Quellen und der Literatur enthalten einige Differenzen, insbesondere hinsichtlich der Russen.

Schlussbetrachtung

Was sagen uns die Zahlen der ausländischen Helfer Hitlers an der Ostfront, Zahlen zumal, die nicht in jedem Falle als gesichert gelten können, sondern auf Schätzungen beruhen? Eindrucksvoll sind die Größenordnungen in jedem Fall: Schon in der ersten Phase des deutsch-sowjetischen Krieges machten die Verbündeten der Wehrmacht und die Freiwilligen aus allen Teilen Europas knapp eine Million Mann aus (Finnland 476 000 Mann, Rumänien 325 685, Slowakei 41 000, Ungarn 45 000, ausländische Freiwillige 43 000) gegenüber drei Millionen Wehrmachtsoldaten an der Ostfront. Während die durchschnittliche Stärke der Wehrmacht in den folgenden Jahren auf rund 2,5 Millionen sank, erhöhte sich der Einsatz von Ausländern um eine weitere Million Mann. Es handelte sich in der Masse um jene ehemaligen Sowjetbürger, die sich bereitfanden, auf deutscher Seite gegen den Bolschewismus zu kämpfen bzw. den deutschen Kampf durch Hilfsdienste zu unterstützen.

Diese Größenordnung zwingt summarisch zu einer Neubewertung der militärischen Dimensionen. Zugespitzt lassen sich drei Thesen formulieren:

1. Ohne den Einbau der verbündeten Armeen, von Hitler eher lustlos und ohne große Erwartungen betrieben, hätte die Wehrmacht 1941 niemals bis vor die Tore Moskaus marschieren können. Durch den Einsatz der finnischen, ungarischen und rumänischen Wehrpflichtigen konnte die Ostfront nach Norden und Süden erheblich ausgedehnt und abgedeckt werden. Bei 2000 Kilometern Frontlinie wurden 600 Kilometer von den Finnen gehalten, weitere 600 Kilometer von Ungarn und Rumänen. Auf diese Weise war die Wehrmacht in der Lage, die Masse des Ostheeres im Zentrum gegen Moskau zu konzentrieren. Die Bindung der sowjetischen Hauptarmee in der Ukraine hauptsächlich durch die deutschen Verbündeten ermöglichte den Erfolg der größten Kesselschlacht der Weltgeschichte bei Kiew.

2. Ohne die Mobilisierung zusätzlicher Kräfte der Verbündeten hätte Hitler 1942 seine neue Sommeroffensive in Richtung Wolga und Kaukasus nicht durchführen können. Sie sicherten die weite Flanke an Wolga und Don. So ermöglichten sie den riskanten Vorstoß zu den Ölfeldern des Kaukasus. Dazu trugen auch Hunderttausende von einheimischen Freiwilligen bei, die als »Hilfswillige« oder in bewaffneten Formationen den Vormarsch der Wehrmachtdivisionen unterstützten.

3. Spätestens nach der Katastrophe von Stalingrad konnte die Wehrmacht einen Zusammenbruch der Ostfront nur mit Hilfe der ausländischen Helfer verhindern. Ihre größte Bedeutung hatten sie bei der Sicherung des Hinterlandes und der Bekämpfung der Partisanen. So führten 1943 allein im Baltikum 107 Bataillone »Schutzmannschaften« mit 60 000 Mann den Kampf gegen die Partisanen.[1] Zugleich trugen sie nach wie vor in Finnland und in der Ukraine auch in Frontverbänden zur Stabilisierung der Ostfront bei. Wegen der Verkürzung der Front durch die Rückzüge 1943/44 fiel das Ausscheiden der großen Verbündeten Finnland, Italien und Rumänien nicht stärker ins Gewicht. Als letzter Verbündeter ermöglichte es Ungarn, dass Hitler im Frühjahr 1945 seine letzte Offensive an der Ostfront überhaupt zumindest beginnen konnte. Auch im letzten Kriegsjahr hing die Mobilität der Wehrmacht nicht nur vom Treibstoff, sondern auch von fast einer Million Freiwilliger der osteuropäischen Völker ab.

Nicht übersehen werden sollte der Umstand, dass der millionenfache Einsatz von ausländischen Zwangsarbeitern und Kriegsgefangenen sowie die Produktion im Hinterland der Ostfront die Wehrmacht ab 1942 überhaupt erst materiell in die Lage versetzte, den Abnutzungskrieg gegen einen überlegenen Gegner weitere drei lange Jahre führen zu können. In der Schlussphase des Krieges 1944, als die Nazis nahezu sämtliche ideologischen und rassischen Vorurteile fallenließen, wenn es um die Rekrutierung von »Kanonenfutter« ging, stammten 763 000 Mann allein aus den annektierten und »eingedeutschten« Gebieten (Elsass, Lothringen, Eupen-Malmedy, Polendeutsche der Volksliste IV), also acht Prozent der Ist-Stärke der Gesamtwehrmacht.[2] Rechnet man die die ausländischen Soldaten und »Hilfswilligen« hinzu, dürfte die Gesamtzahl der nichtdeutschen Soldaten innerhalb von Wehrmacht, Waffen-SS etc. bis zu 20 Prozent ausgemacht haben – in der Masse an der Ostfront eingesetzt, wo ihr Anteil erheblich höher gewesen ist.

Zwang oder Freiwilligkeit – diese politisch-moralische Dimension lässt sich angesichts der vielfältigen Formen der ausländischen Beteiligung und der Veränderungen im Kriegsverlauf nicht immer klar definieren. Die wehrpflichtigen Soldaten der verbündeten Armeen mögen freudig oder nicht nach Osten marschiert sein, freiwillig kämpften dort wohl die wenigsten. Das gilt vermutlich auch für die meisten deutschen Soldaten. Politisch motivierte Freiwilligkeit kann man am ehesten bei den ausländischen Legionären aus Süd-, West- und Nordeuropa ausmachen. Aber nur ein Teil von ihnen gehörte zu den sogenannten germanischen Freiwilligen, die von der SS bevorzugt genommen worden sind. Das Ausmaß anderer Motive lässt sich schwer und wohl nur auf den Einzelfall bezogen ergründen. Abenteuerlust und rechtsradikale Gesinnung schließen sich im Übrigen nicht aus.

Bei den osteuropäischen Völkern kam das Streben nach Unabhängigkeit vom russischen Imperium bzw. die Erfahrung des Stalinismus hinzu. Als Hinterland oder Frontgebiet waren sie vom Ostkrieg unmittelbar betroffen, wurden sie von sowjetischen Partisanen drangsaliert und mussten die Rache Stalins fürchten. In Teilen Ostmitteleuropas entwickelten sich bürgerkriegsähnliche Situationen und zerfallende Kriegsgesellschaften, wo nur der Kampf ums Überleben zählte. Dennoch überdauerten sogar größere militärische Formationen, die den Kampf gegen das Sowjetsystem nach dem Rückzug der Deutschen bis weit in die Nachkriegszeit hinein fortsetzten.

Mit ihrer »Dekompositionspolitik« gelang es den Nationalsozialisten zwar, den Nationalismus in Osteuropa in eine antisowjetische Richtung zu drängen und für sich zu nutzen. Zugleich aber fachten sie die nationalistischen Gegensätze an, die bis zur blutigen Selbstzerfleischung der Völker führen konnten, was die Ausschöpfung dieses Potentials für den »Kreuzzug gegen den Bolschewismus« wiederum begrenzte. Der Antibolschewismus blieb zwar das stärkste Argument der Nazis, mit ihrer Rassenideologie und einer rücksichtslosen Ausbeutungspolitik beschädigten sie aber ihr Ansehen und die Chancen, die Menschen in Osteuropa für sich zu gewinnen.

Auf diesem »Schlachtfeld der Diktatoren« schenkten sich beide Seiten nichts an Härte und Brutalität. Trotz pompöser Propagandaschlachten lag weder Stalin noch Hitler an den Köpfen und Herzen der betroffenen Menschen. In der sowjetischen Ideologie lag zumindest ein Versprechen für die Zukunft, das den letztlich siegreichen Waffen der Roten Armee einen stärkeren Glanz verlieh, auch wenn den »Befreiern vom Bolschewismus« die »Befreier vom Faschismus« folgten und den Völkern nicht die Freiheit brachten. Im Verlauf des Zweiten Weltkriegs hat Stalin – anders als Hitler – nur eine geringe Zahl ausländischer Freiwilligenverbände aufgestellt. Deutsche Kriegsgefangene wurden, selbst wenn sie dem »Nationalkomitee Freies Deutschland« als Propagandisten beitraten, nicht bewaffnet! Die größte Einheit von Ausländern wurde von polnischen Kriegsgefangenen gebildet, insgesamt rund 200 000 Mann. Hinzu kamen ein tschechoslowakisches Armeekorps von etwa 16 000 Mann und eine rumänische Freiwilligendivision – insgesamt also nicht mehr als 300 000 Mann.[3]

Es hat sich gezeigt, dass der landläufige Begriff der Kollaboration untauglich ist, um das Phänomen ausländischer »Helfer« für Hitlers Wehrmacht in seiner Vielfalt und Vielschichtigkeit zu erfassen. In seinem Wortsinn (Bereitschaft zur Zusammenarbeit) eigentlich unpolitisch, diente er während des Krieges der Anti-Hitler-Koalition zur Ausprägung von Feindbildern gegenüber den vermeintlichen Verrätern in den eigenen Reihen bzw. in den besetzten Gebieten. Kollaboration wurde zum Odium für alle, deren man sich bei Kriegsende entledigen wollte. Es betraf Schuldige und Unschuldige, große und kleine Täter, die sich nicht nur auf die Seite des Feindes geschlagen, sondern an den Verbrechen der Nazis beteiligt hatten.

Antikommunismus und Antisemitismus hatten tatsächlich viele der »Freiwilligen« bzw. Kollaborateure zu Terror und Mord gegen eigene Landsleute veranlasst. Die Frontkämpfer unter ihnen konnten sich aus dieser Verantwortung nicht heraushalten, so wenig wie auf deutscher Seite die Legende von der »sauberen« Wehrmacht auf Dauer Bestand hatte. In Deutschland brauchte es mehr als eine Generation, um ein differenziertes Bild des Hitlerschen Ostkrieges zu schaffen, bei dem aber bis heute die ausländischen Helfer ausgeblendet sind. In vielen betroffenen Heimatländern der Freiwilligen ist diese historische Auseinandersetzung erst noch zu führen.

Anhang

Anmerkungen

Vorwort ▪ S. 7–9

1 Gnauck, Gerhard: Zwischen allen Fronten. Kollaborateure oder Freiheitskämpfer? Die Ukraine ringt um die richtige Deutung ihrer Partisanen zwischen Roter Armee und Wehrmacht. In: Die Welt vom 19.7.2007, unter Berufung auf den Kiewer Historiker Wolodymyr Serhijtschuk.

Einleitung: Das »Unternehmen Barbarossa« und die Folgen ▪ S. 11–21

1 Zum folgenden Überblick vgl. ausführlich das zwischen 1979 und 2007 erschienene zehnbändige Serienwerk *Das Deutsche Reich und der Zweite Weltkrieg*, das in der einbändigen Fassung unter dem Titel *Der letzte deutsche Krieg* vorliegt; zur wissenschaftlichen Literatur vgl. den Forschungsüberblick in Müller/Ueberschär: Hitlers Krieg im Osten. Teile der Ausführungen hier sind auch erschienen in: Der 2. Weltkrieg, S. 114–125.
2 Vgl. Deutsch-polnische Beziehungen 1939–1945–1949. Nach Beginn des deutsch-sowjetischen Krieges verschärfte sich die deutsche Besatzungspolitik in Polen erheblich und fügte dem Land insbesondere durch den Holocaust Millionen von Opfern zu.
3 Aktenvermerk von Martin Bormann über die Besprechung am 17.7.1941, abgedruckt in: »Unternehmen Barbarossa«, S. 330f.
4 Aktennotiz über eine Besprechung der Staatssekretäre vom 2.5.1941, abgedruckt in: Ebd., S. 377.
5 Aktenvermerk Bormanns, abgedruckt in: Ebd., S. 331.
6 Besymenski: Die letzten Notizen von Martin Bormann; Domarus: Hitler.

I. Die Verbündeten

Finnland ▪ S. 25–37

1 Vgl. dazu grundlegend Keßelring: Des Kaisers »Finnische Legion«.
2 Kirke (1877–1949) leitete 1924/25 die britische Militärmission in Finnland. Seine um die Finnen werbenden Ansprachen am 19. Juni 1939 lagen Halder bei seinem Besuch vor; vgl. Bundesarchiv-Militärarchiv (BA-MA) Freiburg, N 220/19.
3 Das Deutsche Reich und der Zweite Weltkrieg, Bd. 4, S. 367; vgl. umfassend Ueberschär: Hitler und Finnland.
4 Zit. nach: Das Deutsche Reich und der Zweite Weltkrieg, Bd. 4, S. 375. Vgl. jetzt auch Besymenski: Molotows Berlin-Besuch.
5 Heeresadjutant bei Hitler, S. 93.
6 Finnisches Memorandum vom 2.6.1941, abgedruckt in: Ueberschär: Hitler und Finnland, S. 335.

7 Vgl. Stein / Krosby: Freiwilligen-Bataillon.
8 Aktenvermerk Bormanns vom 16. 7. 1941, abgedruckt in: »Unternehmen Barbarossa«, S. 331.
9 Vgl. Erfurth: Der Finnische Krieg.
10 Zit. nach: Gosztony: Deutschlands Waffengefährten, S. 28.
11 Vgl. Schreiber: Nordlicht, S. 127.
12 Neulen: Am Himmel, S. 214.
13 Vgl. Das Deutsche Reich und der Zweite Weltkrieg, Bd. 4, S. 841.
14 Vgl. ebd. S. 843.
15 Zur Lage in Skandinavien 1943/44 vgl. ebd., Bd. 8.
16 Zit. nach: Mannerheim: Erinnerungen, S. 526 f.

Ungarn ■ S. 38–53

1 Vgl. Das Deutsche Reich und der Zweite Weltkrieg, Bd. 4, S. 350.
2 Allianz Hitler-Horthy-Mussolini, Dok. 93.
3 Zit. nach: Das Deutsche Reich und der Zweite Weltkrieg, Bd. 4, S. 359.
4 Zit. nach: Gosztony: Deutschlands Waffengefährten, S. 137.
5 Zit. nach: Ebd., S. 142.
6 Zit. nach: Andere Helme, S. 87.
7 Zit. nach: Gosztony: Deutschlands Waffengefährten, S. 160 f.
8 Tagesbefehl vom 24. 1. 1943, zit. nach: Ebd., S. 161.
9 Vgl. dazu insgesamt Aly/Gerlach: Das letzte Kapitel.
10 Vgl. Hillgruber: Staatsmänner, Bd. 2, S. 245 f.
11 Vgl. dazu ausführlich Ungváry: Die ungarische Besatzungstruppe.
12 Vgl. dazu Ránki: Margarethe.
13 Zit. nach: Das Deutsche Reich und der Zweite Weltkrieg, Bd. 8. Stuttgart 2007, S. 858.
14 Vgl. Ungváry: Robbing the Dead, S. 212–229.
15 Generalstab des Heeres zur Lage in Ungarn, 16. 4. 1944, zit. nach: Das Deutsche Reich und der Zweite Weltkrieg, Bd. 8, S. 861.
16 Vgl. dazu umfassend Kissel: Panzerschlachten.
17 Vgl. umfassend Ungváry: Schlacht.

Rumänien ■ S. 54–80

1 Dazu Eichholtz: Deutsche Politik.
2 Vgl. dazu Hanfland: Die internationale Lage.
3 Zit. nach: Hürter: Hitlers Heerführer, S. 8.
4 Zit. nach: Das Deutsche Reich und der Zweite Weltkrieg, Bd. 4, S. 344.
5 Zur Geschichte der rumänischen Armee vgl. Axworthy: Third Axis.
6 Vgl. dazu ausführlich Ancel: Antonescu; Deletant, Hitler's Forgotten Ally.
7 Akten zur deutschen auswärtigen Politik (ADAP), D, Bd. XIII, 1, Dok. 159.
8 Hitler: Monologe, S. 75.

9 Vgl. Romania in World War II, S. 76–79.

10 Vgl. Das Deutsche Reich und der Zweite Weltkrieg, Bd. 4, S. 887.

11 Vgl. ebd., S. 885.

12 Ebd.

13 Brief vom 17. 8. 1941, ADAP, D, Bd. XIII, 1, Dok. 210.

14 Vgl. Romania in World War II, S. 67–69.

15 So auch die selbstkritische Einschätzung Antonescus vom 14. Dezember 1941, der die Fehler der Ausbildung vor allem in der Vorkriegszeit sah; abgedruckt in: Ebd., S. 89. Eine ausführliche Analyse auch bei Axworthy: The Romanian Soldier.

16 Zit. nach: Hillgruber: Hitler, S. 144 (12. 12. 1941).

17 Vgl. Ancel: Stalingrad und Rumänien, S. 196 f.

18 Stellungnahme des Chefs der Deutschen Heeresmission in Rumänien vom 11. 1. 1942, zit. nach: Das Deutsche Reich und der Zweite Weltkrieg, Bd. 4, S. 887 f.

19 Unterredung vom 26. 11. 1941, ADAP, D, Bd. XIII, 2, Dok. 505.

20 Unterredung mit Göring am 13. 2. 1942, ADAP, E, I, Dok. 241.

21 Vgl. Gosztony: Hitlers fremde Heere, S. 267.

22 Vgl. Förster: Stalingrad, S. 138.

23 Notizen für Führer-Vortrag, September 1942, abgedruckt in: Zeidler: Experiment, S. 497.

24 Degrelle: Die verlorene Legion, S. 90.

25 Zit. nach: Ancel: Stalingrad und Rumänien, S. 199.

26 Vgl. Gosztony: Deutschlands Waffengefährten, S. 104.

27 Brief Antonescu an Manstein vom 9. 12. 1942, abgedruckt in: Kehrig: Stalingrad, S. 588–594.

28 Denkschrift vom 11. 1. 1943, zit. nach: Ancel: Stalingrad und Rumänien, S. 207.

29 Abgedruckt in: Förster: Stalingrad, S. 138.

30 Zit. nach: Ancel: Stalingrad und Rumänien, S. 210.

31 Gespräch des Abteilungsleiters Mineralöl im Reichswirtschaftsministerium, Ernst Rudolf Fischer, mit Speer am 29. 11. 1943, zit. nach: Das Deutsche Reich und der Zweite Weltkrieg, Bd. 5/2, S. 533.

32 Vgl. Hillgruber: Hitler, S. 205.

33 Hillgruber: Staatsmänner, Bd. 2, S. 498.

34 Vgl. Bericht über das ausführliche Gespräch in den Memoiren von Friessner: Verratene Schlachten, S. 80.

35 Vgl. Romania in World War II, S. 219.

36 Ebd., S. 166, 299. Die extrem hohe Zahl an Vermissten ist im Fall der Ostfront wohl eher den Toten zuzurechnen, im Fall der Westfront womöglich den Desertionen, über die keine Zahlen vorliegen.

Italien ▓ S. 81–99

1 Vgl. Das Deutsche Reich und der Zweite Weltkrieg, Bd. 3, S. 13.

2 Vgl. ebd., Bd. 4, S. 897.

3 Vgl. Halder, Kriegstagebuch, Bd. 3, S. 10 (24. 6. 1941).

4 Vgl. Schreiber: Italiens Teilnahme, S. 250–258.

5 Vgl. Die Italiener, S. 11.

6 Aus einem Feldpostbrief vom 2.9.1941, zit. nach: ebd., S. 15f.

7 Vgl. dazu Neulen: Am Himmel, S. 64–68.

8 Degrelle: Die verlorene Legion, S. 25f.

9 Ebd., S. 28f.

10 Zur Selbstdarstellung vgl. die Erinnerungen von Messe: Der Krieg im Osten.

11 Vgl. Schreiben Hitlers an Mussolini vom 29.12.1941, ADAP, E, Bd. 1, S. 104–113.

12 Vgl. Schreiber: Italiens Teilnahme, S. 268f.

13 Fernschreiben des Chefs des Deutschen Verbindungsstabs zum italienischen AOK 8 an die Armeegruppe Ruoff, Ia, 17.7.1942, zit. nach: Die Italiener, S. 31.

14 Auf diesem Feld bestehen noch immer große Defizite in der Geschichtsforschung.

15 Zit. nach: Die Italiener, S. 40.

16 Zit. nach: Ebd., S. 42.

17 Vgl. ebd., S. 37.

18 Zit. nach: Ebd., S. 54.

19 Ebd., S. 57.

20 Memorandum zur Lage der 8. Armee, abgedruckt in: Ebd., hier S. 188.

21 Zit. nach: Beevor: Stalingrad, S. 217.

22 Zit. nach: Die Italiener, S. 71.

23 Bericht der 221. Sicherungsdivision vom 31.3.1943, abgedruckt in: Ebd., Dok. 15, hier S. 156.

24 Vgl. Schreiber: Die italienischen Militärinternierten, S. 208.

25 Gefechtsbericht des Deutschen Verbindungskommandos bei der Division »Ravenna« vom 20.3.1943, abgedruckt in: Die Italiener, Dok. 9, hier S. 126.

26 Vgl. Schreiber: Die italienischen Militärinternierten, S. 209–212.

Slowakei ■ S. 100–105

1 Venohr: Aufstand, S. 22.

2 Zit. nach: Ebd., S. 30.

3 Vgl. Das Deutsche Reich und der Zweite Weltkrieg, Bd. 4, S. 362.

4 Vgl. auch die Gesamtdarstellung bei Axworthy: Axis Slovakia.

5 Gosztony: Deutschlands Waffengefährten, S. 218; vgl. auch Schönherr: Die Slowakei.

6 Major v. Lengerke, Bericht vom 2.8.1941, zit. nach: Das Deutsche Reich und der Zweite Weltkrieg, Bd. 4, S. 896.

7 Vgl. Schönherr: Die Niederschlagung.

8 Vgl. Venohr: Aufstand, S. 274.

Kroatien ■ S. 106–112

1 Vgl. dazu umfassend Schmider: Partisanenkrieg.

2 Divisionsbefehl vom 12.10.1941, abgedruckt in: Neidhardt: Mit Tanne und Eichenlaub, S. 425f.

3 Zit. nach: Ebd., S. 170.

4 So die Einschätzung von Generalleutnant Arthur Schmidt, Chef des Stabes im AOK 6, zit. nach: Gosztony: Deutschlands Waffengefährten, S. 240.

5 Einzelheiten in: Das Deutsche Reich und der Zweite Weltkrieg, Bd. 5/2, S. 990.

6 Vgl. ebd., Bd. 8, S. 1061–1070.

II. Die Freiwilligen aus neutralen und besetzten Gebieten

Spanien ■ S. 115–121

1 Vgl. dazu umfassend Ruhl: Spanien im Zweiten Weltkrieg.

2 Vgl. Kleinfeld/Tambs: Hitler's Spanish Legion.

3 Vgl. Das Deutsche Reich und der Zweite Weltkrieg, Bd. 4, S. 914.

4 Hitler: Monologe, S. 178 (4./5. 1. 1942).

5 Vgl. Neulen: An deutscher Seite, S. 116–125.

6 Muños Grandes wurde 1951 spanischer Verteidigungsminister und war von 1962 bis 1967 stellvertretender Ministerpräsident.

7 Vgl. OKH/GenStdH/Org.Abt.(IIIa), Nr. 1023/43 gKdos., betr. Waffen-Zuweisung für die 250. Spanische Division, vom 12. 3. 1943, BA-MA Freiburg, RH 2/934b.

8 Esteban-Infantes: Die Blaue Division, S. 99.

9 Vgl. Neulen: Am Himmel, S. 287.

10 Vgl. Das Deutsche Reich und der Zweite Weltkrieg, Bd. 4, S. 915.

Frankreich ■ S. 122–130

1 Zit. nach: Gosztony: Deutschlands Waffengefährten, S. 254.

2 Bormann-Protokoll vom 16. 7. 1941, abgedruckt in: »Unternehmen Barbarossa«, S. 330.

3 Vgl. Neulen: Am Himmel, S. 268.

4 Vgl. hierzu ausführlich Michel: Deutsche in der Fremdenlegion.

5 Gosztony: Deutschlands Waffengefährten, S. 254.

6 Zit. nach Neulen: Europas verratene Söhne, S. 137.

7 Zit. nach: Selder: Der Krieg der Infanterie, S. 309.

8 Ebd., S. 312.

9 Faksimile des Gefechtsberichts in Gosztony: Deutschlands Waffengefährten, S. 256. Vgl. auch die romanhafte Darstellung des ehemaligen Unteroffiziers in der Legion und späteren Schriftstellers Marc Augier de Saint-Loup: Legion, S. 33 f.

10 Vgl. ebd., S. 61.

11 Gosztony: Deutschlands Waffengefährten, S. 257.

12 Saint-Loup: Legion, S. 92.

13 Vgl. Neulen: Europas verratene Söhne, S. 138.

14 Als ein französischer Unteroffizier 30 Turkestaner von Warschau an die Front überführen sollte, ließ er einen SS-Werber festnehmen, der die Männer entführen wollte. Der Vorgang findet sich in BA-MA Freiburg, RH 53-23/52.

15 Saint-Loup: Legion, S. 177.

16 Vgl. Gosztony: Deutschlands Waffengefährten, S. 262.

17 Vgl. dazu Mabire: Berlin im Todeskampf.

18 Beispielhaft für ihr Schicksal kann der Erlebnisbericht des Schriftstellers Guy Sajer *(Denn dieser Tage Qual war groß)* gelten, der sich 17-jährig zur Elitedivision »Großdeutschland« gemeldet hatte und den Krieg an der Ostfront erlebte. Andere Zahlen nennen bis zu 130 000 Franzosen, die zwangsweise in Wehrmacht und Waffen-SS gedient haben; vgl. Allainmat / Truck: La Nuit.

Belgien ■ S. 131–136

1 Zit. nach: Neulen: Europas verratene Söhne, S. 132.

2 Zu seiner Vita vgl. Kurowski: Grenadiere, S. 257–269.

3 Vgl. Degrelle: Die verlorene Legion, S. 11 ff.

4 Ebd., S. 25.

5 Vgl. Das Deutsche Reich und der Zweite Weltkrieg, Bd. 4, S. 923.

6 Vgl. Neidhardt: Mit Tanne und Eichenlaub, S. 164 f.

7 Vgl. dazu Ott: Jäger, S. 215 f. und Degrelle: Die verlorene Legion, S. 101 ff.

8 Wagner: Belgien, S. 26.

9 Vgl. Neulen: Europas verratene Söhne, S. 201.

Niederlande ■ S. 137–143

1 Vgl. den Überblick in: Das Deutsche Reich und der Zweite Weltkrieg, Bd. 5/2, S. 19–21.

2 Zur Besatzungspolitik vgl. insgesamt Hirschfeld: Fremdherrschaft.

3 Vgl. Das Deutsche Reich und der Zweite Weltkrieg, Bd. 4, S. 911.

4 Vgl. Die deutsche Wirtschaftspolitik, S. 139 f.

5 Kwiet: Reichskommissariat, S. 150.

Dänemark ■ S. 144–148

1 Das Deutsche Reich und der Zweite Weltkrieg, Bd. 5/1, S. 50; vgl. insgesamt Thomsen: Besatzungspolitik.

2 Vgl. Das Deutsche Reich und der Zweite Weltkrieg, Bd. 4, S. 932 f.; eine wissenschaftlich angelegte Gesamtdarstellung liegt jetzt mit der Arbeit von Werther *(Dänische Freiwillige in der Waffen-SS)* vor.

3 Vgl. Werther, Dänische Freiwillige, S. 65 f.

4 Die ältere unkritische Arbeit von Tieke *(Geschichte des »Freikorps Danmark«)* kann als überholt gelten.

5 Vgl. Neulen: Am Himmel, S. 264–267. Zu ihnen zählte Ove Terp, der den Krieg schwer verletzt überlebte, nach dem Krieg die deutsche Staatsbürgerschaft annahm und schließlich als Oberstleutnant in der neuen Luftwaffe der Bundesrepublik diente.

6 Vgl. Werther: Dänische Freiwillige, S. 55 f.

7 Zit. nach: Ebd., S. 81.

8 Vgl. ebd., S. 83.
9 Das Deutsche Reich und der Zweite Weltkrieg, Bd. 9/2, S. 756.
10 Vorschlag des Divisionskommandeurs Generalmajor Wagner, zit. nach: Neulen: An deutscher Seite, S. 144.

Norwegen ■ S. 149–152

1 Zur Besatzungspolitik vgl. Bohn: Reichskommissariat.
2 Vgl. Das Deutsche Reich und der Zweite Weltkrieg, Bd. 4, S. 934. Zu dem außerge-wöhnlichen Fall eines Norwegers, dem es gelang, in Görings Luftwaffe als Pilot aufge-nommen zu werden, vgl. Neulen: Am Himmel, S. 257–262.
3 Zit. nach: Neulen: An deutscher Seite, S. 155.
4 Vgl. Das Deutsche Reich und der Zweite Weltkrieg, Bd. 9/2, S. 757f.
5 Lang: »Mitleid«.

III. Die osteuropäischen Völker im Kampf gegen den Stalinismus

Estland ■ S. 156–166

1 Vgl. Volkmann: Ökonomie und Machtpolitik.
2 Schlußurteil Estland, BA-MA Freiburg, N 220/19.
3 Vgl. Neulen: An deutscher Seite, S. 281.
4 Vgl. dazu umfassend jetzt Birn: Sicherheitspolizei.
5 Kaasik: Estonian Military Units; Adamson: Eesti idapataljonid.
6 Vgl. Isberg: Zu den Bedingungen des Befreiers.
7 Zit. nach: Neulen: An deutscher Seite, S. 283.
8 Zit. nach: Jahnke: Kessel, S. 103f.
9 Vgl. Myllyniemi: Neuordnung, S. 206.
10 Vgl. ebd., S. 233.
11 Vgl. dazu umfassend Uustalu: For Freedom Only.
12 Vgl. Stimmungsbericht vom 21.6.1943, zit. nach: Das Deutsche Reich und der Zweite Weltkrieg, Bd. 5/2, S. 53.
13 Vgl. Myllyniemi: Neuordnung, S. 253.
14 Vgl. Garleff: Die baltischen Länder, S. 170.
15 Vgl. ebd., S. 171.

Lettland ■ S. 167–172

1 Vgl. Garleff: Die baltischen Länder, S. 96.
2 Vgl. Angrick/Klein: Die Endlösung, S. 65.
3 Vgl. Myllyniemi: Neuordnung, S. 227f.
4 Vgl. ebd., S. 231.
5 Vgl. ebd., S. 238.

6 Zit. nach: Ebd., S. 254.
7 »Das Oberkommando der Wehrmacht gibt bekannt ...« Der deutsche Wehrmachtbericht. Vollständige Ausgabe der 1939–1945 durch Presse und Rundfunk veröffentlich-
  ten Texte mit einem Orts-, Personen- und Formationsregister von Günter Wegmann.
  Osnabrück 1982, S. 54.

Litauen ▮ S. 173–178

1 Vgl. Stang: Hilfspolizisten, S. 863.
2 Zit. nach: Myllyniemi: Neuordnung, S. 235.
3 Vgl. ebd., S. 279.

Polen ▮ S. 179–184

1 Vgl. Król: Besatzungsherrschaft, S. 580.
2 Vgl. Müller: Das Tor zur Weltmacht, S. 310.
3 Vgl. zur Entwicklung Schmidt: Außenpolitik, S. 316 ff.
4 Das »Institut für nationales Gedenken« in Warschau untersucht derzeit im Auftrag der
  Regierung den gesamten Komplex der polnischen Opferzahlen. Für Ostpolen schätzt
  man 2,5 Millionen von Repressalien betroffene Polen, die Zahl der Getöteten ist umstritten, wird derzeit auf 570 000 geschätzt, davon 200 000 zweifelsfrei dokumentiert.
  Für die Zeit der deutschen Besetzung sind die Zahlen ebenfalls nicht eindeutig geklärt,
  doch geht man davon aus, dass rund 250 000 Polen Opfer von deutschen Massenexe-
  kutionen geworden sind, darunter 150 000 nach dem Warschauer Aufstand von 1944.
  Hinzu kommen natürlich die Opfer von Konzentrations- und Vernichtungslagern, die
  aber in ihrer großen Mehrzahl erst nach dem deutschen Überfall auf die UdSSR ermordet worden sind. Die oben aus neuerer Literatur zitierte Einschätzung kann also nur
  einen Anhaltspunkt in der Gewichtung geben.
5 Zu Einzelheiten vgl. Wiaderny: Untergrundstaat.
6 Vgl. dazu umfassend Musial: »Konterrevolutionäre Elemente«.
7 Vgl. Chiari: Kriegslist.
8 Vgl. Die polnische Heimatarmee.

Weißrussland ▮ S. 185–191

1 Vgl. den kurzen Überblick zur Geschichte Weißrusslands im Vergleich beider Weltkriege
  von Chiari: Geschichte als Gewalttat.
2 Vgl. The Soviet Takeover.
3 Vgl. Chiari: Alltag.
4 Vgl. Pavlov: Belorusskie partizany.
5 Aufzeichnung Martin Bormanns über die Besprechung am 16. 7. 1941, abgedruckt in:
  »Unternehmen Barbarossa«, S. 331.
6 Vgl. hierzu die Dokumentation Sowjetische Partisanen in Weißrussland.

7 Vgl. Chiari: Alltag, S. 312.
8 Nach polnischen Angaben handelte es sich in Naliboki um einen Stützpunkt des polnischen Selbstschutzes, der mit 26 Gewehren und zwei leichten Maschinengewehren
bewaffnet war. Die sowjetischen Angreifer töteten 128 unbeteiligte Zivilisten, plün-
derten den Ort und brannten ihn nieder; vgl. Sowjetische Partisanen, S. 116 f.

Ukraine ■ S. 192–203

1 Einen interessanten Vergleich des Einmarsches deutscher Truppen im Ersten und Zweiten Weltkrieg in die Ukraine liefert Grelka: Die ukrainische Nationalbewegung.
2 Vgl. den Überblick von Pavlenko: Die Ukrainische Aufständischenarmee.
3 Zit. nach: Neulen: An deutscher Seite, S. 308.
4 Vgl. zum Folgenden Musial: »Konterrevolutionäre Elemente«.
5 Vgl. Bräutigam: So hat es sich zugetragen, S. 460, 504.
6 Zit. nach: Grelka: Die ukrainische Nationalbewegung, S. 257.
7 Die Tagebücher von Joseph Goebbels, Eintrag vom 25.4.1942.
8 Vgl. Neulen: An deutscher Seite, S. 310.
9 Zit. nach: Grelka: Die ukrainische Nationalbewegung, S. 391.
10 Zit. nach: Pavlenko: Die Ukrainische Aufständischenarmee, S. 75.
11 Vgl. ebd., S. 78.
12 Vgl. Motyka: Der polnisch-ukrainische Gegensatz, S. 544.
13 Pavlenko: Die Ukrainische Aufständischenarmee, S. 86.
14 Neulen: An deutscher Seite, S. 313.
15 Vgl. ebd., S. 314.

Russland ■ S. 204–226

1 Eindrucksvoll jetzt die ausführliche Darstellung und Analyse bei Hürter: Hitlers Heerführer, S. 1–13.
2 Denkschrift Rosenbergs vom 7.4.1941, zit. nach: Dallin: Deutsche Herrschaft, S. 307.
3 Vgl. Dallin, Deutsche Herrschaft, S. 310.
4 Zu dieser Phase der Besatzungspolitik vgl. Mulligan: Politics.
5 Dwinger: Sie suchten die Freiheit, S. 72 f. Der Schriftsteller war Kriegsberichterstatter
an der Ostfront und wurde 1943 wegen seiner offenen Unterstützung Wlassows unter
Hausarrest gestellt.
6 Vgl. Neulen: An deutscher Seite, S. 317.
7 Vgl. dazu den Erlebnisbericht von deutscher Seite, Eltz: Mit den Kosaken.
8 Ebd., S. 69.
9 Vgl. Dallin: Deutsche Herrschaft, S. 312.
10 Vgl. dazu ausführlich Tolstoy: Victims, und neuerdings Stadler / Kofler / Berger: Flucht.
11 Dwinger: Sie suchten die Freiheit, S. 344 f.
12 Vgl. Das Deutsche Reich und der Zweite Weltkrieg, Bd. 5/2, S. 989.
13 Vgl. hierzu umfassend die Erinnerungen von Bräutigam: So hat es sich zugetragen.
14 Vgl. Das Deutsche Reich und der Zweite Weltkrieg, Bd. 5/2, S. 986.

15 Vgl. Denkschrift vom 25.11.1942, abgedruckt in: Hoffmann: Kaukasien, S. 43.
16 Zur Biographie vgl. Steenberg: Wlassow.
17 Vgl. ebd., S. 76 f.
18 Vgl. die Erinnerungen des ehemaligen Leiters von Dabendorf, Strik-Striktfeld: Gegen Stalin.
19 Vgl. Steenberg: Wlassow, S. 99.
20 Lagebesprechungen, S. 109.
21 Steenberg: Wlassow, S. 111. Kurt Zeitzler, Chef des Generalstabs des Heeres, nannte in der Lagebesprechung mit Hitler freilich nur die Zahl von 220 000 »Hilfswilligen«, was nicht der Erhebung der Abteilung Fremde Heere Ost entsprach.
22 Vgl. Tabelle in: Das Deutsche Reich und der Zweite Weltkrieg, Bd. 5/2, S. 973.
23 Vgl. ebd., S. 988 f.
24 Vgl. Vogelsang: Nach Liechtenstein.
25 Vgl. Hoffmann: Geschichte, S. 83.
26 Vgl. ebd., S. 21 f.
27 Vgl. ebd., S. 32.
28 Zit. nach: Neulen: An deutscher Seite, S. 348.
29 Hoffmann: Geschichte, S. 54. Immerhin wurde der Russe mit militärischen Ehren in Anwesenheit des deutschen Stadtkommandanten beerdigt, was man sowjetischen Kriegsgefangenen bis dahin generell verwehrt hatte.
30 Vgl. ebd., S. 288.
31 Vgl. hier die sehr engagierte Darstellung von Tolstoy: Die Verratenen.
32 Vgl. ausführlich Polian: Deportiert.

Kaukasus ■ S. 227–241

1 Zu seinem abenteuerlichen Leben vgl. Seidt: Berlin, Kabul, Moskau.
2 Vgl. am Beispiel Aserbaidschans Baberowski: Feind.
3 Vgl. Mühlen: Zwischen Hakenkreuz und Sowjetstern, S. 24.
4 Richtlinien für das Verhalten der Truppe in Russland vom Mai 1941, abgedruckt in: »Unternehmen Barbarossa«, S. 312.
5 Vgl. Mühlen: Zwischen Hakenkreuz und Sowjetstern, S. 47 f.
6 Vgl. ebd., S. 50.
7 Vgl. insgesamt seine Autobiographie, Bräutigam: So hat es sich zugetragen.
8 Vgl. Mühlen: Zwischen Hakenkreuz und Sowjetstern, S. 57.
9 Vgl. insgesamt Hoffmann: Ostlegionen, sowie dessen erweiterte und systematische Darstellung unter dem Titel »Kaukasien 1942/43«.
10 Vgl. Mühlen: Zwischen Hakenkreuz und Sowjetstern, S. 58.
11 Vgl. Hoffmann: Ostlegionen, S. 32.
12 Schlußbemerkungen Kleist, 15.12.1942, zit. nach: Hoffmann: Kaukasien, S. 464–466.
13 Aufstellungsbefehl des OKH für die Legionen in Polen vom 24.4.1942, zit. nach: Hoffmann: Kaukasien, S. 89.
14 Hier in Übereinstimmung mit Mühlen: Zwischen Hakenkreuz und Sowjetstern, S. 63 f.
15 Oberstleutnant Wendt, Lehrgangsleiter beim Ausbildungslehrgang Oberfeldzeugstab 3, 12.2.1943, BA-MA Freiburg, RH 19V/5.

16 Vgl. Hoffmann, Kaukasien, S. 242.
17 Vgl. ebd., S. 206 f.
18 Major Bake an Heeresgruppe A, 13. 12. 1942, BA-MA Freiburg, RH 19V/5.
19 Vgl. Mühlen: Zwischen Hakenkreuz und Sowjetstern, S. 60.
20 Vgl. dazu Hoffmann: Deutsche und Kalmyken.
21 Aufzeichnung von Dr. Doll vom Juli 1944, abgedruckt in: Ebd., S. 194.
22 Vgl. ebd., S. 393.
23 Vgl. Steiner: Die Freiwilligen, S. 183.
24 Schlüsseldokumente dazu sind abgedruckt in: Hoffmann: Kaukasien, Anhang.
25 Vgl. Hoffmann: Ostlegionen, S. 64.
26 Vgl. Mühlen: Zwischen Hakenkreuz und Sowjetstern, S. 144 f.
27 Vgl. ebd., S. 157.
28 Vgl. ebd., S. 68.
29 Vgl. Hoffmann: Kaukasien, S. 395.
30 Vgl. Tolstoy: Victims, S. 400; Hoffmann: Kaukasien, S. 457.
31 Vgl. Conquest: Deportation.

Schlussbetrachtung ■ S. 243–246

1 Angabe nach Neulen: An deutscher Seite, S. 278.
2 Vgl. Das Deutsche Reich und der Zweite Weltkrieg, Bd. 5/2, S. 983.
3 Vgl. dazu umfassend Gosztony: Stalins fremde Heere.

Abkürzungen

ADAP	Akten zur deutschen auswärtigen Politik
AOK	Armeeoberkommando
ARMIR	Armata Italiana in Russia [Italienische Armee in Russland]
BA-MA	Bundesarchiv-Militärarchiv
CSIR	Corpo di Spedizione Italiano in Russia [Italienisches Expeditionskorps in Russland]
DEV	División Española de Voluntarios [Spanische Freiwilligendivision]
DNSAP	Danmarks Nationalsocialistiske Arbejderparti [Dänische Nationalsozialistische Arbeiterpartei]
D.V.K.	Deutsches Verbindungskommando
Gestapo	Geheime Staatspolizei
KP(B)	Kommunistische Partei (Bolschewiki)
k.u.k.	kaiserlich und königlich
LAF	Lietuvos Aktyvistų Frontas [Litauische Aktivistenfront]
LVF	Légion des Volontaires Français contre le Bolchevisme [Französische Freiwilligenlegion gegen den Bolschewismus]
MG	Maschinengewehr
MP	Maschinenpistole
NKWD	Narodny kommissariat wnutrennych del (Volkskommissariat für Innere Angelegenheiten der UdSSR)
NOC	Nederlandse Oostcampagnie [Niederländische Ostkompanie]
NSB	Nationaal-Socialistische Beweging [Nationalsozialistische Bewegung]
NSDAP	Nationalsozialistische Deutsche Arbeiterpartei
OKH	Oberkommando des Heeres
OKW	Oberkommando der Wehrmacht
OUN-B	Orhanizatsiia Ukraïns'kykh Nationalistiv [Organisation Ukrainischer Nationalisten] (»Banderafraktion«)
OUN-M	Orhanizatsiia Ukraïns'kykh Nationalistiv [Organisation Ukrainischer Nationalisten] (»Melnikfraktion«)
ROA	Russkaja Osvoboditel'naja Armija [Russische Befreiungsarmee]
RONA	Russkaja Osvoboditel'naja Narodnaja Armija [Russische Volksbefreiungsarmee]
SA	Sturmabteilung
Schuma	Schutzmannschaft
SD	Sicherheitsdienst des Reichsführers SS
SS	Schutzstaffel
UdSSR	Union der Sozialistischen Sowjetrepubliken
UPA	Ukraïns'kaja Povstans'ka Armija [Ukrainische Aufständische Armee]
US	United States [Vereinigte Staaten]
USA	United States of America [Vereinigte Staaten von Amerika]
VNV	Vlaamsch Nationaal Verbond [Flämischer Nationalverbund]
ZK	Zentralkomitee

Literaturverzeichnis

Adamson, Andres (Hrsg.): Eesti idapataljonid idarindel 1941–1944. Tallinn 2004.

Akten zur deutschen auswärtigen Politik 1918–1945. Serie B. Göttingen 1966–1978.

Allainmat, Henry / Truck, Betty: La Nuit des Parias. La tragique histoire des 130 000 Français incorporés de force dans la Wehrmacht et la Waffen-SS. Paris 1974.

Allianz Hitler-Horthy-Mussolini. Dokumente zur ungarischen Außenpolitik (1933–1944). Hrsg. von Magda Ádám u. a. Budapest 1966.

Aly, Götz / Gerlach, Christian: Das letzte Kapitel. Realpolitik, Ideologie und der Mord an den ungarischen Juden 1944/45. Stuttgart / München 2002.

Ancel, Jean: Antonescu and the Jews. In: Yad Vashem Studies on the European Jewish Catastrophe and Resistance, 23 (1993), S. 213–280.

Ancel, Jean: Stalingrad und Rumänien. In: Förster, Jürgen (Hrsg.): Stalingrad. Ereignis. Wirkung. Symbol. München / Zürich 1992, S. 189–214.

Andere Helme – Andere Menschen? Heimaterfahrung und Frontalltag im Zweiten Weltkrieg. Hrsg. von Detlef Vogel und Wolfram Wette. Essen 1995.

Anders, Wladyslaw: Russian Volunteers in Hitler's Army, 1941–1945. New York 1997.

Andreyev, Catherine: Vlasov and the Russian Liberation Movement. Soviet Reality and Émigré Theories. Cambridge 1987.

Angrick, Andrej / Klein, Peter: Die »Endlösung« in Riga. Ausbeutung und Vernichtung 1941–1944. Darmstadt 2006.

Axworthy, Mark: The Romanian Soldier at the Siege of Odessa. In: Time to Kill. Hrsg. von Paul Addison und Angus Caldor. London 1997, S. 228–232.

Axworthy, Mark: Axis Slovakia: Hitler's Slavic Wedge 1938–1945. New York 2002.

Axworthy, Mark: Third Axis Forth Ally. Romanian Armed Forces in the European War, 1941–1945. London 1995.

Baberowski, Jörg: Der Feind ist überall. Stalinismus im Kaukasus. Stuttgart 2003.

Beevor, Antony: Stalingrad. München 1999.

Besymenski, Lew: Die letzten Notizen von Martin Bormann. Stuttgart 1974.

Besymenski, Lew: Wjatscheslaw Molotows Berlin-Besuch vom November 1940 im Licht neuer Dokumente. In: Präventivkrieg? Hrsg. von Bianka Pietrow-Ennker. Frankfurt a. M. 2000, S. 113–127.

Bethell, Nicholas: The Last Secret. The Delivery to Stalin of Over Two Million Russians by Britain and the United States. New York 1974.

Birn, Ruth Bettina: Die Sicherheitspolizei in Estland 1941–1944. Eine Studie zur Kollaboration im Zweiten Weltkrieg. Paderborn 2006.

Bohn, Robert: Reichskommissariat Norwegen. »Nationalsozialistische Neuordnung« und Kriegswirtschaft. München 2000.

Bräutigam, Otto: So hat es sich zugetragen. Ein Leben als Soldat und Diplomat. Würzburg 1968.

Brüggemann, Karsten: Der Widerstand gegen die deutsche Besatzung in Estland 1941–1944. In: Handbuch zum Widerstand gegen Nationalsozialismus und Faschismus in Europa 1933/39–1945. Hrsg. von Gerd R. Ueberschär. München 2008.

Carnier, Pier Arrigo: L' Armata Cosaca in Italia 1944–1945. Mailand 1990.

Chiari, Bernhard: Kriegslist oder Bündnis mit dem Feind? Deutsch-polnische Kontakte 1943/44. In: Die polnische Heimatarmee, S. 497–530.

Chiari, Bernhard: Alltag hinter der Front. Besatzung, Kollaboration und Widerstand in Weißrussland 1941–1944. Düsseldorf 1998.

Chiari, Bernhard: Geschichte als Gewalttat. Weißrussland als Kind zweiter Weltkriege. In: Erster Weltkrieg – Zweiter Weltkrieg, S. 615–631.

Conquest, Robert: The Soviet Deportation of Nationalities. London 1960.

Constantiniu, Florin: 1941. Hitler, Stalin si România. România si geneza operatiunii »Barbarossa«, Bucarest 2002.

Corti, Eugenio: Few Returned. Twenty-eight Days on the Russian Front, Winter 1942–1943. London 1997.

Dallin, Alexander: Deutsche Herrschaft in Russland 1941–1945. Eine Studie über Besatzungspolitik. Düsseldorf 1958.

Das Deutsche Reich und der Zweite Weltkrieg. Hrsg. vom Militärgeschichtlichen Forschungsamt. 10 Bände, Stuttgart 1979–2008.

Degrelle, Léon: Die verlorene Legion. Preußisch Oldendorf 1972.

Deletant, Dennis: Hitler's Forgotten Ally: Ion Antonescu and His Regime, Romania 1940–1944. New York 2006.

Der 2. Weltkrieg. Wendepunkt der deutschen Geschichte. Hrsg. von Stephan Burgdorff und Klaus Wiegrefe. München 2005.

Deutsch-polnische Beziehungen 1939–1945–1949. Eine Einführung. Hrsg. von Wlodzimierz Borodziej und Klaus Ziemer. Osnabrück 2000.

Die deutsche Wirtschaftspolitik in den besetzten sowjetischen Gebieten 1941–1943. Hrsg. von Rolf-Dieter Müller. Boppard 1991.

Die Italiener an der Ostfront 1942/43. Dokumente zu Mussolinis Krieg gegen die Sowjetunion. Hrsg. u. eingel. von Thomas Schlemmer. München 2005 (Schriftenreihe der Vierteljahrshefte für Zeitgeschichte, Bd. 91).

Die polnische Heimatarmee. Geschichte und Mythos der Armia Krajowa seit dem Zweiten Weltkrieg. Hrsg. von Bernhard Chiari. München 2003.

Die Tagebücher von Joseph Goebbels. Hrsg. von Elke Fröhlich, Teil 2, Bd. 4. München 1995.

DiNardo, Richard L.: Germany and the Axis Powers. From Coalition to Collapse. Lawrence, Kansas 2005.

DiNardo, Richard L.: The Dysfunctional Coalition: The Axis Powers and the Eastern Front in World War II. In: The Journal of Military History, 60 (1996) 4, S. 711–730.

Domarus, Max: Hitler. Reden und Proklamationen 1932–1945. Bd. II/2, Wiesbaden 1973.

Dwinger, Erich Edwin: Sie suchten die Freiheit ... Schicksalsweg eines Reitervolkes. München/Salzburg 1952.

Eichholtz, Dietrich: Deutsche Politik und rumänisches Öl (1938–1941). Eine Studie über Erdölimperialismus. Leipzig 2005.

Eltz, Erwein Karl Graf zu: Mit den Kosaken. Kriegstagebuch 1943–1945 Donaueschingen 1970.

Erfurth, Waldemar: Der Finnische Krieg 1941–1944. 2. Aufl., Wiesbaden 1977.

Ertel, Heinz/Schulze-Kossens, Richard: Europäische Freiwillige im Bild. Osnabrück 1986.

Erster Weltkrieg – Zweiter Weltkrieg. Ein Vergleich. Hrsg. von Bruno Thoß und Hans-Erich Volkmann. Paderborn u. a. 2002.

Esteban-Infantes, Emilio: Die Blaue Division. Spaniens Freiwillige an der Ostfront. Leoni am Starnberger See 1958.

Estonia 1940–1945. Reports of the Estonian International Commission for the Investigation of Crimes Against Humanity. Zusammengestellt von Toomas Hiio u. a. Tallinn 2006.

Förster, Jürgen (Hrsg.): Stalingrad Ereignis. Wirkung. Symbol. München/Zürich 1992.

Friessner, Hans: Verratene Schlachten. Hamburg 1956.

Garleff, Michael: Die baltischen Länder. Estland, Lettland, Litauen vom Mittelalter bis zur Gegenwart. Regensburg 2001.

Gosztony, Peter: Deutschlands Waffengefährten an der Ostfront 1941–1945. Stuttgart 1981.

Gosztony, Peter: Stalins fremde Heere. Das Schicksal der nichtsowjetischen Truppen im Rahmen der Roten Armee 1941–1945. Bonn 1991.

Gosztony, Peter: Hitlers fremde Heere. Das Schicksal der nichtsowjetischen Truppen im Rahmen der Roten Armee 1941–1945. Stuttgart 1991.

Grelka, Frank: Die ukrainische Nationalbewegung unter deutscher Besatzungsherrschaft 1918 und 1941/42. Wiesbaden 2005.

Halder, Franz: Generaloberst Halder. Kriegstagebuch. Tägliche Aufzeichnungen des Chefs des Generalstabes des Heeres 1939–1942. Bearb. von Hans-Adolf Jacobsen. 3 Bde, Stuttgart 1962–1964.

Hanfland, Jens: Die internationale Lage Rumäniens im Vorfeld des »Unternehmens Barbarossa«. Vom deutsch-sowjetischen Nichtangriffsvertrag bis zum Überfall auf die UdSSR. Münster 2004.

Hausser, Paul: Soldaten wie andere auch. Osnabrück 1982.

Heeresadjutant bei Hitler 1938–1943. Aufzeichnungen des Majors Engel. Hrsg. u. komm. von Hildegard von Kotze. Stuttgart 1974.

Hillgruber, Andreas: Der Einbau der verbündeten Armeen in die deutsche Ostfront 1941–1944. In: Wehrwissenschaftliche Rundschau (1960), S. 659–682.

Hillgruber, Andreas: Hitler, König Carol und Marschall Antonescu. Die deutsch-rumänischen Beziehungen 1938–1944. Wiesbaden 1965.

Hillgruber, Andreas (Hrsg.): Staatsmänner und Diplomaten bei Hitler. Vertrauliche Aufzeichnungen über Unterredungen mit Vertretern des Auslandes 1939–1944. 2 Bde, Frankfurt a. M. 1967.

Hirschfeld, Gerhard: Fremdherrschaft und Kollaboration. Die Niederlande unter deutscher Besatzung 1940–1945. Stuttgart 1984.

Hitler, Adolf: Monologe im Führerhauptquartier 1941–1944. Hrsg. von Werner Jochmann. Hamburg 1980.

Hoffmann, Joachim: Deutsche und Kalmyken 1942 bis 1945. Freiburg 1974.

Hoffmann, Joachim: Die Ostlegionen 1941–1943. Turkotataren, Kaukasier und Wolgafinnen im deutschen Heer. Freiburg 1976.

Hoffmann, Joachim: Die Geschichte der Wlassow-Armee. Freiburg 1986.

Hoffmann, Joachim: Kaukasien 1942/43. Das deutsche Heer und die Orientvölker der Sowjetunion. Freiburg 1991.

Holocaust in Litauen. Krieg, Judenmorde und Kollaboration im Jahre 1941. Hrsg. von Vincas Bartusevièius, Joachim Tauber und Wolfram Wette. Köln/Weimar 2003.

Hürter, Johannes: Hitlers Heerführer. Die deutschen Oberbefehlshaber im Krieg gegen die Sowjetunion 1941/42. München 2006.

Isberg, Alvin: Zu den Bedingungen des Befreiers. Kollaboration und Freiheitsstreben in dem von Deutschland besetzten Estland 1941–1944. Stockholm 1992.

Jahnke, Günter: Der Kessel von Tscherkassy 1944. Analyse und Dokumentation. Donauwörth 1996.

Jurado, Carlos Caballero: Breaking the Chains. 14. Waffen Grenadier Division der SS and Other Ukrainian Volunteer Formations, Eastern Front 1942–1945. London 1998.

Kaasik, Peeter: Estonian Military Units in German Armed Forces and Police during the Second World War. In: Yearbook of the Museum of Occupation of Latvia. Riga 2004.

Karashuk, A.(Hrsg.): Russkiya Osvobodetelnya Armia 1939–1945. Moskau 1999.

Kehrig, Manfred: Stalingrad. Analyse und Dokumentation einer Schlacht. Stuttgart 1975.

Keßelring, Agilof: Des Kaisers »Finnische Legion«. Die finnische Jägerbewegung im Ersten Weltkrieg im Kontext der deutschen Finnlandpolitik. Berlin 2005.

Kissel, Heinz: Die Panzerschlachten in der Puszta im Oktober 1944. Neckargmünd 1960.

Kleinfeld, Gerald R./Tambs, Lewis A.: Hitler's Spanish Legion. The Blue Division in Russia. St. Petersburg 2005.

Kooperation und Verbrechen: Formen der »Kollaboration« im östlichen Europa 1939–1945. Hrsg. von Christoph Dieckmann und Babette Quinkert. Göttingen 2003.

Król, Eugeniusz Cezary: Besatzungsherrschaft in Polen im Ersten und Zweiten Weltkrieg: Charakteristik und Wahrnehmung. In: Erster Weltkrieg – Zweiter Weltkrieg, S. 577–591.

Kurowski, Franz: Grenadiere – Generale – Kameraden. Rastatt 1968.

Kwiet, Konrad: Reichskommissariat Niederlande. Stuttgart 1968.

Lagebesprechungen im Führerhauptquartier. Hrsg. von Helmut Heiber. Stuttgart 1963.

Lang, Armin: »Mitleid mit der Bevölkerung ist nicht am Platze«. Die Zerstörung Nordnorwegens durch deutsche Truppen 1944. In: Militärgeschichte 4/2004, S. 14–17.

Littlejohn, David: The Patriotic Traitors: The History of Collaboration in German Occupied Europe, 1940–45. Garden City 1972.

Logusz, Michael: The Waffen-SS 14th Grenadier Division, 1943–1945. Atglen, PA 1997.

Mabire, Jean: Berlin im Todeskampf 1945. Französische Freiwillige der Waffen-SS als letzte Verteidiger der Reichskanzlei. Preußisch Oldendorf 1977.

Malaparte, Curzio: The Volga Rises in Europe. Edinburgh 2000.

Mannerheim, Carl Gustav: Erinnerungen. Zürich/Freiburg i. Br. 1952.

Messe, Giovanni: Der Krieg im Osten. Zürich 1948.

Michaelis, Rolf: Russen in der Waffen-SS. Berlin 2000.

Michel, Eckard: Deutsche in der Fremdenlegion 1870–1965. Mythen u. Realitäten. Paderborn 1999.

Motyka, Grzegorz: Der polnisch-ukrainische Gegensatz in Wolhynien und Ostgalizien. In: Die polnische Heimatarmee, S. 531–547.

Mühlen, Patrik von zur: Zwischen Hakenkreuz und Sowjetstern. Der Nationalismus der sowjetischen Orientvölker im 2. Weltkrieg. Düsseldorf 1971.

Müller, Rolf-Dieter/Ueberschär, Gerd R.: Hitlers Krieg im Osten 1941–1945. Ein Forschungsbericht. Darmstadt 2000.

Müller, Rolf-Dieter: Das Tor zur Weltmacht. Die Bedeutung der Sowjetunion für die deutsche Wirtschafts- und Rüstungspolitik zwischen den Weltkriegen. Boppard 1984.

Müller, Rolf-Dieter: Der letzte deutsche Krieg 1939–1945. Stuttgart 2005.

Mulligan, Timothy P.: The Politics of Illusion and Empire. German Occupation Policy in the Soviet Union, 1942–1943. New York u. a. 1988.

Muñoz, Antonio J./Romanko, Oleg V.: Hitler's White Russians: Collaboration, Extermination and Anti-Partisan Warfare in Byelorussia, 1941–1944, Folkestone, Kent 2003.

Muñoz, Antonio (Hrsg.): The East Came West: Muslim, Hindu, and Buddhist Volunteers in the German Armed Forces, 1941–1945. Bayside 2002.

Muñoz, Antonio: Hitler's Eastern Legions. Vol. I: The Baltic Schutzmannschaft 1941–1945. Bayside 1996.

Muñoz, Antonio: Hitler's Eastern Legions. Vol. II: The Osttruppen. New York 1997.

Muñoz, Antonio: The Kaminski Brigade: A History, 1941–1945. Bayside 1996.

Musial, Bogdan: »Konterrevolutionäre Elemente sind zu erschießen«. Die Brutalisierung des deutsch-sowjetischen Krieges im Sommer 1941. Berlin/München 2000.

Myllyniemi, Seppo: Die Neuordnung der baltischen Länder 1941–1944. Zum national-sozialistischen Inhalt der deutschen Besatzungspolitik. Helsinki 1973.

Neidhardt, Hanns: Mit Tanne und Eichenlaub. Kriegschronik der 100. Jäger-Division vormals 100. leichte Infanterie-Division. Graz/Stuttgart 1981.

Neitzel, Sönke, Hitlers Europaarmee und der »Kreuzzug« gegen die Sowjetunion. In: Armeen in Europa – Europäische Armeen. Hrsg. von Michael Salewski und Heiner Timmermann. Münster 2004, S. 137–150.

Neulen, Hans Werner: Am Himmel Europas. Luftstreitkräfte an deutscher Seite 1939–1945. München 1998.

Neulen, Hans Werner: An deutscher Seite. Internationale Freiwillige von Wehrmacht und Waffen-SS. München 1985.

Neulen, Hans Werner: Europas verratene Söhne. München 1980.

Newland, Samuel J.: Cossacks in the German Army, 1941–1945. London 1991.

Niehorster, Leo W.G.: The Royal Hungarian Army, 1920–1945. Bayside 1998.

Ott, Ernst: Jäger am Feind. Geschichte und Opfergang der 97. Jäger-Division 1940–1945. München 1966.

Pavlenko, Irina: Die Ukrainische Aufständischenarmee (UPA). Ein Abriß der Geschichte ihres Widerstandes. In: Militärgeschichtliche Zeitschrift 61 (2002), S. 73–90.

Pavlov, V. Ja.: Belorusskie partizany uni čtožali vraga bez poščady. In: Voenno-istoričeskij žurnal, Nr. 5 (2001), S. 28–34.

Polian, Pavel: Deportiert nach Hause. Sowjetische Kriegsgefangene im »Dritten Reich« und ihre Repatriierung. München/Wien 2001.

Ránki, György: Unternehmen Margarethe. Die deutsche Besetzung Ungarns. Wien 1971.

Ready, J. Lee: The Forgotten Axis: Germany's Partners and Foreign Volunteers in World War II. Jefferson 1987.

Robinson, Paul F.: The White Russian Army in Exile 1920–1941. Oxford 2003.

Romania in World War II 1941–1945. Institute for Operative-Strategic Studies and Military History. Hrsg. von Petre Otu. Bukarest 1997.

Ruhl, Klaus-Jörg: Spanien im Zweiten Weltkrieg. Hamburg 1975.

Saint-Loup, Marc Augier de: Legion der Aufrechten. Frankreichs Freiwillige an der Ostfront. Leoni am Starnberger See 1977.

Sajer, Guy: Denn dieser Tage Qual war groß. Bericht eines vergessenen Soldaten. Wien/München/Zürich 1967.

Schaeppi, Benno H.: Germanische Freiwillige im Osten. Nürnberg 1943.

Schmider, Klaus: Partisanenkrieg in Jugoslawien 1941–1944. Hamburg etc. 2002.

Schmidt, Rainer F.: Die Außenpolitik des Dritten Reiches 1933–1939. Stuttgart 2002.

Schönherr, Klaus: Die Niederschlagung des slowakischen Aufstandes im Kontext der deutschen militärischen Operationen, Herbst 1944. In: Bohemia, 42 (2001), S. 39–61.

Schönherr, Klaus, Die Slowakei im militärischen Kalkül des Deutschen Reiches. In: Slovensko A Druha Svetova Vojna [Die Slowakei im Zweiten Weltkrieg] Hrsg. vom Vojenský Historický Ustav (Militärhistorisches Institut). Bratislava 2000, S. 151–170.

Schreiber, Franz: Kampf unter dem Nordlicht. Deutsch-finnische Waffenbruderschaft am Polarkreis. Die Geschichte der 6. SS-Gebirgs-Division Nord. Osnabrück 1969.

Schreiber, Gerhard: Italiens Teilnahme am Krieg gegen die Sowjetunion. Motive, Fakten und Folgen. In: Förster (Hrsg.): Stalingrad, S. 250–292.

Schreiber, Gerhard: Die italienischen Militärinternierten im deutschen Machtbereich 1943–1945. München 1990.

Seidler, Franz W.: Die Kollaboration 1939–1945. München 1995.

Seidler, Franz W.: Ausländische Freiwillige in Wehrmacht und Waffen-SS. Selent 2004.

Seidt, Hans-Ulrich: Berlin, Kabul, Moskau. Oskar Ritter von Niedermayer und Deutschlands Geopolitik. München 2002.

Selder, Emanuel: Der Krieg der Infanterie. Landshut 1985.

Sigailis, Arthur: Latvian Legion. San José 1986.

Sowjetische Partisanen in Weißrussland. Innenansichten aus dem Gebiet Baranoviči 1941–1944. Eine Dokumentation. Hrsg. von Bogdan Musial. München 2004.

Stadler, Harald/Kofler, Martin/Berger, Karl C.: Flucht in die Hoffnungslosigkeit. Die Kosaken in Osttirol. Innsbruck u.a. 2005

Stang, Knut: Hilfspolizisten und Soldaten: Das 2./12. litauische Schutzmannschaftsbataillon in Kaunas und Weißrussland. In: Die Wehrmacht. Mythos und Realität. Hrsg. von Rolf-Dieter Müller und Hans-Erich Volkmann. München 1999, S. 858–878.

Steenberg, Sven: Wlassow. Verräter oder Patriot? Köln 1968.

Stein, George H./Krosby, H. Peter: Das finnische Freiwilligen-Bataillon der Waffen-SS. In: Vierteljahreshefte für Zeitgeschichte, 14 (1966), S. 413–453.

Steiner, Felix: Die Freiwilligen. Idee und Opfergang. Göttingen 1958.

Stern, Mario Rigoni: The Sergeant in the Snow. Illinois 1998.

Strik-Strikfeldt, Wilfried: Gegen Stalin und Hitler. General Wlassow und die russische Freiheitsbewegung. Mainz 1970.

The Hidden and Forbidden History of Latvia under Soviet and Nazi Occupations 1940–1941. Selected Research of the Commission of the Historians of Latvia. Riga 2005.

The Soviet Takeover of the Polish Eastern Provinces, 1939–41. Hrsg. von Keith Sword. New York 1991.

Thomsen, Erich: Deutsche Besatzungspolitik in Dänemark 1940–1945. Düsseldorf 1971.

Thorwald, Jürgen: Die Illusion. Rotarmisten in Hitlers Heeren. Zürich 1974.

Tieke, Wilhelm: Geschichte des »Freikorps Danmark«. In: ders.: Im Lufttransport an Brennpunkte der Ostfront. Osnabrück 1971, S. 149–290.

Tolstoy, Nikolai: Die Verratenen von Jalta. Englands Schuld vor der Geschichte. München/Wien 1980.

Tolstoy, Nikolai: Victims of Yalta. London u. a. 1977.

Tönsmeyer, Tatjana, Das Dritte Reich und die Slowakei 1939–1945. Politischer Alltag zwischen Kooperation und Eigensinn. Paderborn 2003.

Tys-Krokhmaliuk, Yuriy: UPA Warfare in the Ukraine: The Ukrainian Insurgent Army. New York 1972.

Ueberschär, Gerd: Hitler und Finnland 1939–1941. Wiesbaden 1978.

Ungváry, Krisztián: Die Schlacht um Budapest. Stalingrad an der Donau 1944/45. München 1999.

Ungváry, Krisztián: Die ungarische Besatzungstruppe in der Sowjetunion 1941–1943. In: Ungarn-Jahrbuch 2002/2003, S. 125–163.

Ungváry, Krisztián: Robbing the Dead. The Hungarian Contribution to the Holocaust. In: Kosmala, Beate/Tych, Feliks (Hrsg.): Facing the Nazi Genocide. Berlin 2004, S. 231–262.

»Unternehmen Barbarossa«. Der deutsche Überfall auf die Sowjetunion 1941. Hrsg. von Gerd R. Ueberschär und Wolfram Wette. Paderborn 1984.

Uustalu, Evald: For Freedom Only. The Story of the Estonian Volunteers in the Finnish Wars 1940–1944. Toronto 1977.

Venohr, Wolfgang: Aufstand für die Tschechoslowakei. Der slowakische Freiheitskampf von 1944. Hamburg 1969.

Vogelsang, Henning Freiherr von: Nach Liechtenstein – in die Freiheit. Triesen 1980.

Volkmann, Hans-Erich: Ökonomie und Machtpolitik. Lettland und Estland im politisch-ökonomischen Kalkül des Dritten Reiches (1933–1940). In: Geschichte und Gesellschaft 2 (1976), S. 471–500.

Wagner, Wilfried: Belgien in der deutschen Politik während des Zweiten Weltkrieges. Boppard 1974.

Werther, Steffen: Dänische Freiwillige in der Waffen-SS. Berlin 2004.

Wiaderny, Bernhard: Der Polnische Untergrundstaat und der deutsche Widerstand 1939–1944. Berlin 2002.

Zeidler, Manfred: Das »kaukasische Experiment«. Gab es eine Weisung Hitlers zur deutschen Besatzungspolitik im Kaukasus? In: Vierteljahrshefte für Zeitgeschichte (2005) 3, S. 475–500.

Kartenverzeichnis

Die Karten zeichnete Christopher Volle auf Grundlage von Kartenmaterial aus dem Militärgeschichtlichen Forschungsamt, Potsdam.

Abkürzungen in den Karten

A.	Armee
AOK	Armeeoberkommando
Div.	Division
GdA	Gardearmee
HGr	Heeresgruppe
Inf.	Infanterie
Kav.	Kavallerie
Pz	Panzer
PzA	Panzerarmee
PzGr	Panzergruppe
Res.	Reserve

Abbildungsnachweis

Archiv Peter Gosztony: S. 28, 43, 47, 57, 61, 66, 68, 69, 73, 78, 101, 107, 109, 111, 118, 128, 129

Archiv Joachim Hoffmann: S. 231, 233, 236, 239

Archivio dell'Ufficio Storica dello Stato Maggiore dell'Esercito, Rom: S. 85, 86, 92, 94, 215

Bibliothek für Zeitgeschichte in der württembergischen Landesbibliothek, Stuttgart: S. 98

Bundesarchiv – Außenstelle Ludwigsburg: S. 157 (B 162/407, Bild 7)

Bundesarchiv Koblenz: S. 51 (Bild 101I-244-2316-34A), 52 (101I-680-8284A-37A), 123 (101I-587-2254-5A)

Bundesarchiv-Militärarchiv Freiburg: S. 157 (N 220/20)

Kriegswissenschaftliches Institut, Helsinki: S. 34

Militärgeschichtliches Forschungsamt, Potsdam: S. 102, 103, 195

Musée des Deux Guerres Mondiales, Paris: S. 120

Muzeum Historyczne, Warschau: S. 184

National Archives, Washington: S. 214

Privatbesitz: S. 140, 169, 201, 240

Staatliches Film- und Fotoarchiv, Krasnogorsk: S. 187

Ullstein-Bilderdienst, Berlin: S. 181

Yad Vashem Photo Archives, Jerusalem: S. 196 (YV 074F07)

Zentrum Karta, Warschau: S. 183

Trotz sorgfältiger Recherche konnten nicht alle Rechteinhaber ermittelt werden. Sollten berechtigte Ansprüche bestehen, möge sich der Betreffende beim Verlag melden.

Personenregister

Wegen der Häufigkeit des Vorkommens wurde darauf verzichtet, den Namen Adolf Hitler in das Personenregister aufzunehmen. Kursiv gesetzte Seitenangaben verweisen auf Bildunterschriften.

Abetz, Otto (deutscher Botschafter in Paris) 123 f.

Achmeteli, Lado (georgischer Emigrant) 228

Antonescu, Ion (rumänischer Marschall und Ministerpräsident) 39, 56–62, *57*, 64–66, 68, 70, 76 f., 79, 251

Antonescu, Mihai (rumänischer Außenminister) 65, 67, 68, 79

Arajs, Viktor (lettischer Polizeioffizier) 168

Bakay, Szilard (ungarischer Generalleutnant) 49

Bakke, Jø (Kommandeur der Legion Norwegen) 150

Bandera, Stefan (ukrainischer Nationalistenführer) 184, 193 f., 196 f., 202 f.

Bangerski, Rudolf (lettischer SS-Gruppenführer) 171, *171*

Bárdossy, László von (ungarischer Ministerpräsident) 40

Baudrillart, Alfred-Henri-Marie (französischer Kardinal) 125

Berger, Gottlob (deutscher SS-Obergruppenführer und General der Waffen-SS) 105

Bismarck, Otto von (deutscher Reichskanzler) 23, 115, 205

Bock, Fedor von (deutscher Generalfeldmarschall) 117

Boris III. (Zar von Bulgarien) 80

Bormann, Martin (Persönlicher Sekretär Hitlers) 217

Bosse (deutscher Oberst) 210

Bräutigam, Otto (deutscher Generalkonsul) 230

Brockdorff-Rantzau, Ulrich Graf von (deutscher Botschafter in Moskau) 204

Bunjatschenko, Sergej (russischer Oberst) 222, *223*, 224 f.

Canaris, Wilhelm (Admiral, Chef der deutschen Abwehr) 194

Carol II. (König von Rumänien) 55 f.

Čatloš, Ferdinand (slowakischer General) 100–102

Ceaușescu, Nicolae (rumänischer Staats- und Parteichef) 79

Celmiņš, Gustav (Führer der lettischen faschistischen Bewegung) 169 f.

Chamberlain, Arthur Neville (britischer Premierminister [1937–1940]) 180

Chappuis, Friedrich-Wilhelm von (deutscher General der Infanterie) 117

Christian X. (König von Dänemark) 145

Churchill, Winston Leonard Spencer (britischer Premierminister [1940–1945]) 16, 63, 71, 79

Clercq, Staf de (flämischer Nationalistenführer) 131 f.

Clodius, Hermann (deutscher Gesandter, stellv. Leiter der Handelspolitischen Abteilung im Auswärtigen Amt) 62

Collani, Hans (deutscher SS-Obersturmbannführer) *35*

Coste, Brutus (Geschäftsträger an der rumänischen Gesandtschaft in Washington) 63

Dankers, Oskar (lettischer General, Vorsitzender der Landesverwaltung unter deutscher Besatzung) 169–171

Deat, Marcel (französischer Politiker) 124

Zum Autor

Rolf-Dieter Müller ■ Jahrgang 1948, Studium der Geschichte, Politikwissenschaft und Pädagogik in Braunschweig und Mainz; 1981 Promotion; 1999 Habilitation; seit 1979 wissenschaftlicher Mitarbeiter im Militärgeschichtlichen Forschungsamt (MGFA); seit 2010 Leitender Wissenschaftlicher Direktor im MGFA in Potsdam; Leiter des Großprojektes »Das Deutsche Reich und der Zweite Weltkrieg« (13 Bände) und Professor für Militärgeschichte an der Humboldt-Universität zu Berlin; wissenschaftlicher Berater bei mehreren Filmdokumentationen.

Zahlreiche Veröffentlichungen zum Zweiten Weltkrieg, darunter »Die Wehrmacht. Mythos und Realität« (1999, Mitherausgeber), »Hitlers Krieg im Osten 1941–1945« (2000), »Der letzte deutsche Krieg 1939–1945« (2005).

Kartengrundlage: MGFA 04833-13; MGFA 4852-01; MGFA 04853-01.